KB236795

한국과 러시아: 관계와 변화

권 희 영

국학자료원

* 각 논문 말미의 한국정신문화연구원 간행으로 표기된 논문들은 한국정신문화
  연구원의 연구과제 결과물임.

서 문

　19세기 후반 한국과 러시아가 처음 국경을 맞대었을 때 러시아는 유럽에서 극동 아시아에 이르는 대제국을 형성하고 팽창해나가는 국가였다. 한국은 그 때 탄탄했던 유교문명이 쇠퇴해가는 몰락하는 국가였다. 21세기를 바로 눈 앞에 둔 현재, 한국은 눈부신 변신을 통하여 근대 자본주의 세계의 중심으로 진입을 모색하고 있으며, 러시아는 새롭게 자본주의적 사회변혁을 진행해나가고 있다. 그동안 어떤 변화가 있었는가? 본서는 바로 이 변화에 대한 다양한 접근을 시도한 글을 모은 것이다.

　필자는 지난 1989년부터 지금까지 한러관계의 여러 측면에 대하여 글을 써왔다. 그러나 필자의 한러관계사에 대한 관심은 보통 있을 수 있는 외교사적 관심에서 출발한 것은 아니었다. 필자는 재소한인이라는 소수민족의 존재에 대하여 관심을 가지고 한러관계사를 보기 시작하였다. 또한 한국과 러시아가 사회주의라는 이데올로기를 매개로 하여 깊이 관계를 가지고 있었다는 사실에 주목하였다. 본서는 바로 이러한 주제들을 중심으로 한러관계사를 구성한 것이다. 본서의 제1부는 소위 "고려사람"으로 자칭하는 재소한인들의 역사와 현실적인 문제들을 고찰하기 위하여 집필된 글들이다. 이들의 이주의 역사부터 강제이주 그리고 현재의 문제들이 검토되었다. 제2부는 소련에서 한국사를 어떻게 보아왔으며 한국에서는 소련을 어떻게 보아왔는가 하는 상호인식에 관한 글들을 모은 것이다. 필자가 이 주제에 관심을 가지게 된 이유는 페레스트로이카라는 격동기를 거치면서 한국과 러시아의 상호인식에 많은 변화가 초래되었기 때문이다. 이러한 인식의 변화는 단지 한러간의 관계에 그치는 것이 아니라 러시아 역사 자체에 대한 변화된 시각과 동반한다는 것을 독자들은 읽을 수 있을 것이다. 마지막으로 제3부는 전통적인 의미에서의 한러관계사의 일단을 건드린 것이다. 그러나 그것은 외교사적인 접근만이 아니라 사회와 사상적 변화에 대한 관심이 수반됨을 보게 될 것이다.

필자가 이러한 주제에 접근할 시기인 지난 10여 년간 러시아는 엄청난 사회변화를 경험하였다. 페레스트로이카에서 시작하여 공산체제의 몰락과 새로운 러시아의 건설에 이르기까지 러시아의 변화는 그야말로 지난 10여 년간 세계의 주목을 받아왔다. 러시아 사회의 변화가 혁명적이었던 만큼 러시아 사회에 대한 이해에도 혁명적이라 할만한 변화가 초래되었다. 그동안 철의 장막 속에 갇혀있던 각종 문서와 정보들이 공개되었고 이는 그동안 러시아를 이해하기에 필요한 물리적 및 심리적 장치들이 제거되는 결과를 가져왔다. 그 결과 러시아에 대한 보다 현실적인 이해가 가능해진 것이다.

본서에 수록된 여러 논문들이 집필되는 동안, 필자는 물론 이러한 변화가 가져다주는 유익함과 즐거움을 누릴 수 있었다. 동시에 페레스트로이카 이전의 러시아에 대한 이해가 얼마나 한계가 있는 것이었는가 하는 점도 실감할 수가 있었다. 사회주의 이데올로기가 사회의 추동력으로 사용되는 것이 얼마나 위험한 것인지, 그리고 그 이데올로기가 얼마나 우리의 눈을 멀게 하였는지에 대하여도 실감할 수가 있었다. 필자가 외국로서의 러시아를 연구함에 있어서 때때로 정신분석이라는 방법을 시도하였던 것은 바로 이데올로기의 맹목성에 대한 반성 때문이기도 하였다. 필자의 이러한 지적 경험이 본서를 읽게되는 독자들과 공유되었으면 하는 마음을 가지고 있다.

언제나 그렇듯 책 하나를 발간하는 일에는 여러 사람들의 보이지 않는 수고가 있었다. 그러한 분들의 수고와 격려가 없었더라면 이 책은 발간되기 어려웠을 것이다. 필자는 필자의 근무처인 한국정신문화연구원은 물론, SAT II 한국어진흥재단, 국사편찬위원회, 독립운동사연구소, 부산대 중소문제연구소, 해외한민족연구소, 연세대 동서문제연구원, 동아일보사, 역사비평사, 교육개발원, 서울대 소련동구연구소, 슬라브학회, 국제정치학회 같은 여러 단체, 연구소, 학회로부터 원고를 청탁받았고 이에 응하여 집필하였다. 이러한 점에서 볼 때 본서에 수록된 글은 필자의 관심일 뿐만 아니라 우리 사회의 학계와 언론, 출판계의 관심사이기도 하였던 것이다. 위의 기관들과 그 관계자들에게 이 기회를 빌어 감사의 말씀을 전한다. 사회의 요구는 필자로 하여금 글을 쓰게 만들었고 필자는 사회가 읽을 수 있는 글을 쓰려고 노력하였던 것이다. 이러한 과정을 통하여 한국과 러시아의 관계와 그 변화가 조금이라도 분명하여졌으면 하는 바람을 가지고 있다. 필자의 이 작은 소망이 얼마나 성취되었는지를 판단하는 것은 이제 사회의 몫이다.

오랜 학업의 과정에서나 학계에서 활동함에 있어서 물심양면으로 지원을 아끼지 않으신 나의 부모님과 장인, 장모님께 감사를 올리며, 언제나 나의 힘이 되어준 아내에게 고맙게 생각한다. 성중, 성연 두 아이의 성장은 나에게는 언제나 위안이 되었다. 미처 다 표현하지 못한 가족들에 대한 사랑이 이 인사를 통하여 조금만이라도 전달되었으면 하는 마음이 간절하다. IMF관리체제라는 어려움 속에서 본서의 출간을 맡아주신 국학자료원의 정찬용 사장님께 진심으로 감사를 드리며 또한 책의 편집과 교정을 맡아 수고하여 주신 한봉숙 편집장에게도 감사의 마음을 전한다.

위에서 언급한 모든 분들의 사랑과 격려에도 불구하고 이 책이 가질 수 있는 부족함은 오로지 필자 자신만의 것이라는 사실만은 새삼스럽게 언급할 필요조차도 없겠다.*

1999. 4

청계산 기슭에서

권 희 영

목차

제 2 부 소련의 역사해석과 한국사

제 3 부 한국과 러시아 : 그 변화

제 1 부 소련의 한인과 민족운동

근대 한민족 유이민의 역사적 특징

1. 머리말

대개 어느 민족이나를 막론하고 이민이란 강한 생명력의 상징으로 표현될 수 있다고 본다. 낯선 환경에 자신을 내던지고 새로운 문화에 적응하면서 자신의 모습을 지켜나가는 모습은 충분히 강한 생명력의 상징이 될만하다. 그러나 우리 한민족의 경우에는 이러한 모습이 한층 더 강하게 부각되는 측면이 있다고 생각된다. 그것은 근대에 한민족의 국가로서의 조선이나 대한민국이 처해있던 국제환경에서의 위치와 한인 이민의 생명력이 더 한층 강하게 대조될 수 있기 때문이다.

그렇지만 이러한 다소 초보적인 막연한 상징을 넘어서서 이민의 모습을 구체적으로 이해하기 위해서는 이민이 어떠한 조건에서 어떻게 이루어졌는가 하는 것을 정확히 파악해야 하는데 이는 이민사를 이해하는데 있어서 필수적인 사항이다. 말하자면 이민의 역사적 조건이 이민의 현재적 상황을 규정하는 결정적인 요인으로 작용하는 것이 일반적이기 때문이다. 또한 이 역사적 조건에 의해서 이민은 서로 다른 이미지를 제공할 수 있다. 이민이 본국 사람에게 한편으로는 부러움의 대상이 될 수도 있고 다른 한편으로는 동정의 대상이 될 수도 있다. 또한 이민자들은 조국을 버렸다는 느낌을 가질 수도 있고 아니면 새로운 개척자적 사명감을 가질 수도 있다. 또한 이민자들도 본국에 대하여 강한 소속의식과 자랑을 느끼게 될 수도 있고 또한 소원함을 느끼게 될 수도 있다.

그런데 이민과 본국의 사람들을 하나로 묶는 연대감이 존재하게 하고 이를 발전시켜 나가기 위해서는 이러한 역사적 조건에 대한 분석이 정확하게 이루어지고 이에 따르는 구체적인 대책이 필요할 것이다. 따라서 본국의 한인들과 이민 한인들이 서로 정확히 상호 이해를 하기 위하여 그리고 올바른 관계를 수립하기 위하여 이민의 역사적 특징을 검토하는 일은 의미 있는 일이며 이는 좀 더 활발하게 연구가 진행될 필요가 있다. 본고는 이민사에 대한 이같은 본격적 연구를 위한 문제설정을 목적으로 한다.

2. 근대 한민족 유이민사의 시기구분

조선시대 한민족은 한반도라는 생활무대를 크게 벗어나지 않았다. 국가에서 해외와의 활발한 교류를 원하지 않았을 뿐만 아니라 유교적 생활규범이 해외 교역이나 해외와의 접촉을 그다지 필요로 하지 않는 그러한 사회였고 필요에 의하여 관계가 이루어진다고 하더라도 그 범위는 국가간의 외교관계 및 그에 따른 소규모의 무역 정도가 고작이었다. 한마디로 하여 자족적인 사회라고 할 수 있을 것이다.

그러나 19세기 후반기에 들어와서 이같이 자족적인 조선사회에 인구이동을 포함한 사회적 변화가 나타나게 되었다. 해외로의 한국 유이민이 시작되는 것은 대개 1850년대 말 혹은 1860년대 초라고 간주된다. 이 시기는 아직 한국이 개항하기 이전의 시기이며 따라서 한국으로부터 유이민이 시작된 것은 반드시 외적 충격으로 인한 영향 때문이라고 말하기는 어렵다. 오히려 그보다는 내부적인 문제 때문에 한국인의 해외 유이민이 시작되었다고 보는 것이 타당하리라고 본다.

한국에서의 해외 유이민이 시작된 가장 근본적인 이유는 경제적인 이유이다. 이 경제적이라는 말 속에는 여러 가지가 들어갈 수가 있으나 무엇보다도 농업을 위주로 하여 살아가는 조선사회에서 토지가 부족하고 농업의 생산성이 인구증가를 따라가지 못하는 그러한 한계상황에서 유이민이 발생하게 되었다고 보아야 한다. 그것은 바로 1860년대 초기의 이민이 농업을 위주로 하는 농민들이었고 이들이 생존의 위협에 직면하여 자기가 경작할 수 있는 토지를 찾아서 연해주 혹은 만주 등지로 이주하였던 역사적 사실로부터 확인될 수 있다.

이같이 하여 시작된 한민족의 유이민은 대략 4시기로 나누어 볼 수 있을 것이다.[1] 그 첫째의 시기는 1860년대부터 1910년 까지의 시기 즉 조선-대한제국의 시기에 걸치는 시기이며 이 시기의 한민족 유이민은 경제적인 궁핍을 면하기 위한 농업이민(혹은 노동이민이라고 하더라도 농업노동)이 거의 압도적으로 주류를 차지하였다. 이들은 주로 연해주나 만주로 도보로 혹은 배를 타고 이민을 하였으며 이들은 국가간에 이민협정을 맺은 상태에서 이민한 것이 아니고 일단 자발적으로 이민을 한 후 해당국에서 사후 거주승인을 하는 형식으로 이민이 이루어진 것이다. 그렇지만 이 시기에도 공식적인 이민을 한 경우가 있다. 미국 하와이로의 이민이 그것인데 하와이에는 1899년부터 한국의 인삼상인들이 소수이지만 이주하기 시작하였으며 1902년부터는 대한제국정부가 하와이 이

---

1) 이같은 한민족 유이민의 시기구분은 필자의 개인적인 의견이다. 필자는 무엇보다도 국가의 이민정책과 관련하여서 한인 이민의 큰 분수령은 1962년의 이민법 제정이라고 생각하고 있으며 이 이전의 시기는 우리 민족으로서는 역사적으로 격동기에 처해 있어서 국가의 존립을 기반으로 하여 즉 국가가 독자적으로 이민문제를 관장할 수 있었던 시기와 그렇지 못한 시기가 구분이 된다고 생각하여 일제 시기를 전후하여서 3단계로 구분하는 것이 타당하다고 생각하였다.

민사업을 지원하여서 1902년 12월 22일 첫 해외이민이 시작되었던 것이다. 이들 한인들은 1903년 1월 13일 호놀룰루 항에 도착하여 공식 이민의 첫발을 내딛었다. 이로부터 1905년까지 3년간 모두 7226명이 하와이로 이주를 하였다. 이들 중 1003명이 다시 1905-07년 사이에 캘리포니아 같은 본토로 이주를 하였다.[2] 이리하여 미주에서의 한인 이민의 역사가 열리게 된 것이다. 그러나 이 시기에 미국정부는 한국인을 포함하여 동양계 이민에 대하여는 강한 거부감을 가지고 있었다. 중국인에 대한 반대운동은 이미 1850년대부터 시작되었으며 1924년에는 미 의회에서 동양계 이민을 배제하는 배제법(Exclusion Act)가 통과되었던 것이다. 따라서 미국으로의 이민은 계속 될 수가 없었다.

또한 멕시코로도 공식적인 이민이 이루어졌다. 1905년 3월 6일에는 멕시코의 유카탄반도로 향하는 이민선에 모두 1033명이 타고 이민을 떠났다. 이들은 4년간의 계약으로 메리다 지방 에네켄농장으로 배치가 되었는데 이들 중 291명의 한인은 다시 1921년 3월 11일 멕시코를 출발하여 쿠바 맛나치에 도착하여 농장노동을 하기도 하였다.[3]

한국 유이민의 여명기라고 할 수 있는 이 시기에 한민족 유이민의 수는 대략 10만명 내외가 되었을 것이라고 판단한다. 이 시기에 이루어진 이민은 중국과 러시아로의 이민이 대량으로 이루어졌으나 거의 유민적 성격을 띄었으며 이들은 현지에 도착하여 거의가 막노동 혹은 농업에 종사하였다. 이민적 성격을 가진 미국과 멕시코로의 이주는 농업노동을 위한 것이었다.

한민족 유이민의 두 번째의 시기는 1910년부터 1945년까지의 일제하의 시기라고 할 수 있겠다. 일제가 한국을 강제로 합병하고 한민족은 주권을 상실 당하고 일본으로부터 경제적으로 침탈 당하면서 해외로의 유이민이 증가하게 되었다. 이같이 해외 유이민이 증가하게 된 이유는 우

---

2) 최협, 박찬웅, 『세계의 한민족:미국―캐나다』, 통일원, 1996, pp.42-44
3) *Ibid.*, pp.44

선은 일본인의 한반도 진출로 인하여 삶의 터전을 박탈당한 한인들이 생활을 찾기 위하여 이민하거나(만주 등지로의 농업이민) 혹은 보다 나은 기회를 차기 위하여 노동이민을 떠나거나(일본 등지로의 자발적 이민) 혹은 일부의 정치지도자들같이 정치적인 이유로 망명을 하거나였다. 이 일제하의 시기는 두 시기로 나누어지는데 첫 번째인 전기에는 위와 같은 내용의 이민이 주류를 이루었지만 1939년 이후로는 일제가 전쟁을 일으키고 전쟁에 동원하기 위하여 한반도로부터 한민족을 강제로 모집-관주선-징용 혹은 징병, 군대위안부의 형태로 동원한 강제이민이라고 할 수 있는 강제연행정책이 이루어진 시기였다. 어쨋든 국가가 주권을 상실했던 시기에 이루어진 이민이라는 점에서 양자는 공통이며 이 일제시기에 한민족 역사상 최대의 유이민이 발생하게 되었음이 사실이다. 이 시기에 적어도 300만 이상의 한민족이 해외에 흩어져 거주하게 되었다. 따라서 한민족 디아스포라가 발생하게 된 가장 큰 역사적 이유는 바로 일제의 한국지배라는 것을 우리는 알게되는 것이다. 이 시기의 한민족은 1기에 이루어진 중국 만주지역과 러시아지역, 중앙아시아지역(1937년에 이루어진 스탈린의 한인강제이주정책으로 인함) 그리고 주로 제2기에 이루어진 일본지역에 거주하게 되었으며 일본이 태평양전쟁을 일으킨 후에는 동남아시아 및 태평양지역의 일본군 점령지역에도 분산되어 거주하게 되었다. 그러나 태평양지역의 마이크로네시아에는(특히 마리아나군도) 사탕수수 재배를 위해 이주하는 등 한인들이 이주민적 성격이 강하였지만 동남아시아지역은 이주민이라기보다는 군인, 군속 등의 임시거주자라고 할 수 있다. 일본 본토, 사할린, 치시마열도 등에도 한인들이 다수 거주하였고 특히 전쟁말기에는 강제동원된 한인들이 임시로 다수 거주하였다. 종전시 일본에 거주하였던 한인은 약 210만을 상회하였다.

이 시기에 이루어진 이민이 중국과 러시아를 제외하면 거의 일본 및 일본의 점령지역에 국한되었던 것은 사실이지만 그밖에도 국적으로는 일본인이었지만 한인들이 다른 지역으로도 진출하였다. 브라질의 경우가 그 한 예인데 1908년부터 시작된 일본인 이민 사이에 끼어서 1920년대 중반에 김수조, 장승호씨 등의 한인들이 브라질에 정착하게 되었다.4)

한민족의 유이민의 이루어지는 다음의 시기는 1945년 한국의 해방 이후부터 1962년 이민법이 제정되기 이전까지의 시기이다. 이 시기에는 우리 정부는 체계적인 이민정책을 가지고 있지 못하였다. 이 시기는 우선 이민보다는 그 전시기에 흩어졌던 한인들이 대거 귀국하던 시기였다. 이어서 전쟁이 발발하여 많은 전쟁고아가 발생하게 되었고 이리하여 전쟁과 관련하여 이시기에 한국을 후원해준 미국으로의 이민이 있었다는 것을 특징으로 말할 수 있다. 즉 한국전쟁에 미국이 참전하는 것을 계기로 하여 1951년부터 1964년까지 6423명 그리고 1977년까지 계산하면 37063명의 한인여성들이 미국군인과 결혼하여 미국으로 이주하게 되었고 또한 1950년부터 1964년 사이에 6293명의 한국고아들이 미국으로 입양되었는데 이들 중 59%는 혼혈아였으며 41%가 한국인의 고아였다. 그 외에도 1945년에서 1965년 사이에 약 6천의 유학생이 미국으로 학업을 떠났으며 같은 기간에 약 2-3천의 한국인의사들도 미국으로 이주를 하였다.5) 기타 스웨덴, 덴마크 등의 나라로 한국의 전쟁고아 혹은 기타 사유로 고아가 된 아동들이 입양된 것을 들 수가 있다. 이 시기는 따라서 해방이 되어 독립된 정부를 갖기는 하였지만 아직 국력이 신장되지 못하고 뜻하지 않은 전쟁으로 인하여 많은 사회적 문제가 일어나는 가운데 전쟁고아나 미군의 배우자가 된 사람들이 이민의 주류를 형성한 것이고 이러한 의미에서 한인사회 유지와 연결된 이민이 아니라 타 민족사회에 흡수되는 이민이 주류를 이루었다고 할 수 있다.

이같은 종류의 또 다른 이민의 예로 우리는 소위 중립국포로들의 이

---

4) 김우진, 「브라질 한인의 이민사」, 『세계 속의 한국문화』, 제1회 세계 한민족 학술회의, 한국정신문화연구원, 1991, p.230
5) 박영수, 「미주 이민과정과 한인의 생활상」, 『세계 속의 한국문화』, 제1회 세계 한민족 학술회의, 한국정신문화연구원, 1991, p.146

민을 들 수 있다. 이들은 한국전쟁 당시 포로가 되었다가 휴전협정 당시 중립국을 선택한 사람들로 이들 중 50명은 1956년 1월 6일 리오데자네이루 공항에 도착하였으며 이들은 무국적자로 브라질에 정착하게 되었다. 이들은 대부분 브라질 사회에 깊이 동화되어서 대부분 결혼도 브라질 여인들과 하였고 정체성도 같이 가지고 있었다.6) 이들은 사상적인 갈등 등이 원인이 되어서 한인의 정체성을 부정하는 그러한 모습도 보이고 있다.

그렇지만 이 시기에 이루어진 이민자들이나 그 자손들이 많은 어려움을 경험하고 있다가는 보고가 있다. 미국으로 입양된 아이들은 대개 중류층 백인 기독교 가정에 입양되어서 입양과정 자체에는 큰 문제가 없었으나 아이들이 청소년기로 성장하면서 인종차별로 인하여 정체성의 혼란을 경험하고 있다는 것이 밝혀졌다. 미군군인의 부인으로 이민한 사람들도 대개 교육정도가 낮고 의사소통과 문화의 차이로 이혼율도 높고 아이를 양육하는데도 어려움을 느끼고 있는 것으로 알려졌다.7)

이상으로 보면 아무리 경제적인 어려움이 있더라도 해외한인사회 유지가 가능한 환경에서 이루어진 이민은 한인 정체성을 유지하는데 어려움은 있더라도 그것이 고통을 초래하지는 않지만 이민 초기의 심적 외상을 당한 경우에는(중립국 포로, 고아, 상당수 미군군인 부인) 많은 경우에 정체성의 유지가 어려울 뿐만 아니라 적대감을 가지는 경우도 있다는 것을 알게 된다.

한인들의 해외이민이 본격적으로 추진된 것은 1962년부터의 제4기에 들어가서였다. 이시기의 특징은 한민족이 주권을 찾은 상태에서 이루어진 이민이라서 종래와 같은 유민 혹은 난민적 성격이 아니라 체계적이고 정책적인 이민과 자발적인 이민이 결합하여 이루어진 이민이라는 것을 그 특징으로 한다. 따라서 이 시기의 한국인의 해외이주는 정식이민

---

6) 김우진, *op*.cit., pp.230-231
7) 최협, 박찬웅, *op.cit*., p.46

으로서 간주될 수 있으며 이 시기 한민족의 이민이 발생하게 된 데에는 한국에서의 경제성장 즉 농업국가에서 산업국가로의 사회구조의 전환이 큰 역할을 하게 되었다고 할 수 있다.

한국에서는 1950년대부터 이민에 대한 정책적인 논의는 있었지만 아직 공식화되지 못하다가 1960년 제2공화국이 성립하면서 남미로의 이민 바람이 불기 시작해 민간단체들에 의하여 이민이 추진되기 시작하였다. 그리하여 1960년에 한백협회가 정부에 등록하여 브라질에 설립한 한백문화협회와 이민사업을 추진하였다. 이같은 이민단체가 4.19 이후에 7개나 정부에 등록하였으며 정부는 이를 모두 해체하고 1961년 1월 한국이민협회로 통합하였다. 그러다가 이민계획이 구체화된 것은 5.16이후의 일이 된다. 국가재건최고회의는 이민업무전담 특별보좌관을 두어 해외이주법을 준비하도록 하였고 다른 한편 정일권 주미대사로 하여금 브라질을 방문하여 이민을 교섭토록 하였다. 정부는 이민사업을 국가정책으로 채택하게 된 것이다.[8] 이때부터 한국의 이민은 비로소 정책적인 차원에서 추진된다. 1962년 2월에 정부는 '해외이민법'을 제정하여 해외이민을 공식적으로 추진하기 시작하였다. 이때부터의 이민을 신이민이라고도 부르는데[9] 이 신이민의 특징은 국가의 공식적인 채널을 통하여 상대수민국과 교섭을 가지고 정식으로 자격이 부여되었다는 점에서 자연발생적으로 이루어진 그 전시대의 이민 혹은 산발적으로 이루어진 그 이전의 이민과는 구별된다고 하겠다.

이 시기부터 추진된 이민으로 인하여 한민족은 그야말로 세계적으로 널리 퍼지게 되었다. 먼저 한인들의 신이민의 대상지로 선정되었던 첫번째 지역은 남미였다. 남미의 브라질 이민희망자 17가구가 1962년 12월 18일 부산항을 떠나 1963년 2월 12일 브라질 산토스 항에 도착한 것이 처음의 이민이라고 할 수 있다. 이후 1966년까지 브라질로의 이민이 이

---

8) 전경수, 『해외의 한민족:중남미』, 통일원, 1996, pp.52-53
9) 이광규, 『세계의 한민족:총관』, 통일원, 1996

루어졌으며 이들 이민은 농업이민이 본래의 목표였으나 그 목표를 달성하지는 못하였고 이민자들은 주로 도시의 사업활동에 종사하게 되었다. 그와 함께 파라구아이에는 1965년 4월에 첫 이민 95명이 도착하였고 아르헨티나에는 1965년 10월 14일 13세대 78명이 첫 이민이 되었다. 이 남미지역에는 농업이민이 성공하지 못한 대신 1980년대부터는 새로운 이민형태가 등장하게 되었다. 1985년 4월 29일 한국과 아르헨티나는 이민에 관련된 협정을 맺고 투자이민이 가능하게 하였다. 이후에 아르헨티나로의 이민은 연 1천 세대 이상이 이루어지는 등 각광을 받았다. 그리하여 현재는 약 4만 정도의 한인 이민이 존재하는 것으로 파악된다. 그리고 중남미 전체로는 약 9만 정도의 한인들이 거주하게 되었다.[10]

한인들의 신이민의 대상지로 가장 각광을 받은 지역은 역시 미국이었다. 미국은 1965년부터 새로운 이민법인 하트-셀러법(Hart-Celler Act)을 제정하여 연고자 의한 초청이민과 전문직 기술이민이 가능하게 되었는데 1976년에는 다시 이민법이 개정되어 전문직 기술이민이 줄어들고 초청이민이 다시 증가하게 되었다.[11] 미국으로의 이민은 특별한 의미를 지니고 있다. 왜냐하면 흔히들 미국의 꿈(American dream)이라고 표현되듯 미국은 세계에서 최강의 국가로 한인들은 부유하고 기회가 제공되는 나라에 가서 성공하겠다는 희망으로 부풀어 있었기 때문이다. 따라서 이 지역에 이민자는 다른 지역과도 달리 대부분 중산층 이상의 이민들이 주류를 이루었다고 할 수 있다. 그리고 현재 170만에 이르는 수가 말해주듯 획기적으로 많은 이민이 정착하였던 것이다.

이어서 유럽이나 기타 지역에 이민이 이루어진 것도 바로 이 시기라고 할 수 있다. 유럽에는 원래 외국 이민을 받는 것을 정책으로 채택하지 않고 있었기 때문에 이민이 쉽게 이루어질 수 없었다. 그러다가 독일을 방문한 박정희 대통령과 독일의 뤼브케 대통령에 의하여 독일이 우

---

10) 전경수, *op.cit.*, pp.66-69
11) 최협, 박찬웅, *op.cit.*

리 나라에 산업기술을 제공하는 기술원조의 일환으로 1963년 한국정부와 독일 석탄광산협회가 협정을 체결하여 광부들이 서독에 파견되었다. 광부들은 15년간 모두 8395명이 파견되었다. 한편 간호원은 1965년에서 1969년 사이에는 개별적으로 취업을 하다가 1969년 한국의 해외개발공사와 독일병원협회가 정식으로 계약을 체결하고 한국의 간호원이 대량으로 독일에 취업하게 되었다. 간호원은 1965년 18명을 시작으로 하여 향후 13년간 모두 10371명이 독일로 취업하였다. 그 외에도 1971년에서 75년 사이에 모두 931명의 한국인이 기술자의 명목으로 독일에 유입되었다.12) 이렇게 이주한 사람들이 유럽교민의 주류를 이루고 있다.

이같이 하여 한인들은 모두 4기에 걸쳐서 유이민을 하였고 이같이 하여 해외140여 개 국에 거주하게 된 한인은 1995년 현재 약 522만 명에 이른다.

그런데 우리는 이미 살펴본 바와 같이 네 시기에 걸쳐 이루어진 한국의 유이민이 각기 그 역사적 배경을 달리하고 있음을 알았다. 따라서 한인 유이민의 성격도 각기 그 특징을 달리함을 우리는 확인할 수 있다. 편의상 말하자면 제1기의 한민족 유이민은 문자 그대로 유민이 대다수라고 할 수 있다. 이 유이민은 한국측에서 국가가 체계적으로 정책상의 배려를 전혀 하지 못한 상태의 이민이라고 할 수 있으며 그러한 의미에서 문자 그대로 유민이라고 보는 것이 타당하다. 이 유민상태의 한인은 오로지 상대국의 의사에 따라 그 처지가 일방적으로 결정되었으며 이러한 이유 때문에 한민족유민들은 심한 탄압과 불이익을 받았다고 할 수 있다. 현재 중국과 러시아, 및 중앙아시아에 거주하는 한인들은 바로 이같은 유형의 이민들의 후예라고 할 수 있다. 1903-5년 사이에 하와이와 멕시코로 보내진 이민은 정책적으로 이루어지기는 하였지만 이주자들이 자금도 가지지 못하였고 대한제국정부가 국력이 미약하여 전혀 사후지

---

12) 이광규, 『세계의 한민족:유럽』, 통일원, 1996, pp.75-77

원을 할 수 없었던 상황이라서 유민은 아니더라도 그와 거의 유사한 상황에 처하게 된다.

일본의 조선 지배로 시작되는 제2기의 특징은 제1기와 마찬가지로 유민의 상태가 다수를 이룬다. 일본의 토지조사사업 등으로 토지를 상실하게 된 한국농민은 남부여대하여 주로 만주 및 연해주 지방으로 이주를 하게 되었으며 이러한 한인들의 이민에 일본정부는 어떠한 지원정책도 실시하지 않았다. 한민족은 또한 현지에 도착하면 법적 뒷받침이 없이 온 유민으로서 불이익을 받아내야만 하였다. 이러한 의미에서 한민족은 여전히 유민의 상태로 이주한 것이다. 이 시기에 일본으로도 많은 한인들이 이주하였는데 이들은 일본관헌으로부터 통제를 받았다. 그리고 각종의 불이익을 받으면서 이들은 일본사회에 정착하게 되었다. 1939년부터 시작된 강제연행정책은 이러한 재일한인의 수를 엄청난 수로 증가시켰다. 따라서 일제시기의 유이민은 그 기본적인 성격이 유민 내지는 강제적으로 노역에 종사한 강제이민이라고 규정할 수 있을 것이다. 현재 일본의 일부의 재일교포, 일부의 사할린한인, 일부의 중국교포들이 이 범주에 속한다.

제3기의 이민은 국가가 주권을 가지고는 있었지만 전쟁을 치르면서 이민정책이 부재하는 가운데 이루어진 것으로 이 시기는 이민이 이루어졌지만 자민족의 아이덴티티를 가지기 어려운 조건에서 이루어진 자문화 상실적 이민이었다. 그렇지만 이 자문화 상실적 이민은 손쉽게 수민국의 문화에 동화가 가능하겠지만 심층적인 차원에서의 동화가 이루어지는 것은 어려운 일이라고 할 수 있으며 또한 인종적인 차원에서의 동화는 수 세대가 경과해야만 이루어지는 것이기 때문에 완전한 동화가 이루어지기 전까지의 단계에서의 충격을 흡수할 수 있는 여건의 조성이 필요하게 된다.

제4기에 들어와서 한민족의 이민정책은 비로소 시작되었다. 그리고 이민은 가속화되었다. 그 이유는 무엇보다도 한반도가 토지가 협소한데

다가 과잉인구로 말미암아 삶의 터전으로서 한계를 가지고 있기 때문이었다. 그리하여 세계각지로 한인 이민들이 퍼져나갔다. 미국이나 캐나다 등의 북미, 태평양지역, 유럽, 남미 등지로 한민족이 뻗어나가게 되었다. 이 시기는 그러나 국가의 지원도 존재하였고 또한 대한민국이 경제적으로 성장하는 것을 배경으로 하고 있었기 때문에 어려움은 있었지만 해외 한인들이 유민적 상태를 벗어나서 정식이민이 주류를 이루고 합법적으로 정착하여 경제적 자립을 이루고 부의 축적을 이루는 도약의 시기라고 할 수 있다. 그와 함께 해외 이주 한인의 수가 폭발적으로 증가하여서 이에 대한 적절한 대책이 절대적으로 필요한 시기가 되었다.

3. 근대 한민족 유이민의 역사적 성격

이상과 같은 시기구분을 통하여 볼 때 우리는 한민족 유이민에 대하여 다음의 특징을 발견하게 된다. 우선 첫째로 한민족공동체 즉 전세계에 흩어져 살고 있는 한인들의 심리적인 정체성이 형성될 수 있는 공동의 이미지로서의 한민족공동체에 관한 문제이다. 한인들은 디아스포라 한인사회를 단지 타율에 의하여 만들어낸 것이 아니라 자발적으로 만들어내기도 하였다는 것이다. 한민족의 해외 이주는 단지 강요에 의해서만 이루어진 것이 아니다. 그것은 한인들 스스로가 삶을 개척하기 위하여 스스로의 길을 개척해나간 개척자적인 자주적인 역사였다고 말할 수 있다. 근대 한민족의 유민 자체도 이같은 자발성에서 시작되었다. 그렇기에 한국 근대의 유이민을 제국주의의 침략으로 인한 어쩔 수 없었던 유민으로서 한인유이민을 보는 시각은 이제 보완될 필요가 있다고 본다. 물론 특정한 시기 즉 일제시기에 일본으로 강제연행된 한인들은 비자발적으로 이루어진 유민이었다고 할 수 있다. 그러나 이러한 비자발적인 유민들은 대부분 해방과 더불어 귀국하였다. 일본에 거주하는 한인들은 따라서 강요에 위해서가 아니라 경제적 여건 등으로 인하여 혹은 여러 가지 여건을 감안하여 일본에 남기를 선택한 사람들이다.13) 따라서 제2기에 강제적인 이민이 이루어졌다고 하더라도 그 상황은 전반적으로는 해소되었으므로 기본적으로는 세계에 흩어져 살고있는 한인 사회는 자발적인 이민으로 이루어졌다고 할 수 있으며, 그같이 세계로 한민족이 진출한 것은 근대에 들어와서 한민족이 가지고 있던 잠재적인 역동성이 표출된 것이라고 하겠다. 이같은 역동성은 그 이전 시기 즉 조선시대 약 5세기 동안은 찾아볼 수 없던 것이어서 조선시대의 한민족이 가지고 있던 전통적인 에토스와 확실하게 구별되는 점이라고 할 수 있겠다. 한민족이 가지고 있던 고대 사회, 그리고 고려시대의 전통적인 진취적 기상이 바로 근대에 들어와서 불리한 여건 속에서이기는 하지만 표출되었다고 보는 것이 정당할 것이다. 이같은 자발적인 해외진출 그리고 이질적인 삶의 환경을 극복하면서 새롭게 수민국 현지에서 살아보려는 노력은 우리가 경제발전을 해보겠다는 의지로 새롭게 역동하던 시기인 1960년대부터 다시금 활발하게 진행되었음은 주지의 사실이다.

그리고 바로 이민사회에서 이민들이 가지고 있는 이러한 개척정신과 기여를 긍정적으로 인식할 수 있도록 함이 바람직하다. 특별한 어려움을 안고 출발한 자문화 상실적 이민이 아니라고 하더라도 이민자들은 이민 초기 그리고 이민후기에 각별한 어려움을 체험하고 있는 것으로 밝혀졌다.14) 이같은 어려움이 극복되기 위하여서는 이같이 모국문화에서 이민자들의 기여을 긍정적으로 인정하는 가치와 접촉이 필요할 것으로 생각

---

13) 물론 사할린 한인은 여기서 제외된다. 이들은 일본에 의해 강제징용 되었으므로 일본이 전쟁에서 패배하면서 한국송환의 책임을 다하여야 함에도 불구하고 그 역할을 다하지 못하여 현재까지도 사할린에 거주하고 있다. (권희영, 『세계의 한민족:독립국가연합』, 통일원, 1996, pp.79-89)

14) 이민자들은 보통 초기 1-2년간 exigency 단계, 그 다음의 약 10년간 resolution/optimism 단계 그리고 이민생활 15년 정도가 지나면 stagnation 단계에 도달하여 실존적인 공허감을 가진다고 한다. (박영수, *op.*cit., pp.157-58)

된다.

두 번째의 특징으로 말할 수 있는 것은 해외의 한인 이민은 한민족이 가지고 있는 문화적인 가치를 상당한 부분 온존하고 있다는 특징을 가진다. 즉 민족적인 정체성을 보다 뚜렷하게 가지고 있다는 점이 특징이라고 할 수 있다. 물론 이같은 것을 특징으로 지적하기 위해서는 여러 가지 차원에서 문제들이 검토되어야 한다. 이같은 민족적 정체성을 강하게 가지고 있다는 것이 현지에서 적응하는데 반드시 좋은 여건으로만 작용하는 것은 아니며 따라서 이 문제는 맹목적으로 민족의식을 고취시키고 현지인들과의 구별된 독립적인 생활단위를 지향하는 차원에서 논의되어서는 안된다. 단지 요지는 민족적 정체성의 확립은 해외에서 소수민족으로서 생존해나가는데 필요한 최소한의 기초적인 심리적인 안정을 위하여 필요하다는 것이다. 원래 이민자들는 흔히 한계인으로서의 존재를 가지게 마련이다. 이는 한편으로는 해방감을 주지만 다른 한편으로는 불안과 공포 등의 감정을 주게 된다. 이러한 부정적인 감정을 중화시키기 위해서는 모국문화와 새로운 이민국 문화의 균형 있는 접촉이 필요하다.15) 그리고 바로 이같은 균형 있는 문화접촉을 통한 균형감 있는 정체성의 확립이 이루어져야만 소수민족으로서의 어려움을 당한다고 하더라도 건강하게 살아갈 수 있는 것인데 바로 이점에 있어서 한민족은 세계 여러 지역에서 많은 탄압과 어려움을 경험하였음에도 불구하고 바로 이를 찾으려고 노력하였고 지켜왔다고 할 수 있다는 것이다.

세 번째로 지적할 수 있는 것은 한민족이 포함하고 있는 민족적 정체성이 다소 폭이 좁은 것이 아닌가 하는 점이다. 이 말은 흔히들 일반적으로 우리는 한인의 범주에 양친이 모두 한인으로 구성된 경우에만 한인으로 인정하는 경향이 있으며 바로 이러한 협소한 의미에서 한인의 자기규정을 하기 때문에 한인들과 외국인들 사이에서 태어난 2세 혹은

---

15) 박영수, *op.cit.*, p.161

3세를 한인공동체에 제대로 편입시키지 못한다는 점이다. 여기서 강조하고 싶은 것은 한인과 외국인(예컨대 미국인)사이에 2세가 태어났을 경우에 이 아이는 당연히 한인으로서의 정체성과 미국인으로서의 정체성을 가지고 있어야 하고 정체성을 그렇게 가질 수 있도록 해주어야 한다는 점이다. 즉 혼혈의 정체성을 인정해주어야 한다는 점이다. 혼혈을 범주의 변방에 설정하여 이들이 한계인들로서 살아가도록 혹은 한민족으로서의 정체성이 상실되도록 해서는 안된다는 것이다. 나는 이 말을 열린 정체성이란 말로 표현하고 싶다. 그리고 협소한 정체성을 갇힌 정체성이란 말로 표현하고자 한다. 정체성은 원래 제대로 갖추자면 열린 정체성을 가져야 한다. 개인적인 차원에서 볼 때도 유아기의 정체성과 청소년기의 정체성 그리고 성인기의 정체성이 같을 수는 없다. 발전이란 기존의 정체성을 바탕으로 하여 새롭게 변화된 현실에서 자신의 위치를 다시 확인하는 방법으로 정체성이 재구성되어야 한다. 이는 개인의 인격적인 성장을 위하여서는 반드시 불가피한 부분이다. 마찬가지로 한민족의 정체성이 열려진 상태로 있어야 한다고 생각한다. 한민족의 정체성은 우리의 전통에 의해서만 규정될 것이 아니라 우리의 현실 그리고 우리가 예기하는 미래에 의해서도 새롭게 규정되어야 한다. 그런데 바로 이점에 있어서 우리의 노력은 다소 부족하지 않았는가 싶다. 전통을 고수하고자 하는 이면에 바로 세계화 시대에 걸맞은 이같은 심리적인 준비가 좀 필요할 것이라고 본다. 이같은 심리적 준비가 우리에게 부족했던 이유는 우리가 과거에 단일민족으로 살아와서 이민족의 문화 혹은 이민족 자체와 더불어 공생하는데 대한 훈련이 부족하였기 때문이라고 생각한다. 그러나 근대에 들어와서 이루어진 한민족의 흩어짐이 바로 그같은 심리적 준비를 갖출 것을 요구하고 있다. 따라서 우리는 한인과 러시아인, 중국인, 미국인, 기타의 외국인들과의 사이에서 태어나 혼혈을 정당하고 당당하게 우리 한민족 정체성을 공유하도록 격려하고 장려하여야 할 것이다. 물론 이는 다른 외국민족의 정체성을 포기하라는 것을 의미하는 것이 아니라 그것을 공유하도록 하여야 한다는 것이다.

4. 맺음말

이미 앞서 살펴보았듯 한민족은 근대 약 130년간에 522만여 명이 해외에 거주하는 세계적 차원에서 볼 때 유태인과 유사한 한인 디아스포라를 이루게 되었다. 그러나 한인의 유이민이 이루어지는 주요한 시기에 한국은 정치적 경제적으로 낙후한 상태에 있었기 때문에 해외의 한인들에 대하여 효과적인 정책을 가지지도 못하였고 그 한인들을 한데 묶을 수 있는 정책도 그동안 활발하게 구사되지 못하였다. 지난 88년 올림픽 유치를 계기로 하여 1989년부터 시작된 한민족축전은 그러한 의미에서 한민족의 디아스포라를 동원하여 민족적인 정체성에 입각한 행사로서 기획된 의미가 있다. 그러나 이를 비롯한 해외 한인에 대한 대책은 이민의 역사를 비추어볼 때 그리 적극적이고 다양하지는 않다고 말할 수 있다.

그렇지만 해외의 한인은 한민족의 힘이고 또한 한민족이 세계문화에 동참함으로써 세계문화 발전에 이바지하는 기회를 열어주는 것으로 큰 의미를 지니고 있다. 미국의 한인 이민들의 성장과 실력을 바탕으로 하여 SAT에 선택과목으로 한국어가 채택된 것도 바로 이같은 것의 대표적인 예로 들 수 있을 것이다. 앞으로는 세계 각국에서 한민족의 문화와 현지 수민국의 문화가 서로 교류하고 서로 기여할 수 있는 기회가 확대되도록 노력하여야 할 것이다.

나아가서 해외의 한민족에 대한 정책은 올바른 인식하에서 추구되어야 한다. 한국민/한인의 올바른 구분과 독선적이 아닌 열려진 민족 정체성, 높은 적응력 및 현지 사회와의 화합이 이루어질 때에만 해외의 한민족은 장차 있을 지도 모르는 어려움에서 벗어나서 세계의 다른 민족 인종들과 공존하며 살아갈 수 있다. 이를 위하여서는 넘어서야 할 고비가 많다. 러시아에서의 한인박해, 중국에서의 한인에 대한 은밀한 제한, 미국에서의 한흑 갈등, 일본에서의 한인차별 등등 한인들은 해외에서 새로운 삶을 개척하여 살아가는 만큼 어려움 또한 겪고있는 것이 사실이다. 바로 이러한 문제들 때문에 해외의 한인에 대한 보다 본격적인 연구와 대책이 필요한 것이다.

인구규모에 비하여 유례없이 해외이민을 많이 가진 우리 민족은 바로 이같은 상황을 통하여 역사가 우리로 하여금 열린 정체성을 바탕으로 하여 현대 사회에 기여하도록 한 기회를 십분 활용하여야 한다. 그리고 이를 위하여 적극적으로 현지문화, 현지의 정치경제적 과정에 한인들이 동참할 것을 필요로 한다. <『해외한민족과 차세대』, 계명대학교 출판부, 1997>

한민족의 노령이주사 연구(1863-1917)

1. 머리말

1990년 현재 약 45만의 인구를 차지하고 있는 구 소련의 한인들은 19세기 말 1860년대부터 러시아 영토에 정착하기 시작하였다. 구소련의 한인들에 대한 우리의 관심은 특히 북방정책의 시작과 88올림픽 이후 급속히 확대되어 오늘날에 이르고 있다. 그러나 한민족의 노령이주사에 대한 학문적 연구는 별로 자세히 되어있지 않은 것이 현재의 형편이라고 말할 수 있을 것이다. 러시아의 한인에 대한 연구가 그동안 미진했던 이유는 소원했던 한소관계를 감안해볼 때 당연하게 이해할 수 있는 부분이다. 그러나 현재 소련 해체 이후의 한인들이 당하고 있는 어려움이나 역사적으로 재소한인들이 우리 역사에서 차지하고 있는 의미를 생각한다면 이 부분에 대한 연구는 더 이상은 미룰 수 있는 형편이 아니라고 생각한다. 더구나 그동안에 새로운 자료도 발굴되었고 새로운 자료를 이용할 수 있는 가능성이 확대되었기 때문에 우리는 변화된 상황에 따라 러시아 한인에 대한 연구를 진전시켜야 될 필요성을 가지고 있다.

   그런데 그동안에 한국에서의 러시아 한인에 대하여는 주로 독립운동
과의 관련하에서 연구되었다고 말할 수 있다. 그것은 러시아의 극동지방
이 특히 구한말에서 일제시기에 걸치는 시기에 독립운동가들의 주요한
활동지역을 구성하고 있었고 그리하여 재소한인들은 이러한 점에서 볼
때 이들이 한국의 독립운동에 어떻게 기여하였는가 라는 문제의식과 관
련되어 연구되어진 것이다. 본고는 그러나 논의의 초점을 그 동안의 연
구에서는 다소 소홀히 해왔던 부분에 맞추고자 한다. 즉 러시아의 극동
식민지정책이 어떠하였으며 한인들에 대한 인식과 정책은 어떠하였는지,
그리고 한인들의 이주현황을 정확히 파악하고 한인들의 사회경제적 지
위가 어떠하였는지를 실증적으로 밝히려 하는 것이다.[1] 이러한 연구의
진행은 앞서의 선학들의 한인들의 독립운동의 진원지로서 노령한인사회
에 대한 이해와 결부되어 재소한인에 대한 보다 더 정확한 역사적 이미
지를 우리에게 줄 수 있을 것이다.

---

1) 이에 대하여는 다음과 같은 연구들이 있다.
　　이동언, 「노령지역 초기한인사회에 관한 연구」, 『한국독립운동사연구』 제 5집,
　　　　　독립운동사연구소, 1991
　　현규환, 『韓國流移民史』, 상, 어문각, 1967
　　고승제, 『韓國流移民史研究』, 장문각, 1973
　　고승제, 「沿海州移民의 社會史的 分析」, 『白山學報』, 제11집, 1971
　　김준엽, 김창순, 『韓國共産主義運動史』, 제1권, 고대아세아문제연구소, 1967
　　윤병석, 「연해주에서의 민족운동과 신한촌」, 『한국민족운동사연구』, 제3권, 1989
　　윤병석, 「1910년대 연해주지방에서의 한국독립운동」, 『국외한인사회와 민족운
　　　　　동』, 일조각, 1990
　　김승화(정태수역), 『소련한족사』, 대한교과서주식회사, 1989
　　마뜨베이 찌모피예비치 김(이준형 역), 『일제하 극동 시베리아의 한인사회주의
　　　　　자들』, 역사비평사, 1990

2. 러시아 극동과 식민지경영

러시아가 극동의 연해주와 아무르주 등의 중국과의 접경지역을 차지한 것은 19세기의 후반에 들어서서였다. 러시아는 청국이 태평천국의 난으로 시달리고 있는 때 아무르 지방을 점령하였고 이에 근거하여 1858년 5월 16일 중국과 아이훈조약을 체결하여 아무르 지방의 영유를 확인하였고 이어서 1860년 11월 2일에는 북경조약을 체결하여 연해주지방을 차지하기에 이르렀다.[2] 이로부터 조선은 러시아와 국경을 접하게 되었다. 러시아가 연해주지방을 차지하게되는 것은 러시아에게 있어서나 조선에 있어서 대단히 중요한 의미를 가지고있는 것이라고 말할 수 있다. 러시아로서는 태평양으로 진출할 수 있는 전략적 요충지를 확보한 것이며 향후 러시아가 극동의 정세에 큰 영향력을 행사할 수 있는 계기가 된 것이다. 조선으로서는 러시아와 국경을 접하게 되는 것이 향후 러시아의 문명을 받아들이고 러시아의 정치적 영향력을 조선에서 증폭시키는 역할을 하게되었음은 물론이다. 물론 재소한인들의 역사도 朝露간의 접경에서부터 시작되고있는 것이다.

그런데 러시아가 아무르와 연해주지방을 차지하면서 우선 착수해야했던 것은 식민사업이었다. 그것은 우선 국경을 유효하게 확보하기 위해서도 필요한 작업이었다. 바로 그러한 목적으로 짜르정부는 극동지방으로의 자발적인 이민을 기대하였으나 그것은 극동지방으로의 여행이 대단히 불편한데다 극동의 가혹한 기후조건 때문에 사실상 불가능한 것이었다. 그때문에 짜르정부는 강제에 의해 카자크와 병사늘을 극동지방으로 보내게 되었다. 그리하여 대개 1862년까지는 자바이칼 지방으로부터 약 1만 4천명정도의 카자크 및 그의 가족과 약 2500 명 정도의 형벌을 받

---

2) 고승제, 「沿海州移民의 社會史的 分析」, 『白山學報』, 제11호, 1971, p.152

은 병사들이 아무르강과 우수리강을 따라 중국과의 국경지방에 배치되었다.[3] 이러한 강제적인 이주책은 1860년대 말에는 폐지되었다. 그리하여 대개 1870년대 초에는 아무르 지방에는 스타니짜라고 불리우는 카자크의 마을이 67개 형성되었으며 13209명이 정착하게 되었고 우수리지방에는 28개의 스타니짜에 5310명 정도의 카자크들이 정착하게 되었다.[4] 카자크는 우리말로는 屯兵이라고 말할 수 있는데 이는 이들이 토지를 정부로부터 지급받는 대신 정기적으로 군사훈련을 받고 유사시에는 징집될 의무를 지니고 있었기 때문이다. 이 카자크의 이주는 국경의 방어를 위해 필요한 것이었지만 그것은 본격적인 식민정책은 되지 못하였다. 극동지방을 러시아의 식민지로 만들기 위해서는 농민들의 이주가 무엇보다도 필요한 것이다.

그런데 러시아에서는 농노제가 1861년 2월 19일에 폐지되기에 이르렀고 이에 따라 극동지방으로 농민들의 이주를 촉진시키기 위하여 「동시베리아의 아무르와 연해주지방에의 러시아인과 이국인의 이민에 대한 규칙」이 1861년 4월 27일에 공포되었다. 이 규칙에 의하면 극동으로 이주하려는 농민에게는 엄청난 혜택이 부여된다는 것을 곧 알 수 있게 된다. 이주민은 인두세를 영구히 면제받으며 20년 동안은 십일세 및 지대, 세금을 면제받으며 농민가구마다 100 제샤치나(1제샤치나는 1.0925헥타아르)의 토지가 분여되고 이 토지는 농민공동체나 개인이 제샤치나 당 3루블에 구입할 수 있도록 되어있었다.[5] 이것은 시베리아의 다른 지역에 비해서도 특혜인데 왜냐하면 그곳에는 토지분여는 가족당 15제샤치나에 불과했기 때문이다.

---

3) N.K.Koltsova, "Poselenie krest'ian v Ussuriiskom Krai nakanune pervoi Russkoi Revoliutsii", *Iz Istorii revoliutsionnogo dvizhenia na Russkom Dal'nem Vostoke : Gody pervoi Russkoi revoliutsii*, Vladivostok, 1956, pp.127-128

4) H.I.Riabov, M.G.Shtein, *Ocherki istorii Russkogo Dal'nego Vostoka. XVII-Nachalo XX veka*, Khabarovsk, 1958, p.109

5) D.W.Treadgold, *The Great Siberian Migration*, Princeton, 1950, p.70

극동에서 농민들에게 주어진 이러한 혜택 때문에 토지에 대해 부족을 느끼고 있던 유럽지역의 농민들이 극동으로 이주하게 되었다. 특히 아스트라한, 보로네즈, 비야츠크, 탐보프, 사마르, 페름 등의 도에서 많은 사람들이 이주하여왔다. 이들은 거의가 아무르주에 정착하여서 1862년경에는 아무르주는 카자크와 농민들에 의해 식민지가 잘 정착이 된 편이었다. 이들은 주로 우크라이나인들이었다.[6] 그러나 우수리지역에는 아직 식민이 잘되어있지 않았다. 러시아이민의 연구자인 부세(F.F.Busse)에 의하면 1860년에서 1870년까지 3107명의 농민들이 우수리지방으로 이주하였다. 그러나 1871년부터는 이민의 수가 급격히 줄어들어 1871년부터 1882년까지 단지 742명의 이민만이 우수리에 정착하였다. 그 까닭은 1871년부터 마적전쟁이 일어나서 정정이 불안하였기 때문이다. 어쨋든 1882년까지 아무르주에는 62개의 농민마을 그리고 연해주에는 14개의 농민마을이 건설되었다. 인원으로 보아서는 아무르주에는 8709명 연해주에는 5705명의 농민이 정착하였다.[7]

1867-1869년에 연해주지방을 방문한 러시아의 여행가 프르제발스키(Prezhevalskii)가 쓴 책인 『우수리변강으로의 여행, 1867-1869』에는 이시기에 정착한 이민들의 어려운 실정이 잘 나타나있다. 그는 이민의 개척자인 카자크에 대해 언급하면서 그들의 어려움을 다음과 같이 묘사하였다.

우수리 카자크의 상황은 대단히 어렵다. 배고픔과 빈곤 그리고 그에 동반하는 모든 문제점들이 어울러져서 이 사람들을 완전한 도덕적 무력감에 빠지게 만들었고, 이들로 하여금 그들의 불행한 운명을

---

6) 한 연구에 의하면 러시아의 이민중 우크라이나 출신의 농민은 아무르주에서 58%를 차지하고, 연해주에서는 구거주자의 경우에는 85% 신이주자의 경우에는 70%를 차지한다고 하였다. Cf. V.E.Gluzdovskii, *Dal'nevostochnaia Oblast'*, Vladivostok:Knizhnoe Delo, 1925, p.58
7) H.I.Riabov, M.G.Shtein, *op.cit.*, p.114

무감각하게 체념하도록 강요하였다.[8]

　프르제발스키의 이같은 보고는 1861년의 이민규칙이 제공하는 엄청난 혜택을 고려할 때 모순되는 것으로 여겨질 수도 있다. 그러나 아무런 생산수단이 없는 삼림지에서 모든 것을 새로 개척해야하고 새로이 추수해야 했을 것을 고려한다면 토지분여가 곧바로 농민들의 복지로 연결되지 않는다는 것을 어렵지 않게 짐작할 수 있을 것이다. 프르제발스키의 위의 책에 의하면 카자크는 가구마다 2.1마리의 말, 3.2마리의 소와 염소, 0.2마리의 양, 0.3마리의 돼지를 기르고 있었고 평균 실제 경작면적은 2.82제샤치나에 불과하였다. 농민들의 경우에는 말 1.3마리, 소 및 염소 6.3마리, 양 1.3마리, 돼지 1마리를 기르고 평균 토지경작면적은 4.80제샤치나로 카자크보다는 다소 우세하였다.[9] 농민들의 생활이 카자크보다 나은 것은 농민들은 屯兵으로서 병역의 의무를 지는 카자크보다 경작을 하는데 보다 유리한 입장에 있었으며 게다가 카자크보다는 더 근면했기 때문이라고 말할 수 있겠다. 극동에서의 이 시기의 문제는 토지의 부족이 아니라 노동력의 부족이 문제였고 토지는 노동력만 확보된다면 얼마든지 획득 가능했기 때문이다.

　1882년부터 러시아정부는 보다 적극성을 가지고 극동으로의 이민을 추진하려고 하였다. 그것은 러시아의 극동에 대한 관심이 부쩍 고조된 상태에서 극동군사력의 배후보급기지로서의 연해주에 농민들을 정착시키는 것이 필요하였기 때문이다. 그동안의 경험을 통해 육로로 연해주에 이민하는 것이 힘들다는 것을 알았기 때문에 1882년 6월 1일의 법에 의해 러시아정부는 해로를 통해 이민을 촉진시키려하였다. 이민촉진책의 일환으로 농민들에 대한 혜택이 주어졌다. 이주희망 농민들은 고향에서

---

8)　N.Przhevalskii, *Putsshestvie v Ussuriiskom Krae, 1867-1869 gg.*, Sankt Petersburg, 1870, p.280

9)　*Ibid.*, Prilozhenie, pp.48-50

의 빚을 모두 탕감받았고 가족당 100 제샤치나의 토지를 분여받고 그것을 제샤치나당 3루블에 구입할 수 있었다. 이들은 또한 5년간 세금과 부역을 면제받게 되었다. 게다가 출발항인 오데사로부터 블라디보스톡까지의 배표와 함께 정착할 때까지 식량이 제공되었고 가옥을 건축하는데 필요한 자금이 가구 당 100루블이 제공되었다. 이민촉진을 위한 남우수리이민행정국도 설치되었다.

그러나 이같은 혜택의 제공과 함께 농민들의 이민을 가로막는 요소도 동시에 존재하였다고 하는 사실을 지적하여야하겠다. 그것은 국가가 농민들의 자발적인 이민을 막기 위하여 취한 조처로서 이민을 위해서는 이민증명서를 발급받아야했고 내무성 및 재무성에 등록을 해야만했다. 이렇게 하여 1883년에서 1885년까지 754가구 4688명이 해로를 통해 연해주로 이주하였다. 같은 기간 중에 176가구 1157명은 자기비용으로 이주를 하였다. 1886년에는 국가가 이주에 대한 보조를 중단하여서 농민들은 자기비용으로 이주하여야하였다. 그리하여 이때부터는 농민들은 새로운 땅에 정착하고 다음 수확 때까지 필요한 600루블을 출발항인 오데사에서 예탁하고 도착 항인 블라디보스톡에서 그것을 찾아야 하였다.

어쨋든 해로를 통한 이민은 어느 정도는 효과적임이 입증되었다. 1883-1899년까지 아무르주에는 24089명 연해주에는 45196명의 이민이 도착했던 것이다. 그리하여 러시아에서의 최초의 완벽한 국세통계인 1897년의 통계에 의하면 아무르주에는 116개의 농민마을 연해주에는 112개의 농민마을이 성립하였던 것이다. 극동지방에는 그리하여 1897년에는 모두 37만 정도의 이주민들이 살게 되었다. 이 숫자에는 극동의 토착인이나 아시아계의 이민은 포함되지 않은 것이다.

그런데 대체로 이 시기에 극동으로 이주한 농민들은 사회경제적 지위에서 볼 때는 중농의 위치에 처해있었다고 볼 수 있다. 왜냐하면 부유한 농민들은 구태여 고생을 하면서 이민을 해야할 필요성을 느끼지 못하였고 빈농이나 농촌의 고농에게는 이주비용이 너무나 벅차서 이주할 수가 없었기 때문이다. 이러한 문제 때문에 1893년에는 예탁이주비를 300루블로 낮추기는 하였지만 문제를 근본적으로 해결해줄 수는 없었다. 이 문제는 시베리아철도가 건설됨으로써 해결되게 되었다.

　시베리아철도가 건설된 이후에 극동지방으로의 러시아농민의 이주는 훨씬 더 활발하게 되었다. 이 시베리아철도는 근대 러시아에서 결정적으로 중요한 의미를 차지하는 사업이었던 바 이 철도에 대해 간략히 기술하고 넘어가기로 하자.

　모스크바에서 블라디보스톡을 연결하는 5800마일의 시베리아철도는 명실공히 세계 최장의 철도라고 할 수 있다. 이러한 철도의 건설은 러시아의 동방진출에 이어 동방경영의 필요성이 나타나면서 생긴 것인데 짜르 알렉세이 3세는 1890년 12월에 첼리아빈스크-옴스크-이르쿠츠크-블라디보스톡을 연결하는 철도를 건설할 것을 결정하였다. 1891년에 알렉세이3세는 철도건설안을 최종 승인한 후에 그의 아들 니콜라이가 시베리아철도위원회의 의장이 되도록 하였다. 당초의 계획은 1억7천5백만 달러를 투입하여 1903년에 완성시키려고 하였다. 공사구간은 6개로 나누었는데 제1구는 서시베리아선으로 첼리아빈스크에서 노보니콜라예프스크(현 노보시비르스크), 제2구는 중시베리아선으로 노보니콜라예프스크에서 이르쿠츠크까지, 제3구는 바이칼호연선 제4구는 바이칼 이동에서 스레텐스크까지, 제5구는 스레텐스크에서 하바로프스크까지의 아무르선, 제6구는 하바로프스크에서 블라디보스톡까지의 우수리선이었다. 이렇게 확정된 시베리아철도의 건설을 지휘하는데는 세르게이 위테가 결정적으로 중요한 역할을 하였다. 그는 1892년 2월에 교통통신상으로 그리고 동년 8월에는 재무상으로 임명되어 철도건설을 책임지게된다. 이후에 우수리선은 1891-1897년에 자바이칼선은 1895-1900년에, 그리고 연바이칼선은 1904년에 완성되지만 그러나 최종적으로는 1916년에 가서야 종결된다. 시베리아철도는 위테의 말대로 "금세기에 전세계에 있어서의 최대의 사업중의 하나"였던 것이다.

  시베리아철도의 가동은 시베리아의 이민에 있어서 많은 편리를 제공하게 되었고 따라서 극동으로의 이주에 필요한 비용도 대폭 경감되게 되었다. 그리하여 이민의 수도 늘어나게 되어서 시베리아철도위원회는 1900년 6월 22일에 1861년의 이민규칙을 폐기해버렸다. 이제부터는 극동에 이주하는 농민에게도 성인남자 1인당 15제샤치나의 토지가 분여될 것이었다. 그리하여 1900년 이전에 이주한 러시아농민들은 '백제샤치나인'이라고 불리우게 되었다. 이들은 마을에서 가장 부유한 부류에 속하고 있었다.

  가난한 농민들은 주로 1900년 이후부터 시베리아철도를 따라 이주를 시작하였다. 그리하여 1900년에는 1만 7천의 농민들이 그리고 1901년에는 11364명의 농민들이 연해주로 이주하였다. 이러한 이주농민의 급증에 따라 농민에게 분여할 경작지가 부족하게 되어서 1902년에는 사전답사를 통해 1인당 15제샤치나를 확보할 수 있을 경우에만 이주를 허용하는 제도가 도입되었다. 그러한 이유로 인하여 이민의 수는 다소 감소하여 1902년에는 5862명 1903년에는 8911명, 1904년에는 1377명, 1905년에는 214명이 연해주로 이주하였다.

  그러나 1905년의 혁명이후에 러시아정부의 정책은 변경되어 극동으로의 이민을 장려하였는데 그 가장 주요한 이유는 유럽러시아지역의 지주들이 농민의 소요에서 벗어나기 위해 그들에게 이민을 허용하려 했던데에 있었다. 그리하여 「1904년 6월 6일의 법에 대한 적용규칙」은 공동체인 미르를 떠나려는 농민에게 지방관헌이 원조를 해주어야 한다는 것을 규정하였던 것이다. 그리고 1906년 3월 15일부터는 이민 철도운임에 적용되는 유리한 요금이 다시 적용되었으며 이리하여 대량적 이민이 가능하게 되었던 것이다. 그리하여 H.I.랴보프와 M.G.슈테인의 저서 『17세기에서 20세기초까지의 러시아극동사개요』에 의하면 이기간 중의 러시아인의 극동이민은 다음의 표로 나타낼 수 있다.

<표 1> 1906년에서 1903년까지의 연해주 및 아무르주로의 러시아이민

	아무르주	연해주	전체	귀환률(%)
1906	3112	8169	11281	4.6
1907	11782	61722	73504	12.2
1908	8490	21856	30693	23.2
1909	19922	23771	43346	14.7
1910	18637	16770	35407	16.0
1911	4313	11501	15814	30.1
1912	6950	11516	18466	11.8
1913	9383	8049	17432	24.0

자료:H.I.Riabov, M.G.Shtein, *Ocherki istorii Russkogo Dal'nego Vostoka. XVII- nachalo XX veka*, Khabarovsk, 1958, p.158

위의 표에서 볼 수 있듯이 제1차 세계대전이 발생하기 전까지의 러시아인의 이주는 괄목할만한 것이었다. 그러나 극동지방으로의 이주가 결코 쉬운 것만은 아니었다. 가혹한 기후조건과 개척의 어려움이 이민들을 기다리고 있었다. 게다가 도구나 장비도 변변한 것이 없었고 기아의 위험이 기다리고있었다. 그러한 사정은 많은 이민자들 가운데서 귀환자의 비율이 적지 않은 데에서도 그 사실을 알 수 있는 것이다. 극동지방에 이주한 러시아계의 이민 중에서도 가장 다수를 차지하는 것은 러시아의 흑토지대에 살고있던 우크라이나인이었는데 이러한 이유는 이 지역의 농민들이 가장 토지의 부족을 강하게 느끼고 있었기 때문이었다. 1925년에 출판된 V.E.글루즈돕스키의 저서『극동지방』에 의하면 아무르지방에는 우크라이나인의 비율이 58% 연해주지방에는 1900년 이전의 구거주인의 경우에는 85% 신거주인의 경우에는 70%를 차지했다고 하였다.

이러한 대량이민의 증가로 인하여 20세기에 들어와서 극동지방의 인구는 급증하였다. 1897년에서 1914년까지 시베리아의 인구는 460만에서 760만이 되어 65.2%가 늘어났으며 극동지방의 인구는 90만에서 160만이 되어 77.8%가 증가하였다.

이리하여 혁명전야인 1917년의 경우에 보면 연해주지방에는 카자크 및 '백제샤치나인'이 18737가구로 모두 126만 9300 제샤치나를 점유하였고 가구당 평균 점유면적은 67제샤치나 평균 경작면적은 12제샤치나였다. 그러나 1900년 이후의 신이민과 한인의 경우는 모두 21112가구가 48만 9700제샤치나를 점유하여 가구 당 평균점유면적은 23제샤치나 평균경작면적은 4.1제샤치나였다. 이러한 사실로 미루어보건대 카자크나 '백제샤치나인'의 경우와 신이민의 경우에는 경제에 있어서 많은 차이가 있었음을 어렵지 않게 짐작할 수 있는 것이다.

한편 극동지방의 행정편제는 1884년에 자바이칼, 아무르, 연해주(프리모르)지방이 극동변강(크라이)를 구성하고 있었으며 1894년에는 자바이칼지방이 동시베리아 총독의 관할에 귀속됨으로써 분리되었고 1909년부터 1917년까지 극동변강은 아무르, 연해주, 캄챠카, 사할린의 4개의 지방(오블라스트)으로 구성되었다. 극동변강의 행정적 책임자는 총독이었으며 각 지방의 책임자는 군무지사로 불리웠고 그 밑에 군, 면에 해당하는 행정으로 우에즈드, 볼로스트가 있었다. 한편 국경의 수비를 담당하는 카자크는 별도의 행정체계를 이루고있었는데 카자크인의 마을은 스타니짜로 불리웠고 일정한 스타니짜가 모여 아무르카자크군, 연해주카자크군을 구성하였고 양 카자크군을 총괄하는 책임자로 沿아무르카자크 아타만이 있었다. 카자크는 그들의 군사지휘관인 아타만(장로, 수장을 의미)을 선거에 의해 뽑았으며 그 임기는 대개 1년으로 제한되어 있었다. 극동지방의 경우에 카자크는 풍부한 토지를 분여받아서 비교적 여유있는 생활을 유지하고 있었으며 그 때문에 후의 러시아 10월혁명에서는 많은 카자크는 백군편에 가담하게 되는 것이다.

이렇게 하여 러시아인들이 극동지방에 정착하여 살아가는 데에는 많은 어려움이 있었지만 그러한 어려움을 극복해가는 가운데에 한인들의 역할이 상대적으로 컸던 것을 우리는 후에 지적하게 될 것이다. 이제 다음에는 한인들이 연해주 및 아무르 지방에 이주하는 역사를 살펴보기로 하자.

3. 한인들의 이민과 러시아의 대한인정책

연해주가 북경조약에 의하여 1860년 러시아에 귀속되고 그럼으로써 제정러시아와 조선은 국경을 접하게 되었는데 한인들이 국경을 넘어 러시아로 들어가게 되는 것은 이 시기였다. 한인들이 러시아로 넘어가는데 대하여는 1853년설, 1860년설과 같이 이설이 있지만10) 확실한 기록으로서 말할 수 있는 것은 1863년의 기록이다. 물론 이 이전에도 한인들이 두만강을 건너서 연해주에서 출현했다는 기록은 있으나 이들이 이주를 했는지의 여부는 정확하지가 않다.

1863년에 13가구의 한인들이 기근을 피하기 위하여 러시아극동의 포시에트 지방으로 넘어갔다는 기록이 있다. 그리하여 1863년 9월 21일에 노보고로드스키의 국경수비대장은 연해주의 군무지사(연해주의 행정 책임자)에게 보고하기를 한인들이 티진헤강 유역에 정착하였고 이들이 열심히 밀을 경작하고있다고 보고하였다. 국경수비대장은 한인들을 구호하기 위해 식량을 줄 것을 요청하였던 것이다.11) 당시에 러시아의 행정책

---

10) 『滿洲及西比利亞地方に於ける朝鮮人事情』(朝鮮總督府 內務局 社會課 編, 1927, p.10)에 의하면 1853년에 함경북도의 한일가라는 사람이 포시에트지방에 왕래하여 농사를 지었다고하며 이것이 조선인 이주의 효시를 이룬다고 하였다.
　　또 1860년 이민설로는 1902년에 블라디보스톡에 거주하는 한인 김학만등이 거주지 안정을 위하여 한 청원 중에 그들의 러시아 입국년을 1860년으로 하고 있다.(『舊韓國外交文書』, 제 18권, 고대아세아문제연구소, 1969, pp.531-532)

11) Kim Syn Khva, *Ochrki po istorii sovetskikh Koreitsev*, Alma-Ata:Nauka, 1965, p.28 한인들의 이주에 관한 다른 기록에 의하면 1905년 군정공보 제 5호에 라고자

임자들은 새로이 획득한 연해주지방의 식민에 골몰하였던 때였기 때문
에 예기치 않은 한인들의 이주가 오히려 극동지방의 식민화에 도움이
될 수 있다고 판단하였다.

그리하여 1864년 11월 16일에 동시베리아의 총독인 코르사코프는 연
해주군무지사인 카자케비치에게 편지를 하여 극동지방의 식민화의 특수
한 필요성을 고려할때 연해주의 국경지방에 정착하려고하는 한인들에게
군무지사가 도움을 주고 보호하며 식량을 보조하여 주라고 지시하였던
것이다.[12]

한인들이 노령 연해주로의 이민을 시작하던 무렵, 러시아인 이민은 극
소수에 불과하였으며 이미 한인들은 1864년에 포시에트 구역에서 티진
헤, 얀치헤, 시디미, 아디미, 차피고우, 크라베, 푸두바이 같은 촌락을 이
루고 있었다.[13]

사실상 당시의 조선에서는 농민들의 생활이 대단히 어려웠기 때문에
농민들은 토지가 비옥한 만주나 연해주로 이주를 하려고 하였다. 특히

의 「로씨야 원동지역으로의 고려민족 이민사 개괄」에 1863년 고려인 가족 20
세대가 노보고로드스크 국경초소장 리야자노프 준위에게 지진강 유역 거주 허
가증을 청구한 일이 있다고 하며 1865년에 리야자노프라는 촌에 처음으로 이
민한 한인들의 촌락이생겨났다고 한다. (조철, 「재쏘고려인들의 동화작용을 막
을 몇가지 주요 문제」 『고려일보』 1991.7.30)
한편 한국측의 기록으로 러시아한인들의 역사를 기술한 「俄領實記」에는 기원
4197년 갑자 봄에 무산의 최운보 경흥의 양응범 2인이 두만강을 넘어서 혼춘
을 경유하여 지신허에 도착하여 개간에 착수하였으며 이로부터 경흥 은성등지
에서 이민하는 자들이 늘어났으며 이듬해인 을축에는 러시아관리 3인이 최운
보를 대동하고 경흥부사에 왕회한일이 있었다고한다. (윤병석 편, 「俄領實記」,
『韓國近代史料論』, pp.162-3) 이하 이 책은 「俄領實記」로만 표기한다. 페이지는
『韓國近代史料論』의 페이지이다.
12) Kim Syn Khva, *Ibid.*, p.28
13) Anosov, *Koreitsy v Ussuriiskom Krae*, Vladivostok-Khabarovsk: Knizhnoe Delo,
1928
위에 의하면 우수리 구역으로의 러시아이민은 1860년에 45명, 1863년 361명,
1864년 382명에 불과하였다.(pp.5-6)

기근이 들 때는 그 정도가 심각하였으며 일단 연해주에 정착한 한인들은 또 그들의 친척을 데려오려고 하였다. 1867년에 티진혜 마을의 한인들은 동족을 초치하려 하였다. 이들 중 25인이 6진 등지에 왕래하여 러시아령으로 이주를 희망하는 자를 모집하여 우차 60여 량 말 30여 필되는 약 80호의 인구를 초래하였는데 도중에 경흥관군의 제지를 받고 관군측에서는 안효일이 사망하고 이민자들 중에는 노파 1인과 여아 1인이 포로가 되었다고 한다. 이때에 이주한 자들은 노보키에프스크에 정착하였다고 한다.[14]

이같이 연해주로 이주하려는 농민들이 계속 증가하게 되어서 1867-1869년에는 한인들이 벌써 티진혜, 얀치혜, 시디미의 3개의 마을을 형성하고있었다. 그리고 그들의 수는 벌써 1800명에 도달하였다. 극동지방의 뛰어난 여행가였던 프르제발스키는 그의 저서 『극동변강으로의 여행, 1867-1869』에서 한인들의 생활을 묘사하고있는바 당시의 한인들은 약간의 가축을 키우며 토지를 개척하거나 또는 러시아인들의 도지를 소작히며 생활하고 있었다. 한인들의 집은 판자라고 불리웠는데(판자집이란 뜻일 것) 각 집은 100-300걸음씩 떨어져 있었고 밭이 집 사이에 있었다고 하였다. 그리고 한인들은 주 경작물로 조, 그리고 잠두, 제비콩, 귀리, 옥수수, 감자, 깨, 대마, 감자, 야채를 경작하고 있었다고 하였다.[15]

1869년에 조선에서는 대기근이 있었는데 1869-70년에 한인들이 대거 국경을 넘어 연해주로 넘어갔다. 1869년 오래된 여름장마로 인하여 육진 등지에서는 추수할 것이 없어져서 인민들은 동요되어 1869년 겨울 읍민 96호는 도강을 감행하였다. 이들은 지신허(티진혜)에 도달하였지만 의지할 가호나 식량이 없었다. 이에 최운보라는 사람이 빈민 35호를 인솔하여 추풍에 전왕하여 신개간지를 정하였다. 또 이듬해 6월에는 빈민 60여

---

14) 윤병석의 『韓國近代史料論』(p.163) 및 『滿洲及西比利亞地方に於ける朝鮮人事情』(p.10)의 내용을 종합하였다.

15) N.Przhevalskii, *op.cit.*, p.107

호가 러시아관리의 인도로 추풍에 이주하여 맥립 1부대의 긴급구호를
받았다고 하였다. 이때에 이주한인들의 참상은 형언하기 어려운 정도였
다. 나무껍질이나 뿔뿌리를 가지고도 연명할 수가 없어서 부자가 서로
이별하고 부부가 갈라지며 "팽자분식한 나마에 연사한 부모도 유하였
다"하며 청인에게 곡식대신에 여아를 매매하는 일도 상례였다고 한다.
연추나 모허우, 지신허 등에서는 굶어죽은 시체가 길 위에 많이 깔려 있
었다고 하였다.16)

러시아측의 한 연구는 1869년 11월에서 12월사이에 4500명이 국경을
넘어갔다고 한다. 이러한 이민의 홍수를 보고 우선 러시아관헌은 한인들
을 돌려보내려고 설득하였다. 그리하여 국경판무관인 트루베츠코이공은
통역을 대동하고 조선의 국경수비대장인 경흥 군수와 협상을 진행하려
하였다. 그리하여 트루베츠코이와 경흥 군수 사이에 한인들을 돌려보내
고 조선정부에서 원조를 준다는 협약을 이루었다. 그후에 연해주군무지
사 프루겔름은 한인들에게 협상결과를 제시하며 돌아갈 것을 종용하였
던 것이다. 그러나 한인들은 돌아갈 것을 단호히 거부하였는데 그것은
당시에 조선에서는 쇄국의 법이 엄격하여 만일 돌아가면 죽게된다는 것
을 알고있었기 때문이다. 그리하여 한인들은 차라리 노령극동지방에서
죽겠다고 답하였던 것이다. 이러한 상태에서 연해주군무지사 프루겔름은
한인들이 연해주에 정착할 수 있도록 허용하는 것 이외의 방법을 가질
수가 없었다. 마침 러시아측으로서도 노동력이 필요하였던 때이였기 때
문에 한인들은 석탄광, 건축장, 블라디보스톡 항구건설, 군함에 필요한
목재공급 등에 동원되었다. 그리고 한인들을 임시로라도 구휼할 필요가
있었기 때문에 1869-1871년 사이에 한인들은 군사식량 비축분에서 3만5
천푸드(1푸드는 16.38 kg)의 양식을 공급받았다.17)

이때의 한인 이주민들과 러시아의 첫 한국학자인 미하일 파블로비치

---

16) 「俄領實記」, p.165
17) Kim Syn Khva, *op.cit.*, pp.29-30

푸틸로는 이 무렵에 긴밀한 관계를 맺었다. 푸틸로는 이 무렵에 군무지사직속 촉탁관리로 있다가 니콜스크(현 우수리스크)촌 서남부에 새 한인촌락을 건설할 책임을 지고 오게 되었고 그는 그때 25세의 나이에 불과하였다. 그는 한인들에게 매우 헌신적이어서 행정당국의 자금만으로는 부족하였기에 자기가 개인적으로 가진 천 루블마저 한인들에게 주었고 1870년에 동시베리아총독 시넬리코프가 남우수리지방을 시찰할 때에 푸틸로의 어려운 사정을 전해듣고 천 루블을 주었지만 이것 역시 한인들에게 쏟아부었다는 것이다. 그는 약 1년 반을 한인들을 도와주었는데 연해주행정국은 1871년에 이유 없이 그를 해임하였다고 한다. 그는 한인들과 같이 생활하며 한인들의 풍속과 언어를 연구하였고 이 결과 그는 1874년에 러시아에서는 처음으로 『로한사전 시도』라는 최초의 사전을 편찬할 수 있었다. 그의 한인들에 대한 헌신적인 정렬로 인하여 한인들은 푸틸로를 전송할때 눈물을 흘렸고 기념비까지 세웠으며 한 한인마을이 그의 이름을 따라 푸딜로프가라고 명명되기도 하였다. 그리고 그는 1889년 44세에 세상을 떠났다고 한다.[18]

한편 동시베리아의 총독 시넬리코프가 연해주군무지사에게 약 500명의 한인들을 아무르 카자크 보병대대 구역에 정착시킬 것을 제의하였는데 그는 한인들이 러시아에 정주하려는 것을 알았기 때문이다. 이 한인들은 물론 포시에트의 한인들 가운데 선발되었다. 동시에 그는 아무르주군무지사 파다센코에게 전보를 쳐서 한인들을 맞이할 준비를 하라고 하였다.집을 건축하고 1872년의 수확시까지 식량을 공급하며 종자를 공급해주고 일짐승및 기타의 필수적인 것들을 공급해주어야 했다. 그리고 그에는 모두 13651루블이 필요하였다. 거기에다가 한인들은 러시아에서「1861년 4월 27일 우카즈」에 의해 극동지방에 시행되고있던 가족당 100제샤치나의 토지를 분여받게 되었으며 러시아국적을 취득하고 러시아농

---

18) 『레닌기치』, 1990년 2월 13일

민과 같은 특혜를 받을 수있 게 되었다. 103가구 431명의 한인들이 이러한 혜택을 받았는데 이리하여 1872년에는 사마르카강변에 블라고슬로벤노예라고 불리우는 한인촌락이 세워졌다.[19] 이 마을이름은 축복이라는 뜻을 가진 것이었다. 이러한 축복이 어떻게 이루어지게 되었는가?

이러한 축복은 러시아관헌이 판단하기에 한인들이 조선국경에 너무 가까이 살면 러시아로의 동화가 어려울 것이라고 판단하였기 때문이다. 이러한 견해는 프르제발스키가 이미 1870년에 그의 저서에서 표명하고 있었던 것이었다. 이러한 이유 때문에 일단의 한인들이 아무르주로 이동하게 된 것인데 이렇게 이주한 한인들은 카자크에 필요한 식량과 야채 등을 공급할 수 있는 농민으로서의 가치도 간과되지는 않은 것이다. 어쨋든 블라고슬로벤노예 촌락을 건설하는 것은 한인들에게는 큰 이익이었지만 워낙 비용이 많이 드는 것이었고 또한 러시아관헌이 한인들에게 취한 일반적인 정책이라고는 보기 어려우며 단지 일회에 그치고 말았다. 말하자면 다시는 이러한 '축복'이 반복되지 않았던 것이다.

한인들의 이주 수는 1870년 경에 이미 8000-9000명에 이르고 있었다.[20] 그런데 1869년 이후의 한인의 대량 이민은 이전의 한인에 대한 우호적인 정책을 재고하도록 만들었다. 그러나 국경에서의 통제가 용이치 않은 상황에서 한인들의 이민을 막기는 어려웠으며 그 대신으로 러시아 정부는 한인들을 한로국경에서 멀리 그리고 러시아인 촌락에 흩어놓음

---

19) Kim Syn Khva, *op.cit.*, p.31
　　「俄領實記」의 기록은 다소 다르기에 이에 소개하려한다. 1870년 4월에 지신허 빈민 70여호 350인은 러시아관리의 인도로 항카호를 연하여 하바로프스크까지 걸어서 갔으며 흑하에서는 배를 타고 사만리에 상륙하였으며 그곳은 울창한 삼림이 있을 따름이었다. 그런데 하루 밤에 번개가 쳐서 삼림을 불태워서 개간의 수고를 덜었다. 러시아관측에서 식량을 공급하여 주기는 하였지만 그것으로 충분치는 않았다. 이들 한인들은 거기에서 약 90리 떨어진 러시아인촌에서 식량을 살수밖에 없었다. 이러한 어려움을 딛고서 그들은 부유한 촌락을 이루게 되었다.(「俄領實記」, p.165)
20) Anosov, *op.cit*, p.6

으로써 한인 이민이 초래할지도 모르는 문제에 대처하고자 하였다. 바로
이러한 정책으로 한인들은 수이푼, 슈판, 레푸강가 그리고 수찬 계곡에
정착하게 되었다. 그리하여 시넬니코보, 코르사코브카, 푸틸로프카, 크로
우노프카, 카자케비치보, 안드레예프카, 니콜라예프카, 로마노프카 등의
촌락이 생겨나게 되었다.[21]

한인들이 개척한 러시아의 극동지방 중에서 가장 중요하다고 말할 수
있는 블라디보스톡은 1873년 구개척리에 한옥 초가가 5개소 남녀 25인
이 있었으며 그 항내에 러시아선박 2척이 정박해 있었다. 그 이후 구개
척리는 러시아인 촌으로 바뀌고 신개척리 곧 신한촌이 한인들의 거주지
가 되었다. "아인의 극동경영도 한인의 번창함을 수하야 점차 완성하였
다."[22] 1891년에는 연해주군무지사가 블라디보스톡 서쪽의 14지구를 한
인들의 거주지로 인정하여 이후 1지구당 20원의 세금을 납부하였다. 그
러나 1902년에 들어와 연해주당국은 거주지 퇴거를 요청하여서 이에 한
인들은 김학만을 필두로 청원을 하였지만[23] 받아들여지지 못하고 결국
블라디보스톡의 한인들은 군무지사의 명에 의해 1911년에는 거주지를
신개척리로 옮겨야 하였다. 한인들 중 많은 수는 근향으로 가서 더부살
이를 구하기도 하고 그나마 여비도 없는 자들은 구개척리 부근의 폐사
같은 곳에 기거하기도 하였고 그나마 다소의 저축이 있는 사람들이 신
개척리로 이주하게 되었다. 신개척리는 산복의 경사지에 있어서 평탄치
못하였으며 가옥을 건축하려면 40-50루블의 지균공사가 필요하다고 하
였다. 악조건을 극복하고 1911년 말에 약 300호가 건축되었다. 그러나
여재가 거의 없어서 거류민회사무비, 소학교비, 청결비같은 공과금을 전
혀 내지 못하여 교사나 서기에게 급료를 지급하지 못할 정도이며 청소
부도 급료를 받지 못하여 오물을 방치 도처에 오물이 널려있으며 이에

---

21) Anosov, *op.cit.*, p.9
22) 「俄領實記」, pp.166-167
23) 『舊韓國外交文書』, 제 18권, p.532

벌금을 받으나 지불할 수가 없어서 구류처분을 수시로 받는 등 대단히 어려운 상황이었다.24) 신한촌은 러시아의 슬럼을 구성하였던 것이다.

이어서 몇 개의 다른 주요한 촌락들이 건설되었다. 1874년 8월에는 안병국 김구삼 등이 러시아관청의 허가를 얻어서 흑정자를 개척하게 되었고 지신허로부터 30여호가 이주하여 지명을 나선동이라 하였고 이곳은 토지가 비옥하여 수년이 가지 않아 70여 호의 대부락을 형성하였다. 역시 같은 해에 경흥인 홍석중은 녹둔을 개척하고 그 근경의 향산동은 최봉준이 개척하였다. 1883년에는 중국과 러시아의 경계확정에 의하여 나선동이 중국령이 되었으므로 러시아관리는 동민 270여 호로 하여금 도비허로 이주하기를 강박하였다. 그러나 한인들이 이미 편안히 살고있던 땅을 떠나기를 거부하자 러시아관청은 한인들의 가옥과 모든 물품을 일거에 소각하고 한인들을 내몰아 도비허를 개척하게 하였다. 1884년에 김석보 김정연 2인이 남석동을 개척하였다. 그리고 이해 6월 28일의 경흥 개시조약으로 비로소 금강이 해제되어 러시아령으로의 이주가 자유로와지게 되었다. 그리고 같은 해에 양팔시가 와봉을 개척하였다. 1896년에는 김광성 김경오 양인이 수청의 청교동을 처음으로 개척하였다. 이에 뒤바보는 한인들의 개척사를 "淚, 汗, 血 此三者를 計年積累"한 것으로 간략히 요약한 바 있으며 이는 정곡을 찌른 말이라고 할 수 있겠다.25)

러시아는 1882년 중국에서의 외교문제를 계기로 극동지방의 러시아 이민을 증가시키는데 보다 큰 관심을 가지게 되었으며 이후 러시아의 이민정책은 적극화된다. 또한 영국과의 대립이 격화됨에 따라 영국과 긴밀한 관계를 가지고 있는 일본에 대하여도 경계를 강화하게 되었다. 그리하여 1884년 러시아는 한국에 대하여 종전의 소극적인 태도를 버리고 일본이 한국을 선점하는 기회를 가질까봐 천진주재 러시아영사 베베르를 한국으로 파견하여 한국과의 수교교섭을 하게 하고 불과 2주 만인 7

---

24) 국사편찬위원회 편, 『韓國獨立運動史』 2권, 1967, pp.551-2
25) 「俄領實記」, pp.166-167

월 7일 조로수호통상조약을 전격적으로 성립시켰다.26) 이로부터는 한국
과 러시아가 공식적인 외교관계를 수립하게 됨으로 한인들의 비합법적
이민은 이에 끝나게 되며 이로써 러시아 한인 이민의 1기를 삼는 것이
타당할 것으로 생각된다.

그러나 조로수호통상조약에는 러시아로의 한인 이민문제는 거론되지
않았었다. 한인들의 이민에 대하여 상당히 제한적인 입장을 가지고 있었
던 프리아무르 총독 코르프가 1884년 초에 취임하였으며 그리하여 한인
들의 이민을 규제하여야 하겠다는 생각은 그 이후에 보다 구체화된 것
으로 보인다. 한인들에 대한 러시아관헌의 이미지는 결코 좋은 것이 될
수가 없었다. 주한러시아공사 베베르가 독판교섭통상사무 김윤식에게 보
낸 조회에 의하면 블라디보스톡의 한인들은 "게으르고, 아무 것도 알지
못하며, 좀도둑질이나 하고" 더럽다. 한인들은 밀집해서 사는데 임시숙
소에서 살며 여름에는 거룻배에서도 산다. 이들 주변에는 배설물들이 널
려있으며 "그들의 짐승굴 같은 거주지는 참을 수 없는 악취 때문에 도
저히 지나갈 수가 없다"고 하였다. "그들 자신과 그들의 임시숙소는 블
라디보스톡의 모든 질병과 전염병의 근원이 된다". 이리하여 1886년 11
월에는 연해주군무지사의 명에 의하여 블라디보스톡에서 한인들이 콜레
라를 전염시킨다는 이유로 296명의 한인들을 일본 기선을 이용하여 원
산으로 추방하는 일도 있었다.27)

한인들이 끊이지 않고 노령으로 계속 이주하였기 때문에 러시아당국
은 외교적인 방법으로 이 문제를 조정하려고 노력하게 되었다. 그리하여
1888년에 이르러서 한국과 러시아사이에 '朝露陸路通商章程'이 체결되면
서 노령의 한인들에 대한 법적인 조처를 취하게 되었다. 그 내용은 노령
의 한인들을 3그룹으로 구분하여 1884년 6월 25일 한로간의 국교가 수
립되기 이전에 노령에 이주한 한인들은 러시아국적을 취득할 수 있도록

---

26) 최문형, 「한로수교의 배경과 경위」, 『韓露關係100年史』, 1984, p.69
27) 『舊韓國外交文書』, 제17권, 고대아세아문제연구소, 1969, pp.19-20

하여주고 가족당 15제샤치나의 토지를 분여하여 주었으며 러시아농민과 같이 금전 및 현물납세를 하기로 하였다. 다음으로 1884년의 국교수립 이후에 이주하였으면서 노령에 거주하기를 희망하는 한인들에게는 2년 간 기간을 주고 매년 러시아의 비자를 발급 받으며 납세는 제1그룹과 마찬가지로 하는 것으로 규정되었고 마지막 3번째는 변강에 일시 거주하는 자로서 정주할 자격을 가지지 못하지만 매년 세금을 납부해야하고 비자도 발급받도록 하였다.

그런데 이같이 한인들의 입적에 대해 까다로운 조건을 붙인 것은 당시에 동시베리아 총독이었던 코르프가 변강의 식민에 한인들이 적합하지 않다고 생각하였기 때문이며 『우수리변강의 한인』을 쓴 S.D.아노소프는 이미 1885년에 하바로프스크에서 열린 회의에서 이 방침을 결정하였다고 하였으며28) 코르프의 이같은 한인들에 대한 편견 때문에 막상 협정을 체결해놓고서도 그는 한인들을 입적시키는데 소극적으로 대처하였다.

그후에도 한인들의 처지는 총독이 어떠한 입장을 가지고 있는냐에 따라 많이 좌우되었다. 1893년에 두호프스키총독은 변강의 식민화에 한인들이 유용하다고 생각하였고 그리하여 한인들을 입적시키고 토지를 분여해 주어 러시아인화 시키려 하였다. 이 때에 비로소 앞서의 1884년 이전에 노령에 들어온 사람들이 러시아국적을 취득하고 토지를 받게된다.29) 둘째 그룹에 해당되는 사람들에게는 그들의 거주권을 연기시켜주고 입적권리를 다시 부여하게 되었는데 이들은 국경에서 멀리 떨어진 하바로프스크부근 호르강가에 알렉산드로-미하일로프카라는 촌락을, 이

---

28) S.D.Anosov, *Koreitsy v Ussuriiskom Krae,* Khabarovsk-Vladivostok: Knizhnoe Delo, 1928, p.10

29) 『해조신문』창간호(아력 1908년 2월 13일)의 최봉준의 「발간하난 말」에 의하면 "개중에 우거한지 오란호수와 젹이 가산이 유여한 호수를 택하야 이나라의판젹으로 드러가게하니" 이때에 입적한 자는 1500여호 정도 된다고 하였고 입적한 해는 1895년 을미년이라고 하였다. 이는 1893년의 착오인듯 하다.

만 부근에 루키야노프카와 아브구스토프카라는 촌락을 건설하도록 하
였다.30) 그들 한인들에게는 그 다음에 두 차례에 걸쳐 입적 기회가 주어
지는데 한번은 1898년 그로데코프 독의 시기와 다른 한번은 1913년 곤
다티의 정책에 의하여 입적이 허용되는 것으로 특히 곤다티총독의 시기
에는 토지분여가 없었음을 특징으로 한다.31)

대체로 1884-1893년까지의 시기를 한인 이민의 제2기로 볼 수 있다고
생각된다. 이 시기는 한러관계는 국가적 차원에서 관계가 수립되었지만
한인들은 아직 모두가 이민자로서 법적으로는 잠정적으로 러시아에 체
류하고 있는 상태였기 때문이다.

1894년부터는 한인들 이민의 제3기가 시작된다. 그것은 이때에 비로
소 한인들 중 러시아 국적을 취득하게 된 귀화한인들이 생겨나며 다른
한편 한국에서의 이민이 계속되었기 때문이다.

1898년에 총독 그로데코프도 두호프스키의 정책을 계승하여 첫 번째
그룹에 속하는 사람들 중 남은 사람에게 입적을 허용하였고 두 번째 그
룹에 있는 사람들에게는 5년 이상 변강에 거주한 사람들에게 입적을 허
용하는 조치를 취하였다. 그리고 세 번째 부류의 한인들에게도 이만, 호
르, 키, 아무르강변에 정착할 수 있도록 하여주었다. 그러나 1905년 운테
르베르게르가 총독으로 부임하면서 한인들에 대한 정책은 일변하여 한
인들은 불안한 생활을 영위하지 않으면 안되게 되었다.

러시아의 한인이민에 대한 정책을 살펴보면 대체로 시베리아철도를
통한 수송이 원활해지기 전인 1900년 이전에는 한인들의 극동변강 정착
에 대해 아주 부정적인 입장을 가지지는 않았다. 코르프총독이 다소 부
정적으로 한인을 대하기는 하였지만 대체로 보아 러시아는 극동변강에
서 노동력을 필요로 하였고 이에 대해 한인들은 좋은 노동력 공급원이
되었으므로 1880년대 이후에도 극동지방으로의 한인들의 이주는 계속되

---

30) Anosov, *op.cit.*, p.10
31) Anosov, *op.cit.*, p.27

었다.

특히 조선이 개항을 하고 서양 및 일본과의 관계가 본격화됨에 따라 외국자본이 조선에 진출하게되고 농민들의 경제생활은 점차 어려워지면서 1893-1895년에는 대규모의 농민소요가 일어나게 되고 그만큼 노령으로 이주하는 숫자도 늘어만 갔다. 1894년에만도 해로와 육로를 거쳐 모두 9980명의 한인들이 노령으로 이주하였다. 이들은 단지 농민뿐 아니라 상인, 노동자들이 포함되어 있었다. 1900년에 편찬된 러시아대장성의 『한국지』에 의하면 당시의 국경감독관이었던 M.G.마튜닌의 보고에 따라서 당시에 남우수리지방에는 약 5000의 한인들이 있었는바 이들은 한 손에 지팡이 한 손에 담뱃대를 들고 10-20명씩 러시아영내로 몰려왔으며 이미 정착생활을 하고있는 한인들에게 고용되어 시종 농사일을 하였다. 이들은 밭갈이에서 탈곡에 이르기까지의 일을 맡아하고 그 대가로 50루블을 받았으나 도박을 좋아하여 상당액을 잃고 또 술을 좋아하여 마시기 때문에 가을에 집으로 가져가는 돈은 30루블이 되지 못한다고 하였다. 이들 가운데 그나마 상재가 있는 사람은 이 돈으로 면포를 사서 귀국하여 판매하였다고 한다.32)

1882년부터 본격화된 러시아 이민으로 인하여 연해주 한인들의 수가 러시아인에 못미치게 되기는 하였지만 그럼에도 불구하고 한인들의 이민은 꾸준히 증가하였으며 특히 남우수리에서는 인구의 다수를 차지하게 된 것은 놀라운 일이 아니다. 이리하여 1907년에는 극동변강에 약 42000명의 한인들이 있었다고는 하지만 정확한 통계가 없으며 어느 정도 자세한 통계로 1910년의 통계가 있는 바 이를 살펴보기로 하자.

---

32) 러시아 대장성편(최선, 김병린역), 『한국지』, 한국정신문화연구원, 1984, p.589

<표 2> 1910년 한인들의 분포(괄호 안은 비입적 한인)

연해주
블라디보스톡 시 3465명(3217)
하바로프스크시   529명(489)
니콜스크-우수리스크시 2353명(2358)
니콜라예프스크시 797명(754)
니콜스크-우수리스크군 28718명(16791)
올가군   10612(9479)
이만군 2716(1876)
우두스크군 1204(1204)
하바로프스크군 1160(490)

아무르주

블라고베셴스크시 357
제야 부두 150
아무르군 579
아무르 카자크 구역 202
제야 산지경찰구 150
부레이 산지구 55
아무르 식민구 45

자바이칼주
치타시 53
쉴코-아르군스크 산지경찰구 165
호로고친스크 금광 165
바르구진스크 산지구 70
네르친스크 군 46
우스트-카리이스크 구역 14
악쉰스크군 2
치타군 1

자료: I.Babichev, *Uchastie Kitaiskikh i Koreiskikh trudiashchikhsia v grazhdanskoi voine na Dal'nem Vostoke*, Tashkent, 1959, pp.18-19

위의 표에 의하면 한인들은 주로 연해주에 그것도 주로 블라디보스톡 시와 올가군, 그리고 니콜스크-우수리스크 시 및 군에 모여살았음을 보게된다. 특징적인 것은 연해주의 한인들은 농민이 대부분이지만(노동자는 13%) 아무르주나 자바이칼주에서는 노동자가 대부분이라는 점이다. 이 양 주에서는 1910년에 불법노동자가 1288명, 직공이 46명, 농업 262명, 상업 323명이었다. 노동자는 대부분 광산노동자들이며 상인들이란 블라고베셴스크가 큰 상업도시이기 때문에 이곳에 한인 소상인들이 몰린 것이다(323명중 315명).[33] 아노소프는 또한 한인들의 수를 1901년에 32298인 1914년에 64309명으로 그리고 1923년에는 106000명으로 제시하고 있다.[34] 그러나 실제로 이보다 더 많은 한인들이 존재했음에 틀림없다. 많은 수가 비자稅를 피하기 위해 등록을 회피하였기 때문이다.

이미 우리가 살핀 대로 1893년부터는 입적한인과 비입적한인 사이에 경제적 조건의 차이가 나타나는데 이 점은 이 양 그룹이 여러 가지 점에서 차이를 가지는 결과를 가져오게 하였다. 이러한 점을 살피기 위하여 다음의 통계를 보고 이를 분석하기로 하자.

<표 3> 1910년 연해주의 한인현황

	러시아입적자		비입적자		계
	남	녀	남	녀	
도시	555	256	7641	2025	10477
농촌	8898	7421	14501	9728	40098
카자크촌			701	336	1037

자료: N.V.Kuner, *Statistiko-geograficheskii i ekonomicheskii ocherk Korei*, Vladivostok, 1912, p.250

---

33) I.Babichev, *Uchastie Kitaiskikh i Koreiskikh Trudiashchikhsia v Grazhdanskoi Voine na Dal'nem Vostoke*, Tashkent, 1959, p.18-21
34) Anosov, *op.cit.*, p.8

<표 4> 연해주 한인의 지역별, 성별 및 국적별 비율(단위 %)

	지역별 분포		성별 분포	
	도시	농촌	남	녀
입적자	5	95	54	46
비입적자	28	72	65	35
전체	20	80	62	38

위의 표4는 표3을 가지고 정리한 것이다. 이 표3을 보면 러시아입적 한인의 경우는 95%가 농촌에 거주하였으며 성비도 남녀가 54:46으로 대체로 안정된 구성을 가지고 있는데 비하여 비입적한인은 도시거주자와 노동자가 28%나 되며 남녀성비도 65:35로 심히 불균형한 모습을 보이고 있다. 특히 비입적한인 중에는 노동자 그 중에서도 광산노동자가 상당부분을 차지하고 있으며 1911년의 경우에 연해주에서만 6707명의 노동자가 있었다는 것이다. 1910년 이후에는 한인들의 이주가 더 가속화되어 1917년의 시점에서는 대략 20만의 한인들이 노령에 거주하게 되었다.

이러한 한인들의 이민을 대략 시기구분하면 4단계로 나눌 수 있다고 본다. 제1기는 1863-1884의 시기 제2기는 1884-1893의 시기 제3기는 1894-1910의 시기 제4기는 1910-1917의 시기이다. 제1기에는 쇄국정책을 어기면서 농민들이 경제적 어려움 때문에 국경을 넘은 것이다. 제2기는 농민뿐 아니라 상인과 노동자도 국경을 넘었는데 외국자본의 침투에 따라 농민생활이 몰락하던 시기였다. 제3기는 한반도를 둘러싸고 일본과 러시아가 경쟁을 벌이던 시기라고 보여지는데 이 시기에는 정치적 망명자도 상당수 있었다. 제4기는 합병 후에 일제가 토지조사사업을 진행하던 시기로 많은 농민 및 정치적 망명자가 노령으로 이주하였다.

그런데 노령의 한인들을 대하는데 있어서 러시아의 관헌들 사이에서는 두개의 서로 대립된 견해가 존재하고 있었다. 그 하나는 1905-1911년에 극동의 총독이었던 운테르베르게르의 입장이며 극동의 식민에 한인들이 해로운 존재라고 보는 입장이었다. 다른 하나의 입장은 운테르베르게르의 후임총독인 곤다티총독의 입장으로 그는 한인들에 대해 긍정적인 입장을 견지하였다. 그렇다면 어떠한 논거로 양 견해가 대립되었는가 하는 점을 살펴보기로 하자. 왜냐하면 이점에서 러시아인들의 한인에 대한 태도의 근원을 엿볼 수 있기 때문이다.

먼저 한인들을 극동의 식민화에 부정적인 요소로 평가하는 운테르베르게르의 견해는 '黃禍論'에 근거하고 있었다. 그는 극동에 "황인종의 평화적 침략에 대응하기 위한 주력군으로 러시아인 거주민이 필요하다"고 보았다. 먼저 그는 한인들이 검소함과 근면으로 극동변강의 식민화에 기여했다는 것을 인정하면서도 한인들이 러시아에 쉽게 동화되지 않으며 러시아인 이민을 위한 토지재원을 잠식하고 있다고 판단하였다. 그리하여 그는 한인들을 "우리는 우리의 이해에 부합하는 한 이용할 수 있다"고 하였지만 그러나 한인들을 입적하고 토지를 분여해주는 데에는 반대하였다. 그와 같은 견해를 가지고 있는 류바토비치(Liubatovich)는 한인들을 이집트의 유태인에 비유하고 한인들이 동화하지 않기 때문에 토지를 박탈해야할 뿐만 아니라 거주지를 불태우고 한인들을 내쫓아야 한다고까지 주장하였다.[35]

이러한 견해를 바탕으로 하여 1908년 3월 8일에 운테르베르게르는 내무성에다가 한인들의 충성심을 믿을 수 없으며 만일 중국이나 일본과 전쟁이 벌어질 경우에 한인들이 러시아가 아닌 이들 적국의 간첩망에 이용될 것을 우려하고 있었다. 그는 그의 저서에서 한인들에 대한 배척이유를 다음과 같이 설명하였다.[36]

우리의 영토에서 30년 이상 살고 있는 한인들은 연해주의 여러 지

---

35) Pesotskii, *Koreiskii vopros v Priamur'e*, p.101
　　Anosov, *op.cit.*, p.11에서 재인
36) *Primorskaia Oblast'*, 1856-1898 g.

역들에서의 식민적 요소로서는 부적합함이 드러났는데 이곳에 우리
는 황인종의 세계적 침략에 대한 요새와 대항으로서 그리고 태평양
연안에서의 우리의 해상적 군사적 힘에 대한 지지로써 토착 러시아
주민이 필요하다. 신앙이나 풍속, 습성, 세계관 그리고 경제적 생활조
건에 있어서 한인들은 우리와는 전혀 이질적이며 러시아인들과 동화
되는 것은 대단히 어렵다. 선교사들이 그들 가운데 정교신앙으로 개
종하는 숫자를 보고 성공을 논하고 있지만 이것은 사실 단지 외관상
으로만 그러할 뿐인데 왜냐하면 우리 나라에 살고 있는 대다수의 한
인 농민들은 러시아어를 모르고 있으며 또한 선교사들은 단지 극히
약간의 한국어만을 알기 때문이다. 많은 촌락들에 세워져 있는 한인
학교들은 …국경을 넘어서 잠시 일하러 넘어오는 한인들과 끊임없는
연락관계를 가짐으로 하여 우리 영토에 살고있는 한인들은 한국에
있는 자기 동포들과 끊임없이 관계를 가지고 있고 옛 풍속과 습성을
간직하게 된다… 한인들에게 있어서 국적취득의 문제는 단지 그들에
게 물질적인 조건을 확보하는 의미에 그치며 만일 어떤 종류의 정치
저 상황에서 그들이 러시아인이라는 의식에서가 아니라 그들에게 유
리하다고 생각되는 보다 강한 쪽에 붙어서 서리라는 것은 다른 어떤
것보다도 확실하다.[37]

그는 인종주의적 견해를 바탕으로 하여 1910년에는 V.V.그라베와 대
화하는 가운데서 다음과 같은 말을 하기도 하였다.

황인종의 위험은 변강을 강하게 위협하고 있기 때문에 그에 대해
근본적인 방책을 취하는 것이 바람직한데 모든 노력을 다하여 중국
인이건 한인이건 일본인이건 황색인종의 대표들과 싸워야 한다. 그렇
지만 그들에게 지나치게 강력한 방법을 쓰지 말고 서서히 그들을 변
강에서 구축해야 한다.[38]

---

37) Anosov, *op.cit.*, p.12-13 에서 재인
38) Trudy Amurskoi Ekspeditsii, vypusk XI, p.136-137
    Anosov, *op.cit.*, p.13 재인

이러한 한인배제방책에 대해 다른 견해를 가지고 있던 것은 곤다티를 책임자로 하는 아무르원정대의 견해였다. 아무르원정대의 견해는 한인들이 동화되기 쉬운 민족이라는 인식에 근거하고 있었다.

자신의 귀화한인들에 대한 정부의 배려는 한인들이 러시아에 살고 있는 모든 이민족들 중에서 정부로부터 아무런 강제성이 없이 러시아인화하려 하고 동화하려 하는 유일한 요소라고 하는 데에 있다. 한인들은 특성이 없는 민족이며 강한 자의 영향에 빨리 따르며 사실상 무저항주의의 가르침을 따르고 있는데도 자신들은 이를 알지 못하며 그들이 접촉하는 민족들로부터 아주 세세한 것까지 흉내내는 것을 좋아하며 마지막으로는 책동에 강하게 기울어지는데 그러한 책동은 그들을 분열시켜서 여러 당파로 만들고 그와 함께 전체를 약하게 한다. 한국의 역사는 오히려 중국과 일본의 한국지배의 역사라는 사실이 그를 증명한다. 우리의 국경을 넘어오면서 한인들은 그들의 특성을 간직하였는데 어떻게 지방의 행정당국이 한인들의 특성을 잘 평가하여 그들이 러시아인화하려고 하는 것을 도와주면서 그들을 완전히 이용하지 못하였는지에 대하여 놀랄 정도이다. 이 동화의 노력은 한인들이 러시아인들과 항상 이웃하는 곳에서는 대단히 크며 그 반면에 한국과 국경을 맞대고 있어서 새로운 사람들이 항상 넘어와서 이들이 국경 양쪽의 주민들과 관계를 유지하고 그리하여 조국의 기질과 풍속을 유지하는데 영향을 주는 곳에서는 동화가 거의 불가능하다.[39]

그와 함께 한인들이 러시아인이 처음에 정착하는데 지대한 공헌을 하였다는 사실도 지적하였다. 포시에트 지역, 한카호에 이루기까지의 카자크 토지, 니콜스크 부근의 농민토지, 전 남우수리의 교회 토지 및 임야, 그리고 북으로 하바로프스크와 아무르강 연변의 개척에 한인들의 공헌이 지대하였음을 지적하였다. 그와 동시에 한인들이 거주할 경우에 변강

---

39) Anosov, *op.cit.*, p.13-14

의 농업이 발달하고, 중국인과는 달리 한인은 계속 거주하며 값싼 노동
력을 공급하고 게다가 한인노동력은 러시아인들이 싫어하는 일도 마다
않으며 근면하면서 국고에 비자稅도 납부하고 있다는 사실을 들었다. 한
편 부정적인 요소로는 러시아인의 농업이 실제로는 소작한인들에 의해
운영되어서 러시아인들이 나태해지고 있다는 것이었다.[40] 사실상 한인
들의 희생을 바탕으로 하는 러시아인들의 무위도식에 대해 V.D.페소츠
키는 다음과 같이 지적한 바 있다.

　　토지가 없는 변강의 한인주민들은 법밖에 놓여있는데 어떤 주인이
나 경찰관리는 말할 것도 없고 어떤 개별적 러시아인에 의해서도 그
들의 생이 달려있다. 땅이 없는 한인들은 공평한 입장에서 보자면
"떠돌이 일짐승"이고 그들의 방랑은 주인이 바뀔지라도 근본적으로
는 변하지 않는다. 한인들에 대한 그러한 관계 그리고 무권리의 한인
들의 노동력의 이용은 러시아주민들을 타락시킨다… 토지의 용익권자
는 토지를 소작 주고 또는 머슴을 통해 일을 시키고 농민으로서의
자신은 아무 것도 하지 않으며 소비만을 하려고 하고 거의 산업에
종사하지 않는다. 주인에게 지대의 형태로서의 기금이 있다는 것은
그들을 불량한 사업가로 만들고 年貢, 음주, 음탕에 빠지게 만든다.
다른 조건에서라면 우리의 러시아인 농민들은 토지로부터 얻어지는
수입을 가지고 소규모 산업을 세우고 발전시키며 경제를 개선할텐데
지금은 그렇지 못하며 이러한 악은 악으로 남아있다. 한인들에 대한
관계를 보여주기 위해서는 바라바슈에서 수찬에 이르기까지 다른 방
향으로는 한카호에 이르기까지 가을에 추수를 마치고 판매까지 마친
후 토막에 사는 한인들에 대한 특별한 "사냥" 모습을 상기시키는 것
이 가능한데 이 "사냥"은 종종 살인으로 끝이 나며 이는 거의 등록
되지도 않는 것이다.[41]

---

40) Anosov, *op.cit.*, pp.15-17
41) Pesotskii, 1913, op.cit, p.27
　　Anosov, *op.cit.*, p.17-18 에서 재인

페소츠키의 말은 러시아인들의 도덕적 타락을 걱정하는 입장에서 하는 말이지만 우리는 이 글을 통하여 한인들이 얼마나 비참하게 러시아인들에 의하여 착취되고 있었는가를 생생하게 알 수 있는 것이다.

운테르베르게르가 총독으로 재직하는 중에는 한인 추방정책이 실시되었지만 그러나 그 부작용은 작지 않았다. 왜냐하면 한인들의 노동이 러시아극동경제에 대단히 중요한 비중을 차지하고 있었기 때문이었다. 그리하여 1910년 12월 아무르주의 하바로프스크에서 열린 지역대표들의 한 회의에서 일반적인 여론이 러시아노동자와 경쟁대상이 되고 있는 황색인 노동자를 금지하는 것에 대하여 찬성하면서도 중국인 노동자보다 한인노동자에 대하여는 다소간에 긍정적인 견해가 표출되었다.

> 그들은 광산이나 공장에서 모든 노동에 적응하여 러시아노동자와 마찬가지이다. 그들은 러시아인보다도 적지 않게 러시아산물을 소비한다. 그들에게는 단지 쌀과 수수만 필요한 데 전에는 그것들을 구하는데 외국 시장에 의존해야했지만 이제는 현지에서 받을 수 있다. 그들의 임금은 러시아상품을 구입하는데 지출된다. 아무르 기업가들에 의하면 특히 정주 한인 노동자는 금광장에서 대단히 유익한데 왜냐하면 그들은 솔직하여 중국인들처럼 채광된 금을 국외로 밀수하지 않기 때문이다. 러시아주민들은 중국인들이나 특히 일본인들보다(도시에서) 한인들과 쉽게 정이 드는데, 러시아주민들은 한인들로부터 벼 경작 및 두류 작물 재배에 있어서 대단히 중요한 숙련을 차용하며 항상 그들의 눈앞에 경탄할만한 근로열, 토지에 대한 사랑, 그리고 토지를 돌보는 능력을 보게 되는 것이다.[42]

그리하여 1911년 1월 『노보예 브레먀』에서는 황화론이 잘못 적용되었음을 비판하고 한인들의 노동력을 이용하여야된다는 입장을 적극적으로 표명하기에 이르렀다. 이 신문의 논설은 황색인종의 입국금지 조처가 전

---

42) Ark. Petrov, "Koreitsy i ikh znachenie v ekonomike Dal'nevostochnogo kraia", *Severnaia Azia*, no.1, 1929, p.46

혀 실효가 없다는 사실을 지적한다. 우선 鬱林 지방 같은 곳은 감시가 곤란하여 중국인은 자유로 러시아에 건너와서 자유로 노동을 하고 있으며 한국인도 때로는 러시아 하급행정관리로부터 허가를 받아서 입국하거나 그렇지 못할 경우에 일본 영사로부터 정식여권을 하부 받아서 입국하는 것이다. 결국 이리하여 한인의 입국을 실제로 막지 못하고 있다는 것이다. 논설은 한인은 자연적 평화적으로 러시아인화 하고 있다고 하였다. 한인은 우선 어떤 지역에 쉽게 적응하여 곤란을 참고 생계를 영위하며 또한 야채를 잘 재배하여 러시아에 야채를 공급하는 등 농업에 대단히 유용하다. "조선인은 노국농민이 버린 토지라도 만족하고 있다. 그러므로 피등에 불용의 황무지를 여하여 영농케 함은 국가를 위하여 소호도 손해될 것이 없으며 도리혀 오인의 향수하는 이익 빈대하다"고 하였다. 또한 한인은 빈해민족으로 어업에도 교묘하다. 그러나 논설은 또한 한인에 대한 다른 위구심도 표현하고 있었다. 만일 한인을 방추한다면 일본이 장래 방추당한 한인의 불평심을 이용하여 러시아에 대한 적대행위의 무기로 사용할 수 있으며 그럴경우 예컨대 한인은 일본의 밀림에서의 도로안내자가 될 수도 있다. 그렇기에 한인을 회유하는 방책으로 러시아인의 이민이 곤란한 지역에 한인들에게 토지를 분여하여 러시아에 입적케함으로써 만일의 위함을 덜자는 주장이었다.[43]

이러한 논설은 이미 상공업자를 중심으로 하는 경제적 이해를 중시하자는 사람들의 여론이 반영된 것이며 1911년 5월 9일자의 『프리아무레』지에서는 연흑룡 지방의 금광에 종사하는 한인 노동자에 대하여 가급적 관대한 조건으로 귀화를 허가하고 금광노동에 한인사용을 허가하고 또 캄차카에 가설하는 전선공사에도 한인을 사용하며 블라디보스톡 상항지구 및 인접 도로에서 한인노동자를 사용하기로 하였다는 보도가 있다.[44]

어쨋든 운테르베르게르의 후임인 곤다티가 취임한 후에는 한인을 경

---

43) 국사편찬위원회편, 『韓國獨立運動史』, 제2권, 1967, pp.514-515
44) 국사편찬위원회편, 『韓國獨立運動史』, 제2권, 1967, pp.545-546

제적으로 이용하여야 하겠다는 입장이 우선적으로 작용하였다. 한인에 대한 극단적인 방추정책은 중단된 것으로 보인다. 그러나 그것이 한인에 대한 호의적인 정책으로의 전환을 의미하는 것은 아니었다. 한인들의 노동력을 이용하고 대책 없이 추방하는 일은 여전히 계속되었다. 1911년에는 포시에트의 한인들이 러시아입적자를 제외하고는 북방으로 강제이주를 당하였으며 1912년 봄에도 러시아는 두만강 대안에 가까운 한인촌락의 강제이주를 단행하였고 그리하여 크라스노예셀로에서 사시죠에 이르는 풍옥한 농지로부터 한인들은 북방의 이만역 이북으로 이주당하였다. 한인들을 국경지대에 살지 못하게 하려는 정책의 결과였다.[45]

이러한 정책들을 고려해보면 러시아 정부의 한인에 대한 입장에서 그 정도의 차이에도 불구하고 고도의 인종주의적 요소를 발견할 수 있다. 어느 쪽의 견해이든지 인종주의를 벗어나지는 못하였다. 단지 운테르베르게르는 한인이 동화되기 어려운 민족이라는 전제에서 러시아 민족주의를 그가 극동에서의 가상적인 인종간의 전쟁에서 의지할 수 있는 요소로서 파악한 것이며 아무르 원정대는 한인이 동화하기 쉬운 민족이라는 전제하에서 러시아의 국익을 위하여 한인들을 최대한 이용하고자 하는 것이다. 한인 배제정책을 강조한 운테르베르게르의 역점은 군사적-전략적 입장이 우선시되어 있으며 한인동화정책을 강조한 아무르원정대의 견해는 경제적 입장이 우선시되어 있음을 우리는 알 수 있다. 그러나 양 입장은 모두 러시아의 극동의 정치군사적 안보 또는 경제적 발전이라는 우선 정책의 선택에 관한 문제인 것이며 한인들의 생존에 관한 어떠한 인도주의적 입장도 표현된 것이 아니라는 사실에 주의를 환기 할 필요가 있다. 그리고 러시아정부의 한인에 대한 이러한 태도는 그들이 한인을 대할 때 가지는 입장을 잘 표현한 것으로서 그 이후의 역사에서도 지속적으로 나타나는 바 이에 주의를 요하는 것이다.

---

45) 윤병석, 『國外韓人社會와 民族運動』, 일조각, 1990, p.203

4. 한인의 사회경제적 지위와 문제

러시아극동지방에 이주한 한인들에 대한 정책은 총독의 관점에 따라 많은 변동이 있기는 하였지만 기본적으로는 한인들을 이용하려는 것이었다. 그리고 제정시대의 러시아의 일반적 민족정책이 그러하였듯이 러시아의 소수민족들은 "민족들의 감옥"속에 감금되어 있었다. 한인들의 경우도 예외는 아니었다. 그러나 앞서 지적했듯이 한인들은 러시아국적을 취득한 경우와 그렇지 못한 경우의 차이가 있고 이것이 한인들 사이의 경제적 차이를 야기시키는데 결정적으로 중요한 역할을 하였기 때문에 이 문제를 살펴볼 필요가 있다. 한인들의 입적은 1895년부터 시작되는 바 한인들의 입적 상황에 대하여는 다음의 표를 참고할 수 있다.

<표 5> 한인들의 입적 상황46)

	입적한인	비입적한인	계
1892	12940	3624	16564
1899	14980	10675	25655
1900	16125	11755	27880
1901	16163	13445	29608
1902	16140	16270	32410
1905	16500	12000	28500
1906	16965	17434	34399
1908	16190	29207	45397
1909	14799	36755	51554
1910	17080	36996	54076

---

46) 이 표는 3개의 통계를 종합한 것이다. 그렇지만 대체로 보아 점차 증가 추세로의 일관된 현상을 보이고 있는바 각 통계원은 다르다고 하더라도 추세를 파악하는데는 아무런 문제가 없는 것으로 보인다. 단지 1905년의 통계만이 비입적한인의 수를 줄여서 이상한것 같으나 그대로 삽입하였다.

1911	17476	39813	57289
1912	16263	43452	59715
1913	19277	38163	57440
1914	20109	44200	64309
1923	34559	72258	106817

자료: Anosov, op.cit., pp.27,29(1906, 1910-1914, 1923)

현규환, 『韓國流移民史』, 상, pp.809-810 (1892, 1899-1902, 1905, 1908)

위의 표에서 볼 수 있듯이 한인들 중에 입적한인의 수는 거의 증가하지 않았다. 1899년의 입적한인의 수를 확실한 수치로 전제할 경우에 1899년에서 1914년까지의 15년 사이에 입적한인의 수는 5129명 늘었을 뿐이며 이는 연평균 342명이 늘었다는 것을 의미한다. 그러나 실제로 한인의 수가 늘어난 것은 전쟁으로 인한 입적의 증가 때문이며 따라서 1899년에서 위의 통계상에서 1911년까지의 경우를 계산해볼 때 연 208명 늘은 수이며 이는 년 약 1%의 성장률로 인구의 자연증가를 밑도는 것이라고 하지 않을 수 없다. 1913년 에 입적한인이 늘어나는 것은 전쟁으로 인하여 곤다티 총독이 군대에 자원하는 자에게 입적의 권리를 부여하여 주었기 때문에 이 기회에 입적하는 자들이 급속히 늘어났기 때문이다.

그런데 이미 전절에서 살펴보았듯이 '황화론' 같은 인종주의가 퍼져 있는 상황에서 한인들이 법적인 조건에서 불리한 입장에 있었고 따라서 러시아 관헌으로부터 차별대우를 받았다고 하는 것은 재론의 여지가 없다. 러시아정부는 1902년 9월 29일의 법률에 의해 프리아무르 총독부의 도시 두마들은 황인종들이 특정한 구역에 사는 것을 금지시켰다. 이에 따라 하바로프스크, 니콜라예프스크, 블라디보스톡 등의 도시는 중국인과 한인들이 사는 구역을 지정하였고 러시인 거주구역에서 살지 못하도록 하였다.47) 특히 운테르베르게르 총독의 부임이후에 한인들의 어려움이 증대했는데 그것은 1905년의 혁명 이후의 러시아의 정책적 변동과 깊이 관련되어 있는 문제였다. 러시아정부는 혁명의 원인이 농민들의 어려움에 기인한다는 것을 알고 있었으며 따라서 극동지역으로의 이민을 장려함으로써 농촌에서의 소요를 예방하려는 조처를 취하게 되었다. 이러한 러시아이민에게 마련해줄 토지를 확보하기 위해서는 한인들의 이민을 제한할 필요가 있었던 것이다. 이러한 박해정책은 한인들이 법적으로 어떠한 보호를 받기 어렵게 만들었다. 그 점은 곤다티 총독 시기에 있어서도 크게 달라지지는 않았다. 한인들은 결코 러시아인과 같은 대우를 받지 못하였던 것이다.

한인들은 우선 지방관헌들의 자의에 완전히 맡겨져 있었다. 사소한 잘못을 가지고도 한인들은 러시아 행정당국으로부터의 처벌을 받았다. 예컨대 군무지사는 한인들에게 재판 없이도 30일까지의 감금이나 30루블의 벌금을 부과시킬 수 있었다. 카자크 군사의장, 면장, 경찰서장, 광산감독관은 15일의 감금이나 15루블의 벌금, 경찰지서장, 카자크 군장교, 그리고 철도조차지역에서는 헌병분대장들이 7일의 감금이나 7루블의 벌과금을 부과시킬 수 있었다. 연해주군무지사는 한인들을 언제나 행정적 조치에 의해 추방할 수 있었다.[48]

귀화하지 못한 한인들은 그 지위가 열등하여 블라디보스톡, 니콜스크, 하바로프스크, 니콜라예프스크 등의 큰 도시에서는 마음대로 통행할 수가 없었고 대개 주거지가 제한되게 마련이었다. 한인들은 법적으로 보호받지 못하였을 뿐 아니라 경제적으로도 대단히 열악한 생활을 영위하고 있었다. 이들이 행정당국에 내는 비자세도 결코 그 부담이 작은 것이 아니었다. 15세 이상이면 일인당 5루블씩, 10-15세는 2루블 50코페이카를 납부하지 않으면 안되었는데 러시아 행정당국은 통상적으로 한 가족당 15-20루블을 징수하였던 것이다.

---

47) I.Babichev, *Uchastie Kitaiskikh i Koreiskikh trudiashchikhsia v grazhdanskoi voine na Dal'nem Vostoke*, Tashkent, 1959, pp.21
48) Kim Syn Khva, *op.cit.*, p.43

한인들은 러시아에 거주하면서 물론 러시아관헌의 행정하에 놓여있기는 하였지만 한인들 내부에서는 자치적인 기능이 유지되고 있었던 것으로 보인다. 뒤바보의 기록은 한인들의 자치규율을 이해하는데 많은 도움을 주고있다.

뒤바보는 한인들의 자치기구로 色中廳이란 것이 있었다고 하였다. 이는 보부상의 예규를 본따서 만들었는데 초기에 유일의 대단체였다. 이 단체는 농평, 시가, 금광에까지 지청을 설치하였으며 그 임원은 반수, 접장, 공원, 집사로 구성되어 있었는데 1년에 1번 개선하였다. 반수는 연령이 가장 많고 이력이 있는 자로 하며 접장은 그 지방의 풍속을 지희할 능력이 있고 분쟁과 시비를 가릴만한 자로 하는데 그는 태형을 가하고 심지어 축출경외하는 특권까지 가지고 있었다. 또 목전(회금)을 모아 식이하여 기개월에 한번씩 개회하는데 그 목적은 청원중에 병이 있는 자를 치료하고 사망한 자를 매장하는 것이었다. 1년 1차의 정기대회시에는 식이하였던 금전을 할애하여 성찬을 벌이고 사무를 처리하였다고 한다. 뒤바보의 이러한 설명에 의하여 판단컨데 색중청은 공시적인 행정기구는 아니지만 한인들 사이에서는 권위를 가지고 있었던 자치행정기구라고 판단된다. 공식적이 아니기에 계의 형식을 취하고 있었다. 또 러시아관헌의 허가 아래 도소가 설치되기도 하였는데 이는 한국의 면이나 사같은 것으로 도소실을 건축하고 도헌이나 사장을 두어서 한인을 관할하고 부세를 납부하는 직권을 가진 단체라고 하였다. 처음 도소가 된 곳은 연추남도소라고 하였다. 이는 러시아관청의 징세의 편의에 의하여 한인들에게 허용된 기구라고 보는 것이 타당할 것이다. 그 다음에 한국의 동과 같은 촌락에 러시아관청의 허가는 없었지만 풍속이라는 자치기관을 설치하여 도소하에 놓여 있었다고 한다. 그 주임자는 풍존 또는 노유라고 하였는데 풍속이 모여서 공선하였다. 그는 풍속을 치리하였고 그 치리란 향약과 마찬가지로 관혼상제에 공동으로 조여케하고 환난상구, 과거상규 등의 일을 하는 것이다.[49]

이미 앞에서도 언급된 바가 있듯이 러시아로 이주한 한인들은 거의 대부분 극도로 어려운 상황에서 이주하였다. 따라서 그들에게는 노동이 유일한 자산이 될 수밖에 없었다. 이러한 사정을 뒤바보는 다음과 같이 표현하였다.

> 당초부터 생활난으로 인하야 친척과 분묘를 기하고 비사즉생이라 는 최후결심으로 도강한 것이다. 그래서 구복을 모영하는 외에는 치 욕도 몰랐다. 우 예절도 차릴 하한이 없었다. 평일에 호로라고 항매 하던 중아인을 한것(상전이라는 뜻)으로 삼고 자기는 노예의 천대받 는 것을 소호도 개의치 아니하였다. 노동신성이란 문제는 제절로 성 립되었다.[50]

러시아에 이주한 한인들은 이주 전에 대부분 농사를 짓고 있었으므로 이주 후에도 한인들의 대부분은 농지를 개간하여 농사를 짓게 되었다. 한인들은 주로 보리나 콩과 같은 밭작물을 경작하였다. 흔히들 벼농사와 한인을 연결시키지만 벼농사가 본격적으로 시작된 것은 1917년 이후이 며 그전까지는 주로 밭작물이 경작되었다.[51] 1917년의 경우에 한인들의 경작지 중 수수와 피가 44%, 콩 17%, 벼 16%, 옥수수 13%, 귀리와 밀 10%를 차지하고 있었다.[52]

---

49) 「俄領實記」, pp.182-84

50) 「俄領實記」, p.172

51) 1860-64년에 우수리지방을 연구했던 A.F.Budishchev에 위하면 중국인들에 의하 여 벼가 경작되었다고 하며 또 어떤 저자들은 1862년에 한인들에 의해 벼농사 가 시작되었다고도 한다. 또 1917년에 수찬구역에서 한인들에 의해 벼농사가 이루어졌다는 기록도 있다. 그러나 1917년에는 1 혹은 2군데 정도에서 실험적 으로 벼농사가 이루어진 것에 불과하다. 연해주에서 벼농사가 중요성을 가지 는 작물로 부상되는 것은 1919년 이후라고 보여진다. (Cf.V.I.Volodin, "Dokhodnost' Ricoiushchikh Khoziaistv Koreitsev", *Trudy Opytnykh Uchrezhdenii Dal'nego Vostoka*, Bypusk Vtoroi, Vladivostok, 1931, pp.89-90

52) Kim syn khva, "Polozhenie Koreiskikh krest'ian Russkogo Dal'nego Vostoka nachale XX veka", *Izvestia Akademii Nauk Kazakhskoi SSR, Seria Istorii,*

이제 우리는 우선 한인농민들의 경제적 상황을 살펴보기로 하자. 우선 한인들은 그 경제적 지위에 따라 3개의 등급으로 나눌 수 있다. 첫 번째 그룹의 한인은 블라고슬로벤노예의 한인들로 이들은 가족당 100제샤치나의 토지를 분여받고 있었다. 두 번째 등급의 한인들은 1884년 이전에 노령에 이주하여 1893년이래 입적한 한인들로 이들은 가족당 15제샤치나의 토지를 분여받았다. 세 번째 그룹의 한인들은 비귀화한인으로 토지를 가지지 못했다. 이러한 한인들의 경제적 여건을 검토하기 위해서 러시아인들의 경제적 조건과 비교검토 하여 보기로 하자. 러시아인들 중 우선 카자크는 1894년 이전 이주자의 경우는 거의 제한 없이 토지를 가졌고 그 이후에는 일반 카자크는 40제샤치나 하사관은 200제샤치나 그리고 장교는 400제샤치나의 토지를 분여받았다. 이들과 함께 1900년 이전에 극동에 이주한 '스타제샤cm니크'는 가족당 100제샤치나의 토지를 분여받았다. 그리고 마지막으로 1900년 이후에 극동에 이주한 러시아신이민은 성인남자 1인당 15제샤치나의 토지를 분여받았다. 이를 참고로 하여 다음 표를 살펴보기로 하자.

<표 6> 1913년 극동 농업인구 그룹별 토지보유현황

농민 그룹	아무르주	연해주	전연해 변강
카자크	5800000	9000000	14800000
구이민	1042661	1336500	2379161
신이민	3416770	1503038	4919808
한인	-	43095	43095

자료:Kim Syn Khva, op.cit., p.45

이 6개 그룹을 놓고 볼 때 1917년의 통계에서 볼 때 구이민과 카자크
는 농민의 47%를 차지하며 72%의 토지를 경작하였고 신이민과 한인은
가구의 53%이면서 토지는 28%를 경작하고 있었다. 그러나 한인들이 모
두 토지를 경작하고 있었던 것은 아니라고 본다.

<표 7> 1917년 입적 한인농민의 토지파종(니콜스크, 올가, 수찬 구역)

무토지	1973가구	11.6%
1제샤치나까지	2476	14
1-4 제샤치나	11556	67
5-9	1123	7
10-14	59	0.3
10이상	5	0.1

Kim Syn khva, op.cit., p.70

위의 표에서 보듯 실제로 입적 한인들 중에서도 무토지 농민도 11.6%
를 차지하였다. 이는 토지분여 없이 입적하였기 때문이다. 반면에 카자
크와 구이민은 평균 12 제샤치나 신이민과 한인은 약 4 제샤치나를 경
작하고 있었다.[53] 이로써 입적한인이라고 하더라도 러시아 신이민과는
확실하게 구별되는 하층을 구성하고 있었음을 짐작할 수 있다.

따라서 한인들은 거의가 소작을 통해 가계를 운영했는바 소작한인의
비율은 1905년에는 30%, 1910년경에는 70%, 그리고 1917년의 경우는
90%에 달했다. 고공은 1910년에는 13750명이었는데 1917년에는 26670명
이었다.[54] ν인들에게 새로 분여되는 토지는 없는 상황에서 한인이민이
계속적으로 증가하는데 따른 필연적인 현상이었다.

우리는 다음의 표에서도 한인농민의 열악한 상황을 파악할 수 있는데

---

53) H.I.Riabov, M.G.Shtein, *op.cit.*, p.165
54) Kim Syn Khva, *op.cit.*, p.55

농가의 생산력을 나타내는 지표중 하나인 역축의 보유현황을 보자.

<표 8> 한인 및 러시아 농가의 역축보유현황

역축 수	한인농가		러시아농가	
	절대수	%	절대수	%
없음	5356	31.2	6028	9.7
1	5457	31.4	3818	6.2
2	3629	20.9	5605	9.1
3	1577	9.3	7991	13.0
4	610	3.6	8888	14.5
5-6	405	2.3	15140	24.3
7-8	121	6.7	8069	13.0
9-10	46	0.4	3593	5.7
10이상	25	0.2	2362	4.5

Kim Syn khva, op.cit., p.70

이 표는 물론 한인들 내부에서도 사회경제적 차이가 있었다는 것을 무시할 수는 없다는 것을 보여준다. 러시아에 입적한 한인들은 토지를 분여 받았기 때문에 당연히 생활상 무토지 한인농민보다도 훨씬 윤택한 입장에 놓여있었다. 이들 입적농민들은 대개 그들의 촌락을 따로 가지고 있는데 이를 元戶村이라 하였다. 무토지 한인 농민들의 경우에는 할 수 없이 원호나 러시아인들로부터 토지를 소작해야 하는데 소작조건은 대단히 불리하였다. 흔히 한인들은 러시아인의 황무지를 소작지로 개간하였는데 처음 2년간은 소작료를 물지 않지만 3-4년부터는 소작료를 납부하며 이 경우에 지방에 따라 다르지만 소작료는 대개 4할 이상이라는 것이다. 그리고 지방에 따라서는 소작료 이외에도 지주의 馬草料를 베어주던지 건축에 사역을 하는 등으로 노력봉사를 하는 일이 있었다. 또한 러시아인들은 황무지를 개척하기 위한 목적으로만 한인들을 이용하는 경우도 종종 있어서 기경한지 4-5년 후에는 소작권을 박탈하고 다른 황무지를 맡기는 일이 흔하게 있었다.[55] 결국 한인들은 황무지를 전전하며 그들의 노력을 최대한으로 이용당하였다고 말할 수 있다.

김승화는 티진헤 마을의 경우를 예를 들고 있는데 그에 의하면 이 마을에는 186가구가 있는바 그중에 35가구는 비귀화인이며 이들은 토지, 뿔짐승, 말을 전혀 가지고 있지 못했다. 다음으로 72가구의 귀화한인이 있는바 이들은 토지는 가지고 있으나 말이나 뿔짐승이 없으며 54가구는 1마리의 말이나 노새와 몇 마리의 뿔짐승, 그리고 150제샤치나의 경작지가 있었고 또 4가구는 50.5제샤치나의 토지를 가지고 있었다. 또 25가구는 4마리 이상의 말과 577제샤치나의 토지를 가지고 있었고 이들은 그들의 토지를 무토지의 한인들에게 소작주고 있었다. 게다가 이 25가구는 125명의 상용머슴을 두고 있었으며 파종이나 추수기에 일용노동자를 고용하기도 하였다. 이들은 블라디보스톡이나 니콜스크-우수리스크에 몇 채의 집을 가지고 전세를 주기도 하였다.

극소수의 한인들 사이에서 기업가들이 출현하기도 하였다. 러시아에 입적한지 오래된 한인들 가운데는 부를 축적하여 산업을 경영하기도 하였는데 1910년경에 포시에트 구역에서만 80명이 부농으로서 상업을 동시에 경영하였고 8명이 도자기공장을 15명이 염전을 경영하고 있었다.

그러나 대다수의 한인들은 농민들이었고 당시의 극동변강의 소작료는 대개 수확량의 50%에 달하였다. 1910년부터는 운테르베르게르에 의해 한인들에게 국유토지를 임대해주는 것이 금지되었는데 이러한 조치는 한인들의 소작료를 올리는 결과만을 초래하기도 했다. 왜냐하면 러시아의 부호들이 국유토지를 임차하여 더 높은 소작료를 받고 한인들에게 재임대하여 중간착취를 하였기 때문이다. 예컨데 1910년에 우스타파크라

---

55) K H M, 「노령조선인농촌정형의 금석」, 『開闢』, 1925년 7월호, pp.100-1

는 부호는 니콜스크-우수리스크 근처에서 국유지 469제샤치나를 임차하여 제샤치나당 3-6루블을 지대로 바치기로 하고 그는 이 토지를 다시 한인들에게 임대하여 제샤치나당 20루블을 받기까지 했다.

농촌에서의 한인들의 생활 못지 않게 도시에서의 한인들의 생활도 어려웠다. 한인들은 공장, 금광, 석탄광, 그리고 농촌에서도 노동자로 일을 하였다. 한인들은 또한 포시에트 연안의 표트르대제灣에서 고기잡이로도 종사하였다. 1904년경에 고기잡이에 종사하는 한인들은 3000명에까지 이르렀는데 1905년부터 고기잡이가 외국인에게는 금지되었기 때문에 비입적한인들은 활동을 중지하여야 하였고 1910년경에는 938명의 한인들만이 어업에 종사했다.

러시아 극동의 노동계에 있어서 비교적 돈벌이가 잘되는 것은 금광이었다. 금광에서 사금 채굴하는 자를 금점군이라고 칭하는데 이에는 독특한 작업방식이 있었다. 먼저 금점군은 몇 명씩 그룹을 이루어서 주인으로부터 먼저 양식을 공급받아 개채에 착수하는데 이에 획득하는 금은 모두 광주에게 바치도록 되어있고 광주가 양식 등 선하한 것을 제외하고 남는 것이 있을 때에만 이것이 금점군의 소득이 되는 것이다. 매년 3-4월에 개채를 시작하고 9월 중순이 되면 철역하는 데 이 때에 회계를 하게 된다. 광주는 양식 등의 선하하는 물품에 대하여 시가의 배를 받고 채취되는 금에 대하여는 시가의 2분의 1로 쳐서 받게 되므로 광주에게 이윤이 보장되는 것이며 이 때문에 혹시 금점군들에게 결산시에 부채가 남아있는 경우에도 광주는 단지 그 문부를 지워버렸다.

금광노동에는 또 다른 노동방법이 존재하였는데 앞서의 점군과는 달리 광지를 정기로 조차하고 스스로 식량을 마련하여 개채하는 자도 있었고 또 일세를 광주에게 납부하며 노동하는 자도 있었다. 이를 걸양군이라고 하였다. 그러나 어떤 경우에도 금광노동을 통하여 부를 축적하는 일은 드물었다고 한다.[56]

상당수의 한인들은 하바로프스크와 우드스크 그리고 아무르주에서 금광및 석탄광에 고용되기도 했다. 그렇지만 한인들이 안정된 조건에서 근무할 수 있었던 것은 아니다. 러시아 관헌측에서의 정책의 변화에 따른 변동이 있었다. 1893년에는 러시아 정부 내에서 금광장에 청국인 및 한인 노동자를 고용하는 것이 유해하다는 의견이 제기되었는데 1864년의 노청육로무역조약의 규정에 의하여 청국노동자는 배척할 수가 없으므로 한인노동자만을 배척하기로 하였다가 한인노동자들이 금광장 노동자에 적합하고 청국인 보다 오히려 한인들이 러시아인에 유리하다는 의견 때문에 한인은 그대로 금광장에서 일할 수 있게 되었다. 1900년에도 북청사건을 계기로 하여 청한 양국인을 금광장에서 배제시키자는 움직임이 있었다. 이 때문에 러시아정부는 광산국장을 의장으로 하는 특별위원회를 설치한 바가 있으며 청한 양국 노동자들의 저임이 러시아노동자의 일자리를 박탈하기 때문에 이들 양국 노동자를 추방하여야 한다고 주장하였다.   그러나 청국 노동자를 배척하는 것은 이견의 일치를 보았지만 한인의 경우는 그렇지 않아서 한인은 그대로 일할 수 있었다.57) 1903년에는 2900명의 한인들이 프리아무르변강에서 1906년에는 10400명이 일하고 있었다. 그러나 러시아가 러일전쟁에서 패배하고 난 뒤 러시아의 혁명운동 때문에 내정문제에 몰두하다가 3차 두마가 개회되면서 청한 양국인에 대한 배척열은 극에 달하였다. 2차 두마는 스톨리핀이 사회민주당의원에 대한 면책특권의 폐지를 두마가 거부하자 해산된 것이며 1907년 9-10월에 개최된 3차 두마에는 친정부 대표들이 대거 당선되었다. 442명의 대표 중 300명이 친정부적이었다. 두마 의원 중 지주 대표가 44%를 차지하였다.58) 순수러시아인의 러시아라는 인종주의적 입장이 강하게 표출되었으며 산업부르조아보다도 지주층의 입장이 강하게 표현

---

56) 「俄領實記」, pp.174-5
57) 국사편찬위원회편, 『韓國獨立運動史』, 제2권, pp.503-504
58) 권희영, 「러시아입헌정치」, 『소련사회문화사전』(서울대학교 국제문제연구소편, 1991), p.92

되어 외국인노동자를 배척하는 기운이 일어났다. 결국 두마에 「연흑룡지방에서 청국인및 조선인출가금지법안」이 제출되기에 이르렀고 이에 연흑룡주 지방관헌의 분위기도 일전하여 한인들을 금광장에서 방추하려 함에 한인들은 대표자를 페테르스부르그에 파견하여 내무성에 청원서를 제출하기도 하고 두마의원을 방문하여 청원하기도 하였다.59) 그러나 한인들의 청원이 별 소득이 없었음은 그 이후에 드러난다.

1906년에 금광장에만 5865명의 한인들이 고용되어 있었는데 1909년에는 현저히 감소되었다. 광산에서 한인 노동자들이 차지하는 비중이 1906년의 경우에 29.1%인데 1910년에는 0.7%로 줄어들었다. 그것은 운테르베르게르에 의해 한인노동자들이 금광장으로부터 추방되었기 때문이다. 1909년에 그는 아무르주에서 200명 우드스크 우에즈드(러시아 행정단위로 郡에 해당)에서 5000명의 한인들을 행정적 조치에 의해 추방하였다.60) 이렇게 하여 추방된 한인들은 농촌으로 가서 머슴들의 수를 늘릴 수밖에 없었다. 한인들의 노동임금은 러시아인의 30%수준에 불과하였기 때문에 이러한 조처는 러시아의 광산업에도 큰 타격을 줄 수밖에 없었다. 이러한 사정을 우리는 1910년 1월 10일자의 『노보에 브레먀』의 한 논설을 통하여 알 수 있다. 이 논설은 조선인을 방추하는 정책이 실시된 이래 금광업이 큰 타격을 받게 되어서 鬱林 지방의 경우는 죄수들을 사용해야만 할 정도이며 그렇기에 황색인종 방추정책을 실시하더라도 한인은 러시아에 해를 끼칠 수 없기에 한인들을 계속 고용할 수 있도록 해야 할 것이라는 점을 주장하고 있는 것이다.61)

러시아인 노동자의 근로조건도 좋은 편은 못되었지만 한인들의 노동조건은 러시아인보다도 열악한 것이었음은 말할 것도 없는 것이다. 그 당시에 시베리아의 금광노동자들에 관한 기록은 E.D.르바라는 기술자가

---

59) 국사편찬위원회편, 『韓國獨立運動史』, 제2권, p.508

60) Kim Syn Khva, *op.cit.*,p.52

61) 국사편찬위원회편. 『韓國獨立運動史』, 제2권, pp.512-513

『동시베리아의 금』이라는 책에서 기록하고 있는바 노동자들은 모두 아르텔이라는 일종의 조합으로 묶여져 경영주와 계약을 맺었다. 임금은 계약이 끝난 후에야 지불되었고 경영주는 노동자가 반란을 일으키거나 금을 훔쳤을 경우 감금까지 할 수 있도록 되어있었다. 노동시간은 6시에서 시작되어 오후 6시까지 계속되었으며 그간에 1시간 반 내지 2시간 반의 휴식이 주어졌다. 이 휴식시간에 아침, 점심 및 오후 4시의 차마시는 일에 할당되었다. 노동기간 중에는 식품이 제공되었는바 하루에 1638g의 호밀빵, 614g의 고기 및 기타 차, 버터, 비계 등이 공급되었다.

러시아정부가 한인들의 이민을 제한하려는 목적에서 비입적한인들을 노동현장에서 쫓아내었지만 입적한인들까지 배제하지는 않았다. 1913년에 이들만으로도 러시아정부기관과 기업에 일하는 노동자의 24.6% 그리고 사기업의 노동자의 75.4%가 한인들이었다.[62]

한인노동자의 임금은 러시아인 노동자임금의 3분의 1이었고 노동시간은 11-13시간이었으며 기타 초과노동이 요구되었지만 그에 대한 보수는 평상 노동시간의 임금과 별 차이가 없었다. 황인종 노동자에게는 한달에 1-2일의 휴식밖에는 주지 않았으며 주택이나 의료에 있어서도 기업가는 하등의 비용을 지출하지 않았다. 한인노동자들은 토굴, 판자집, 초막 등에 살았다. 농촌노동자들의 경우는 도시보다도 열악하여 평상시에는 30-70코페이카 추수기에는 55-75코페이카를 받았는데 러시아인이 받는 금액의 30%에 불과하였다. 특히 1914년에 전쟁이 일어난 후에는 수찬 탄광, 블라디보스톡 항구, 하바로프스크 무기고에는 군사적 의무노동이 이루어져 하루에 노동시간이 14-5시간에 도달하기까지 하였다.

한인들이 러시아인에 대해 차별대우를 받은 것도 문제였지만 제정 러시아의 노동자 고용관행은 노동자들에게는 어려움을 가중시켰다.　러시아의 노동자고용은 포드랴치크(podriadchik)를 통하여 이루어졌다. 이들은

---

62) Kim Syn Khva, *op.cit.*, p.52

작업장에 노동자를 모집하여 주거나 또는 관청이나 군대에 물품을 공급하는 대리인이었다. 포드랴치크는 그가 인솔한 노동자들의 임금을 일괄적으로 영수하여 노동자들에게 분여하는데 그중 일부는 당연히 그들의 차지가 되었다. 또 이들은 매일 밤 놀음판을 설치하여 자기는 와주가 되어 방세와 등세를 취하고 고리대를 하여 채무자의 임금을 갈취하였다. 이는 막대한 이윤을 나게 하였으며 소왕령의 문창범, 황 카피톤, 지신허의 한익성, 맹산동의 한광택, 하바로프스크의 김태국 김두서 이인백이다 이로 재산을 취득하였으며 해삼위의 김병학은 포대와 가옥의 건축으로 치부하였다.[63]

한인들이 종사하던 직업 중에는 또한 러시아고등소학교를 졸업하거나 다년의 상점경력이 있는 자는 쁘리크즈시크라고 불리우는 상점고원이 되었다. 한인들은 또한 담배말이에 종사하였는데 이는 권련을 수공으로 만드는 일로써 최선수는 1일에 1만개를 만들며 보통은 7천개이며 임금은 천개에 3-40전을 받았다고 한다. 담배말이는 그 소득이 최고였다고 한다. 1차 대전 이전에 블라디보스톡, 니콜스크, 하바로프스크, 니콜라이스크, 블라고베센스크, 치타 등지에서 작업하는 한인 500여인이었다고 한다. 또 우수리철도와 동청철도를 수성할 시에 질등일군이라 하여 노역한 사람이 많았으며 임금은 높았으나 포드랴치크에게 백실한 경우가 많았다고 한다.[64]

또 농촌에서 고용되는 일군은 아재비라고 칭호되며 농주와 1년간 동사하기로 계약하고 고금은 1백원 받는 일이 대부분이다. 저명한 한글학자인 李克魯도 치타에서 머슴살이를 한 적이 있기 때문에 그의 경험담을 소개하면 한인들의 생활에 대해 어느 정도 실감할 수 있으리라고 생각한다. 그는 「放浪20年 受難半生記」란 글에서 시베리아에서 방랑을 하던 때의 일을 기록하고 있는데 그는 성페테르부르그에서 공부를 할 요량

---

63) 「俄領實記」, p.174
64) 「俄領實記」, pp.174-177

으로 시베리아철도를 따라 가다가 치타에 도달했는데 때는 1914년 음력 정월 그믐이었다. 그는 여기에서 돈을 벌어가지고 목적지로 가기 위하여 담배팔이를 시작하였으나 그것으로 성공이 어려워서 어릴 때 경험이 있던 농사일을 하게 되었다. 그는 文允咸이라는 사람의 감자농막에 소개가 되어 "장정 농부의 일을 감당할 자신이 있었고 또 좋은 소개를 얻었기 때문에 다른 숙련 농부 장정의 임금과 같이 받게 되었으니 그 임금은 7개월(한 농기)에 1백 50루블을 받기로 약속이 되었다"고 했다.65) 결국 러시아에 전쟁이 터져 그는 농사일을 마치고는 성페테르부르그로 가는 대신 서간도 懷仁縣으로 다시 돌아오게 되었지만 이 글을 통하여 한인들이 벌써 자바이칼 지방까지 진출하여 농사를 짓고 있었다는 것과 농촌의 일용노동자임금이 하루에 기껏해야 70코페이카에 불과하다는 것을 우리는 알 수 있는 것이다.

한인들은 또한 디스포라고 하는 주방일을 맡기도 하였다. 서양요리의 상식이 있는 자는 여관, 화차, 륜선에서 일을 하고 그 다음은 금광이나 어장에서 일을 하며 임금을 받고 또 다른 부류는 개인의 집에서 주방일을 맡아하는 경우도 있는데 이 경우 구식하고 1개월에 10원 정도를 받으나 주부와 합의치 못하면 천대가 자심하였다고 한다. 또 세찬군이라고 하여 부두하역을 맡은 자도 있었고 지게군도 있었다.66)

그러한 가운데서도 러시아관헌은 러시아노동자들의 쇼비니즘을 자극하고 이용하여서 한인들은 러시아인노동자들로부터도 피해를 감수하지 않으면 안되었다. 이러한 상황에서 사회적 차별, 인종적 차별에 대한 저항은 필연적으로 일어날 수밖에 없었다.

비교적 소수의 사람이기는 하지만 일부 한인들은 농업이나 노동의 상태에서 치부를 이룩하여 다른 직업을 가지기도 하였다. 한인들 중에 상업에 나서는 사람들도 있었는데 이들은 시가에서 면, 병, 감주 등을 팔

---

65) 蘇在英(編), 『間島流浪40년』, 조선일보사, 1989, p.248
66) 「俄領實記」, pp.178-179

았으며 일부의 인사로 목허우에서 방성근은 목상과 어업을 겸하여 재산가로 득명하기도 하고 최봉준은 준창호라는 류선을 두고 성진 원산간으로 왕래하며 생우를 반입하였으나 필경 파산을 고하였으며 투기성이 강한 아편농작이 성행하였다.67)

한인들 중 일부는 비사리라고 하여 관청의 서기로 근무하는 자도 있었는데 이는 러시아의 중학교를 나와야 하였으며 모국어를 대개는 알지 못한다고 하였다. 또 통사라고 하여 러시아어의 통역을 담당한 사람들이 있었는데 이들은 대개 그 지식이 천박하며 작은 권한을 남용하여 평판이 좋지 않았다. 뒤바보는 이들을 가리켜 "그네들의 학한 것은 아어뿐 견한 것은 아속뿐 지하는 것은 사리뿐 그런 까닭에 조국문명을 경시하고 또 동포를 초개로 여기는 사가 많았다"고 한다.68)

일부 러시아 한인들 중에서는 조선 중앙정부의 선무책의 일환으로 입시한 일도 있었다. 1884년 신국희는 경성에 가서 경원부사로 피임된 일이 있으며 이에 노령의 교민들은 큰 영광으로 알았다. 또 같은 해에 박영휘, 서성준의 양인은 과거를 보러 모국으로 향하기도 하였다. 러시아와 중국령의 교민들을 위하여 이해에 경흥군에 문무과가 특설되기도 하였다. 이를 통하여 진사된 사람도 있었는데 이러한 조처는 교민들로 하여금 조국관념을 불러일으키는데 기여하였다고 한다. 1896년에는 아관파천이 있었는바 이때에 연추, 추풍 등지에서 통역 52인이 불리어갔고 이들은 모두 입사하게 되었다. 그중에서 추풍사람 김홍륙은 학부대신과 귀족원경까지 하였다. 이때에 김도일, 김인숙, 김낙훈, 김승국, 홍병일, 채현식등의 사람들은 모두 현직에 거하고 증직하는 영광까지 가지게 되었다.69)

러시아의 한인사회가 성장함에 따라 자연히 초기의 농업이나 노동 이

---

67) 「俄領實記」, p.173
68) 「俄領實記」, p.178
69) 「俄領實記」, pp.181-2

외의 생업에 종사하는 사람들도 생겨나게 되었지만 러시아의 한인 사회
는 다른 어느 지역보다도 근로 농민이나 노동자의 비중이 컸었다. 그것
은 만주와 마찬가지로 강 하나를 건너면 월경이 가능한 조건 때문에 많
은 빈농들이 국경을 건넌 때문이었다. 러시아 한인사회가 가지고 있던
이러한 빈곤과 또한 러시아정부로부터 감당할 수밖에 없었던 압박 그리
고 러시아인들로부터 받아들이지 않을 수 없는 사회적 차별과 갈등은
러시아 한인사회에 중요한 각인을 형성하게 되었다고 말할 수 있다.

5. 맺음말

한인들의 노령이주의 역사는 조선이 아직 개방되기 이전부터 시작되
었다. 시기는 러시아가 연해주를 영유한 직후부터이며 이때부터 한인이
주는 주로 경제적으로 모국에서 곤란함을 느끼던 빈농들에 의하여 이루
어지게 되었다. 러시아가 연해주를 획득한 직후에 유럽으로부터 멀리 떨
어진 변강에 식민을 한다는 것은 대단히 어려운 일이므로 러시아는 자
연발생적인 한인의 이민을 막지 않았다. 그러다 1882년 러시아가 극동지
방의 안보문제에 적극적 관심을 가지게 되면서 러시아는 극동지방으로
의 식민을 본격적으로 전개하였고 이에 따라 한인 이민을 억제하려는
정책을 취하게 되었다.

연해주 이주한인에 대한 러시아정부의 정책은 극동이 총독이 어떤 입
장을 가지고 있었는가에 따라 바뀌었으며 러시아관헌의 한인에 대한 태
도는 호의적이었다고 보기는 어렵다. 러시아정부의 대한인 정책은 군사
적 정치적 입장을 우선시하는가 아니면 경제적 이익을 우선시하는가에
따라 두 개의 서로 다른 정책을 가능하게 하였는데 전자의 경우에는 한
인들을 추방하려는 정책과 연결되었고 후자의 경우에는 한인들의 노동
력을 최대한 이용하고자 하였다. 어느 경우에나 한인에 대하여 인종주의

적인 편견을 가지고 있었으며 그 편견은 러시아인들이 한인에 대하여 실시한 여러 정책을 통하여 그대로 드러났다. 한인들을 경제적으로 이용할 필요가 있을 때 한인들은 러시아 노동자의 3분의 1밖에 안되는 저임으로 혹사당하였고 고율의 소작료에 의해 언제나 황무지나 개간하는 일 짐승으로 대우받았으며 경제적 필요성보다 정치적 군사적 필요가 우선시될 때 한인들은 그들의 인종주의의 희생이 되어 그들의 작업장에서 쫓겨나고 더 어려운 조건을 감수하지 않으면 안되었다.

한인들은 황무지를 개척하여 러시아농민들에게 넘겨주는 것을 강요당하였으며 그 대가는 한인들이 연해주 농촌의 최하층을 구성하는 일이었다. 이러한 조건에서 한인들이 러시아에 통합되는 일은 어려웠으며 한인들이 열심히 입적을 원하고 있었음에도 불구하고 그것은 거의 허용되지 않았다. 한인들은 러시아정부의 인종주의적 정책, 극동의 지방관헌의 몰지각한 차별대우, 그리고 러시아의 각 작업장과 농촌에서 심하게 수탈되었다. 이러한 조건은 러시아 한인사회에 독특한 각인을 형성하였다. 특히 러시아사회가 한인에 대해 가지고 있는 인종주의와 우월의식은 뿌리 깊은 것으로 보이며 이러한 것이 한인에 대한 잠재적 억압으로 늘 존재하고 있었음은 주목을 요한다고 볼 수 있다. <『國史館論叢』, 제41집, 국사편찬위원회, 1993>

1920년대 연해주 지역의 독립운동과 신한촌

1. 머리말

노령 연해주는 만주와 더불어 근대 우리 민족의 역사와 분리할 수 없는 관계를 가지고 있었다. 러시아가 북경조약과 더불어 연해주를 차지한 이래 많은 한인들이 경제적인 궁핍을 면하기 위하여 두만강을 건너 이주한 땅이 연해주였다. 그리하여 1860년대 이래 연해주는 거의 한인들의 피와 땀으로 개척된 땅이라고 해도 지나침이 없을 정도이다.

특히 일제가 한국을 강점하던 시기를 전후하여서는 연해주는 한민족의 자유와 국권을 찾으려는 독립운동과 긴밀하게 결부되게 된다. 많은 지사들이 연해주에서 독립을 찾게 될 날을 앞당기기 위하여 애국계몽운동에 진력하는 한편 의병활동까지 하였기 때문이다. 그렇지만 러시아에서 볼셰비키 혁명이 일어난 후 1920년대 연해주는 대단히 복잡한 환경 속에 위치하게 된다. 연해주에서는 1922년 말까지는 러시아의 적군과 백군의 내전이 진행되었으며 그 이후에는 소비에트 정권이 들어서게 된다. 연해주에서의 이러한 정세변화는 곧바로 한민족의 독립운동에도 큰 영향을 미치게 된다.

　3.1운동 이후의 연해주에서 한민족의 독립운동이 어떻게 전개되었으며 어떠한 시련을 맞았고 또한 일본 및 중국, 소련과의 일련의 외교적 관계가 맺어지는 가운데 연해주 한인의 독립운동이 어떠한 변화를 겪게 되었는가를 살피는 것이 본고의 과제이다. 특히 연해주에서의 독립운동이 진행되는 중에서 한인독립운동의 기지로서의 신한촌이 어떠한 역할을 하였고 어떠한 비중을 차지하고 있었는지를 살펴보려고 한다.

2. 1920년대 내전기의 연해주와 한인 독립운동

　1917년 러시아에서 2월 혁명이 일어나고 이어서 10월혁명이 일어났을 때 러시아 연해주에 거주하였던 한인들은 새로운 정치적 변화에 대하여 예의 주시하고 그들의 입지를 모색하고 있었다. 제정 러시아 시대의 한인들은 러시아 연해주에서 그들 나름대로 이민생활에 적응하여 살아가고 있었지만 기본적으로 인권이나 소수민족으로서의 존중을 받으며 살지는 못하였다. 1888년부터 시작된 러시아정부의 입적정책으로 인하여 일부의 한인들이 러시아국적을 취득하여 살아갔지만 대다수의 한인들은 러시아에 거주하면서도 러시아국적을 취득하지 못하였고 그에 따라 농민으로서 살아가는데 필요한 토지도 분여받지 못하였으며 러시아 관헌으로부터도 여러 가지 불리한 대우를 받았다. 그렇기에 러시아 전제정을 붕괴시킨 2월혁명이 한인들에게는 소수민족으로서 한민족이 연해주에서 다른 민족과 마찬가지로 자유와 평등을 누리면서 살아갈 수 있는 기회가 마련된 것으로 간주하게 된 것은 당연한 일이라고 할 수 있을 것이다. 그리하여 2월혁명을 계기로 하여 한인들은 한인들의 대표를 러시아 제헌의회에 파견하기로 하는 운동을 벌이는 등 나름대로의 권리를 찾기 위해 진력하였다.

2월혁명에 뒤이은 10월혁명은 연해주 한인들 사이에 다소 복잡한 반응을 불러일으켰다. 주로 노동자 혹은 망명자로 구성되어 있던 한인사회당을 중심으로 하는 한인들은 10월혁명을 적극적으로 환영하였던 반면 니콜스크-우수리스크에 중심을 주고 있던 입적한인들은 10월혁명에 대하여 탐탁치않은 태도를 보였다. 연해주 한인들 사이에 있던 이같은 미묘한 입장은 그렇지만 시베리아에 일본군이 출병하면서 사정이 바뀌게 된다. 시베리아에 일본군이 출병하면서 적군은 소수민족의 권리를 옹호하는 세력으로 백군은 소수민족 특히 한민족을 억압하는 일본군의 비호를 받는 세력으로 동일시되면서 한인들의 태도는 볼셰비키에 대해 유보적인 태도에서 우호적인 태도로 바뀌게 된다. 더구나 한국에서 3.1운동이 일어나고 난 후에는 한인들은 독립운동의 열기에 휩싸여 연해주에서 대일-대 백군 항전에 나서게 되었다. 크고 작은 무장부대가 연해주 전역에서 조직되어 적군과 함께 혹은 독자적으로 무장투쟁을 벌이게 되는 것이다.

그러나 연해주에서의 한인의 운동은 러시아의 정세변화로 인하여 순탄하게 진행될 수만은 없었다. 연해주에서 친볼셰비키와 반볼셰비키가 서로 투쟁하는 가운데 정권의 변화가 빈번하였기 때문이다. 특히 1920년에 접어들면서 연해주에서는 중대한 정세변화가 있게 된다. 그것은 1920년 4월 4-5일의 일본군 대공세와 그로 인한 참변 때문이다. 러시아의 적군은 1919년 말부터는 공세로 전환하여 시베리아에서 상당한 성과를 거두게 되고 그 결과로 1920년 초에 접어들면서부터는 연해주를 비롯한 극동지방에서 친볼셰비키정부가 성립되는 결과가 초래되었다. 그러나 이미 시베리아에 주둔해있던 일본군은 이를 좌시할 수가 없었다. 그리하여 일본군은 1920년 4월에 접어들어서 연해주 전역에서 일종의 군사쿠데타를 감행하여 볼셰비키 정부를 전복시키고 백색정부를 세우게 된다. 이는 자연히 그동안 볼셰비키와 연대하였던 한인 독립운동세력에게 큰 타격을 주게 되어서 한인들은 연해주 전역에 걸쳐서 수 백 명이 희생되는 상황에 처하게 되었다. 특히 신한촌을 비롯한 한인들이 밀집한 지역에서는 일본군과 경찰의 탄압으로 학교가 소각되고 한인지도자들이 처형되는 등 한인 독립운동은 큰 타격을 받게 되었다.

연해주의 한인독립운동이 그 지도자를 잃고 큰 타격을 받게 되었지만 이는 한인들의 일본에 대한 저항의지를 강화시키는 역할을 동시에 하게 되었다. 실례를 들자면 1919년에는 한인 무장부대가 17개 활동하였지만 1920년에는 31개의 부대가 활동을 하였고 1921년에는 34개의 부대가 활동을 하게 되어서 한인들의 활동이 조금도 위축되지 않았을 뿐만 아니라 오히려 활동이 가속화되었음을 알게 된다.[1] 즉 일본에 대한 반감으로 인하여 한인들이 더욱 볼셰비키와 연대하여 백군 및 일본군에 대하여 항전하는 계기를 제공하였던 것이다. 이리하여 일본군의 4월참변 이후의 한인들의 무장투쟁은 이전보다 훨씬 더 활발하게 전개되었다. 이러한 양상은 간도와 연해주를 무대로 하여 활발하게 전개되었기 때문에 일제는 1920년 10월에는 이른바 간도대토벌작전을 전개하여 독립군을 소탕하려는 계획을 가지고 있었으나 봉오동과 청산리에서 역으로 큰 실수를 당하게 되었다.

이 당시의 한인들이 활발하게 항일전을 전개하고 있었던 점에 대하여 1920년 5월에 극동공화국의 인민혁명군의 한 간부는 "한인과 중국인 동료들의 다수는 적군에 입대하여 어느 전선에서든지 싸우겠다는 희망을 가지고 있다. 가장 열렬한 희망은 일본을 물리치는 것이다"라고 언급하기까지 하였다.

실제로 1920년 4월 이후에 각지에서 많은 한인파르티잔부대들이 조직되었다. 그 중의 몇 가지 예를 들어보기로 하자. 1920년 4월에는 아누치노에서 300명의 파르티잔이 조직되었는데 사령관은 그레고리 테렌테비치 박이었다. 이 부대는 세브첸코의 파르티잔부대와 협력하여 전투를 전

---

1) 졸고, 「자유시사변연구」, 『한국사학』 14, 한국정신문화연구원, 1994, p.57

개했다. 또 쑤푸트니카 강 부근의 러시아파르티잔부대에도 43명의 한인
들이 참여했다. 또 연해주 특립 2대대에는 한인 파르티잔들로 구성된 반
개 중대가 있었다.

1920년 9월에는 연해주의 네지노 마을에서 새로운 파르티잔부대가 형
성되었다. 이 부대는 60명으로 구성되었고 모두 프롤레타리아지만 그 중
에 3명만이 문맹이라고 했다. 그들의 무장은 40개의 소총으로 구성되었
다. 특히 수찬 구역에서는 파르티잔활동이 활발했었는바 네지노, 아누치
노, 아디미 등에서 가장 활발했다.

1920년 10월에는 박경철의 간도신민단 일부와 도병하의 파르티잔 일
부 그리고 수찬의 강백우가 고려노농군회를 조직하고 1921년 4월에는
고려노농군회가 강국모의 혈성단과 합하여 김경천을 지휘자로 하는 수
찬고려의병대를 결성하여 연해주의 메르쿠로프 백색정부와 투쟁하였다.

한편 흑룡주에서는 흑룡주한인총회가 1920년 3월에 조직되어 이 회가
주체가 되이 400명의 군인을 모으고 자유대대라 명명하였다. 이 한인자
유대대는 인민혁명군 2군과 교섭하여 2군의 특립대대가 되었고 지휘는
2군의 연대장이며 흑룡주수비대장이었던 오하묵이 담당하였다.

니콜라예프스크-나-아무례에는 1919년 10월에 부근의 광산의 노동자
들을 중심으로 파르티잔부대가 조직되었으며 부대의 주 구성원은 박병
길, 박 이리아, 임호 등이었고 부대원은 380명에 달했다. 이 부대는 자유
시사변의 주 원인이 된 부대였다.

하바로프스크 부근의 한인들을 중심으로 하여 조직된 부대로 다반부
대가 있었는데 이 부대는 1920년 2월에 200명의 군인들이 있었다. 이 부
대는 철도를 따라 키로프카, 크라스나야레츠카까지 전투를 전개했다.
1920년 5월에 이 부대는 아무르주로 가서 인민혁명군에 통합되었다. 이
부대는 1920년 10월에 적군과 함께 하바로프스크 탈환전에도 참여했었
다.

특히 1920년 10월 이후에는 만주에서 활약하던 한인파르티잔들이 노

령으로 이동해와서 1921년 초에는 노령의 한인파르티잔들이 모두 5000명이 넘는 상황을 연출하기까지 했다. 1921년 2월 4일의 한 보고에서 오하묵은 극동공화국 군사부사령관인 파블로프에게 파르티잔들의 사기에 대하여 다음의 보고를 행한 바 있다.

> 한인파르티잔들은 러시아 프롤레타리아트의 강력한 지원을 받고 그들이 원하는 자유를 얻으리라는 확신을 가지고있다. 모든 한인파르티잔부대들은 일본제국주의에 대한 투쟁의 순간에 형성되고 출현하였으며 공동의 목표하에 단단하고 강력한 군사적 단결을 목표로 조직되지 않는다면 그리고 이러한 조건에서 철의 정규군의 예를 따르지 않는다면 불구대천의 원수인 일본을 이길 수 없다고 확신하고있다. 각각의 파르티잔들이 이렇게 생각할 뿐 아니라 한인주민들 모두가 그렇게 생각하고있다.[2]

한인파르티잔 운동 중에서 특이한 것 중의 하나는 솔밭관 파르티잔운동이다. 솔밭관은 연해주 뽀끄로프카 구역에 있으며 만주와 인접한 농촌지역이다. 솔밭관에서 15키로미터 떨어진 곳에서는 일군의 헌병대가 주둔해있었고 소왕령(우수리스크)에는 일본군 본영이 있었다.

솔밭관 파르티잔의 특징은 다른 부대와는 달리 처음부터 공산주의적 색채를 뚜렷하게 가지고 있었다는 점이다. 이 지방에서는 청년들의 무장단체로 「지방부대」가 있었는데 이 무장대는 황원오, 최찬식, 최추송, 남성보, 최한봉등이 조직한 것이다.

1920년 6월 이중집을 비롯한 30여명이 이웃에 있는 신길동에 모여 공산당 조직과 파르티잔부대를 조직하기로 하였다. 그 결과 1920년 7월 5일에는 17개 지방세포의 대표 45명이 모여 당세포들을 승인하고 당위원

---

2) *Iz istorii mezhdunarodnoi proletarskoi solidarnosti, Dokumenty i materialy. Sbornik I. Boevoe sodruzhestvo trudiashchikhsia zarubezhnykh stran s narodami sovetskoi rossii(1917-1922)*, Moskva, 1957, p.387

회를 선거하였다. 당위원회는 이중집, 이영호, 유진규, 최찬식, 최추송, 황원호, 최영식등 7명이 선거되었고 군정위원으로는 최추송, 이중집, 이영호, 김동환, 최찬식 등 5명이 선거되었다. 이중에 최형식, 최찬식형제는『홍범도』에 나오는 추풍 다재골에 살던 최의관의 아들이라는 것이다. 이리하여 지방무장대는「우리동무군」이라고 하였다가 후에는「고려혁명군」이라고 하였다.

이 부대는 이중집이 지휘하였는데 만주지방에서 활약하던 부대들이 합세하게되었다. 북간도와 훈춘에서 활약하던 신민단출신 신우여, 윤현, 한정세 등 10여명, 한민회군대 라형기가 이끄는 최성삼, 장백석, 신관호, 리광우, 최경천 등 50여명, 1920년 8월에는 황운정, 최진동이 이끄는 30여명, 허승환이 이끄는 10여명, 김규식이 이끄는 100여명이 합세하였다. 이들은 1921년 12월부터는 독립운동과 공산주의사상을 선전할 목적으로 신문『군성』, 잡지『한살림』삐라,『공산주의에 대한 문답』등을 발간하였다. 그러다 일본토벌대가 불의에 습격하여 인쇄사업은 중난뇌었다. 그런데 이들 파르티잔이 활동하던 솔밭관, 그리고 그에 인접한 신길동, 다왜영, 흐리성, 시베창, 재피거우 등 촌에는 빈한한 한인들이 거주하고 있었고 평야지대로 내려가면 추풍 원호진(입적한인)들이 사는 부촌인 대전재, 육성, 허커우, 황거우가 있었다.

이 부대는 1921년 8월 8일 일본주구 마적 600여명의 습격을 받았으나 격퇴하였고 12월초 만주에서 마적 700명이 또 공격하였으나 300명을 살상하고 격퇴하였다. 이들은 그로데코보 구역에 조선인촌에 공청 야체이카를 조직하기도 하였다. 1922년 4월 29일에는 허승환 중대만이 본영을 지킬 때 일군 1개 연대가 습격하였다. 일군은 솔밭관을 2일간 점령하고 민가, 당, 군대의 문건을 방화하였다. 이때 일군의 습격에는 대전재촌 부농 10여명이 일군의 전위였다고 한다. 또 항거우의 부농은 오병령, 최영길 등을 일본헌병대에 바치기도 했다는 것이다. 1922년 6월 12일에는 일군토벌대가 일군이 솔밭관부대의 일부가 주둔해있는 시베창을 습격하였고 이때에 파르티잔은 3명이 목숨을 잃었다. 1922년 5월 6일에는 동구역 뽈타프카촌에 있는 백군 200여명을 허승환이 두 개 중대를 지휘하여 격파하고 무기와 군수품을 노획하였다.

1922년에 그로데코보와 한카 구역에 주둔했던 솔밭관파르티잔들은 신우여의 지휘하에 이바노프카, 구름령(이뽈리토프카)전투에 참여하여 승리하였다. 그러나 전쟁이 끝난 후에는 블라디보스톡에서 멀지 않은 수이푼 강안에 농업꼬무나를 조직하였다. 이 꼼무나의 관리위원장은 황원호였다.[3]

한편 1921년 6월의 자유시사변 이후에 얼마동안은 한인들의 파르티잔 활동은 소강상태를 면하지 못하였던 것은 사실이다. 자유시에 집결했던 한인무장부대는 이르쿠츠크로 들어갔고 일부는 사산하였으며 특히 1921년 5월 말에 연해주에는 메르쿠로프의 백색정부가 성립함에 따라 한인무장부대는 어려운 조건을 맞이하였으며 백군은 다시금 백색정권의 확대를 도모하게 되었다.

그러한 가운데서 1921년 7월에 이만에서는 한인파르티잔부대들의 사령관들의 회합이 있었다. 아무르주의 N.최, 수이푼스크구역의 츠하이, 수찬구역의 한창걸, 김경천, 정재관 등이 이 회합에 참여하였으며 여기에서 고려의병군사회가 조직되었다. 이 조직은 연해주의병대군사의원회에 보속하였으며 이 위원회의 성원은 김규면, 마령화, 김정인, 박일리야, 박춘일, 박영이었다.

이러한 상태에서 자유시사변 이후의 파르티잔활동은 연해주지역에서 새롭게 일어나는 세력으로 이루어지게 되었다. 먼저 자유시에서 탈출한 박일리야와 김규면 등은 고려의병군사회를 조직하였다. 이것은 상해파 공산당에 의해 결성된 것이며 의장은 김규면이 그리고 정치적 작업은 하바로프스크당 한인부대표인 최태일이 맡아서 하였다. 이 고려의병군사

---

3) 이상은 『레닌기치』 1990.4.3일자 강상호의 회고기 「솔밭관 빠르찌산부대」에 의한 것이다.

회는 극동공화국의 인민혁명군이나 러시아의 한인파르티잔들의 모든 군
사업무를 조정하려는 역할을 하였다.

1922년 말에 연해주의 의병은 모두 통합된 양상을 보였다. 일제의 정
보에 의하면 고려혁명군정청 총본부는 이동휘를 임시군정무총재로 하고
최고려를 임시군정집정관 문창범을 임시군정위원장 오하묵을 임시 혁명
군 총사령관으로 하고있었다. 그외에 하바로프스크총지부에 고려혁명집
행위원으로 박 그레고리, 고려혁명사령관으로 채영, 연해주총지부에는
총지부 총재로 이중집, 총사령관 김규식이 담당하였고 총수는 5000명이
며 그중의 1천명은 하바로프스크에 주둔하였고 2천명은 연해주에 주둔
해있었다.

이제 러시아 내전의 마지막 시기에 활약했던 몇 파르티잔 부대들을
소개하기로 하자.

수찬고려의병대는 1920년 간도 신민단의 일부(박경철, 이승조등)와 도
병하의 일부 파르티잔(한창걸, 이병수등) 그리고 수찬의 강백우가 고려
노농군회를 조직하면서 시작되었다. 1921년 4월에 고려노농군회는 강국
모의 혈성단과 합하였으며 수찬의 김경천이 군무로 초대되었다. 이 새로
운 조직은 트레찌푸진에 장교강습을 설치하고 연해주한인총회로 이름을
바꾸었다. 이 회의 군사조직이 수찬고려의병대가 되었다. 이 조직은 메
르쿠로프 쿠데타 이후에 전투를 계속했다. 1921년 9월에는 신용걸중대가
올가항을 방어하였고 다른 중대는 김경천 지휘로 아누치노(도병하)로 진
출하여 10월에 러시아군대와 함께 수찬의 백군을 공격하였다. 10월에는
신용걸의 중대가 올가에서 800명의 백군에 의해 포위되었는데 이 전투
에서 22명의 한인과 3명의 러시아인 파르티잔이 주고 8명이 부상했으나
적은 90명이 죽고 120명이 부상하였다. 중대장 신용걸은 전사했다. 1922
년 4월에 이들은 다시 올가를 공격하여 승리했다. 1922년 7월에 도병하
의 러시아군사령부는 연해주고려의병대군사대표대회를 열고 여기에서 1
개중대를 제외하고 군사를 아누치노로 보낼 것을 결정하였다. 1922년 9

월에 연해주의병대는 카펠군을 공격했는데 한인파르티잔 2개중대가 이
포허동영 전투에 참여하였다. 내전후 이 부대는 치머우콤문이 되었다.

올가 전투에 대하여는 강상호가 「한인빠르찌산 26용사의 합장묘」에서
언급하고 있다.4) 1921년 11월 11-12일 신용걸부대 대원들은 항구에 상륙
한 백군을 발견하였다. 신용걸부대는 상륙한 백계군의 진격로를 막아서
서 집중보총사격을 퍼부었다. 적은 신용걸의 부대를 향하여 집중적인 함
포사격, 기관총, 보총사격을 퍼부으면서 진격하였다. 이 전투에서 신용걸
을 비롯한 25명의 대원이 전사하였다. 적군은 200여명이 살상되었다. 그
후 파르티잔은 계속 백군을 괴롭혔다. 1922-57까지 합장묘에 "한인빠르
찌산 26합장묘"라고 써있었고 1957년에 지방정권기관이 기념비를 세우
면서 "러시아인 및 한인빠르찌산합장묘"라고 개칭하였다.

이르쿠츠크특립연대는 이르쿠츠크에 주둔하여 군사훈련을 받았다.
1922년 이들은 우르칸 금광에서 노력에 동원되었다가 1923년에 해체되
었다.

이만파르티잔부대는 1921년 9월에 주요한 파르티잔지도자들이 이만에
모여 결성하였다. 이들은 혁명군사위원회를 조직하였는데 마용하, 임표,
이용, 김덕끈, 등이 그랬다. 이 무렵에 백군이 이만을 공격하였으며 이용
의 지휘하에 한인 3개중대가 있었는데 한운용의 중대는 백군에게 포위
가 되었다. 이들은 605명의 적을 죽였지만 49명의 한인중대도 전멸하였
다. 이 전투에 대하여는 박진순의 다음의 증언이 있다.

> 부대의 사령관인 한운용은 군인들에게 연설하였다:
> 파르티잔 여러분! 우리에게는 적들에게 우리 자신을 맡기거나 또는
> 최종의 목적을 위하여 우리의 생을 희생하여야 하는가의 문제가 남아
> 있을 뿐이다. 적에게 항복하는 것은 파르티잔의 전통이 아니다. 우리는
> 죽지만 항복하지는 않는다. 시간은 생이고 시간은 대의이다. 나는 적에

---

4) 『고려일보』, 1991.2.14

게 항복하지 않고 죽을 때까지 소비에트의 권력을 위해 세계의 콤뮨을 위해 죽을 때까지 싸울 것을 선언한다!…· 51명의 파르티잔 중에 49명이 죽음을 당했다.

1921년 12월 18일에는 한인과 러시아인부대가 인 역에 도착했는데 백군이 공격해왔다. 12시간의 전투 이후에 수백의 군인이 죽거나 부상하였다. 그러나 백군을 수천 살상시켰다. 백군은 후퇴하였다. 이때의 사령관은 이용이었다. 1922년 2월에는 한인파르티잔은 유명한 볼로차예프카전투에 참가하였다. 백군은 하바로프스크로 후퇴하였는데 이때 러시아지휘관은 "여보, 앞으로"라는 구호를 사용했는데 그것은 백군이 이만전투에서 한인의 용맹성을 알고 두려워했기 때문이었다. 볼로차예프카 전투 이후에는 독립연대를 조직하여 보로프카와 인 사이에 주둔하였다.

1922년 가을부터 한인무장대는 적군에 의해 무장해제당하는 바 이제 더 이상의 군사행동은 불가능하였기 때문에 대부분은 공산당에 들어가고 간부는 선전원이 되어 의식을 해결하였다. 물론 이러한 사태는 한인무장단을 대단히 실망시킨 것이었고 그에 따른 반발도 만만치 않았다. 연해주에 적군이 남하하며 해방시킬 때 李仲執, 林秉極, 韓昌傑, 申禹汝 등은 적군과 함께 선두에서 분투하였으나 적군을 연해주일대를 점령하자 정규군이외의 무장단체의 병력을 인정하지 않아서 한인의 무장해제를 단행하였다. 그리하여 이에 반발한 약간의 한인들은 북간도및 그 오지에 잠입하여 출몰하여 함경북도 미산대안지방은 이들 소단체들이 끊이지 않고 출몰하여 불령문서의 배포, 불령통신기관의 설치, 장정, 군자금의 강모를 행하고 양민으로 가장하여 통첩하기도 한다는 것이다. 그 중의 몇 사례를 보면 다음과 같다.

혈성대 수령이었던 강국모는 무장해제 이래 부하 300명과 함께 니콜스크-우수리스크시 및 그 부근에서 한인부락에 분숙하다가 은닉했던 무기를 삼분구 중국군대에 매각하고 그 소득으로 군대를 해산하고 자신은 공산당 선전원이 되었다. 김응천의 휘하에 있던 약 600명의 군인은 무장해제후 이만 소비에트의 주선에 의해 전원이 표면으로 공산당에 가입하고 또 동지방의 러시아인의 토지를 소작하게 되었다. 김정하, 한창걸, 박창극은 무장해제 후 적군의 조처에 대해 분개하고 부대해산을 거부하고 니콜스크-우수리스크 선인부락에서 기식하였지만 근래 그 빈궁이 극에 달하여 눈물을 머금고 부대를 해산하여 수령 등은 표면적으로는 적군에 제휴하여 공산당에 가입하고 노농회의 역원으로서 활동할 서약을 했다.5) 소비에트는 이렇게 약 40명 정도를 선전원으로 사용하였는바 이는 무장해제에 뒤이은 회유책의 일환이라고 볼 수 있을 것이다.

3. 내전 이후의 대 한인정책과 한인 독립운동

블라디보스톡을 1922.10.25일에 해방한 적군은 1922.10.31일에는 남부 우수리지방에서 백군을 소탕하였다. 해방 직후에 적군은 군정을 실시하였다. 포시에트군사혁명위원회가 군정의 주체가 되었다. 적군은 대부분 병과 하사관의 경우 자기의 이름도 제대로 쓸 줄 모르는 무지한 사람이 대부분이었지만 권리의식은 강하여 상관에 반항하는 경우가 많았다. 일반민중에 대한 적군의 태도는 진입초기에는 백군에 비하여 지극히 온건하였지만 날을 거듭함에 따라 급양이 불충분하기 때문에 주민에 금품을 요구하는 일이 많아져서 점차 주민들이 싫어하고 있다고 했다.

군정부는 또한 1923년 1월부로 징병령을 발포하여 18-45세까지의 남자에 병역의 의무를 부과하고 그 현역연수는 보병 1년 6개월 기병 1년 2개월로 하였다. 한편 이 당시 연해주의 일본군이 파악한 정세는 가혹한 重稅를 통해 사유재산을 극도로 억압하고 비교적 큰 자본을 가진 자에

---

5) 金正明 編, 『朝鮮獨立運動』, 제5권, p.126. 이하 『朝鮮獨立運動』 5로 약기한다.

대해서는 중세를 과하는 반면 코오페라티프를 장려하고 기독교포교를
억압하고 적군이외의 무력을 배제하는 것으로 나타나있다.[6] 따라서 연
해주에서 일본군과 항전하기 위하여 무력을 양성하고 있었던 한인들의
무장부대에 대한 부정적인 정책을 소비에트 당국이 채택하였으며 또한
이에 따라 연해주 내에서 한인 무장부대를 양성하는 일은 이제 사실상
불가능해지게 되는 것이다.

소비에트 당국이 한인들에게 가한 압박은 이에 그치지 않았다. 소비에
트는 한인에 대하여 사실상 더 극적인 조처를 구상하고 있었다. 그것은
한인들을 연해주로부터 강제로 추방하는 일이었다. 사실 한인들은 일본
군이 극동에서 물러가자 새로 성립한 소비에트 정권의 보호 하에 민족
적인 삶을 계획하였다. 그것은 내전 기간 중에 소비에트가 한인에게 한
약속이기도 하였다. 그리하여 고려공산당 고려부의 한명세는 (안드레이
한) 러시아 당국에 편지를 보내었다. 편지의 제목은 「쁘리모리예고려인
주민들의 형편에 대한 간단한 보고요지」이며 요지는 연해주에서 고려민
족자치체를 법적으로 형성할 것을 주장한 것이었다. 이는 소비에트 정권
하에서 러시아 당국에 처음으로 공식요청한 한인의 민족적 행정적 자치
에 관한 제의라고 할 수 있다.[7] 그는 "고려인공산당의 직접적 지도하에
민족문화, 자치관리의 단위로 조직하는 그런 방향에서 쁘리모리예주민들
자체가 일본간첩중심지를 없애버리며 일본무장간섭자들에 의하여 문란
하게 된 그런 고려인주민층을 건전화하기 위해 주도권을 잡아야한다"고
하였다. 그는 "원동혁명위원회내에 쎅찌야나 또 지부로서 보조고려행정
중앙을 조직함으로써 쏘베트건설의 일반원칙들의 기초우에서 쁘리모리
예고려인주민들에 관한 행정제도문제들을 시급히 해결해줄 것을" 요청
하였다. 그러나 1922년말에서 1923년 초에 러시아공산당 달뷰로는 연해
주 고려인 주민들을 모두 강제이주시키자는 제안을 내어놓았다.[8]

---

6) 『朝鮮獨立運動』 5, p.143
7) S.G.Nam, *Koreiskii Natsionalnyi Raion*, Moskva: "Nauka", 1991, p.12

한편 1923년 2월 15일자로 연해현뷰로에 제출한 고려인공산당원 뷰로의 결정은 다음과 같다. "우리의 공동과업의 견지에서 볼때 최근년간에 쁘리모리예지역에서 비정상적인 현상을 보게 된다. 도별로 자리를 잡게 되었고 신분증을 상실당한 고려인 빠르찌산들을 체포하며 감옥에 가두어두며 결국에 가서는 일본정권당국이 손에 잡힐 수 있는 조선땅으로 내보내고 있다. 실례로 뽀크롭까촌에서만 40명의 빠르찌산들을 이렇게 처벌한 사실을 보게 되었다. 이런 사실들은 조선에서 반쏘선전을 진행하기 위한 조건을 가져다 주는바 이에 대한 문헌이 우리에게 있다. 이런 현상들을 즉시 제거해야 한다."

이런 일이 있은 후에 중앙정부의 개입으로 긴급 꼬미시야가 형성되고 혁명해방전투참가자들에게 신분증을 내주고 공동생활로 넘어가는데 협력하기로 했다. 이러한 박해에 대하여 소비에트인민위원회는 보고를 요구하였고 1923년 2월 21일 연해현당 및 정부는 민족문제담당위원부로 다음의 서신을 보내었다. "…앞으로 고려인들에게 자치제를 제공할 문제를 끝까지 연구할 때까지는 우리가 쁘리모리예 현혁명위원회와 도혁명위원회내에 고려전권대표제도를 창립할데 관한 첫 예비적 조치들을 취하게 될 것인바 이는 고려인주민들과의 호상관계에 의심할바 없이 유익한 영향을 줄 것이다."9) 그러나 민족문화자치는 결국 이루어지지 못한다.

소비에트가 한인들에 대하여 어떠한 정책을 실시하였는가를 보여주는 또 다른 실례로 우리는 1923년 3·1절 기념행사를 들 수 있다.

이날은 3월 1일이었기 때문에 일본군이 물러난 후에 소비에트정권하에서 맞는 첫 3·1운동 기념일이 되었다. 한인들은 파를 불구 독립기념식과 시위를 가지려하였다. 그러나 당지 러시아관헌에 청원한 결과 모스크바의 지시에 의하여 "독립운동과 불령행동은 허용하지 않지만 공산주

---

8) 『고려일보』 1991.4.12
9) 『고려일보』, 1991.4.16

의자의 집회 혹은 그의 시위운동은 지장없다"는 답을 받았다. 그리하여 2월 21일에 한인수뇌부는 다음의 내용을 각호에 포고하였다.

1) 2월 23일은 적군편성 4주년기념일이므로 러국관청의 지령에 의해 각호마다 적기를 문전에 걸고 축의를 표할 것.

2) 3·1운동 기념에 대해서는 다음과 같이 포고하였다. (1)각 호 공히 문전에 적기와 태극기를 교차하여 게양하고 (2)종이로 적기와 태극기를 소형으로 제작하여 아동으로 하여금 소지케하고 (3)적색 헝겊으로 리본을 만들어 이를 왼쪽 가슴에 달고 야간에는 문등을 만들어 문전에 걸고 4)기념식은 오전 10시에 개시한다는 것이다. 그 외에도 이를 이행치 않으면 친일파로 간주한다는 것과 각 호당 2원 이상을 거두도록 하였다.10)

이 기념은 3월 1일에서 3일까지 이루어졌는데 가장 성대한 것은 3월 1일이고 다른 날에는 신한촌에서만 약간의 회합이 있었다는 것이다.

3월 1일 신한촌에서는 남녀노소 5천명이 니콜스크-우수리스크나 소성 방면으로부터도 참석했고 이동휘, 최고려, 김화석, 김좌진, 이비덕, 이동국, 박위 그리고 상해에서 최고여, 김식, 장우원 등이 참석하였다. 식은 신한촌 기독교회당이 공산정권후 폐쇄되었기 때문에 부근의 공지에서 진행되었다. 시장입구에는 "축대한독립기념일, 제삼공산당고려부"라는 액을 걸었다.

러시아인 1명과 한인 3명이 식사를 하였는바 내용은 일본의 학정을 규탄하고 타도할 것과 러시아공산당과 같이 한인 전부를 적화하자는 것이었는데 이들은 단군에 대해 예배하고 해산하였다. 식이 끝난 후에 인원은 적기 및 태극기를 들고 2조로 나누어 주요 시가지를 돌며 만세와 우라를 연창하였다. 특히 일본군함 "일진" 부두 앞과 일본영사관 앞에서는 목이 터져라 만세와 우라를 불렀다.11) 그러나 시위는 평화롭게 끝났다.

---

10) 『朝鮮獨立運動』 5, p.130
11) 『朝鮮獨立運動』 5, p.131

또한 야간에는 푸슈킨스카야 극장에서 오후 7-9시 사이에 회합이 있었는데 약 600명이 모이게 되었다. 이 미팅에서는 러시아인 클류코프가 공산당현위원회를 대표하여 연설하였는데 그는 과거의 3.1운동을 실패로 규정하고 장래는 "조선의 프롤레타리아트가 일거에 일본군벌의 손에서 정권을 탈환하고 소비에트러시아의 노동자와 서로 제휴하여 나아갈 때"라는 요지의 연설을 하였다. 또 러시아인 공산당원 조린은 일본, 중국, 러시아및 전세계의 근로자들과 연합하여 사회혁명을 통해 조선의 해방을 얻자는 요지의 연설을 했다.[12]

연설을 마친 후에는 결의와 함께 코민테른본부, 레닌, 혁명군사회의의장 트로츠끼, 제5군혁명군사회의의장 우보레비치에게 전문을 발송하였다.

그런데 결의문에 의하면 조선국민혁명단이 조선공산당본부, 러시아공산당연해현혁명위원회조선분회와의 합동대회를 치른 것으로 되어있다. 결의문에서는 일본과의 "비타협적전투"를 주장하면서도 "직접 조선에 있어서의 운동에 호응"한다는 것은 러시아와 적군에 부담을 주는 일로 규정하였다. 그리하여 결의는 "조선독립", "대제국주의협동전선", "코민테른"에 만세하였다.[13]

또 9시부터는 조로토이록 극장에서 집합하여 1000명이 모여 「과거의 한인혁명가들의 상황」, 「한국에서의 일본의 학정과 주로 헌병순사의 하급민학대상황」, 「공산당의 선정」에 대한 연설이 있었다. 이러한 행사에 러시아공산당은 1200원 현혁명위원회는 800원을 지출하였으며 총비용은 2만원이 들었다고 한다. 그 외 군악대를 지원하고 공산당원과 민경대 시위운동시의 전차교통을 중지시켰다. 한편 기념식 당일에 블라디보스톡에서 인쇄된 일, 러, 중, 한어로 된 선전문이 차량 위에서 살포되었다.

그러나 소비에트정권에서의 첫 3.1운동은 그러나 그 의미가 많이 변질

---

12) 『朝鮮獨立運動』 5, p.132
13) 『朝鮮獨立運動』 5, pp.133-4

된 상태에서 진행되었다. 일본경찰이 파악했듯이 독립운동이 허용되지 않고 '공산당축하회'의 형태로 변한 것이다. 그리고 그것은 공산주의를 선전한다는 전제에서 허용된 것이었다. 그것은 일로조약의 규제에서 벗어나려는 러시아정부의 입장이자 동시에 민족운동에 대한 거부감의 표현이었던 것이다.

그러나 점차 시간이 경과할수록 소련한인들의 3.1 운동 기념은 그의 민족운동적인 성격을 기념하는 데에 많은 제약을 가지게 되었다. 특히 1925년 1월의 로일협약 성립 이후에는 민족주의에 입각한 한인혁명단체는 많은 탄압을 받게되었다. 그리하여 1925년의 3.1운동기념 같은 것은 "예년과 같이 대대적인 시위운동을 행할 준비를 진행시키려고 했지만 노농관헌이 이에 대해 엄중한 금지명령을 시달"했기 때문에 결국 기념식을 하지 못했다.[14) 그뿐 아니라 연해주 내에서 허용되었던 무장한인조직들도 이때부터는 본격적인 탄압을 당하게 되었다. 1925년 1월 2일에 추풍 지방에 있던 한인과 중국인의 무장단 40명은 니콜스크-우수리스크 주재의 적군 50명에 의해 토벌 당하여 그 일단이 東寧縣방면에 둔입하였고 1월 6일에는 니콜스크-우수리스크의 적군 50명이 고려혁명군 10명이 잠복한 가옥을 포위하여 가옥을 소각하고 수명을 총살하기도 했고 1월 13일 동녕현에 둔입했던 한인 20명이 노령에 잠입하려하다가 추풍 주둔 적군 30명이 이를 토벌하여 9명이 사살되고 3명이 체포되기도 했다. 또 같은 1월에 김 이리마루일파의 고려혁명군이 스파스카야지방에 잠복하다가 적군의 포위를 받아 중국령으로 도망했고 1월 22일 무장불령선인 15명이 노령으로부터 구축되어 훈춘현 草帽頂子지방에 잠입했다.[15) 이같이 하여 1925년부터는 연해주는 전혀 무장한인들의 근거지가 되기는커녕 오히려 철저한 탄압을 당하는 상황이 초래되었던 것이다. 그러한 상황을 일경문서는 다음과 같이 전하고 있다.

---

14) 金正柱 編, 『朝鮮統治史料』 8, p.121
15) 『朝鮮統治史料』 8, p.122

"러시아관헌은 본년 1월 20일로 복교이래 민족주의에 기초한 제반의 운동은 이를 엄금하면서도 이에 반해 동국의 국시에 기초한 운동에 대하여는 관민일치하여 이에 종사하고 현재 3월 8일 부인해방기념일, 5월 7일(1일의 착오-필자) 노동기념일에는 노령각지에 있어서 지방청년회, 군대등 관민합동하에 시위행렬을 위해 선전삐라를 배포하고 혹은 연극을 행하고 강연회를 여는 등 기세를 올려 선전에 노력하고있는 실황이 있다"고 했다.

소비에트는 한인들의 민족운동을 억압하는 대신에 한인들을 소비에트화시키고자 하였다. 연해주는 1923년부터 소비에트화에 들어가게 되었는데 연해주에 한인들이 집중으로 거주하였는데 특히 니콜스크우수리스크군의 노보키예프스코예볼로스트(연추), 아지미, 라즈돌로예, 수청, 추풍에 많이 거주하였다. 특히 노보키예프스코예볼로스트(연추), 아지미에는 한인들이 집중으로 거주하여 1923년 3월의 조사에 의하면 노보키예프스코예(연추)에 한인 6027이 거주하는데 비하여 러시아인은 불과 194인만이 거주하며 아지미에는 한인 4108명이 거주하는데 비해 러시아인은 237명만이 거주하는 상황이었다.

이러한 상황에서 소비에트정부는 종래의 한인민회를 개조하여 노농회라 명하고 블라디보스톡 및 니콜스크-우수리스크에 선전 겸 통할기관으로서 고려부를 두게 되었는데 소비에트정부는 이를 연해주한인에 대한 일부의 행정사법권까지 줄 생각이었다. 그 책임자는 이동휘, 막료는 정인여, 허철, 박창극이다.[16]

1923년 3월의 보고에 의하면 소성(수찬)지방의 조선인노농민회의 발회에 관한 기록이 있다. 현혁명위원회는 한인에 관한 문제를 조사하기위하여 1923년 3월 1일 이후에 현, 군 및 구혁명위원회행정부 내에 부속기관으로서 조선사무전권위원를 각 혁명위원회마다 1인씩 두기로 결정하였

---

16) 『朝鮮獨立運動』 5, p.126

다. 그 인원은 다음과 같다.

현 혁명위원회 M.Kim
소성 구위원회 I.Khan
니콜스크-우수리스크군 위원회 Kh.Khan
스파스크군위원회 F.Pak
포시에트구위원회 L.Li
올가군위원회 M.Pak

또 현인민교육부 조선사무전권으로서는 한용천이 임명되었다.[17]

앞에서 한명세에 의하여 한인의 행정적인 자치를 추구하는 것이 한인들의 희망이 1922년 말에 표출되었으나 러시아공산당 달뷰로의 반대로 인하여 성공하지 못하였다고 하는 사실은 일단 지적하였다. 그런데 한인들의 자치에 관한 희망이 다시 표출되는 것은 1924년에 가서의 일이다. 일본의 기록에 의하면 1924년에 제5회 국제공산당 대회에서 재로조선인 자치제가 용인되어서 그 이후로 다시 한인들이 자치운동을 활발히 벌이기 시작했는데 그것은 일로협약 이후의 일본인의 취체를 피하기 위해서라는 것이다. 이리하여 박 마트베이, 吳成默의 양인이 모스크바로 갔지만 시기상조라고 하여 그의 안은 부결되었다는 것이다. 그리하여 그들은 차선책으로 비귀화한인들을 입적시키고 전러시아공산당에 가입시키는데 노력하게 되었다는 것이다.[18]

그러나 과연 한인들의 자치운동이 얼마나 일어났고 이것이 실제로 러시아 당국에 의하여 진지하게 고려되었는가는 현재 밝혀진 사료만 가지고서는 판별하기 힘들다.

---

17) 『朝鮮獨立運動』 5, p.129
18) 『朝鮮民族運動史 ≪未定稿≫』 6, pp.232-236

4. 1920년대 독립운동에 있어서의 신한촌

1920년대 한인들의 독립운동에 있어서의 신한촌은 각별하게 중요한 위치를 차지하고 있었다. 그것은 우선 연해주가 블라디보스톡 교외에 위치해있어서 한인들이 해로를 통해 접근할 수 있는 것이며 이에 따라 주로 정치적 망명자들을 비롯한 많은 독립운동가들이 신한촌에 정착하여 독립운동에 관여하였기 때문이다. 그 중에서도 블라디보스촉 신한촌은 니콜스크-우수리스크와는 달리 주로 러시아에 귀화되지 않은 한인들의 중심지가 되고 있었다. 이는 러시아에 귀화한 한인들의 경우에는 러시아로부터 토지를 분여받아서 농업에 종사하였고 따라서 니콜스크를 중심으로 하는 남우수리에 근거지를 가지고 생업을 영위하였는데 비하여 정치적 동기로 망명한 인사들이나 혹은 러시아에 일자리를 찾아서 갓 이주힌 한인들은 우신 한인들의 안내를 받을 수 있고 또한 비교 일자리를 찾기 쉬운 큰 도시 주변으로 몰려들 수밖에 없었기 때문이다.

따라서 니콜스크가 주로 원호들 그리고 정치적으로 비교적 보수적인 색채를 가진 한인들의 중심지 역할을 하였는데 비하여 블라디보스톡 특히 신한촌은 비입적한인 그리고 비교적 진보적인 성향을 가진 한인들의 중심지 역할을 하게 되었다. 1919년에 다시 활성화된 한인사회당이 신한촌을 중심으로 하여 결성되었던 것도 이와 무관하지는 않은 것으로 보인다.

그렇지만 신한촌이 언제나 이같이 한인독립운동의 중심적인 역할을 할 수 있었던 것은 아니다. 신한촌의 위치는 러시아에서의 정치적인 상황이 혼란하였던 시기에 특히 그 비중이 컸지만 일단 러시아에서 소비에트정부가 내전에서 승리하여 안정을 획득하고 난 이후에는 한인들의 독립운동과 관련하여 큰 역할을 할 수는 없었다. 그 이유는 러시아 볼세비키가 연해주가 한인들의 독립운동의 기지로 활용되는 것을 원치 않았기 때문이다.

러시아 소비에트 정부는 백군과의 교전으로 인하여 볼세비키 정부가 위기에 처하게 되었을 때 시베리아의 내전에서 승리하기 위하여 백군에 반대하는 연합전선을 구축하여야 할 필요성을 느끼게 되었고 이 지역에 한인들이 적지 않게 살고있었다는 사실을 감안하고 한인들과의 연대를 추구하였다. 그러나 일단 적군이 내전에서 승리하자 이전의 한인들의 독립을 지원하겠다는 약속은 완전히 헌신짝처럼 내던지게 되었다. 러시아 볼세비키 정부가 한인들과의 약속을 저버리게 되는데 대하여는 두 가지 이유를 들 수가 있다. 하나는 러시아의 볼세비키 정부가 가지고 있는 이데올로기의 특성 때문이며 다음으로는 국제적인 특히 일본과의 외교관계를 고려한 것이다.

먼저 전자의 문제에 대하여 언급하여 보기로 한다. 러시아의 볼세비키 정부는 10월혁명 직후에 그리고 내전이 진행되는 기간 중에 소수민족의 자유에 대하여 언급하여 민족자결권에 입각한 정책을 피겠다고 언급한 것은 사실이다. 그러나 볼세비키는 그들의 이데올로기에 입각하여 이 민족자결권에 대하여 실천할 적극적인 의사를 가지고 있었다고 보기는 어렵다. 이들이 강조했던 점은 보다 중요하게는 프롤레타리아트 국제주의에 입각한 민족들간의 연대였으며 다른 표현으로는 스탈린 등의 일파가 주장한 프롤레타리아트 혹은 근로인민의 자결권이었다. 이는 말하자면 민족적 의사보다는 정치적인 고려가 우선시된다는 것을 말하는 것이라고 볼 수 있다. 때문에 볼세비키가 권력을 장악한 이후로 민족자결권은 잊혀진 구호가 되고 말았다. 형식적으로는 이 구호가 사용되었으되 실제 이 구호가 집행되지는 않았다. 러시아는 각종의 명목으로 자결권을 추구하는 민족들을 누르고 탄압하였으며 이들을 소련이라는 새로운 제국 속에 붙들어두려 하였던 것이다. 한인들에 대한 정책도 마찬가지라고 볼 수 있다. 한인들의 독립을 지원하겠다는 약속과 함께 한인들에게 토지를 분여하고 사회주의 대의에 입각한 정책을 펴겠다고 약속하였지만 실제로 사회주의 정책이 실시되었어도 한인들은 아무런 혜택을 받을 수가 없었다. 토지도 분여되지 못하였음은 말할 것도 없거니와 민족적인 전통을 유지하는 것조차도 힘들게 되었다. 민족적인 것이 유지되려면 이것이 사회주의적인 형식에 맞아야만 하였다. 그리하여 1920년대 중반 이후에는 한인들의 독립운동과 관련되어 어떠한 기념행사 조차도 곤란한 상황이 되었던 것이다.

다음으로는 1920년대 중반 이후로 전개된 외교적 상황이 더 이상 한인들이 연해주에서 독립운동과 관련된 활동을 할 수 없게 하였다. 일군은 1922년 10월 시베리아로부터 철병을 완료하였지만 일본은 여전히 사할린을 점령하고 있었다. 러시아는 일본과의 관계를 개선하고 일본으로부터 사할린을 돌려 받기 위하여 외교적인 노력을 기울이게 된다. 이와 관련하여 러시아정부는 연해주에서 활동하던 한인무장부대에 대하여 불리한 조처를 취하게 되었다. 1923년 9월 18일부로 러시아는 일본의 밀정을 한인늘이 러시아관헌을 거치지 않고 처단하는 것을 금지시키고 기타 병기를 밀매하는 것을 금지하는 등 사실상 한인들의 무장부대 활동을 금지시키는 조치를 취하였다.[19] 그러면서도 한인무장부대는 1925년 1월 일로 기본조약이 체결되기까지는 연해주에서 묵인되고는 있었던 것으로 보인다. 물론 이는 계속적으로 소비에트정부가 한인무장부대를 압박하고 있었다는 사실을 전제로 한 것이다. 그러나 일로 기본조약이 체결되고는 한인무장부내는 전면적으로 금지되게 되었다.

한편 소비에트정부가 들어서서 한인들이 소비에트화가 진행되면서 한인들을 통제하는 조직으로 구성된 고려부 및 오르그뷰로가 잇달아 해체되고 1925년 3월 오르그뷰로가 연해현위원회 약소민족부의 조선인부로 개편되면서 노령의 한인사회주의자들의 활동도 막을 내린다고 보아야 한다.[20] 그리하여 이중적인 의미에서 즉 연해주에서의 무장부대 활동이

---

19) 『朝鮮共産黨關係雜件』, 제1권, 고려서림, 1990, p.356
20) 拙稿, 「조선공산당 성립과 코민테른」, 『韓國史學』, 13, 한국정신문화연구원,

중지되었고 또한 한인사회주의운동을 지도할 수 있을 그리하여 민족운
동에 영향력을 행사할 수 있는 한인들의 조직체인 오르그뷰로가 활동을
정지당하고 오로지 연해주 내의 한인들 문제만을 다루는 기구로 전락하
였던 데에서 1925년을 기점으로 하여 연해주 그리고 신한촌이 한인독립
운동사상에서 차지하는 역사적인 위치는 그 종말을 고하였다고 하여도
과언이 아니다.

만주에서도 상황은 비슷하게 전개되어서 1925년 삼시조약이 체결되면
서 한인독립운동은 대타격를 받게 된다.21) 즉 1925년은 한인 해외 독립
운동에는 크나큰 타격이 주어진 시기였다. 그러나 만주가 상대적으로 치
안이 불안정하고 한인들이 은둔처를 비교적 쉽게 발견할 수 있기에 상
대적으로 무장활동의 명맥이 1920년대에도 유지되었지만 연해주는 공산
주의의 이데올로기가 상대적으로 한인들에게 더 억압적으로 작용하였고
통제 또한 효과적으로 작용하였기 때문에 연해주는 1925년 이후로는 어
떠한 독립운동의 흔적을 보여주지 못하였다.

5. 맺음말

이상에서 살펴본 바와 같이 1920년대의 전반기에 한해서만 연해주는
우리의 독립운동과 관계를 가지고 있었다. 그 이유는 1925년에 새롭게
형성된 국제관계 그리고 소비에트의 정책 때문이다. 10월혁명을 통하여
새로이 러시아의 중심이 된 볼셰비키는 이미 1920년대 중반에는 그 혁
명적 성격을 상실하고 러시아제국을 계승한 소비에트제국을 유지하는데
많은 노력을 기울였다. 소수민족 특히 극동지방에 관련하여서는 한인에

1993, p.169

21) 1925년 6월 11일 봉천정부 경무처장겸 보갑총판 于珍과 조선총독부 경무국장
三矢宮松사이에 체결된 국경경비에 관한 밀약.

대한 정책적인 변화는 분명하다. 그것은 새롭게 일본과의 관계를 형성해 나가야 하는 입장에서 한인들의 독립운동이 연해주에서 이루어지는 것이 바람직하지 않다는 것이다. 그것은 이중적인 의미에서 그러하다. 하나는 러시아인들이 한인들의 부르조아적인 민족운동을 지원해야 할 이유를 느끼지 못하였으며 또 다른 하나는 소비에트 체제하에서 살고있는 한인들이 한국의 독립운동에 종사한다는 것은 일본과의 외교관계를 그르칠 수 있는 것으로 러시아 정부는 이를 허용할 수 없었다.

그리하여 1925년부터는 이전부터 탄압을 받아오던 한인들의 무장조직이 전면 금지됨은 물론이거니와 한인들의 민족운동과 관련된 일반적인 활동도 제약을 심하게 받기에 이른다. 말하자면 연해주에서의 민족운동은 사실상 불가능한 상황에 처하게 되는 것이다. 단지 러시아 당국은 한인들의 소비에트화를 목표로 하여 한인들에게 러시아국적을 허용하면서 한인들에게 공산주의적 교양을 강화시키려는 목적 하에서 문화 및 선전 사업을 하였다고 말할 수 있다. 따라서 러시아 한인들의 소수민족적 생활의 근거지로서의 연해주는 건재하되 한민족의 독립운동과의 관련 속에서의 연해주는 그 역사적인 역할을 마감하게 된다고 할 수 있다. 그나마 한인들의 생활근거지로서의 연해주도 결국 1937년에는 그 역할이 끝나게 된다. 오랜 기간동안 연해주로부터 한인들을 배제하려는 러시아인들의 계획이 마침내 실현되게 된 것이다. <『韓民族共榮體』, 제4호, 1996>

소련에서의 민족운동과 한인 강제이주

1. 머리말

소비에트정권이 성립한 이래 볼셰비키의 소수민족정책의 특수성은 '민족자결권'과 '프롤레타리아트 국제주의'로 집약적으로 표현될 수 있다. 볼셰비키는 이 구호들을 가지고 제정러시아의 민족정책을 대체하려 하였다. 그러나 이 구호들은 상호 밀접히 결합되면서 자의적으로 해석될 수 있었으며 따라서 오해를 불러일으키기 쉬운 그러한 구호였다. 실제로 소련에서 한인, 사회는 이 구호를 오해하고 있었다고 볼 수 있다. 민족 정책을 표현해 주는 이 구호들뿐만 아니라 소비에트정권 자체가 한인들 사이에 많은 오해를 불러일으켰다, 일제로부터 핍박당하여 러시아로 이 주한 사람들로 구성된 한인사회는 소비에트정권의 등장을 어떠한 의미 에서는 환영하였다. 그 이유는 한인들의 적이 된 일본이 새로이 사회주 의화된 러시아 즉 소련과 적대관계에 들어가게 되었고. 한인들은 소련이 표방한 이데올로기 때문에 이러한 관계로부터 한국이 독립을 획득할 수 있는 기회가 확대되고 또한 러시아 한인사회의 권리도 신장될 수 있으리라는 기대를 가지고 있었기 때문이었다.

이러한 기대가 환상이라는 것은 얼마 가지 않아 드러나기는 하였지만 한인사회가 소련민족정책의 폭압적인 성격을 충분히 파악하는 데는 그로부터도 많은 시간이 흘러야 하였다. 소련은 일본제국주의에 대항하여 투쟁하는 한인들의 민족운동을 오로지 소련의 안보라는 차원에서만 이용하려 들었다. 또한 러시아인의 쇼비니즘이 압도적인 분위기에서 소련 내의 한인사회의 권리를 신장시키는 데에는 아무런 관심도 기울이지 않았으며, 오히려 새롭게 성립한 강력한 권력을 배경으로 한인사회를 무력화시키려 하였다. 짜르 전제정의 속박으로부터 해방을 기대하였던 한인사회는 그 이상으로 소련이라는 공산주의적 제국주의, 전체주의로부터 비인간적인 잔혹한 탄압을 감수하여야 하였다. 결국 소련은 짜르 전제정으로부터 한인사회를 해방시킨 것이 아니라 이전부터의 탄압을 더욱 전면화하고 속박을 철저하게 집행하였던 것이다. 이러한 소련의 대한인 탄압정책이 가장 극적으로 드러난 사건이 바로 1937년 강제 이주 사건이었다.

그러나 그럼에도 불구하고 그 동안 이 문제에 대하여 실증적인 연구가 제대로 진행될 수 없었다. 그 가장 중요한 요인은 소련정부가 이와 관련된 문서를 공개하지 않고 이 부분에 대한 정보와 이데올로기 통제를 거의 완벽하게 수행하였기 때문이다. 그 때문에 강제이주의 문제는 지난 1950년대 콜라르즈에 의하여 간략하게 언급된 이래 거의 관련된 학술적 논문이 나올 수가 없었다. 단지 단편적인 기사나 르뽀만이 이 문제를 언급하였을 뿐이다.

그러다가 소련이 붕괴되고 러시아가 민주적인 정체를 가지게 되면서, 소련의 문서는 공개되기 시작하였다. 이와 관련하여 한인 강제이주에 대한 문서들도 부분적으로 공개되고 입수되었다. 그 결과 완전하지는 않지만 그래도 정부 공식문서에 의해서 상황을 재구성하는 것이 가능하게 되었다. 이제 소련에서 전개되었던 한인 민족운동의 개관과 함께 강제이주의 문제를 살펴보기로 하자.

2. 10월혁명 이전 러시아에서의 한인 민족운동

1900년대에 들어가면서 특히 1905년 을사오조약 이래로 러시아의 연해주는 한인들의 민족운동을 위한 기지로서의 역할을 담당하게 되었다. 그 이유는 이미 연해주에 1860년대 이래로 한인들이 이주·정착하여 1905년에는 이미 5만 이상의 한인사회가 형성되어 있었기 때문이며. 또한 강하나만 건너면 바로 국내로 들어올 수 있다는 지리적인 이점이 작용하였기 때문이다.

이같은 이점을 배경으로 하여 연해주 특히 남우수리 지방에는 시대적인 운동조류였던 애국계몽운동이 일어나게 되었고. 이같은 운동은 최재형 등 한인사회의 유시들의 활동에 크게 힘입고 있었다. 『헤조신문』, 『대동공보』, 『신한민보』, 『야소교정보』 같은 한인신문들이 발간되어서 한인사회의 단결과 계몽을 꾀하고 실력을 양성하자는 운동이 확산되었다. 각종의 학교가 세워지고 근대적인 교육. 근대적인 논의의 확산을 위한 의식의 전환이 러시아 한인사회에 일어나게 되었던 것이다.

연해주에서의 민족운동은 단지 애국계몽운동에만 국한되지 않았다. 한말의 의병장이었던 유인석 그리고 안중근 같은 지사들이 연해주에 왕래하거나 거주하면서 한반도의 일본군을 직접 공격하는 의병부대까지도 갖추게 되었다. 비록 그 규모에 있어서나 실현 가능성에 있어서 문제가 없지는 않았지만 1908년에는 국내 진격작전이 가능한 의병운동을 일으킬 정도로 연해주는 한민족의 민족운동사상 중요한 역할을 수행할 수가 있었다.

연해주에서의 이러한 민족운동의 전통은 1910년 일제의 한국 강점 이후에도 끊이지 않고 면면히 이어졌다. 물론 일본과의 외교적 마찰을 염려한 러시아 때문에 노골적인 무력 항일운동은 해 나가기 어려웠지만 그럼에도 불구하고 무력투쟁 중심의 운동도 맥이 끊이지 않았고 실력양 성과 계몽을 위주로 하는 애국계몽운동도 의연히 지속되고 있었다.

이러한 운동들은 한편으로는 러시아내 한인사회의 발전을 통하여 한 인들의 생존권을 확보하는 것이었으며, 다른 한편으로는 일제로부터 한 국의 독립을 지원할 수 있는 길을 모색하는 것이었다.

그러나 이러한 민족운동은 1914~15년을 계기로 하여 그게 위축되기 에 이르렀다. 이는 제1차 세계대전의 발발로 인하여 일본과의 관계악화 를 우려한 러시아가 한인 민족운동이 영내에서 일어나는 것을 계속 묵 과할 수가 없었기 때문이다. 이 때문에 한인 민족운동자들은 체포되어 감옥에 갇히기도 하였으며, 자연히 이러한 상황에서 민족운동은 위축되 었다. 그러나 그것은 운동 자체의 중단은 아니었다. 단지 운동이 잠재력 만을 가지고 표면적인 활동을 중지한 그러한 상태였던 것이다. 1917년 2 월혁명이 발발하고 한인들의 생활에는 큰 변화가 초래되었다. 짜르 전제 정이 붕괴되고 임시정부가 수립됨에 따라서 한민족들에게는 자신들의 의사를 보다 적극적으로 개진할 수 있는 계기가 마련된 것이다. 이는 한 인사회에 새로운 활력을 불어넣게 하였다. 한인사회를 연결하려는 '전러 시아 고려족회'[1]같은 결사체가 조직되었고, 이러한 결사체를 중심으로 하여 한인들의 권익을 신장하고 제한된 범위에서나마 민족적 자치를 추 구하고자 하는 움직임이 있게 되었다. 그러나 이러한 한인들의 활동은 1917년 볼세비키에 의한 혁명이 일어나 임시정부가 전복됨으로써 새로 운 국면에 처하게 된다.

---

1) 이는 종전에 '전로한족회중앙총회'로 명명되던 단체의 당대의 주체들이 사용하 던 명칭이다. 이는 윤병석 교수의 보고문에 의함. 참고. 한국독립유공자협회 편, 『러시아지역의 韓人社會와 民族運動史』, 교문사, 1994

3. 소비에트 정권의 등장과 1920~30년대 소련의 소수민족정책

1917년 정교력 10월 볼셰비키는 혁명적 수단으로 임시정부를 전복하고 사회주의를 표방하며 소비에트정부를 구축하였다. 레닌을 수반으로 하는 이 정부가 추구하는 사회주의는 러시아의 사회를 근본적으로 뒤바꾸는 그러한 것이었다. 그리고 이러한 변화는 소수민족들에 대한 정책에도 나타나게 되었다. 제정시대의 짜르정부는 다민족으로 구성된 러시아의 현실을 감안하고 제국적 통합을 최우선적 과제로 삼았다. 이러한 이유로 소수민족들에게는 가혹한 조건이 부과되었다. 소수민족들에게 자치가 허용되지 않았음은 물론이거니와 러시아인 위주의 정책이 공공연하게 이루어지고 있었으며, 일부 민족들에게는 탄압적인 정책도 구사되었다. 이러한 이유로 인하여 레닌은 제정러시아를 '민족들의 감옥'으로 불렀다.

소비에트정권은 민족들의 감옥을 민족들의 자유로운 결합으로 바꾸려는 이상을 가지고 있었다. 이른바 민족자결권이 이러한 이상을 가지고 선포되었다. 러시아 내에 존재하는 소수 민족들이 그 자유의사에 의하여 사회주의 러시아로부터 분리할 수 있는 권리를 가지고 있다는 것이다. 이러한 민족자결권의 선포는 실로 획기적인 것이었으며 적어도 정권 초기에는 다른 요인들도 복합적으로 작용하여 폴란드나 핀란드, 그리고 발트 3국은 독립을 실현하게 되었다.

그러나 소비에트 정부가 공식적으로 선포한 민족자결권은 러시아 민족주의의 전통에서 볼 때 러시아가 호의적으로 추진할 수 있는 정책이 아니었다. 볼셰비키는 민족자결권이 러시아제국에 초래할 수 있는 위험을 즉각적으로 감지하였고, 이것을 그대로 놓아 둘 경우에 제국의 해체가 불가피함을 알고 있었다. 그렇기에 공식적으로 선포된 권리와는 달리

제국의 틀을 그대로 유지하기 위한 정책이 사실상 추진되고 있었다. 그것은 연방제의 도입이었다. 민족들의 독립 욕망을 잠재우고 제국의 틀을 그대로 유지하기 위한 타협점이었다. 그리고 이 타협은 소련의 성립으로 일단락되었다.

소련이라는 타협은 그러나 불안정한 것이었다. 이미 민족주의가 고양되어 있는 소수민족들을 소련이라는 새로운 제국의 틀 내에 붙잡아 두기 위해서는 적지 않은 강제력이 필요하였다. 그렇기에 자치를 허용하면서도 소련은 일단 크고 작은 전투를 통하여 사회주의적 소비에트적 지배를 강제적으로 소수민족들에게 적용하였다. 일단 공화국, 자치공화국, 자치주, 자치구역 등의 형태로 영토적으로 민족적 자치를 제한된 범위에서나마 실현할 수가 있었던 소수민족들은 그나마 다행이었지만 기타 규모의 문제 혹은 정치적 문제로 어떠한 형태의 영토적 자치를 가질 수가 없게 된 민족들도 있었다. 한민족은 바로 여기에 해당하였다. 한민족은 남우수리 지역 인구의 과반수 정도를 차지할 정도로 독자적인 활동영역을 가지고 있었지만 한민족에게 가치는 허용되지 않았다. 그뿐만 아니라 한인들의 회망과 소비에트 정부의 정책 사이에는 큰 괴리가 존재하고 있었다.

한인들은 러시아 극동에 있어서 특수한 위치를 차지하고 있었다. 이 특수한 위치란 한인 이민의 역사적인 특수성으로부터 발견된다. 한인들은 러시아혁명 이후에 일본군이 시베리아에 주둔해 있었던 관계로 인하여 대일항전이라는 시각에서 러시아 내전을 바라보게 되었다. 이러한 특수한 관계는 한인들로 하여금 일본군과 대항하여 싸우는 러시아 적군의 편을 들게 하였다. 1918~1922년 내전이 진행되는 동안 한인들은 러시아 시베리아와 극동의 크고 작은 전투에 참여하여 러시아 백군과 일본군을 격퇴하는 데 적지 않은 공헌을 하였다. 러시아 정부로서도 한인들의 협조가 바람직한 것이라고 판단하여 한인들의 지원을 얻으려고 적극적인 선전활동을 전개하였다.

  그러나 내전에서 적군의 승리가 확실해지면서부터 러시아 볼셰비키의 대한인정책은 변화를 보이기 시작하였다. 특히 극동공화국을 통하여 외교적 노력으로 일본군의 철수를 유도한다는 방침이 정해지면서부터는 러시아는 한인들에 대해 우호적인 정책을 철회하고 한인들의 무장단체를 해체하려 하였다. 한인 무장단체들의 존재가 오히려 러·일간의 외교교섭에 장애요인으로 등장하였기 때문이다. 이러한 이유로 러시아는 초기에 한인들에게 약속하였던 독립운동의 지원을 중지하였을 뿐만 아니라 한인들에 대해 우호적인 정책을 포기하게 되었다. 특히 내전이 종결되면서 이 문제는 더욱 더 노골화되었다. 이제 러시아인들은 한인들이 우수리 지방에 거주하는 것조차 못마땅하게 생각하고 한인들을 좀더 오지로 추방하려 하였다. 실로 이러한 정책은 돌연한 것은 아니었다. 왜냐하면 그것은 짜르정부 시절부터 있어 온 관행이었기 때문이다. 그 시절에도 한인들이 애써 경작한 토지는 몇 해 못 가서 러시아인들이 차지하고 한인들은 오지로 추방되는 일이 빈번하였는데, 이는 러시아인늘이 한인들의 노동력을 수탈하는 보편적인 방법이었다.[2]

  내전이 종결되는 시점에서 러시아인들이 한인들을 추방하려 하였던 데에는 러시아 극동지방의 사회적 상황과 관련이 있다. 러시아는 이미 제정 시절부터 국방력을 강화한다는 방침 하에 극동지방으로의 식민을 꾸준히 추진해 왔으며. 이러한 식민정책이 어느 정도 성공을 거둠과 동시에 극동 지방의 경작에 필요한 토지가 모두 동이 나게 되어서 러시아의 새로운 이민을 받아들이기 위해서는 기존의 한인들의 존재가 방해가 되었기 때문이다. 소비에트가 한인들을 시민으로 받아들일 경우에 한인들에게도 대량으로 토지를 공급해야 한다는 경제적 압박이 있게 되고. 이는 러시아 인민들을 자극하여 러시아 인민들은 한인들을 경쟁상대로 생각하고 한인들을 추방하기를 원하였던 것이다. 그리하여 이미 1922년

---

2) 拙稿,「한민족의 노령이주사연구(1863-1917),『國史館論叢』, 1993, pp.153-186

무렵에 한인들을 강제로 오지로 추방하려는 계획이 추진되었던 바 이는 한명세를 비롯한 한인지도자들의 반발을 샀고 이로써 1922년에는 아무런 일도 일어나지 않았다. 단지 한인들을 사회주의의 체제로 포섭하기 위한 소비에트화가 적극적으로 진행되었다. 고유한 의미에서의 민족운동이란 사실상 용납될 수 없었다.

그러한 가운데 1920년대 말에 한인사회에 큰 변동이 있게 되었다. 이러한 변동의 원인이 되었던 것은 소련의 공업화에 관련된 문제였다. 1920년대 후반기에 소련에서는 산업화의 문제를 둘러싸고 심각한 논쟁이 일어나게 되었다. 1921년에 도입된 신경제정책은 전쟁, 혁명과 내전으로 인해 피폐된 소련의 농업경제를 어느 정도로 회복시킬 수 있었다. 그러나 1920년대에 상품기근과 함께 식량부족 문제가 심각한 현상으로 나타나게 되었고 산업화의 필요성은 더욱 절실하여 졌다. 그러나 적대적인 자본주의 서구 열강으로부터의 지원은 기대할 수 없는 상황이었다.

이러한 문제를 둘러싸고 정책의 선택에 있어서 두 개의 안이 제시되었다. 하나는 트로츠키파의 입장을 대표하는 것으로 E.프레오브라젠스키에 의해 이론화된 것으로, 이 입장은 원칙적으로 사회주의 부문을 확대하기 위해서는 농민경제 특히 부농(Kulak) 및 중농의 경제에 대해 다소의 희생이 이루어져야 한다는 것을 강조한 것이었다. 사회주의에서의 원시적 축적을 강조한 이 이론은 그러나 부하린을 비롯한 우파의 비판을 받았다.

우파의 입장을 대변하는 부하린의 입장에서는 소련의 경제에서 무엇보다 중요한 것은 노동자와 농민의 연대(smyshka)였다. 근본적으로 산업의 능력이 뒤떨어져서 상품의 기근이 있게 되고 이것은 다시 농촌에서의 구매력을 자극하지 못함으로써 농민들이 식량을 도시에 공급하는데 적극적이지 않게 되고, 따라서 식량문제를 해결하기 위해 농업의 비중이 절대적임에도 불구하고 수입에 의존해야 한다는 딜렘마에서 부하린은 시간이 걸리더라도 노동자와 농민의 계급적 조화에서 길을 추구하려고 하였다.

그러나 1928년에 들어가서 국가는 식량을 조달하는 데에 있어서 점점 더 비상수단에 의존하게 되었다. 그리고 급기야는 기존의 네프와는 완전히 구별되는 대전환을 이루게 되었다. 그것은 5개년 계획의 도입과 농업 집단화였다. 이 집단화는 농민들의 자발적인 의사에 의하여 이루어진 것이 아니라 강제적으로 이루어졌다. 그리고 그것은 종종 무력적 위협하에 진행되었다. 따라서 많은 부작용이 나타나게 되었다. 농민들은 집단화 정책에 반발하여 가축을 도살하는 방법 등으로 저항하였고 생산성은 급속하게 하락되었다.

이와 함께 여러 차례의 대숙청이 꼬리를 물고 일어났다. 1929~30년에 대숙청이 전개되었으며 이 시기에 17만 명이 당에서 추방되었고, 이는 전 당원의 11%에 해당하는 것이었다. 강제노동 수용소의 인구는 1928년에 10만 명이었으나 1930년에는 60만 명이 되었고, 1931~32년에는 2백만 명이 되었는데 그중 70%는 농민이었다. 그럼에도 연이어 숙청이 이어졌다. 1933~34, 1935~36, 1937~38년의 숙청이 이어진 것이다. 1936~39년 사이의 숙청에 최소 4백~5백만 명이 체포되었고 그 중의 10%는 총살당했고 나머지는 장기형을 받았다. 좀 많이 잡는 경우는 1937~38년에만 6백~9백만 명이 체포되었다고 본다. 강제수용소는 별도로 1939년에 7백~천만 명을 수용하였고 사망률은 연간 10%에 달했을 것으로 보인다.

한인 강제이주는 이렇게 사회적 공포분위기가 정점에 달했던 시기에 이루어지게 되었다. 그것은 무엇보다도 시민들을 도덕적으로 무장해제시킨 다음에 이루어질 수 있는 것이었다.

4. 한인 강제이주

1) 1937년 이전의 1920~30년대 강제이주

연해주로부터 한인들을 타 지역으로 이주시킨다는 계획은 러시아 행정당국의 오래 전부터의 생각이었다. 짜르 시대의 관행은 차치하더라도 이미 내전이 종료되는 1922년에 그러한 정책이 시도되었고.[3] 그 이후에도 그러한 정책은 그 자취를 완전히 감추지 않았다. 내전이 종료된 후에 소비에트정부는 한인들을 본격적으로 소련 국적으로 편입시키기 시작하였는데 이와 동시에 소련의 시민이 된 한인들에게도 토지를 분여하여야 할 문제가 제기되었는 바 이는 현지 러시아인들의 반발 및 행정기관의 소극적인 태도로 인하여 상당히 지연되었던 것으로 보인다. 이러한 사정은 소련 자체의 출판물을 통하여서 추측할 수 있다. 내전이 끝난 후 1923년의 연해주의 한인 농민호수는 16,767호이며, 그 중에서 토지를 분여받은 호수는 2.290호에 불과하였다. 이들은 혁명 이전에 러시아 국적에 편입됨으로써 토지를 분여받은 사람들이었다. 1926년에 들어와서 한인 농가호수는 20,398 호로 증가하였다. 그러나 소비에트정권의 성립 이후에 실제로 토지를 분여받은 농가 호수는 1922~23년에 걸쳐 955호에 불과하였고. 1923~27년 사이에 토지분여가 결정되었음에도 불구하고 토지권을 확보하지 못한 호수가 5,265호,1927년 현재 토지를 분여받고자 한 호수가 2.140호라고 하였다. 이들은 연해주 내에서 토지를 분여받을 예정으로 되어 있었지만 나머지 1만 가구는 토지부족으로 인하여 연해주 밖의 극동 변강 다른 주에서 토지를 받도록 되어 있었던 것이다.[4]

---

3) 拙稿,「소련연방체제의 개편과 한족의 지위문제」,『中蘇問題硏究』, 부산대학교 중소문제연구소, 1991, pp.111-131
4) 『십월혁명 십주년과 쏘베트 고려민족』, 1927, pp.84-85

이 사실을 보아도 한인들에게 분여할 토지는 실제 집행은 거의 이루어지지 않았으며, 그나마도 한인 전체 농가호수의 반수 정도를 연해주에서 추방하려는 계획을 소비에트당국이 가지고 있었음을 알게 된다. 그러나 1920년대의 이러한 소비에트의 정책이 아직은 폭력을 동원한 강제정책이었다는 증거를 확인하기는 어렵다. 강제력이 동원된 적극적인 이주정책은 1929년 농업집단화와 더불어 시작되는 것을 보인다.

집단화가 시작되는 1929년부터는 한인들을 강제로 이주시키는 정책이 실제로 집행되었음을 확인할 수 있다. 하바로프스그 쿠르우를릭(Kur-Urlik)구역, 나나이(Nanai)구역, 기타 구역들에 1929년에 한인들을 이주시켰는데 강제이주 시에 이 구역에 300여명의 한인들이 있다는 것으로 보아[5] 이 지역에 비슷한 수의 한인들이 이주되었음을 알 수 있다.

우리가 문헌상으로 확인할 수 있는 또 다른 예는 1930~31년의 이주계획이다. 최근에 공개된 문서에 의하면 소비에트당국은 1930년에 한인 1만 명을 이주시키려 하였으나 10월 1일 현재 1,342명만을 이주시켰으며, 그중 431명은 강제로 이주된 것이었다. 소비에트 당국에 의하여 실패로 평가된 이 이주계획은 그러나 기본적으로는 한인들을 극동지방으로부터 추방하려는 정책이었다. 이 정책의 실현을 위해 소비에트는 강제적인 방법을 동원하려 하였다. 그 방법이란 한인들로부터 삶의 터전을 박탈하는 것이다. 극동지방 집행위원회 간부회의는 1930년 12월 28일 그 결의에서 "1931년에 이주 실시 지역으로 지정된 구역에서 조선인 이주민에게 토지를 임대하는 행위를 완전히 금지한다. 또한 그러한 구역에 있는 모든 경제조직 및 협동조합 조직들(그 안에 벼, 어업, 임업 협동조합도 포함)에게 1931년에 이주 대상자로 지정된 토지 무소유 조선인들의 노동력이용을 무조건 금한다"고 하였다.[6]

---

5) *Ibid.*, p.152
6) 리 블라디미르, 김 예브게니 (김명호 역), 『스딸린체제의 한인강제이주』, 건국대 출판부, 1994, p.84

한인들 강제이주의 목적은 명백한 것인데 그것은 한인들을 추방하고 그 자리에 "다민족 망명객들이 정주하는 것을 금"하고 오로지 러시아인들로 메꾸려는 것이었다. 이주 대상지역의 한인들에게는 설혹 그 지방의 콜호즈에 가입하려고 하여도 허용되지 않았고 의무적으로 이주를 해야만 하였다.7) 한인들의 정주 예정지로 되어있는 신디아, 쿠르다르기아 구역의 사정이 5~6가구에 방 한 칸이 배정될 점도로 열악한 상황이었지만 그럼에도 불구하고 극동집행위원회 간부회의는 1931년에 1만 명의 한인을 이주시킬 계획을 결정하였다.8)

여기에 각종의 부조리한 현상이 초래되었다. 한인 집단농장과 러시아인 집단농장은 각각 충돌하였다. 또한 집단화 정책과 그에 따른 계급투쟁의 격화는 한인 내에서 토지를 소유한 부유한 계층을 쿨락으로서 처형하게끔 하였다.9)

이를 통해서 우리는 이미 1920년대에는 계획으로만 가지고 있었던 한인 강제이주가 1930년에 들어서면서부터는 실제정책으로 추진되었다는 것을 알 수 있게 된다. 그러나 이 시기의 강제이주의 특징은 그 시행자가 소련 중앙정부가 아니고 러시아 극동정부였던 것으로 생각된다. 또한 강제력이 동원되었던 것은 의심할 수 없지만 한인들의 강력한 저항을 맞이하였으며10) 이주계획의 실시가 계획보다는 미진한 것으로 보아 아직 충분한 규모의 강제력을 행사하지는 않았던 것으로 보인다. 이 시기의 이주의 대상지역은 주로 한인과 러시아인들 사이의 갈등 지역으로 콜호즈를 결성하는 과정에서 러시아인들의 이익을 수호하기 위하여 한인들을 북방의 변경으로 강제이주시키는 방법을 택한 것이 아닌가 하고 생각할 수 있다.

---

7) *Ibid.*, p.84
8) *Ibid.*, p.85
9) 金正柱 編, 『朝鮮統治史料』, 제10권, pp.208-9
10) *Ibid.*, p.85

1930년부터 시행한 한인 이주가 성공적으로 실시되었는지 확인할 수 있는 문서가 없으므로 자세한 내용은 알 수 없으나 아마 계획은 많은 저항을 만났을 것으로 보인다. 이러한 가운데 중앙아시아로의 강제이주는 1935년에 예비적으로 이루어졌다.[11] 이 시기의 강제이주는 위험인물을 체포하고 그 가족들을 함께 유형지로 보내는 것이었다.

> 1935년의 강제 이주에 관련되었던 스테판 김의 이야기를 들어보도록 하자. 1935년에 기식은 얼마 없으나 당원이였고 로동돌격대원이였고 어물가공 트레스트의 작업반장이였던 우리 아버지는 체포당하였다. 어머니는 집에 있거나 아버지를 따라 류형지로 가야 하였다. 어머니는 류형지로 같이 가는 길을 택하였다.…류형가는 사람은 아주 많았다. 그들을 가족들과 함께 모두 태우자면 차량이 근 쉰개나 필요하였다. 남자들은 호위병들이 지키는 방통들을 탔고 식구들은 다른 방통들을 탔다. 기금도 잘 기억하고 있는데 삼림들이 끝나고 조선사람들이 난생 처음 보는 까자흐스면의 빈사막이 시작되었다. 낯선 토피로 쌓은 묘들이 눈을 끌었다. 녀자들은 더 참기 못하고 눈물을 자꾸 훔치더니 나중에는 통곡하기 시작하였다. 녀자들을 따라 우리, 아이들도 울음을 터뜨렸다.[12]

그후 스테판 김의 가족은 1935년 가을에 아랄스크에 자리를 잡았고 그 고장을 떠날 권리가 없었다. 그의 가족은 그래도 운이 좋은 편이어서 아버지가 선박수리소의 보일러공으로 취직을 하였다. 거기에는 탄압당한

---

11) 한인들이 중앙아시아에 거주하게 되는 것은 1918년부터의 일이다. 1918년 정부의 권유에 의하여 연해주 방면에서 약 150호를 타슈겐트 방면으로 이주시킨 것을 시초로 한다. 다음에 1926-28년 사이에 수찬(소성) 및 스파스코예에서 200호를 타슈겐트로 또 400-500호를 유태인자치주 비로비잔에 이주시켰다.(『思想彙報續刊』, p.75) 필자는 이 이주를 강제적인 것이 아닌 것으로 보았지만 그후의 연구에 의하여 1920년대의 이러한 이주는 토지문제를 둘러싸고 1926년부터 본격화되던 러시아 당국의 한인강제이주 정책의 일환이었음을 새로 밝혔다.(拙著, 『세계의 한민족:독립국가연합』, 통일원, 1996, p.65)

12) 「쏘련사람의 참회」, 『쏘련여성』, no.2, 1990

다른 나라 사람도 동시에 있었다. 스테판 김의 증언에서 볼 수 있듯이 1935년의 강제이주는 정치적인 이유로 숙청당한 사람들의 가족들을 강제이주시켰던 것으로 판단된다. 키로프 살해 이후의 대숙청이어서 회생되는 한인들이 중앙아시아로 강제이주되는 것이다. 그러나 한인들의 강제이주는 이로 끝나지 않았다. 소비에트정부는 결국 극동의 한인들 전체를 강제이주하는 계획을 수립하게 되었다.

2) 1937년 강제이주

1937년 한인들의 강제이주가 어떠한 과정을 거쳐서 정책적으로 입안되었는가 하는 것은 아직 충분히 파악할 수가 없다. 물론 강제이주의 공식적인 이유는 "극동지방에 일본 정보원들이 침투하는 것을 차단하기 위한 목적"이다.[13] 그러나 소련정부(인민위원회)와 소련공산당(공산당 중앙위원회)이 공동으로 결의한 문서에서 이주의 진정한 목적이 그대로 드러났으리라고 기대하기는 어렵다. 한인 강제이주의 동기는 그 보다는 훨씬 더 복잡한 문제를 안고 있을 것이기 때문이다. 일본인 첩자 침투 방지란 정책입안자의 편집적 증상에서 나온 것이 아니라면 단지 한인들을 추방하려는 구실에 불과하였을 것으로 보인다. 한인 강제이주의 실질적인 동기는 한인들을 극동에서부터 제거하려는 오래된 러시아 쇼비니즘의 발로였다고 보는 것이 타당할 것이다.

여하튼 강제이주가 공식적으로 결정된 것은 1937년 8월 21일이다. 스탈린과 몰로토프에 의하여 서명된 이 결의안 No.1428-326cc는 흑룡주로부터 연해주의 모든 한인들을 남카자흐스탄주, 아랄해 구역, 발하쉬 구역, 우즈벡 공화국으로 이주시킬 것을 지시하고 사업을 1938년 1월 1일 끝내도록 하였다. 결의문은 한인들이 소유물. 농기구, 동물을 소지할 수

---

13) *Ibid.*, p.104

있으며. 동산·부동산·파종 종자는 가격을 계산하여 보상받을 수 있도록 하였고 이주대상 한인이 원하는 경우 국경을 떠날 수 있도록 하였다.

한인 강제이주의 집행 책임자는 예조프였다. 그는 1936년 9월 26일 야고다의 뒤를 이어 내무인민위원회의 책임자가 되어 '예조프쉬나'로 불리울 공포테러정치를 1938년 12월 8일까지 집행하였다. 예조프는 한인이주에 대한 구체적인 지시를 8월 24일자로 하바로프스크 내무인민위원국 책임자 리슈코프에게 각서 No.516호로 시달하였다. 각서의 요지는 이주대상이 되는 한인들을 이동의 가능성을 배제하고 남김없이 조사하며 저항의 기미나 혐의가 있는 자는 체포하여 트로이카(당 제1서기, 내무인민위원회 대표, 소비에트 대표)에 넘기며 국경수비를 강화하라는 것이었다.14) 이같이 하여 한인들의 강제이주는 스탈린 시대의 대표적인 테러기관이었던 내무인민위원회에 의하여 이루어지게 되었다. 이주는 사실상 강제수용의 형태로 의도되었다. 이주 자체가 강제였을 뿐만 아니라 이주 후에도 구역의 밖으로 벗어날 수가 없는 일종의 수용소의 개념으로 이주는 추진되었다. 이에 대하여 예조프는 알마아타 내무인민위원부의 잘린(Zalin), 타슈켄트의 자그보즈딘(Zagvozdin)에게 보낸 전문에서 한인들이 "다른 구역으로 도주하거나 소연방 전 지역으로 흩어지는 것을 예방하기 위하여 취해야 할 행정조치에 대해 연구·검토한 후 본인에게 보고할 것"을 지시하였다.15) 같은 내용의 전문이 역시 리슈코프에게도 하달된 것으로 보인다. 리슈코프는 각서 No.28519호로서 한인이주를 철저하게 이행하기 위한 조치를 열거하고 있다. 그 각서는 보로쉴로프시의 한인 거류를 금지하자는 것, 극동군에 배속되어 있는 한인들을 전역시키자는 것, 수송열차 호송을 위한 증원, 그리고 한인들이 자유로이 여행을 할 수 없도록 한인들의 "거주 증에 특수조건을 부여하는 직인을 찍어 이서할 수 있도록 허락"하여 달라는 내용이었다.16) 이어서 예조프는 한

---

14) 리 블라디미르, 김 예브게니, *op.cit.*, p.104
15) 리 블라디미르, 김 예브게니, *op.cit.*, p.106

인들의 이주를 신속히 달성시키려는 목표하에 8월 27일 리슈코프에게 전문을 발송하여 이주작전을 10월 하순까지 완수하는 것이 가능한가 하는 것, 그리고 포시에트 구역과 그로데코보 구역에서는 한 달 안으로 이주를 시켜야 한다고 지시하였다.17) 이에 대하여 리슈코프는 한인이주는 11월까지 두 달의 기간이 필요하며 이기간 내에 작전을 완수하고 포시에트와 그로데코보 구역에서는 한 달 안으로 이주를 실시하겠다고 보고하였다.18) 리슈코프의 보고에 따라 예조프는 포시에트 구역과 그로데코보 구역은 10월 1일까지 나머지 구역은 10월 15일까지로 하는 이주계획을 승인하였다.

그와 함께 한인 이주에 대한 자세한 지침을 시달하였다. 보로실로프시와 다른 구역에 산재해 있는 한인들을 모두 이주하고 한인 적군들은 사병 및 하사관은 모두 전역시키며 가족과 함께 떠나게 하고. 지휘관은 관구 내로 전역시키되 전역시까지 가족들을 이주시키지 않고 이주시에는 가족들이 지휘관과 함께 출발하거나 다른 구역에 정착해도 좋다고 하였으며 노동적군이나 국경초소, 경찰에 근무하는 한인들은 국경지대에서 소환하고 수송열차의 승선시 신분증을 압수하고 도착시에 새 신분증이 교부될 것을 알렸다.19) 이 정도면 죄수를 수송하는 것과 같은 개념으로 한인들이 수송되었다는 것을 알게 된다.

예조프는 리슈코프와의 연락을 근거로 스탈린에게 한인이주를 보고하였다. 9월 9일부터 23일까지 39대의 수송열차에 8천 가구가 수송되었다고 하였고, 이는 "국경지대에 위치한 구역들이 9월 23일까지 한인들 수중에서 벗어난다는 것을 의미"한다고 하였다. 이 한인들은 6천 가구가 카자흐로 도착하도록 되어있는 바 거주지를 확보할 수 있는 가구는 1천

---

16) 리 블라디미르, 김 예브게니, *op.cit.*, p.121
17) 리 블라디미르, 김 예브게니, *op.cit.*, p.122
18) 리 블라디미르, 김 예브게니, *op.cit.*, p.123
19) 리 블라디미르, 김 예브게니, *op.cit.*, pp.124-5

가구에 불과하며 우즈벡 경우에는 거주지가 전혀 없다고 하였다.[20] 그러나 예조프의 다른 보고에서는 9월 21일자로 1차 이주가 완료되었는데 카자흐르 21,296명 우즈벡으로 30,003명이 이주되었고 총 10,369가구 51.299명이라고 하였다.[21] 교통인민위원부는 9월 3일자로 수송열차 계획을 작성하였는 바 열차의 편성은 39대이며 1대당 특실 1량, 구급차량 1량, 취사차량 1량이며 객차량은 25~60량으로 편성되고 거기에 3~6량의 유개화차 및 1~2량의 무개화차가 편성되었다. 이리하여 열차 1대당 운앵할 차량 수는 31~71량이었고. 총 객차량은 2.052대, 무개화차 77량, 유개화차 222량이었다.[22]

1차 이주를 통하여 한인들을 이주시킨 후 예조프는 다시 2차 이주를 실시하였다. 2차 이주는 9월 24일부터 실시된 것이었다. 1차 이주시 동원된 열차가 39대인 데 대해 2차이주시에는 85대의 열차가 동원되었다. 1차 이주가 주로 국경지대에 거주하는 한인들을 조속히 이주시키는 데 목적이 있었다면 2차 이주는 극동지방 전역의 한인들을 모두 이주시키는 것이었다.

예조프는 기본적으로 1937년 10월 25일에·한인 이주사업이 완결되었다고 보고하였다. 총 124대의 수송열차가 배치되어 36.442가구 171.781명이 이송되었으며 극등지방(캄차트가. 오호츠크. 특수이주민)에 700명 정도가 잔존해 있는 바 이들은 11월 1일경 수송열차로 이주될 것이라고 하였다. 이들 이주된 한인 중 우즈벡으로는 16.272가구 76.525명. 카자흐로는 20.170가구 95.256명이 이주되었다. 25일 현재 76대는 이미 도착하였고 48대는 이동중이라고 하였다.[23] 이어서 내무인민위원회 부위원장 체르늬세프가 11월 16일자로 예조프에게 보낸 보고에 의하면 한인 이주민

---

20) 리 블라디미르, 김 예브게니, *op.cit.*, pp.125-6
21) 리 블라디미르, 김 예브게니, *op.cit.*, p.153
22) 리 블라디미르, 김 예브게니, *op.cit.*, pp.128-9
23) 리 블라디미르, 김 예브게니, *op.cit.*, p.158

을 실은 마지막열차가 11월 15일 노보시비르스크에 도착했다고 하는 것으로 보아 앞서의 잔존한 한인들 700여 명의 수송차량인 것으로 보인다.24) 그리하여 일단 극동지역으로부터의 한인은 11월 1일의 마지막 열차로 모두 제거되었다.

강제이주는 한인들에게 충분한 시간적 여유를 주지 않고 행해진 것이었다. 사람들은 이주에 대하여 막연하게 소문으로만 알고 있다가 실제 이주 통보를 받은 것은 이주 전 며칠에 불과하였다. 정와실리는 이주에 대한 소문을 듣고 있었지만 정작 이주 전날에야 역에 모이라는 통보를 받았다. 물론 목적지도 알지 못하였다.25) 한편 20일 정도의 여유를 가지고 이주 통보를 받은 사람도 있었다. 모스크바 한인협회 부회장 유게라심은 다음과 같이 회고하였다.

> …1937년 7월의 어느날 내무원 군관과 사복한 사람 둘이 우리 집에 왔다. 하긴 그때 내 나이가 여섯살이였지만 방안을 꼼꼼히 수색하던 일이 잘 기억된다. 물론 범죄의 증거물로 될 아무런 물건도 얻어내지 못하였다. 그러나 계부를 끝내 체포하여 갔다. 그는 꼴호즈에서 부기원으로 일하였다. 며칠이 지난 후에 우리 촌주민에게 길 떠날 준비를 하라고 공포하였다.
>
> 20일 기간에 길 떠날 차비를 하라는 지시를 받았다. 다른 지방에서는 극히 짧은 시일이 정해졌다. 부동산을 다 팔아치웠다. 허가하는 것만 가지고 떠났다. 뽀시에트까지 가서 그곳에서 블라디보스톡으로 갔다. 우리를 화물열차에 실었다.26)

1924년에 추풍동 소학교에서 교편을 잡고 1929년에 블라디보스톡 당학교를 졸업한 후 동시에서 유일한 10년제 한인학교의 교원이었던 안득춘의 회상기를 들어보자. 그는 시에 살고 있었던 이유로 인하여 강제이

---

24) 리 블라디미르, 김 예브게니, *op.cit.*, p.159
25) M.우세르바예바, 「강제이주」, 『레닌기치』, 1989.5.3
26) 유 게라심, 「재쏘조선사람들」, 『레닌기치』, 1990.3.16

주에 대한 정보를 다른 사람들보다는 일찍 알고 있었던 것으로 보인다. 그는 자신은 강제이주 두 달 전에 이 사실을 알고 있었다고 하였다.

> 결정적으로 이주된다는 것을 나는 약 두 달 전에 알았습니다. 이 문제에서 의견차이가 있다면 그가 도시에 살았는가, 농촌에 살았는가 아니면 벽지에 살았는가에 원인이 있었다고 생각됩니다.
> 제가 교원으로 일하였던 해삼시에서는 1937년의 5월경부터 벌써 쉬쉬하는 풍문이 떠돌았습니다.[27]

현재 할머니인 리춘화의 회고에 의하면, 당시에 그녀는 소왕령조선사범학교를 1934년에 졸업하여 비로비잔시의 교외에서 7년제 중학교의 교원으로 있었다. 이주의 소문은 일찌기 있었다는 것이다. 학기중에 학생들은 집으로 되돌려졌고 그녀의 경우에는 10일전에 이주통보를 받았다. 그녀의 회고에서 중요한 것은 당원과 비당원을 따로 이주시켰다는 것이고 당원들은 체포대상자들이었다는 것이다. 그리하여 이미 체포된 사람들도 가석방되었다가 이주지에서 다시 체포하여 숙청하였다는 것이다.[28] 그녀는 1937년 10월초에 이주되었으며 제일 마지막 이주였다고 한다. 그 열차는 도시사람·농촌사람. 당원, 비당원의 혼합열차였으며 보초명은 없었다는 것이다.

뿌틸로프카촌의 이주에 대하여는 박빠웰 세르게예비치의 회고가 있다. 그는 15세까지이 촌에서 살았다. 1937년 8월 31일에 빠웰의 맏형(이춘, 클호즈관리위원장)을 우스리스크시로 급히 불러갔다. 모두들 체포를 걱정하였으나 그 대신에 가져 온 소식은 두 주일 후에 이주될 것이라는 소식이었다. 그는 9월 1일 학교에 갔으나 수업이 없다고 공포되었다. 9월 13일에 뿌틸로프카촌에서 군용자동차 발동기 소리가 났고 그 자동차

---

27) 『레닌기치』, 1990.6.13
28) 『레닌기치』, 1990.7.13

에다 이주민들의 짐을 실었다. 그들을 우스리스크로 실어와서 2층 화물차에 앉혔다. 열차는 천천히 가며 대기지점에서 일 주일씩이나 머물곤했다. 화물차는 카자흐스탄 아랄스크시까지 와서 거기서 짐배를 타고 아랄해를 지나 아무다리야강을 따라 호레즘주 구를렌 구역에 도착하였다. 콜흐즈가 몽땅 이주해 온 것이다. 이주 후 이들은 바라크와 토굴에서 살았다.[29]

3) 이주 및 중앙아시아 도착

이미 차량의 편성에서도 확인할 수 있듯이 중앙아시아로의 강제이주 여행은 결코 편안한 여행이 될 수 없었다. 이에 대하여 몇 가지 경험들을 종합하여 보기로 한다.

안득춘은 짐차를 3층으로 나누었다고 했다. 가족을 단위로 하여 한 층에 사람이 누워서 잘 수 있을 정도로 밀어 넣어 100여 명이 들어갔으며, 이런 차량을 20여 대 연결한 기차가 한인들을 수송하였다. 식량은 자체해결이었으며, 기관차에 급수하기 위해 기차가 머물면 사람들은 달려가서 빵 등 아무 것이나 사왔고 마실 물을 얻어왔다. 3층으로 된 기차에서는 허리를 마음대로 펼 수도 없었고 의료진도 없어서 아이와 노인들이 큰 어려움을 겪었다.[30]

김 넬리가 탄 열차는 차량이 70개가 넘었다. "먹을 것을 전혀 공급하지 않아" 기차가 석탄이나 물을 보충하기 위해 역에 서면 간이상점에 뛰어가 빵 등 "사람먹는 아무것이나 닥치는대로 사다 먹으면서" 여행을 했다. 그런데 열차에 화장실이 없었기 때문에 역 구내에 열차를 세우면 모두가 내려 대소변을 본다고 "역도 아닌 허허벌판"에 차를 세웠다.

마른 음식을 계속 먹다가 고통을 겪어서 "렬차가 서면 돌멩이를 주어

---

29) 『레닌기치』, 1990.7.25
30) 『레닌기치』, 1990.6.13

다 불을 지피고 장물이라도 끓이려고 하면 렬차가 떠나고 하여 제대로 끓여 먹지도 못하였다."31) 여행 중의 이러한 불편은 차치하고서라도 도착 후의 상황은 더욱 더 막막한 것이었다. 유게라심의 이야기를 들어보도록 하자.

> 카자흐 공화국의 크질오르다주의 무연벌판에 우리를 내려 놓았다, 그곳에는 내버려 둔 토벽집들과 무덤밖에 없었다. 9월 말이여서 낮은 덥고 밤이면 선선하였다. 토피벽돌로 구들을 놓은 트굴을 급히 만들어야 했다. 그러저럭 동삼을 보냈는데 봄이 오니 전염병―장질환이 심해졌다. 위생조건이 없는 차에 앉아 먼 길을 가는 도중에 벌써 많은 사람들이 그 명에 걸렸다. 거기에다 학질. 적리가 사람들을 쓸어 눕혔다. 나 자신이 어떻게 살아났는지 모르지만 나의 동년배들이 죽는것을 직접 보았다. 의료원조라고는 아무 것도 없었다. 의사와 준의는 커녕 약도 없었다. 우리는 원동에서도 의사를 보지 못하였다. 혹시 조선인들 중에서 의사들이 있었겠지만 인텔리대표라고 해서 당 및 국가일꾼들과 함께 탄압을 당했을 수도 있다.32)

안득춘의 회상은 다음과 같다. 그는 블라디보스톡을 떠난지 1개월만에 우슈트베시에서 멀지 않은 카라불라크라는 간이역에 도달하였는데 이것이 그들의 정착지라는 말을 들었다. 그와 김 알렉세이 그리고 또 다른 교원 3사람이 역에 있는 3명의 이주꼬미시야를 면담했다. 김 알렉세이는 이 자리에서 도시사람들인 만큼 직업대로 일할 수 있는 도시로 보내 달라는 것을 말하였을 때 그들은 다음과 같이 답하였다.

> 당신네 조선사람들을 왜 이곳에 실어 왔는지 알만한가? 당신은 오고 싶어서 마음대로 온 사람들이 아니다. 그러니 당신들이 이곳에 와서 자기가 하고 싶은 일을 하겠다고 하는 것은 어리석은 일이다. 이

---

31) 『레닌기치』, 1990.3.30
32) 『레닌기치』, 1990.3.16

제부터는 시키는 데로 살라. 지금처럼 두 번 다시 우리에게로 찾아오지 말라는 것을 똑똑히 말해 둔다. 이 이상 말이 길어지면 당신들에게 좋은 것이란 없으니 그만 돌아가 짐이나 부리는 것이 좋겠다.[33]

그는 첫날을 지새고 다음날 그들이 살아야 할 곳을 방문하였다.

인간촌이라는 곳에 가보니 한심하기 그지없었읍니다, 벽에 구멍이 뚫리고 무너지고 문짝이라곤 하나 약에 쓰자고 찾아도 없었읍니다. 말이 인간촌이지 사람사는 곳이 아니었읍니다. 마치도 원시인들이 정착하였다가 떠난 곳을 방불케 하였읍니다.[34]

그러나 그들은 급히 집수리에 임하지 않을 수 없었다. 곧 겨울이 다가오고 있었기 때문이었다. 그런데 식량이 떨어지기 시작하여 남자들이 떼를 지어 10-20 킬로를 가리지 않고 상점이 있다는 곳을 찾아 헤메었다.

그뿐입니까?! 의료방조가 전혀 없다보니 갑자기 바뀌운 기후와 풍토, 물로 하여 로인들과 어린애들이 시름시름 앓기 시작하였고 마침내는 하루밤 사이에 한 부락에서 6-7명이 사망하였읍니다. 그 때에 한 3년이 지나니 마을에 어린애들의 그림자도 보이지 않았답니다. 저도 그 때 아이를 잃었습니다. 1934년부터 1937년 이주 말까지 재쏘 조선인 인구의 절반이 줄었다고 해도 과언은 아니라고 생각합니다. 좀 한다 하는 지식인들이나 조선에서 넘어온 망명객들, 일깨나 한다 하는 사람이면 다 잡아다 즉결재판에 의하여 일본놈의 간첩이라는 루명을 씌워 없애치운 것은 지금와서 비밀이 아닙니다. 거기에다 이주 당시와 이주후에 죽은 사람들의 머리수를 합하면 절반이 죽었고 살아남은 사람들이란 아무 것도 모르는 사람들 아니면 요행수로 살아남은 사람들이였읍니다.[35]

---

33) 『레닌기치』, 1990.6.13
34) 『레닌기치』, 1990.3.16
35) 『레닌기치』, 1990.6.13

정 와실리의 가정은 처음에는 카자흐스탄의 카라간다시로 다음에는 딸듸꾸르간주의 까라탈구역으로 재배치되었다. 이 지역에는 스탈린의 강제 이주정책에 의해 박해받은 다른 민족들도 많이 있었다. 그러나 우선 삶의 터전을 만드는 것이 시급하였다.

　　살림집들이 없었다. 가을의 스산한 바람 하늘 밑에서는 살 수는 없었다. 우선 어린이들을 살려야 했다. 로동을 애호하는 이민은 그리 좋다고는 할수 없지만 출로를 얻었다. 까라깔 강변에 땅을 파고 당굴집들을 짓고 집들이를 하지 않으면 안되었다. 추위는 사정이 없었다. 게다가 적리 학질 등과 같은 질환들이 혹심하여 우선 어린이들이 많이 죽었다. 죽은 어린이들을 장례할 나무조차 없었다. 조선사람들은 예로부터 시체를 판에 넣어서 매장하였다. 특히 토굴집의 습기가 어린이들에게 죽음을 가져다주었다.36)

이상의 몇 증언자들의 경험담을 종합해 보면 소련당국이 아무런 준비도 없이 단지 한인들을 추방하여야 한다는 목적만을 가지고 강제이주를 추진한 것을 알게 된다. 이러한 당국의 정책으로 인하여 한인들은 불가피하게 그 피해를 당할 수밖에 없었다. 그러나 한인 사회의 지도적 인물들은 소비에트 당국이 의도적으로 선발하여 체포 및 처형을 시행하였다.

4) 한인 지식인들의 처형

극동의 한인들을 모두 중앙아시아로 강제 이주시키는데 만족하지 않은 소비에트정권은 한인사회에서 지도적인 위치에 있던 인사들을 모두 숙청하고 처형하는 데 혈안이 되었다. 죄목은 얼마든지 가져다 붙이면 되었고 정식재판은 필요 없었다. 이렇게 하여 강제 이주 전 체포된 체

---

36) 『레닌기치』, 1989.5.3

포된 인사들은 하바로프스크 등에서 약식으로 재판을 받고 즉결 처형되는 경우가 많았다. 이제 몇 예를 들어보기로 하자.

아파나시 김의 예 : 1936년 2월 9일 포시에트구역 내무인민위원부(NKVD)대표 V.F.블라센코가 김 아파나시 아르세니예비치의 집을 수색하였다. 그날로 그의 레닌훈장, 영예표식훈장, 당증은 상실되었다. 1936년 6월 5일에 군사검찰소의 기소판결은 그가 조선혁명운동에서의 영도권을 위한 종파적 반혁명그룹과 국제공산당의 조건을 부정하는 조선공산당 창건에 참여하였다는 죄명을 들씌웠다. 1936년 12월 14일 내무인민위원회의 특별회의록에 의해 그는 3년간 우파 시로 정배보내어졌다. 1937년 9월 20일 김 아파나시는 원동변강 내무인민위원회의 결정에 의하여 다시 체포되어 예심 계속을 위해 하바로프스크로 오게 되었다. 1938년 4월 16일에 김의 정부표창박탈에 대한 소련 최고소비에트 상임위원회의 결정이 채택되었다. 1938년 5월 25일 22시 15분에 하바로프스크에서 비공개 재판이 진행되었고 여기에서 김은 모든 개인재산의 몰수와 함께 사형을 언도받았다. 재판은 15분밖에 걸리지 않았다. 판결은 1934년 12월 1일부 소련 전연맹중앙집행위원회의 결장에 의하여 종결되며 즉시 집행되어야 했다. 따라서 사형은 즉시 집행되었다.[37]

---

37) 「진실을 밝히면서」, 『레닌기치』, 1990.2.16
　　마트베이 김에 의하면 그는 1900년 1월 27일 니콜스크-우수리스크군 얀치혜면 수하노프카 마을에서 출생하였다. 그는 니콜스크-우수리스크에서 김나지움을 마치기도 하였다. 1919년 3월 18일 블라디보스톡에서 독립시위가 벌어졌을 때 오성묵과 함께 일본 영사관에 독립선언서를 전달하기도 하였다.
　　1920년부터 그는 연해주의 파르티잔 운동에 관계를 가지고 있었다. 위험을 느낀 그는 만주로 피신했다가 다시 블라고베센스크로 가서 1920년 5월에 공산당에 입당하였다. 그는 1921년 5월에 이르쿠츠크파에 의해 개최된 공산당 창립대회에 참석하였으며 그해 11월에는 모스크바로 가서 이동휘를 비롯한 공려공산당대표단과 레닌의 회담에 통역을 담당하였다. 그는 이 일에 대한 회상기를 1929년 1월 22일자 *Tikhookeanskia Zvezda*에 기고하기도 하였다. 1922년 10월에는 베르흐네우딘스크의 고려공산당연합총회에 참석하였다. 마트베이 김은 아

조명희의 예 : 조명희는 사회주의에 대해 동경을 가지고 1928년에 두만강을 건너 연해주에서 교원. 신문편집 등을 하였다. 그는 하바로프스크 작가회관에서 살았다. 1937년에 그는 3명의 아이를 가지고 있었다·그러던 가을 어느 날 그는 체포된다. 그의 딸 왈렌티나 명회예브나의 이야기를 들어보도록 하자.

> 어느날 밤 누가 문을 두드리지 않겠어요? 아버지가 문을 열었을 때 방으로는 그때의 내무원복을 입은 세 사람이 들어 왔읍니다. 방안에 들어서자 그들 중 한사람이 "어서 차비를 하시오" 이렇게 명령식으로 퉁명스럽게 한마디만 하였을 뿐입니다.…아버지는 우리를 진정시키면서 어머니에게…근심마우! 한 사날 있으면 돌아올테요…, 쏘베트정권 앞에 난 아무런 죄진 것이 없소. 이렇게 태연스럽고 당당하게 말씀하시고는 대강 차비를 하고 손가방만 하나들고 그들을 따라 나갔읍니다.[38]

조명희는 1938년 4월 15일에 사형언도를 받고 5월 11일 총살되었다. 하바로프스크시 안진위원회 고고문서과에는 "조명희는 일본을 위한 간첩행위를 감행하는 자들을 협력한 죄로 헌법 제58조에 따라 취조와 재판도 없이 최고형-총살선고를 받았다"고 되어있다. 그는 1956년 제20차 당대회 이후에야 복권되었다.[39]

김미하일 미하일로비치의 예: 김미하일은 1896년 11월 6일 생으로 포시에트의 지신허 빈농의 가정에서 태어나 향촌에서 교원으로 근무하고

파나시 김이 그후에 선전활동 및 당활동에 종사하였다고만 기록하고 있다.(『일제하 극동 시베리아의 한인사회주의자들』, 역사비평사, 1990) 그러나 그의 생애는 재소한인의 엄청난 고통을 증언하는 것이었다. 1922년 이후의 활동에 잇어서 그는 1934년 1월 23일에는 전연맹공산당 제17차 당대회의 의결권을 가진 대표로 선출되기도 하였고 1935년에는 포시에트구당위원회 제1서기를 역임하기도 하였지만 1937년 강제이주시 총살당하였다.

38) 『레닌기치』, 1990.4.4
39) 『레닌기치』, 1990.4.4 및 『고려일보』, 1991.8.23

있었다. 1914년에 군에 징모되어 이르쿠츠크시 준위학교에 파견되고 1915년 졸업 후 전선에 배치되었다. 1917년에 그는 전선에서부터 귀향하였다. 그는 아무르강 연안 파르티잔부대 대장들 중 한 사람이었다. 1921년에 입당하고 1922년에 그는 니굴스그-우수리스크시 소비에트위원으로 선거되어 당사업도 하였다. 국제공산당 5차대회에도 결의권을 가진 대표로 선거되었다. 1923년에 원동종합대학 동양학부 중국과 야간학부에 입학하고 1930년에 졸업하였다. 1926~30년에 그는 블라디보스톡에서 주검찰로 일하였고 1930년부터는 변강당위원회·조선문제전권위원이 되었다. 1931년에는 모스크바 붉은 교수원에서 공부하였고 그는 집단화 시기에 1933년 니콜스그-우수리스크주 미하일로프카 구역 손일선알곡작물소포즈의 정치부장이었다. 1934년에는 17차 당대회의 결의권을 가진 대표가 되었다. 이 17차 당대회의 참석자 1,961명 중 1,108명이 총살되거나 수용소에서 죽었다. 엘.이.라브렌티, 웨. 카. 블류헤르, 웨.웨.쁘투하, 떼.데.쩨리바스, 엔.엠.안씰로비치. 아파나시 김, 김미하일 등 원동변강당위원회의 거의 전체지도자들이 처형되었다.

그는 체포되었는데 1938년 5월 25일 22시 45분 재판이 시작되어 23시에 선고되고 당일 집행되었다. 그는 소련형법 58조에 의해 군사재판 선고에 의해 재산몰수와 하께 총살형을 당했다. 그의 죄목은 일본 첩보기관을 위한 간첩행위를 감행하였다는 것인데 1934년부터 원동에서 활약했던 반소폭동중앙의 참가자였다는 것이다. 그는 1957년 4월 9일자로 소련최고재판소에 의해 복권되었으며 1960년 6월 15일에 공산당연해주변강위원회부로 결정에 의해 복당되었다.

황동육(콘스탄틴 알렉산드르비치)의 예: 그는 16세에 공청동맹원이었고 18세에 조선독립저격여단 정치부서기로 일하였다. 여단은 처음 스보브드니 나중에 이르쿠츠크로 배치되었다. 19세에 그는 블라디보스톡에서 공산당현위원회 조선섹치야 지도원으로 일하였다. 20년대 말에 그는 스베르드로프 동방근로자공산주의전문학교에서 공부하였고, 연구원도 필하였다. 그는 대학에 남아 부교장의 직위에까지 등용되었다. 또 모스크바에있는 국제공산당 조선섹치야의 한 지도자로 여러 해 일했다. 그는 체포직전 동방근로자공산대학의 종합대학 부소장이며『혁명의 동방』편집위원회 위원이었다. 그 아들은 이렇게 회상하였다. 1938년 3월 6일 "아버지는 나를 끌어안더니 뺨에 입을 맞추었다. 다음에 자동차 소리만 들려왔다." 그는 체포되어 5월 9일 선고처형되었다. 그후 18년만에 "범죄구성요건부재", "명예회복되었다", "사후 복당되었다"라는 글들이 소식으로 왔다.[40]

그밖에도 많은 사람들이 처형을 당했다. 김기성의 회고에 의하면[41], 1937년도에 소련적군에 근무하던 한인들은 거의 모두 강제 제대를 당하였다. 그는 1937년에 육군연락대대 소속으로 크냐세월콘스코예에서 전기무선기술강습소 교원으로 일하였다. 그는 하바로프스크로 출장을 가 강습생들을 맞이하였다. 한번은 그가 한인 이주민들을 실은 열차 옆에 오래 미무르게 되었다. 힌인 이주민들은 "당신은 아직 군대에서 제대되지 않았소!"하며 놀라 물었다고 한다. 그의 대화에 의하면 두 주일 전에 연대에서 우수한 조선인 군관 대위 두 명이 이유 없이 인민의 원수로 몰려 체포당했으며 남편들과 생이별을 한 여인들은 갈 곳이 없다고 절망했다는 것이다.

강상호는 1937년 한인의 숙청에 대해 그가 가깝게 지내던 인사들을 소개하고 있다. 남 알렉산드라 니키포로브나는 남만춘의 여동생이었다. 그녀는 1921년부터 당원이었고1920년대 초에 적군 5군 정치군관학교를 졸업하고 원동해방 후 연해주당위 여성부 지도원으로 일하다가 1929년에는 수이푼구역당위 지도원, 1929년 말에는 허커우지구당위비서가 되었다. 또 떼르네이구역당의 제2비서로 있다가 1937년에 스탈린의 회생자가 되었다. 라현기는 허커우를 중심으로 하는 추풍 4개촌 농민들을 관할하

---

40) 황달위, 「만일 아버지가 살아계셨더라면…」, 『레닌기치』, 1990.11.13
41) 『레닌기치』, 1990.4.13

는 콜호즈 관리위원장이었는 바 그는 1921년에 한민회군대 10여 명과 같이 이중집의 파르티잔부대를 찾은 사람이다. 그는 1930년 블라디보스톡에서 열린 태평양 연안국가 노동조합대표회의에 초청되었었다. 1937년에 그는 중학교 교장으로 있다가 스탈린의 회생의 회생자가 되었다. 솔밭관 파르티잔 중심 인물의 한사람인 최추송은 원동에 소비에트 정권성립 후우두거우촌에 '새세계'콜호즈를 조직하고 당정치사업을 하다가 1934년에 하바로프스크공산대학을 졸업하고 '북극성'에서 관리위원장으로 있었다. 그도 1937년 여름 인민의 원수로 체포되어 숙청되었다. 차병무는 일찍 의병에 가담하였는데 1920년에 이중집 부대에 참여하였다. 그는 전후 제대하여 시베창에서 살았는데 허커우 콜호즈 경리부장을 맡았다. 1934년에 그는 농민들의 곤궁을 해결하기 위해 불합격품 소맥을 제분하다가 출당 당했고 그는 복당을 위해 엄동설한에 다니다가 길에서 굶주린 채 죽었다.[42]

체포당했으나 처형되지 않은 김도파의 회상을 살펴보자. 그는 1905년 명천군 아강면 용남동에서 나서 일본사람에게 머슴살이를 하다가 친구를 따라 1925년에 두만강을 건너 우수리스크까지 오게 되었다. 그는 농촌에서 노동자로 일하다가 1929년 농업강습을 필하고 스파스크의 센다헬스키 숩호즈에서 농산기사 겸 농촌청년학교에서 교편을 잡았다. 1931년에 입당하였고 1933년에는 원동국립종합대학에 파견되었다. 일 년 후에 군대에 초모되었고 제대 후에 해삼사대 역사학부 2학년에서 공부했는데 이 학부에는 당원들만 받아들였다. 그런데 얼마 안되어 조선출신 대학생은 출당 되었고 그는 대학을 떠나 우스리스크 근방 7년제 학교, 뿌틸로프카촌 8년제 학교에서 문학교원으로 있었다.

1937년의 어느 하루 내무인민위원부 한청일이란 사람이 찾아와 그를 체포하였다. 그는 말수레로 크라스노야르스크 변강에 실려왔다. 그는

---

42) 「혁명가들」, 『레닌기치』, 1990.6.6

1937년 9월 13일 감금되어 1947년 9월 13일 석방되었다. 감옥에서 석방된 후 그는 크질오르다에서 노동자. 교원, 기사 등각종 일을 하다가 우그벡의 디미트로프콜호즈에 정착한다. 그는 1955년 소련최고재판소에 의해 명예회복을 통고받는다. 1957년에 복당되었다. 1959년에 알마아타로 이사해서 숩호즈에서 일하다 1966년부터 연금생활에 들어갔다.[43]

이상으로 우리는 한인사회에서 저명한 인사들 중의 몇몇 처형 및 체포 사례를 소개하였다. 그러나 그 규모는 약 20만이라는 한인 사회의 규모를 감안할 때 엄청난 수자인 2.500명에 달하였다고 이 체포의 현지 총지휘자였던 리슈코프는 술회하고 있다.[44]

5) 강제이주된 한인들의 법적지위

한인들은 이주에 앞서서 일체의 증명서를 회수 당하였다. 그것은 예조프의 지시에 의한 것이었다. 따라서 한인들은 죄인대우를 받았다. 그러한 증명서 회수 및 단속의 원인은 한인들을 지정된 장소에 정착시키고자 하는 의도였다. 한인들은 새장 속에 갇힌 '날새'들의 신세가 되었다.[45] 일제의 문헌에 의하면 소련관헌은 출생과 신원이 확실한 일부를 제외하고는 대부분의 한인에 대해 단기거주증명서를 주었는데 유효기간은 6개월에서 1년으로 여권은 쉽게 발급해 주지 않았고. 따라서 한인 상호간 또는 외부에의 여행을 금지시켰다고 하였다. 그 뿐만 아니고 소련관헌은 한인들의 불리한 조건을 이용해 대일첩자 등으로 이용하려 했고 거부 시에는 반소분자로 처단했다.[46] 이러한 거주지 제한은1953년 스탈린의 사망 이후에야 사라졌다.

---

43) 『고려일보』, 1991.3.27
44) 한국독립유공자협회 편, *op.cit*, pp.359-360
45) 『레닌기치』, 1990.6.13
46) 『思想彙報續刊』, p.77

한인들은 또한 각종의 사회적·정치적·지도적 위치에서 완전히 배제되었다. 이 기간 중 한인이 차지하던 가장 높은 지위는 구역당 위원회 지도원이었다고 한다. 그것도 아주 드문 일이었다. 전쟁시기에는 한인들을 믿지 못하여 군대에 보내지 않았다. 한인들 중이전의 사령관은 모두 탄압을 당하였다. 민족을 감추고 전선에 나간 몇몇 한인들이 존재하기는 하였다. 그렇지만 대부분의 한인들은 전선에 나서는 대신 중과세에 시달렸다. 한인들은 세금으로서 1940년까지는 전시세로서 남녀 공히 연간 100루블을 납부하였고 그 외의 조세는 없었으나, 1941년부터는 일반농민과 같이 세금을 부담하고 그 외에 국방강화의 명목으로 다액의 공채구입 강요, 1년에 3차 전선위문품의 공출이 있었다. 그리하여 "호구가 불가능할 정도로 소위 최저생활을 감수했다"는 것이다.[47] 한인들이 이같이 당한 피해는 심리적으로도 큰 상처를 주어 재소 한인의 외상(trauma)으로 남아 재소 한인의 성격형성에도 부정적인 영향을 주게 되었다. 다음의 증언은 그러한 상흔을 잘 보여주고 있다.

> 조선에서만 박해당한 것이 아니라 개인숭배시기에 로씨야에서도 박해당한 조선인은 자체의 그림자도 무서워하였다. 그들은 한 생산집단에서 조선인이 몇명 일하면 민족주의에 대한 기소를 받을까 두려워하였다. 때문에 그들은 생산에서만 아니라 심지어 집에서도 교제하지 않았다. 한 마디로 그들은 생산에서 호상고립의 불문률을 지침으로 삼았다.[48]

5. 맺음말

1937년 재소한인의 강제이주는 한인 민족운동과 소련의 대한인 정책

---

47) *Ibid.*, p.77
48) 『레닌기치』, 1990.3.16

의 관계를 총체적으로 그리고 집약적으로 보여주는 사건이었다고 말할 수 있다. 재소한인들의 역사적인 근거지인 연해주로부터의 강제이주는 그러나 돌발적인 사건이 아니었다. 이는 멀리는 한인들이 연해주에 정주하기 시작하면서 러시아의 식민정책이 한인들의 연해주 거주를 위험스럽게 여기기 시작한 데서 나온 것이었으며 러시아가 유럽으로부터 멀리 떨어진 변방인 극동지방을 군사적으로 방어하는데 있어서 한인들을 받아들일 수 없었던 러시아의 편협한 인종주의의 산물이었다.

러시아의 이러한 대한인정책은 소비에트 시대에 들어가면 더욱 악화되었다고 말할 수 있다. 새로이 권력을 장악한 러시아의 볼셰비키는 짜르 시대의 인종주의적인 편견을 조금도 제거하지 못하였다. 내전기에 한인들에 대하여 일부 협조적인 정책을 가진 것은 위기에 처한 그들 정권에 이용하기 위한 것이었으며, 정권이 붕괴의 위험으로부터 벗어나자 소비에트 관리들은 제정시대 보다도 한층 더 적극적으로 한인들을 추방하려는 정책을 세워 나갔다. 1920년대에는 한인들을 연해주 지역으로부터 소개하여 타 지역으로 이주시키려는 정책은 권유적인 성격을 가지고 있었다고 보여진다. 러시아인들과의 토지문제를 비롯하여 한인과 러시아 신이주민 사이의 갈등을 조절하기 위해 한인들을 북방으로 이주시키는 대신 일정의 토지를 분여하는 방법을 취하였던 것이다. 그러다가 1929년부터 농업집단화가 이루어지면서 이러한 갈등은 증폭되어서 한인들을 강제추방하는 정책이 실천되었다. 적어도 1930년부터는 1년에 1만 명 정도의 한인들을 연해주에서 소개하여 하바로프스크 이북의 지역으로 이주시키는 정책이 실시되었던 것이다. 그러나 한인들의 일제 강제이주를 위해서는 또 다른 변화가 추가되었다. 그것은 전체주의적 테러국가의 등장이었다. 특히 예조프가 경찰기구를 장악하면서 국가권력이 전체주의화되어 내무인민위원회의 손으로 권력행사가 자의적으로 이루어지게 되면서 권력은 어떠한 견제도 받지 않고 한인 강제이주라는 정책을 실시할 수 있게 되었다.

한인 강제이주는 소련에서 처음으로 이루어진 민족의 총체적 강제이주였다. 한인 강제이주는 그 이후 소련 내 다른 민족들(볼가 독일인, 체첸인 등)의 총체적 강제이주의 효시가 되었다. 소련의 이러한 민족들의 강제이주는 소비에트 정권이 인종주의적 기초 위에서 국가정책을 집행하였다는 것을 보여주는 증거인 것이다. 그렇기에 이는 소련의 민족자결권 수호라는 이데올로기를 무력화시키는 생생한 증거가 될 것이다. 자의적인 인권유린이 이렇게 민족들에 대해 총체적으로 이루어질 수 있었다는 사실에 주목함과 아울러 이 방면의 연구는 좀 더 철저히 이루어질 필요가 있다.

<『한국독립운동사사전-총론편』, 한국독립운동사연구소, 1996>

소련연방체제의 개편 움직임과 한족의 지위문제

1. 머리말

소련에서 페레스트로이카가 시작된 이래 부각된 사회문제 중에서 가장 심각한 문제중의 하나가 민족문제라고 하는 것은 이제 상식이 되어 버렸다.

그러나 이러한 상식이 보편화되기 전까지 서방측에서는 소련의 민족문제에 대해 정확한 인식을 결여하고 있었음을 우리는 지적하지 않을 수 없다. 소련의 민족문제의 심각성을 지적한 몇몇 우수한 저서들이 없었던 것은 아니지만 일반적으로 소련의 관변학계에서는 사실과는 왜곡된 전혀 다른 관점에서 민족문제를 접근하고 있어서 이것은 서방의 관찰자들에게 많은 혼란을 주기에 충분하였다.

그것은 한민족 문제에 대하여도 마찬가지였다. 소련 내에 현재 약 45만에 달하는 한인들의 역사에 대하여 그리고 그들의 삶의 양식에 대하여 우리는 거의 아무 것도 알지 못하고 있었다.[1] 그것은 우리 나라뿐 아

---

1) 재소 한인에 대한 비교적 자세한 연구는 현규환의 『韓國流移民史』(1976)를 들

니라 소련에서도 마찬가지였다.[2] 사실상 그러하기에 소련의 한인들은 우리에게는 거의 잊혀진 존재였다고 보는 것이 타당할 것이다.

그러나 소련에서 페레스토로이카가 추진한 글라스노스트정책으로 말미암아 소련내 민족문제의 숨겨진 모습들이 돌출해 나오고 있으며 또한 다른 한편에서는 급속히 진전된 한·소관계로 말미암아 소련 내의 한인들에 대한 관심도 우리 나라에서 급속히 고조되기에 이르렀다. 특히 우리 나라가 추진하고 있는 한민족 공동체 통일 방안에 입각한 '한민족 공동체'라는 새로운 개념은 우리가 그 동안 등한시 해 왔던 해외의 한민족에 대한 관심을 급속히 고조시켜 주는 계기로도 작용하게 되었다.

이러한 상황에서 소련에서 혁명 후 70여년이 지난 지금에 와서 민족문제는 새롭게 조명되고 있으며 연방 체제도 새롭게 개편되는 중에 있다. 이러한 상황에서 한민족의 문제를 새롭게 점검해 보는 것은 우리에게 대단히 필요한 사항이라고 생각한다. 더구나 1991년 8월에 일어난 소련의 쿠테타와 그의 실패 과정에서 일어나고 있는 급속한 변화는 소련의 한인들에게 대한 심도 있는 주의를 더욱 요망하고 있다고 생각된다.

수 있을 것이다. 단행본은 고송무에 의한 『쏘련 중앙아시아의 한인들』(한국국제문화협회, 19집) 이 처음일 것이다. 이후로는 비교적 논문과 단행본이 어느 정도 나온 편인데 자세한 상황은 「재외한인관게 저서 및 논문(1986~1989)」 『제외 한인 연구』, 재외 한인 연구회,1990, pp.236~246)을 참고하면 될 것이다.

2) 소련에서도 재소 한인에 대한 연구는 1927년도에 출간된 『십월혁명 십주년과 쏘베트고려민족』(Vla-divostok, 1927)을 처음으로 들 수 있을 것이다. 그 이후에 최근에 이르기까지 재소 한인에 대한 단행본은 김승화의 *Ocherki po Istorii sovetskikh Koreitsev* (Alma-Ata, 1965)를 들 수 있고 이어서 M.T.Kim의 *Koreiskie internationalisty v vor'be za vlast' sovetov na Dal'nem Vostoke(1918-1922)* (Moskva, 1979)를 들 수 있을 정도이다. 1990년이후 연구가 다소 활기를 띄고 있다.

2. 소비에트 한인의 역사와 그의 문제

'고려인', '한인', '조선인' 등 여러 이름으로 불리고 있지만 우리는 일단 소련에 살고 있는 한인들을 '재소 한인'이란 명칭으로 부르기로 한다. 이 재소 한인의 역사는 지금으로부터 약 130년 전인 1863년부터 시작한다고 보는 것이 일반적이다. 여기에서 재소 한인의 역사적 경과를 모두 설명하는 것은 본고의 의도를 벗어나는 일이다. 그렇기에 역사적 문제를 생략하고 단지 재소 한인이 소련의 역사와 어떠한 관계를 가지고 있는지를 살펴보기로 한다.

재소 한인은 한국으로부터의 이민을 통하여 형성 되었다. 그리고 이 이민은 조직적인 성격을 가진 것이 아니라 자발적인 성격을 가진 것이었다. 1888년에 러시아와 조선간의 「朝露陸路通商章程」에 의하여 재소 한인의 지위 문제가 처음으로 법제화되었는데, 이때 이미 1884년 이전에 이민한 한인들에게만 귀화하는 자격을 부여함으로써 한인들의 이민을 사후 승인하는 형식을 취하게 되었다.3) 그 내용은 노령의 한인들을 3그룹으로 구분하여 1884년 6월 25일 한로간의 국교가 수립되기 이전에 노령에 이주한 한인들은 러시아 국적을 취득할 수 있도록 하고 가족 당 15제샤치나의 토지를 분여하여 주었으며 극동변강에 이주한지 20년이 안된 러시아 농민과 같이 금전 및 현물 납세를 하기로 하였다. 다음으로 1884년의 국교 수립 이후에 이주하였으면서 노령에 거주하기를 희망하

---

3) 소규모이지만 처음으로 러시아 시민권이 부여되는 특혜를 받은 사람들이 있었다. 이들은 1969년의 대기근때 이주했던 사람들이며 그중 500명 정도가 1872년 아무르주의 사마르카 강변에 를라고 슬로벤노예라는 촌락을 건설하였다. 이는 아무르 지방을 순시하던 동시베리아총독 N.P.Sinel'ni-kov의 배려에 의한 것이었다. 그는 한인들을 아무르 카자크 보병대대 구역에 정주시키도록 하였고 한인들에게 1861년 4월 27일의 법령에 의한 혜택을 받도록 하였다. 그리하여 한인들은 가구 당 100 제샤치나의 토지를 분여받게 되었다.(Kim Syn Khva, *op.cit.*, p.31)

는 한인들에게는 2년간 기간을 주고 매년 러시아의 비자를 발급 받으며 납세는 제1그룹과 마찬가지로 하는 것으로 규정되었고 마지막 3번째는 변강에 일시 거주하는 자로서 정주할 자격을 가지지 못하지만 매년 세금을 납부해야 하고 비자도 발급 받도록 하였다. 그러나 당시 동시베리아의 총독인 코르프는 한인들에 대한 편견 때문에 막상 협정을 체결해 놓고서도 한인들을 입적시키는 테 소극적으로 대처하였다.

1893년에 두호프스키 총독은 변강의 식민화에 한인들이 유용하다고 생각하였고 그리하여 한인들을 입적하고 토지를 분여해주어 러시아화시키러 하였다. 이 때에 비로소 1884년 이전에 노령에 들어온 사람들이 러시아 국적을 취득하고 토지를 받게 된다. 두 번째 그룹에 해당되는 사람들에게는 그들의 거주권을 연기시켜 주고 입적 권리를 다시 부여하게 되었는데 이들은 국경에서 멀리 떨어진 하바로프스크 부근 호르강가에 알렉 산드로-미 하일로프카라는 촌락을, 이만부근에 루키 야노프카와 아브구스트프카라는 촌락을 건설하도록 하였다.

1898년에 총독 그로데코프도 두호프스키의 정책을 계승하여 첫 번째 그룹에 속하는 사람들 중 남은 사람에게 입적을 허용하였고 두 번째 그룹에 있는 사람들에게는 5년 이상 변강에 거주한 사람들에게 입적을 허용하는 조치를 취하였다. 그리고 세 번째 부류의 한인들에게도 이만, 흐르, 키, 아무르 강변에 정착할 수 있도록 하였다.

이같은 과정을 통하여 러시아 시민권을 가진 한인들이 생겨나기 시작하였고 이른바 '재소한인'의 범주는 이때부터 시작된다고 보겠다. 그 뒤에도 몇 차례에 걸쳐서 재소한인의 범주가 확대되는 기회를 가지게 된다. 1차 세계대전을 계기로 하여 다음에는 러시아혁명과 더불어 한인들은 러시아 국적을 취득 할 수 있는 기회를 가지게 되었고 이리하여 1920년대 중반에는 약 20만에 이르는 재소한인의 집단이 생겨나게 되었다.

한인들은 연해주의 남부 즉 남우수리 지방에 거의 90%가 거주하게 되었으며 시베리아지방의 인구를 감안할 때에 이는 적지 않은 집단이었다. 따라서 한인들은 민족자결에 대한 열망과 당시의 소비에트 민족정책의 일환으로 실시된 자치구역의 형성에 대해 긍정적으로 작용해 자치구 형성의 운동을 전개하였다. 이러한 자치구 형성의 움직임은 1917년에 처음으로 전개되었고 그 다음에는 내전의 와중에서 잊혀졌으며 내전이 끝난 후에 1920년대 후반에는 고려자치공화국을 건설하려는 움직임으로 발전했으나 뜻을 이루지 못하였고 그후 오랫동안 자치지역을 형성하려는 한인들의 뜻은 억압당하였다가 1980년대에 들어와서 다시금 자치구 형성 움직임으로 나다나게 되였다.

자치주 형성에 대한 재소한인의 역사적 정당성의 주장은 다음과 같은 것이다. 그것은 우선 혁명후 1920년대에 한인들이 파르티잔투쟁 등을 통하여 소비에트정권의 확립에 현저히 기여하였다는 것을 강조한다. 이러한 기여는 소비에트의 한 자치구역으로서의 영토를 한인들이 차지하는 데에 대한 정당성을 인식시키는 데에 도움이 될 것이다.

그러나 필자가 이미 짤막한 글에서 분석하였듯이[4] 러시아인들의 한인에 대한 쇼비니즘은 그 뿌리가 깊은 것이었으며 소비에트정권의 등장은 러시아인들의 이 쇼비니즘을 조금도 완화시키지 못하였다. 이미 러시아 내전에 한인들이 많은 희생을 치르면서 적군에 가담하여 소비에트정권의 성립에 기여하였지만 극동의 볼셰비키는 내전이 끝나자마자 한인들을 추방할 계획부터 세웠다. 이미 1937년의 씨앗은 1922년부터 뿌려지고 있었던 것이다.

이러한 문제의 지적에 있어서 모스크바의 역사학자인 리우효(블라디미르리)의 충격적인 폭로를 다소 지루하더라도 상세하게 소개하고자 한다. 그는 중앙국가고문서의 비밀폰드에서 한명세의 두 통의 편지를 찾아냈다. 그것은 한이 러시아민족문제담당 인민위원회에 보낸 편지였다. 그

---

4) 拙稿, 「소련의 한인, 그 슬픈 역사와 오늘의 실태」, 『사회와 사상』, 1989년 2월호, pp.386~393

편지의 제목은 「쁘리모리예고려인주민들의 형편에 대한 간단한 보고요지」인데 이 편지의 요지는 연해주에서 고려민족자치제를 법적으로 형성할 것을 주장한 것이었다. 그는 "고려인공산당의 직접적 지도하에 민족문화, 자치관리의 단위로 조직하는 그런 방향에서 쁘리모리예주민들 자체가 일본간첩중심지를 없애버리며 일본무장간섭자들에 의하여 문란하게 된 그런 고려인 주민층을 건전화하기 위해 주도권을 잡아야한다"고 하였다. 그는 "원동혁명위원회내에 쎅찌야나 또 지부로서 보조고려행정중앙을 조직항으로써 쏘베트건설의 일반원칙들의 기초위에서 쁘리모리예고려인주민들에 관한 행정제도문제들을 시급히 해결해줄 것을" 요청하였다. 그러나 1922년말에서 1923년 초에 러시아공산당 달뷰로는 연해주 고려인 주민들을 모두 강제이주시키자는 제안을 내어 놓았다.[5]

　1923년 1월에 민족문제인민위원희의 안드레이라는 인물에게 파웰이란 사람이 쓴 편지에 "원동뷰로의 결정에 의하여 쁘리모리예에서 전체 고려사람들이 외국으로나 또는 아무르주 혹은 시바이칼리예주로 떠나야 한다. 그러니 그 어떤 자치제에 대해서는 말할 수 없게 되었다"고 하였다. 편지는 고려인들을 "건달군들"이라고 지칭하며 이 문제를 "거기에서 상세히 의논해보라!"고 했던 것이다.

　이에 대해 한명세는 1월 18일 분노의 편지를 민족문제인민위원회에 보내었다. "로씨야공산당 중앙위원회 원동뷰로는 쁘리모리예에서 전체 고려인들을 이주시킬 것을 결정하였다. 이것은 황당무계한 짓이다. 그 리유는 변강에서 고려인들을 통하여 일본의 영향을 전파하고 있다는 거기에 있다. 우리는 이것을 잘 알고 있으며 이런 현상과 투쟁할데 대한 문제를 선참 내세웠지만 그러나 이를 위해서는 쁘리모리예에서 전체 고려인 대중을 '이주'시킬 것이 아니라 잘 조직된 합리적 투쟁이 필요하다. 여기에는 원동뷰로가 우리에 대한 태도를 부인하는 정책이 아니라 우리

---

5) 『고려일보』, 1991. 4.

문제를 해결함에 관한 공동의 형제적 사업이 요구된다. 그런데 원동의 일부 공산당원들은 이 문제를 얼마나 헐히 해결하고 있는가를 보고 있을 것이다. 여기에는 중앙의 위신있는 참여가 필요하다. 때문에 원동에서 민족정책에 대한 문제를 내세우며 그리함으로써 원동뷰로에서 일부 공산당원들의 마음을 가라앉히도록 당신에게 간절히 부탁한다." 왜냐하면 "우리 민족문제에 대한 막대한 후과를 낳게 하는 원동뷰로의 허위적 인정책을 밝혀 낼 수 있는 심중한 문헌들이 있기 때문이다." "우리 문제에 관하여 쓰딸린동무와 상세하게 잘 의논해야 한다. 그렇지 않고서는 우리가 이 문제를 '평화적으로' 해결할 수 없다"고 하였다.6)

한편 1923년 2월 15일자로 연해현뷰로에 제출한 고려인공산당원 뷰로의 결정은 다음과 같다. "우리의 공동과업의 견지에서 볼매 최근년간에 쁘리모리예지역에서 비정상적인 현상을 보게된다. 도별로 자리를 잡게 되었고 신분증을 상실당한 고려인빠르찌산들을 체포하며 감옥에가두어 두며 결국에 가서는 일본정긘당국의 손에 집힐 수 있는 조신땅으로 내보내고 있다. 실례로 뽀크롭까촌에서만 40명의 빠르찌산들을 이렇게 처벌한 사실을 보게 되었다. 이 런 사실들은 조선에서 반쏘선전을 진행하기 위한 조건을 가져다 주는 바 이에 대한 문헌이 우리에게 있다. 이런 현상들을 즉시 제거해야 한다." 이런 일이 있은 후에 중앙정부의 개입으로 긴급 꼬미시야가 형성되고 혁명해방전투참가자들에게 신분증을 내주고 공동생활로 넘어가는데 협력하기로 했다. 이러한 박해에 대하여 소비에트인민위원회는 보고를 요구하였고 1923년 2월 21일 연해현당 및 정부는 민족문제담당위원부로 다음의 서신을 보내었다. "……앞으로 고려인들에게 자치제를 제공할 문제를 끝까지 연구할 때까지는 우리가 쁘리모리예 현혁명위원회와 도혁명위원회 내에 고려전권대표제도를 창립할데 관한 첫 예지적 조치들을 취하게 될 것인바 이는 고려인 주민들과의 호

---

6) 『고려일보』, 1991. 4. 16.

상관계에 의심할 바 없이 유익한 영향을 줄 것이다."7)

그러나 민족문화자치는 결국 이루어지지 못한다. 그리고 러시아정권의 한인들에 대한 적대심도 사라진 것이 아니었고 오히려 농업집단화과정에서 내연되다가 1937년에 폭발한 것이다.8)

소련에서 러시아인과 공산당에 의해 극도의 탄압을 받았기 때문에 한인들의 자치권에 대한 요구는 비교적 뒤늦게 나타났다. 적어도 1920년대 말 이후에는 자치권의 문제는 일체 거론되지 않았으며 1980년대 페레스트로이카가 시작되면서 다시 이 문제가 거론되었다.

『레닌기치』편집진과 1988년 11월 28일 일본의 시사통신과의 회견에서 소련의 한인들은 자치구의 설치를 요구하고 있다고 하였다. 이는 한인들에 대한 문제제기로서 획기적인 의의를 가지는 사건이었다. 이후에 한인들의 자치구요구는 현실적 어려움에도 불구하고 계속적인 요구사항으로 되어 있는 것으로 보인다.

1990년 2월 1일 - 2일에 「쏘련조선인들의 민족사결문세」를 중심으로 한 모스크바에서의 원탁회의에는 재소한인의 지역별 문화중앙과 협회의 19명의 지도자를 포함하여 6개 공화국의 24개도시(카자흐, 키르기즈, 타직, 우즈벡, 우크라이나, 러시아)의 한인대표들이 모였다. 이 회의에서 자치구창설을 요구하기로 하였다. 이러한 사태를 반영하여 『레닌기치』에는 1990년 2월 13일자로 「쏘련조선사람들에게 자치령토가 있어야 한다」는 기사가 게재되기도 하였다. 그러나 한인들의 자치요구는 러시아인들의 심한 반말에 부딪치고 있다. 이를 의식하여 1990년 5월에 결성된 한인협회에서는 자치권을 공식적인 요구조건으로 내걸지 못하였다.

또한 1990년 6월에 소련의 군대기관지인 『크라스나야 즈베즈다』에서는 재소한인들의 민족자치를 비난하는 「또 하나의 구상……」이라는 논

---

7) 『고려일보』, 1991. 4. 16.
8) 이 문제에 대한 심도있는 실증적 연구가 필요하다. 그러나 아직은 소련의 문서 미공개로 연구가 진행되고 있지 못하다.

문이 게재되었고 이에 대하여 재소고려인협회의 부회장인 유 게라심이 『레닌기치』 1990년 9월 4일에 반론을 제기하였다. 그는 "보다 깊이 쏘련 조선인들에게는 문화재생의 절박한 문제가 존재하기 때문에 이 문제의 해결을 위하여 노력하는 사람들에게 민족주의 감투를 씌우지 말 것이다. 반대로 우리는 이웃 민족들로부터 보다 정다운 동정과 실질적 방조를 기대하고 있다. 우리는 갈 데가 없다. 우리는 고려사람으로 남아 있으면서 쏘련사람들로도 남아 있기를 원한다"고 하였다.

소련 전역에서 일어나고 있는 민족관계의 악화와 중앙에서부터 공화국에 이르기까지의 권력의 누수현상이 벌어지고 있는 지금에 자치영토의 요구는 점차 무리한 것이 되고 있다. 자치영토가 현실성 있으려면 개혁이 지금보다도 더 광범위하게 추진되어야 한다. 참고적으로 페레스트로이카 이후 6년이 경과하였지만 자치영토가 새로이 생겨난 것은 크림반도 뿐이다. 이것조차 타타르인의 요구와는 완전히 거리를 멀리하고 있다.

그러나 영토자치를 실현하는 것이 현실적으로 불가능한 상태라고 한다면 민족문화를 재생하는 데에는 많은 정도의 성과가 이루어졌다. 재소고려인협회가 구성되었으며 한국어교육이 부활되었고 민족문화의 전통이 다시 복원되고 있다. 또한 한국과의 교류가 활발하여짐에 따라 민족문화를 회복하는 데 도움이 되고 있다.

재소한인의 문제로서 남아 있는 것은 오랜 동안의 극도의 탄압으로 말미암아 왜곡되어 있는 재소한인들을 당당한 상태로 회복시키는 일이라고 하겠다. 이점에 있어서 페레스트로이카는 어느 정도의 기여를 하였다. 특히 지난 시기에 숙청되었던 사람들의 명예가 회복되었으며 이들에 대한 명예회복 작업은 계속되어야 한다. 그러나 이러한 긍정적인 성과에도 불구하고 재소한인들은 역사적으로 부당하게 대우받은데 대하여 그를 보상받을 수 있는 조처가 있어야 한다. 그들은 1937년에 강제로 민족이동이라는 보기 드문 탄압을 받았으며 민족인텔리겐챠는 대량으로 숙청당하였고 이러한 탄압은 그후에도 계속되어서 1941~45년 사이의 전쟁기에도 충성심을 의심받아서 후방에서 노동군으로 배속되었으며 공민권의 제한을 받아서 1953년에 이르기까지 이 고통은 계속되었다.

한인들은 이주에 앞서서 일체의 증명서를 회수당하였다고 한다. 따라서 한인들은 죄인대우를 받았다. 그러한 증명서 회수 및 단속의 원인은 한인들을 지정된 장소에 정착시키고자하는 의도였다. 한인들은 "새장 속에 간히운 날새들의 신세"가 되었다.9)

소련관헌은 출생과 신원이 확실한 일부를 제외하고는 대부분의 한인에 대해 단기거주증명서를 주었는데 유효기간은 6개월에서 1년으로 여권은 쉽게 발급해주지 않았고 따라서 한인상호간 또는 외부에의 여행을 금지시켰다.10) 소련관헌은 한인들의 불리한 조건을 이용해 대일첩자 등으로 이용하려했고 거부 시에는 반소분자로서 처단했다.

한인들은 세금으로시는 1940까지는 전시세로서 남녀 공히 년간 100루블을 납부하였고 그 외의 조세는 없었으나 1941년부터는 일반농민과 같이 세금을 부담하고 그 외에 국방강화의 명목으로 다액의 공채구입강요, 1년에 3차 전선위문품의 공출이 있었다. 그리하여 "호구가 불가능할 정도로 소위 최저생활을 감수했다."11)

한인들은 중앙아시아로 이주당한 후에 이주의 자유를 박탈당하였다. 한인들의 공민증에는 각 공화국의 일정지역에만 살 것을 제한하는 령이 적혀있었다. 만일 한인청년들이 대학을 가려할 때도 그 제한 때문에 다른 공화국의 대학에 진학할 수가 없었다. 다른 곳에 갔을 경우에는 24시간 한정의 추방령을 받았다. 그것은 한인들 모두 범죄자의 대우를 받았다는 것을 의미한다. 그러나 소련에서는 소비에트국제주의가 선전되고 있었다.

---

9) 『레닌기치』, 1990. 6. 13.
10) 조선총독부 고등법원검사국사상부, 『思想彙報續刊』, p.77
11) 『思想彙報續刊』, p.77

한인청년들은 이러한 제한에 대한 저항으로 고의로 공민증을 분실하거나 제한구를 삭제하기도 하였다. 이러한 거주지제한은 1953년 스탈린의 사망 이후에 슬그머니 사라졌다. 한인들은 또한 각종의 사회적 정치적 지도적 위치에서 완전히 배제되었다. 이 기간 중 한인이 차지하던 가장 높은 지위는 구역당 위원회 지도원이었다고 한다. 그것도 아주 드문 일이었다. 전쟁시기에는 한인들을 믿지 못하여 군대에 보내지 않았다. 한인들 중 이전의 사령관은 모두 탄압을 당하였다. 민족을 감추고 전선에 나간 몇몇 한인들이 존재하기는 하였다.

또 북한 정권의 수립에 많은 재소한인이 참여하였다가 이번에는 김일성에 의해 숙청당하는 고통을 맛보게 되었다.[12] 그 이후에도 한인들은 민족주의자로서 의심을 받아서 한인들의 심리형성에도 지극히 부정적이고 개인주의적 성향을 심화시켰다. 이러한 탄압으로 인한 한인들의 고통

---

12) 이 문세에 내하여 최근에 재소한인과 북한당국의 사이는 악화되어 있다. 레닌그라드의 노당원 강상호는 재소한인 중 북한으로 파견된 인원 중 50여명이 귀국하지 못하였다는 것을 지적하고 그 명단을 다음과 같이 발표했다. (박장옥, 안일, 박의완, 김원길, 고히만, 김칠성, 박장식, 정학군, 서춘식, 김장수, 허민, 리용석, 김택영, 김철훈, 김동학, 박일룡, 박태군, 김두환, 김춘삼, 김용수, 엄일, 김열, 방충걸, 고봉철, 김광, 허익, 장익환, 최원, 전일, 김해경, 김철우, 최철환, 박 알렉세이 등(『레닌기치』, 1990. 6. 1).
　그러나 이러한 질문에 대한 회답을 1년 반이 넘도록 받지 못하고 있다가 1990년 7월 2일에 이 요청서를 다시 소련공산당 중앙위원회, 소련 내각, 모스크바주재 조선민주주의인민공화국 대사관에 보냈다. 그러나 대사관은 침묵을 지키고 1990년 7월 31일 소련외무성은 다음의 회답을 레닌기치사 주필 조영환에게 하였다. 여기에서 북한측의 대답은 다음과 같다.
"1945년 북조선이 해방된 후 그곳으로 간 쏘련조선인들 중 많은 사람들은 차후 조선민주주의 인민공화국 국적을 받고 고위급 국가직위에서 일하였습니다. 일정한 시기가 지나 그들 다수는 쏘련에 귀국했습니다. 이와 아울러 그들 중 일부는 조선노동당 노선을 반대하는 활동을 하였고 스탈린의 방법대로 소련식으로 사업을 하려고 시도함으로써 날카로운 비판을 받았읍니다. 일부는 조선민주주의인민공화국을 반대하는 반당활동을 하여 조선혁명과 조선에서의 사회주의건설에 해를 끼쳤습니다." 이에 대해 외무성은 구체성이 없다고 재해명을 요구하였으나 북한은 "조선측의 대답은 공식적인 최종성격을 띄였습니다"라고 답했다는 것이다.(『레닌기치』, 1990. 8. 31)

을 유 게라심은 다음과 같이 말한다. "조선에서만 박해당한것이 아니라 개인숭배시기에 로씨야에서도 박해당한 조선인은 자체의 그림자도 무서워하였다. 그들은 한 생산집단에서 조선인이 몇 명 일하면 민족주의에 대한 기소를 받을까 두려워하였다. 때문에 그들은 생산에서만 아니라 심지어 집에서도 교제하지 않았다. 한마디로 그들은 생산에서 호상고립의 불문률을 지침으로 삼았다."13) 이러한 문제에 대한 정당한 인식과 보상이 이루어져야 할 것이다.

3. 소련연방체제의 문제와 신연방조약의 채택

현재의 소련 연방체제는 1922년의 조약에 바탕을 두고 있다. 그러나 소련의 연방제도가 일시적으로 이때에 이루어진 것은 아니며 연방제도는 볼셰비키당이 표방했던 민족자결권이 역사적으로 실현되는 과정에서 나온 것이다. 그러한 만큼 그것은 이론적으로는 프롤레타리아트 국제주의와 민족문제를 조화시키려는 가운데 나온 것이며 실제적으로는 혁명 후의 상황에서 소비에트 러시아를 재건하려는 노력과 새로운 기회를 통하여 민족자결권을 얻어보려는 각 민족들의 각국의 소산이었다고 말할 수 있다.

이러한 역사적 제도로서의 소련은 불가피하게 역사적 문제점을 그대로 포함하지 않을 수 없었다. 우선 소련의 연방제도는 각 구성마다 그 권한을 달리하는 중층적 구조로 이루어져 있다. 연방-공화국-자치공화국-자치구-자치구역의 구조로 이루어진 소련의 각 구성마다 그 권한과 역할이 다르게 규정되어 있다. 이론적으로 말해 민족자결권이 어느 특정한 조건 하에서만 적용될 수는 없을 것이다. 그러나 소련은 각 공화국 단위

---

13) 『레닌기치』, 1990.3.16

에만 고유한 의미에서의 민족자결권의 형식을 부여하였다. 자치공화국 이하의 단위는 민족자결권의 소비에트적 형식이라고 말할 수 있고 엄밀히 말하여 이들 구성체는 연방에 가입하거나 탈퇴할 수 있는 독자적인 능력을 갖추지 못한 행정단위이다. 그렇기에 형식적인 주권이나마 이들 자치제에는 존재하지 않는다.[14)]

1922년에의 조약이 러시아, 우크라이나, 백러시아, 자카프카즈연방의 4개 국에 의하여 체결된 것은 이러한 사실을 명백하게 보여준다. 자치공화국 이하의 단위는 연방조약에 능동적으로 참여할 수 있는 자격을 가지지 못하였다. 따라서 불가피하게 애초부터 민족자결권은 역사적 기득권을 바탕으로 하고 있는 셈이다.

그러나 이러한 형식적인 주권조차도 그 권한이 점차 축소되어 연방은 형식 뿐이며 고도의 중앙집중화된 국가가 출현하여 중앙의 통제를 통하여 통치되어 왔다. 그 뿐만 아니라 소련은 점차 러시아의 쇼비니즘이 지배하는 그러한 국가로 변모히였다. 소비에트의 초기의 진보적인 성격의 민족정책은 이미 1922년의 연방조약에서도 이미 후퇴하고 있었지만 그 이후 급속히 후퇴하였다. 특히 1930년대에 들어가서는 민족 간부들에 대한 대량의 탄압을 동반하는 민족주의에 대한 투쟁이 있었다. 나아가서 한인의 중앙아시아 강제이주를 시발로 하여 불가 독일인이 전쟁 전에 강제 이주되었고 전후에도 체첸, 인구슈, 크림 타타르인들이 강제적으로 이주되었고 삶의 근거를 박탈당하였다.

1953년 스탈린이 사망한 후에 민족에 대한 노골적인 탄압은 사라졌다. 복권도 행해졌다. 그러나 러시아 쇼비니즘은 여전히 소련이라는 제국을

---

14) 이러한 예로서 최근의 사건들을 들 수가 있다. 나고르노-카라바흐에서는 주민들의 80%가 아르메니아인들이지만 이들은 자결권 즉 그들의 운명을 스스로 결정할 수 있는 권리를 가지고 있지 못하다. 자치구에서 영토의 변경이란 당시 공화국들의 동의를 얻어야 하기 때문이다. 또 1990년부터는 각 자치공화국이나 자치구 또는 이전에 자치제를 가지지 못한 주민들도 공화국을 선포하는 경향이 있지만 이는 어느 경우에도 인정을 받지 못하고 있다.

지배하고 있었다. 특히 친화 및 동화정책을 통하여 러시아어가 강요되고 민족문화는 많은 제약을 받았다. 경제는 고도로 중앙집중화되었고 민족들간의 불만은 노골화되지 못하고 지층에 감추어져 있었다. 지역적 불균형도 심각하고 공해문제도 심각하게 전개되었다.

이러한 가운데서 페레스트로이카가 시작된 이후에 그동안 감추어져 왔던 불만들이 터져나오기 시작했다. 가장 주목해야 할 것은 1986년 12월의 알마아타에서의 폭동이었다. 이 사건은 연방정부로부터 즉각 반동으로 규정되었지만 오히려 카자흐에서는 명예회복을 시도하고 있다. 이후부터 민족문제는 도처에서 발생하였다. 1988년 2월에 나고르노카라바흐에서의 민족분규가 발생하여 이후 사실상의 내전으로 들어가게 되었으며 이어서 1988년 여름부터는 발트 3국의 문제가 전개되었다. 1989년부터는 공화국들의 주권선언이 시작되었으며 1990년 3월에 들어와서는 리투아니아가 드디어 소련연방으로부터의 독립을 선포하였다.

연방정부는 민족문제에 대한 획기적인 대책을 강구하지 않으면 안되었다. 그리하여 1989년 9월에 공산당 중앙위원회 전체회의에서 민족문제에 대한 새로운 강령을 마련하였고 그후에 그에 따른 법을 제정하였다.[15] 그러나 사후에 처방을 하는 격이라 제대로 그 효과가 발휘되지 못하였다. 그러한 가운데 위기상황이 특히 1990년 하반기부터 본격화되기 시작하였다. 그 동안 연방유지의 기축으로 작용했던 당과 군내가 이탈하기 시작한 것이다. 특히 발트3국이나 독립을 희망하는 공화국들은 민족수비대를 조직하기 시작하였고 연방군에의 징집거부가 일어났다. 이에 대한 강력한 조처로서 소련군은 강제징집을 시작하고 무력으로 독립 운동을 진입하려는 움직임을 보였다. 이리하여 1991년 1월 13일에 소련군대는 리투아니아에 무력을 투하하여 다수의 살상자를 내었고, 같은 해 1월 20일 소련군은 또 라트비아 내무부를 무력점령하기도 했다. 그러나

---

15) 이와 관련하여 拙稿, 「소련사회주의와 소수민족수의」(『國際政治論叢』, 제29집 2호, 한국국제정치학회, 1989, pp.207~219)에 문제가 정리되어 있다.

서방의 압력으로 끝내 대규모의 살상은 막을 수가 있었고 다시 공화국과 연방의 줄다리기를 계속 하였다.

소련연방정부는 민족문제를 해결하기 위한 마지막 카드로 신연방조약을 마련하여 이를 국민투표로 확정하였다. 그러나 1991년 3월 17일에 실시된 이 국민투표에도 6개 공화국은 참가를 거부하였고 그루지아는 추가로 독립을 선언하여 민족문제는 전혀 해결의 전망이 보이지 않는다.16)

이러한 상태에서 진통을 겪으면서도 느슨한 형태의 주권공화국연합을 목표로 하고 있는 신연방조약이 1991년 8월 20일부터 참가공화국들의 서명을 시작으로 체결될 예정이었으나 페레스트로이카로 인하여 기득권을 상실하게 될 것을 두려워 한 보수 강경파의 주도에 의하여 8월 19일 쿠테타가 발생하였다. 쿠테타를 일으킨 주도세력은 연방조약의 체결을 통하여 기존의 연방권력이 약화되는 것에 대하여 강한 우려를 표명하고 있었던 군부와 국가보안위원회의 기득권층이 반발하면서 시작되었으나 소련시민들의 상력한 저항에 부딪쳐 쿠테타는 3일만에 실패로 끝나고 말았다. 그리고 쿠테타의 실패는 연방을 해체하는 데 결정적인 역할을 하였다.

쿠테타와 그의 실패가 연속적으로 연방을 해체하는 데에 중요한 역할을 하였다고 말할 수 있다. 우선 쿠테타가 실패하자 발트 3국은 보수강경파의 공산정부가 다시 들어설 경우에 평화로운 방법을 통한 독립의 여지가 없어져 버렸다고 판단하였다. 따라서 8월 20일 에스토니아가 8월 21일에는 라트비아가 독립을 선포하여 일전을 각오하였다. 그러나 쿠데타가 8월 21일 실패로 끝나게 되자 소련의 상황은 급속히 변화하였다. 보수파가 무력을 통하여 권력의 장악을 기도하였던 만큼 시민의 저항에 실패로 끝나게 된 쿠테타는 보수파의 세력을 급속히 몰락시켰다. 공산당

---

16) 소련에서의 신연방조약과 관련하여 일어나고 있는 민족문제에 대한 전반적인 조명은 拙稿, 「소비에트블록의 해체와 민족주의 문제」(『통일문제 연구』, 제2권 4호, 국토통일원, 1990 겨울, pp.204~235)를 참고할 수 있다.

의 활동이 옐친의 포고령으로 정지되었고 공산당의 자산이 동결되었으며 공산당의 기관지『프라우다』도 일시 정간의 운명을 맞이하게 되었다.

그러나 쿠데타 실패 이후의 급속한 상황변화는 동시에 고르바쵸프의 입지까지도 현저히 약화시켰다. 보수파와 개혁파의 양대 세력을 견제와 균형을 통하여 통치하던 정치역학이 붕괴되어 버렸기 때문이다. 이같은 상황의 변동은 연방정부가 각 공화국에 대하여 행사하던 통제적인 기능을 거의 정지시키기에 이르렀다. 쿠데타가 실패로 돌아간 이후 소련의 거의 모든 공화국은 독립선언을 하였다. 이는 일단 연방의 붕괴를 전제로 하여 각 공화국의 기득권을 최대한 확보하고자 하는 움직임으로 해석된다. 결국 1991년 9월 6일 쿠테타 실패 이후 새 연방권력기구가 된 국가 평의회는 미국을 비롯한 서방세계의 압력에 밀려 발트 3국의 독립을 공식으로 인정할 수밖에 없었고 이제 나머지 12개 공화국을 대상으로 하여 신연방조약을 추진하고 있으나 러시아공화국 다음으로 결정적인 비중을 차지하고 있는 우크라이나마저 협상조약체결에 대립하고 있어서 신연방조약의 체결은 아직도 불투명한 상태이다.

사실상 이러한 상태에서는 과연 역사적인 형식으로서의 소련이 계속 유지될 수 있을 것인가 아니면 연방의 전면적인 해체를 통하여 몇 개의 민족국가 또는 연방국가가 이루어질 것인가 하는데 깊이 있는 질문을 던지지 않을 수 없다. 어차피 소련에서 가장 중요한 비중을 차지하고 있는 대러시아인들 사이에서도 이 문제는 서로 견해를 달리하는 여러 의견들이 있음이 확인된다.

대러시아인들의 의견은 크게 두 갈래로 나누어지는데 우선 첫째는 소련이라고 하는 제국의 형식을 유지하자는 것이고 다른 하나는 이제 러시아가 제국의 형태를 벗어 던지고 현재의 러시아연방공화국을 주축으로 하여 새로운 러시아를 건설하고자 하는 것이다.17)

---

17) 이러한 문제에 대한 탁월한 정리로서 Roman Szporluk, "Dilemmas of Russian Nationalism," *Problems of Communism*, July-August 1989, pp.15~35 참고

그러나 러시아내의 지식인들이나 정치지도자들의 견해가 여하하건 간에 소련이라는 역사적 제국을 유지하는 것은 점점 더 어려운 일이 되고 있다. 물론 그동안 단일 경제권 속에서 공동의 생활을 유지해 왔고 또한 각 민족이 뒤섞여 살고 있기 때문에 즉각적인 독립은 상상치 못할 정도의 어려운 문제를 불러일으킬 수도 있다. 그러나 그렇다고 하여도 소련의 각 민족들을 공동으로 묶어 세울 수 있을만한 정치경제적 프로그램의 개발이 쉽사리 얻어질 수는 없다. 경제가 점차 파탄으로 빠져 들어가고 각 공화국간의 협력은 어느 때보다도 절실한 형편이기는 하지만 연방차원 그리고 각 공화국 차원에서의 권력투쟁, 그리고 관리층의 사보타지, 여전히 개선되지 않는 노동기강 등의 문제로 인하여 현재 소련은 외국으로부터의 원조를 포함하는 긴급지원 이외의 다른 선택을 가지고 있지 않은 것으로 보인다. 이러한 조건은 주권공화국연합이라는 신연방조약의 체결을 더욱 어렵게 만들고 있는 것이다.

그렇기 때문에 장기적인 관점에서는 소련의 해체가 불가피하다고 생각되지만 그 과도기적인 형태로 소련은 잠정적인 국가연합의 형식을 유지시켜 나갈 가능성이 높다고 본다.

4. 신연방제 하에서의 한족문제

그러면 새로운 연방체제로 개편하는 과정에서 한인의 문제는 어떻게 해결될 수 있을 것인가? 이를 위하여 먼저 한인들의 지역적인 분포를 조사해보기로 하자. 그를 위하여 1989년에 이루어진 인구센서스를 검토하기로 하자.[18]

---

18) 앞으로 제시되는 표1에서 표3까지의 통계는 *Nationl'nyi sostav naselenia SSSR po dannym vsesouiuznoi perepisi naselenia 1989g.* (Goskomstat SSSR, Moskva, 1991) 에 근거를 둔 것이다.

<표 1> 1989년 인구센서스에 의한 재소한인

총인구(단위 천)			전인구대비 비중(단위:%)	
년 1959	1979	1989	1959	1989
소련 208827	262025	285743	100	100
한인 314	389	439	0.2	0.2

우선 표1에서 보듯 한인의 수는 1959년의 31만에서 1989년에는 44만 정도로 증가하였지만 소련 내에서의 비중은 거의 변하지 않았다.

<표 2> 한인의 공화국. 지역별 분포

총인구(단위 천)			전인구대비 비중(단위:%)	
년	1959	1979	1989	1959	1989
RSFSR	91	98	107	0.1	0.1
우즈벡	1%	163	183	1.7	0.9
카자흐	74	92	103	0.8	0.6
키르기즈	3.6	14	18	0.2	0.4
타직	2.4	11	13	0.1	0.3

다음의 한인들의 지역적 분포를 볼 것 같으면 표2에서 보듯이 한인들은 주로 러시아 및 우즈벡 카자흐의 3개 공화국에 집중적으로 거주하고 있다. 위의 표에서 주목할만한 것은 중앙아시아의 인구증가율이 일반적으로 소련의 다른 지역보다도 월등하게 높은 데 비하여 한인들의 인구증가율은 소련의 평균수군이기 때문에 중앙아시아에서의 한인들의 인구비율은 감소하는 경향이 있다는 것이다. 현재 우즈벡과 카자흐의 한인들은 강제이주의 결과 정착된 인구이기 때문에 시간이 지나 갈수록 이 지역의 한인들이 타 지역으로 이주하는 경향이 있으며 또 차후에는 소련에서 거주허가제도가 폐지될 예정으로 있기 때문에 한인들의 거주는 더욱 더 분산된 양상을 띨 전망이다.

우선 한인이 직면한 기본적인 문제의 검토는 한인들이 과연 어떠한 종류의 권한을 얻을 수 있을까에 대한 전망을 하고 넘어가는 것이 타당하리라고 생각한다. 과연 현재와 같이 민족분규가 본격화되고 있으며 연방과 공화국 그리고 자치단위마다의 투쟁이 본격화되는 상황에서 한인들이 추구하던 자치영토를 얻을 수 있을 것인가? 지금으로서는 그 전망이 어둡다고 말할 수 있다. 우선 중앙아시아 지역에서의 자치제 형성은 사실상 불가능하다. 그 이유는 한인들이 광범위한 지역에 흩어져 살고 있기 때문이며 또 카자흐나 우즈벡의 민족주의가 새로운 자치제가 형성되는 것을 용납하지 않을 것이기 때문이다. 그렇다면 연해주에 자치구를 만들자는 논의는 가능성이 있는가? 이에 대하여 한인들은 연해주가 한인들의 역사적 고향이라는 점과 내전기의 한인의 공헌을 근거로 하며 강제이주 전 상태의 회복을 주장하며 연해주에 자치제를 만들기를 회망하고 있다. 만일 이러한 선택이 실현되려면 한인들의 의사를 집결해야 하고 또 나아가 이미 연해주에 살고있는 주민들의 의사를 고려하지 않으면 안된다. 이는 소련이 민주화되고 소련의 민족정책이 진보적인 성격을 가질 때는 실현가능한 것이라고 보여진다. 그러나 소련의 현 정세를 보건대 이것은 당분간은 불가능한 꿈이다. 그러나 완전한 절망을 가질 필요는 없으며 장기적인 목표로 삼고 일을 시작하는 것이 있을 수 있다고 보인다.

그렇다면 다음의 선택은 무엇인가? 그것은 이미 재소고려인협회의 활동이 그러하듯이 소련의 1990년 4월 26일의 법령 「자기 민족-국가형성체의 경외에서 거주하거나 또는 소련 영토에서 그것을 가지지 못한 소련 공민들의 자유로운 민족적 발전에 대하여」라는 소련법령에 따를 수밖에 없다. 이에서 자치제를 형성할 수 있는 가능성은 오로지 법제상의 자치구가 아니라 민족구역, 민족부락, 민족농촌소비에트의 구성에 제한되어 있다. 말하자면 이 법령은 현 연방제도의 현상(status quo)을 그대로 유지하는데 목적이 있는 것이다. 이러한 상태에서는 자치제를 가지는 것은 다음의 과제로 미루고 민족적 아이덴티티를 강화시키는 방향을 취하지 않으면 안된다.

이러한 점에 있어서 재소한인들의 활동과 그 문제점을 지적해보자. 우선 언어의 회복문제이다. 이를 위해 우선 한인들의 언어구사능력에 대한 통계를 살펴보기로 하자.

<표 3> 한인의 언어구사 능력

인구	모국어로 간주하는 언어 한국어	모국어로 간주하는 언어 러시아어	모국어로 간주하는 언어 기타	소련 민족의 언어 중 하나도 외국어로 하지 못하는 경우
전인구 438650	216811	219953	1886	232504
러시아연방 107051	39027	67519	505	71246
연해변강 8454	2182	6245	27	6452
사할린주 35191	12908	22230	53	22325
우즈벡 183140	102175	80218	747	85612
카자흐 103315	103315	49604	291	52781
키르기즈 18355	9858	8425	73	8861

표3을 분석하여 보면 지역마다 한인들의 모국어 구사능력이 다소 차이가 있음을 보게 된다. 우선 소련 전체적으로 현재의 약 44만의 한인 중에서 약 48%의 인구가 한국어를 모국어로 간주한다고 하였다. 그러나 러시아연방에서는 36%만이 한국어를 모국어로 간주하며 우즈벡에서는

이 비율이 55%로 증가하고 카자흐에서도 이 비율은 51%로 우즈벡과 비슷한 양상을 보이고 있다. 우즈벡과 카자흐의 한인들이 모국어를 비교적 더 많이 간직하게 된 이유는 이 지역에 한인들이 밀집해서 살고 있으며 또한 이 지역의 한인들 중에는 농촌 인구가 많기 때문에 자연히 한국어의 보존에 유리하였기 때문이라고 보여 진다.

그러나 이러한 유리한 조건도 점차 사라지리라고 본다. 이미 한인들은 1954년에 거주지 제한령이 철폐되면서 농촌에서 도시로 많은 수가 이주하기 시작하였다. 카자흐스탄의 경우에 농촌거주한인의 비율은 1937~40년에는 80%였고 1970년에는 26.8%였으며 1989년에는 15.8%에 불과한 실정이다.19)

또한 각 공화국이 주권선언을 하고 민족어를 공식어로 선포함에 따라 공화국의 민족어를 의무적으로 배워야 하는 것은 한인들에게는 엄청나게 불리한 조건으로 작용하고 있다.20)

그런데 다소 상황의 차이가 있기는 하지만 전반적으로 소련의 한인들이 모국어를 구사하는 비율이 대단히 적을 뿐 아니라 한글을 능숙하게 쓸 수 있는 사람의 비율은 이보다도 훨씬 더 적다. 일반적으로 한인들 중에 한국어를 자유롭게 구사할 수 있는 사람의 경우는 전체 한인의 5% 미만이 되는 것으로 말해진다.

한인들이 한글을 자유롭게 사용할 수 없게 된 가장 큰 원인은 두말할 것 없이 소련의 민족탄압정책에 있다. 특히 1930년대에 한인들이 중앙아시아에 강제 이주된 이후에 이러한 탄압정책은 가속화되었다. 1932년에 극동지방에서는 7종의 신문과 6종의 잡지가 한글로 발간되고 있었는데, 1938년의 경우에 카자흐에서는 거의 1만 명의 학생을 수용하는 87개의 학교가 있었으며 학생들은 한글로 교습을 받았다.21) 그러나 이후 한글교

---

19) 조영환, 「재소한인들의 사회적 법적 지위와 사회활동」, 『세계속의 한국문화』 제4주제, 제1회 세계한민족학술회의, 한국정신문화연구원, 1991, p.112
20) *Ibid.*, p.113

습이 금지되었다. 그것은 간단명료하게 말하자면 민족문화를 파괴하기 위한 것이었다.

이와 관련된 소련공산당의 정책이 최근 공개되었다. 전로공산당(볼셰비키)중앙위원회 정치국의 1938년 1월 24일부 「민족학교의 개편에 대한」 결정에서 출발하여 또 1938년 4월 8일부 카자흐스탄 공산당 중앙위원회 결정에서 출발하여 남카자흐스탄주당위원회 뷰로의 결정은 다음과 같이 되어있다. "인민교육기관들에서 판을 치는 부르주아민족주의자들은 특별민족학교들 (독일인, 조선인, 우스베크인, 꾸르드인, 둔간인, 쮸르크인, 유태인 학교들)을 만들어 그것을 아동들에 대한 부르주아-민족주의 영향의 근원지로 만들었는 바 이것은 옳은 교육과 교양에 큰 해를 끼쳤으며 아이들을 쏘베트생활에 접촉하지 못하게 하였으며 그들이 쏘베트 문화와 과학을 알아보지 못하게 하였고 고등교육기관과 전문학교들에서 교육을 받지 못하게 하였다."

그리하여 "쏘베트학교들에서 특별민족학교와 특벌학과가 앞으로 존재하는 것을 해로운 것으로 인정하면서 주내에서 독일인, 조선인, 우스베크인, 아르메니야인, 꾸르드인 및 기다 특별민족학교를 보통 표준식 쏘베트학교로 개조하며 보통 쏘베트학교에 존재하는 특별 민족학과를 없앨 것이다"라는 결정을 내렸다.

이같은 결정에 의해 민족학교는 문을 닫게 되었고 교원들은 실직하였고 로어와 카자흐어로만 교육을 받았기 때문에 다수는 중도에 학교를 그만두게 되었다. 그것은 러시아와 중앙아시아의 모든 나라에서 있었던 일이다. 언어정책에 있어서 1953년의 스탈린의 이론이나 심지어는 1956년의 흐루시쵸프의 경우에도 조금도 나아지지 못하였다. 그는 "로어로 속히 넘어갈수록 공산주의에로 속히 이르게 된다"고 하였다.[22]

---

21) 한 구리 보리스비치, 「'재소한인의 민족의식과 모국관'에 대한 토론」, 『세계속의 한문화』 제3주제 제1회 세계한민족학술회의, 한국정신문화연구원, p.52
22) 엠. 루쓰떼모프, 「언어는 인민의 위대한 재부」, 『레닌기치』, 1990.9.11

따라서 언어문제를 해결하기 위하여 재소고려인협회는 많은 노력을 기울이고 있다. 카자흐의 경우에는 한국어를 공부하는 학급이 수백개 개설되었고 성인을 대상으로 하는 한국어 써클도 만들어졌다. 한국어 교사를 위해서는 카자흐공화국 인민교육부 교사중앙연구원에서 수개월간의 코스를 밟는다. 교사들은 알마아타의 카자흐국립대학교와 타슈켄트사범대학에서 양성된다. 연간 대학생은 18~20명을 모집하여 1991년에는 알마아타 사범대학에 한국관련학과가 개설되어 25명의 학생을 받아들일 예정이라고 한다.23) 그러나 교사와 교자재가 절대적으로 부족한 실태에 있으며 프로그램도 잘 마련되어 있지 않은 형편이다.

다음에는 민족문화의 부흥문제이다. 이 점에 있어서는 어느 정도 밝은 전망이 보인다. 한인들은 1990년부터 잊혀진 음력설을 다시 쇠기 시작하였으며24) 대학에도 한국학강좌가 부흥되어 한글을 가르칠 수 있는 교사들을 양성하고 있으며25) 민족음악 가무단들도 다수가 창단되어 민족정서를 고양하는 데 기여하고 있다. 특히 그동안 공화국간 신문으로 말간해오던 『레닌기치』가 1991년 1월 1일부터는 『고려일보』로 개칭되어 재소고려인협회의 기관지로 되었다. 이로써 『고려일보』는 재소고려인들의 입장을 보다 잘 반영할 수 있게 되었다. 그러나 『고려일보』의 발행부수도 일만 부를 밑돌고 있으며 동시에 국가보조금이 삭감된 상태이기

---

23) 한 구리 보리스비치, op.cit., p.53

24) 이러한 작은 사실에도 재소한인들이 얼마나 감격하고 있는지를 알 수 있다. 송희현이 『레닌기치』에 보낸 편지에 의하면 다음과 같다. "이 감개무량한 설맞이 행사에 참가하노라니 부지중 50여년전 일들이 머리에 떠올랐다. 당대 그 누구의 집에서 식구들이 앉아 음력설을 맞이하며 조상들의 제를 지냈다는 소문만 나면 당원은 출당되고 공청동맹원은 출회당했다. 뿐만이 아니다. 한인의 사가 병자에게 침한대만 주었거나 초약만 달여 먹여도 3~5년간 감옥살이를 하게 되었다."(『레닌기치』, 1990.3.31)

25) 1985년 우즈벡의 니자미 사범대학에 조선과가 개설되었다. 카자흐국립대 기자학부에 1988년에 한국어과가 개설되었고 사할린에서도 1963년에 우리말 교육이 없어진지 25년만에 1988년 유즈노사할린스크 사범대학에서 한국말 강좌가 재개되었다.

때문에 경영상의 어려움이 예상된다.

다음에는 자유롭게 한인동포들과 교섭할 수 있는 문제이다. 현재로는 이 문제는 남한과의 사이에는 별다른 장벽이 없는 것으로 보인다. 우리 정부는 재소한인의 한소관계에서의 역할을 인정할 뿐 아니라 '한민족공동체' 정책으로 많은 지원을 해주고 있기 때문이다. 그러나 북한과의 관계는 별로 나아질 기미를 볼 수 없다. 북한의 폐쇄성은 앞으로도 계속 유지될 전망이기 때문에 그러는한 재소한인의 북한방문은 계속 지장을 받을 것이다.

그리고 최종적으로 무엇보다도 가장 중요한 것은 소련의 시민으로서 하등의 불이익이 없이 살아가야 하는 문제이다. 일반적으로 한인들은 다른 민족들에 비하여 교육수준이 월등히 높고 또한 근면성에 대한 인정을 받고있다. 그러나 그에 대한 보상을 제대로 받고 있는지의 문제는 전혀 별개의 문제이다.

일반적으로 소련의 한인들은 소련 내에서 여러 민족 중에 교육수준이 두 번째로 높다고 한다.[26] 그러나 소련의 한인들은 지식에 합당한 직업을 가지고 있지 못하다. 우선 한인들 중에 정신노동에 종사하는 사람의 비율을 보면 17.6%인데 비하여 카자흐인은 22.9%, 러시아인 24%, 독일인 24.4%, 우크라이나인 22.6%로서 이 비율은 실제 교육을 받은 비율과 비교해 볼 때 많은 한인들이 지식을 가지고서도 그 자리를 찾지 못함을 보여준다.[27] 결국 이러한 사태는 한인들이 자치적인 행정기구를 가지지 못하기 때문에 불이익을 당하고 있는 것으로 그 원인을 진단할 수가 있다.

또 한인들의 근면성이 많이 강조되고는 있지만 이러한 한인들이 공산주의적 관료행정의 회생물이 되고 있는 점도 또한 지적되어야 하겠다. 그 예를 한인들의 계절제 농업에서 찾을 수 있다. 한인들의 생활 중의

---

26) 조영환, op.cit., p.113
27) 『고려일보』, 1991.1.8

한 특징을 말한다면 계절제 농사군들이 많다는 것이다. 실로 한인들은 이를 통해 부를 축적할 수가 있었다. 루크(양파)나 수박 농사가 이들의 주업인데 이는 대단히 투기성이 강한 일이다.[28] 이 일은 단기적인 부를 가져다주지만 큰 문제를 안고 있다. 콜호즈나 소포즈인 관리들이 한인들의 부의 축적을 시기하여 수탈을 행하고 있고 한인들은 또한 일기변화에 의한 위험부담을 감수해야 하며 또한 계절제 농사일로 수개월간 집을 비우게 되기 때문에 자녀교육을 제대로 할 수가 없어서 한인청소년들의 범죄율이 날로 높아지는 등의 문제가 있는 것이다.

바로 이러한 점 때문에 한인들은 사실상 1937년이래 뿌리 뽑혀진 떠돌이로서의 생활을 아직까지도 역사적 잔재로서 간직하고 있으며 페레스트로이카 실시 이후에도 이 문제가 근본적으로 해결된 것은 아니라는 사실이다. 페레스트로이카는 한인들의 문제를 공개적으로 부각시키는 데

---

28) 이에 대한 기사가 김 브루트기자에 의해 1991년 6월 4일 고려일보에 실렸다. 이 기사는 루크농사의 문제를 잘 파헤쳤다. 이를 기사를 따라 소개하기로 하자. 52세의 송 블라디미르는 루크를 재배한지 4년이 된다. 그는 노보시비르스크 건축전문기술학교를 졸업하고 조립건설에서 현장지도원으로 일해왔고 부인과 함께 4명의 자녀를 키우고 있었다. 그런데 그가 좀 더 돈을 벌 목적으로 루크농사에 끼어들였다. 황 블라디미르는 13년동안 루크농사를 짓고 있었다. 그는 자동차 및 중기 운전수였다. 작년에 황은 7천루블을 손에 귀었는데 6천루블리는 봄에 지게 된 빚을 갚았다. 최 알렉산드르는 1985년부터 도조제(고본제)로 루크농사를 짓는다. 루크재배업지는 루베로이드와 몇장의 널판으로 지은 농막에서 산다. 고려사람들은 변덕이 심하고 노력과 비용이 많이 드는 루크농사를 지으려고 한다. 왜? 계절농사군들은 땅을 임차하여 계획수확을 무상으로 바친다. 그대신 경리로부터 씨, 비료, 기계를 공급받는다. 실제로 한 겍타르에는 농사군에게 600루블의 노임을 주어야 하는데 경리는 이 액수의 절반도 지급하지 않는다. 계획 이상의 산물은 자유롭게 판매할 수가 있다. 송블라디미르는 켁다르당 580젠트네르를 수확했는네 킬로에 27코페이카로 바쳤다. 실제로는 24고페이카만을 받았다. 이 임차제는 20년전부터 도입되어 있었다. 그러나 재배자들은 신분상 대단히 불합리한 위치에 놓여 있다. 고려사람들이 촘촘히 살고 있는 일부지역에서는 노동능력을 가진 주민들의 20~40%가 계절채소재배업에 참가하고 있다. 1989년 자료에 의하면 안디잔주 보스부락에서 고려인 220명중 68명이 계절농사군이다.

큰 기여는 하였지만 그러나 문제의 해결은 다른 문제와 얽히게 되어 어려운 상황이 되어 버렸다.

그러한 복잡한 문제 중의 하나로 들 수 있는 것이 페레스트로이카 이후에 노골적으로 드러나게 된 민족간의 갈등과 충돌이다. 각 민족들이 이전과는 달리 민족적 정체성을 확인하고 자민족의 이익을 추구하는 마당에 이것이 서로 대립하여 민족들간의 충돌이 계속 일어나게 됨에 따라서 한인들은 점차 이의 희생물이 될 가능성도 높아지고 있다. 왜냐하면 한인들은 스스로를 보호할 수 있는 권력적 장치를 전혀 가지지 못하였기 때문이다. 특히 자치제가 결여된 까닭에 이에 대한 효과적인 방안이 그리 쉬운 일은 아니라고 볼 수 있다.

어쨌든 '한민족공동체' 정책의 입장에서 보더라도 소련에서 점증하고 있는 민족주의의 위험에 대한 한인들이 보호될 수 있는 충분한 주의와 대책의 마련을 소련정부나 한인들이 집단거주하고 있는 공화국의 정부와 협의할 것이 필요할 것이다.

5. 맺음말

이미 우리가 살펴본 바와 마찬가지로 재소한인들은 그들의 긴 역사를 통하여 소련에서 특수한 위치를 차지하고 있다. 소련에서의 민족정책의 근본적인 오류로 말미암아 한인들은 소련의 100여의 소수민족 중에서도 특별한 고난의 길을 밟아왔다고 말할 수가 있다. 그동안 우리와 소련간에는 냉전적 대결 때문에 이 문제에 대해 접근하는 것이 사실상 불가능하였다. 그러나 우리 나라의 북방정책의 전개 이후에 급속히 진전된 한소관계로 말미암아 우리는 재소한인들의 문제를 보다 자유롭게 거론하고 필요한 대책을 세울 수 있는 입장에 놓이게 되었다.

이러한 조건하에서 재소한인들의 명예가 페레스트로이카와 더불어 회복이 되고 이들에게 민족적 재생의 기회가 주어진 것은 다행스러운 일이라고 말할 수 있다. 그러나 민족적 재생이 실제로 이루어지기 위하여서는 넘어야 할 과제들이 너무나 많이 있다. 우선 무엇보다도 소련에서 민주화가 계속 진행되어야하며 이러한 과정에서 있을 수 있는 과도한 민족주의의 폭력에 한인들이 방어할 수 있어야 한다. 특히 8월 쿠테타의 실패 이후에 이러한 위험성은 더욱 증폭되었다. 연방의 통제력이 급속히 약화되면서 각 공화국의 권한이 증대되고 있는 형편이므로 한인들이 살고 있는 공화국과의 긴밀한 협조가 요청된다. 이를 위하여 무엇보다도 현명한 외교정책이 요구된다고 보며 사태가 위험스럽게 발전할 때에는 한민족을 보호할 수 있는 장치로서의 여러 조치가 이루어져야 한다고 생각된다. 이에 재소한인들의 국적회복의 문제도 포함될 수 있을 것이다.

어느 경우에나 재소한인들은 소련의 시민으로서의 당당한 권리를 가짐과 동시에 '한민족공동체'의 일원이므로 우리로서는 이러한 인식 하에서 적절한 유대를 강화하는 것이 필요하다고 본다.

<『中蘇問題硏究』, 제17호, 부산대 중소문제연구소, 1991>

제 2 부 소련의 역사해석과 한국사

소련에서의 한국학연구

1. 머리말

한소관계가 급속히 개선됨에 따라 소련에서 한국학이 어느 정도 이루어지고 있는가에 대하여 동시에 많은 관심이 기울이지고 있는 것으로 보인다. 이러한 가운데 부분적으로는 소련에서 이루어진 한국학관계서적들이 번역 출간되었으며 이러한 책들은 그동안 궁금했던 소련의 한국학연구 수준에 대하여 어느 정도 짐작할 수 있는 근거를 제공하기도 한다.

그러나 일반적으로 보아 소련에서 이루어지고 있는 한국학연구에 대하여는 아직 우리 학계는 정확한 파악을 하지 못하고 있는 실정이다. 우선 국내의 어느 한 도서관의 경우도 소련에서의 한국학에 대한 연구물을 체계적으로 수집한 곳이 없으며 이러한 실정은 소련에 대한 우리학계의 일반적인 지식의 부족과 마찬가지로 소련의 한국학에 대하여 전체적이고 깊이 있는 분석을 불가능하게 만든다. 따라서 우선 지금부터라도 소련에서 이루어지고 있는 한국학관계 저작에 대한 문헌의 체계적인 수집이 이루어져야 하지 않을까 하는 생각이 든다.

이와 같은 실정이 우리의 현실이기 때문에 본고가 소개하는 소련의 한국학 현황은 상당히 피상적인 것이 분명하다. 그렇지만 앞으로라도 자료를 수집하고 분석하는 데에 많은 사람들이 관심을 가져주었으며 하는 바램으로 소련에서의 한국학에 대한 간략한 소개를 할까한다.

2. 소련에서의 한국학 연구의 시기구분

소련에서의 한국학연구는 대개 5개의 시기로 구분될 수 있다고 본다. 그 첫 번째는 한국에 대한 일반적 지식이 위주로 되었던 제정 러시아시기이며 두 번째는 1917년의 혁명 이후로 1944년까지의 시기, 세번째는 1945년에서 1955년까지의 시기, 그리고 제4기는 1956년에서 1984년까지의 시기, 그리고 1985년 이후의 시기 등 모두 5개의 시기로 구분하는 것이 가능하다고 본다.

이같은 시기구분에 의하면 각 시기는 그 나름대로의 특색을 가지고 있다. 우선 제1기는 제정 러시아의 동방정책에 따라 각국을 알아야 할 필요에 의해서 한국에 대한 연구가 이루어진 시기였다. 물론 이 시기에는 본격적으로 한국학에 대한 연구가 성립해 있었다고 보기는 힘들다. 몇 개 개별적인 연구를 수행한 학자들이 있었던 것은 사실이지만 전반적으로 볼 때 한국에 대한 기본적 정보를 수집하는 차원에서 한국학이 이루어져 왔으며 한국을 학문분야별로 나누어 연구한다는 일은 생각할 수 없는 일이었다.

그럼에도 불구하고 이 시기에 러시아대장성에 의해『한국지』(1900)같은 뛰어난 한국에 관한 종합연구서가 나올 수 있었는바 이후에 이 책은 러시아의 한국학자들에게 훌륭한 교과서로서의 역할을 다하였다.

제 2기에 있어서의 한국학의 연구는 제1기와는 근본적으로 다른 성격을 지니고 있었다. 이 시기의 한국에 대한 연구는 한국이 일본의 식민지 지배하에서 제국주의적 수탈을 당하고 있다는 전제하에서 한국의 사회경제적 상황에 대한 연구, 한국의 민족해방운동, 한국의 제반 사회운동에 대한 연구가 주류를 이루었으며 이러한 점에서 볼 때 이 시기는 일제시대에 대한 풍부한 연구 및 정보를 소련이 가지고 있었던 시기라고도 말할 수 있었다. 그러나 이 시기의 한국학연구도 그 본질에 있어서 한국에 대한 종합적 정보의 성격이 강한 것이었다. 대부분의 연구는 한극에 대한 당대의 정보라는 성격을 크게 벗어난 것은 아니었다. 물론 이러한 언급이 그 당시 이룩한 소련의 한국에 대한 연구를 저평가하려는 것은 아니며 오히려 당대사적인 성격을 가지고 있었기 때문에 학문적 형식의 면에서는 다소 빈약했었는지 모르지만 우리에게 필요한 많은 정보를 주고 있는 것이 사실이라는 점을 지적하지 않으면 안되겠다.

이러한 가운데 A. P. 그리고리예프스키는 극동지방의 러시아-한어 방언을 연구한 바 있으며 1920년대에 폴리바노프(E. D. Polivanov)와 1930년대에 홀로도비치(A. A. Kholodovich)에 의한 언어학적 연구는 괄목할만한 것이라고 말할 수 있다. 또 아노소프(S. D. Anosov)도 우수리지방의 한인에 대하여 귀중한 연구인『우수리 강변의 한인들』이라는 책을 남겼다. 그렇지만 무엇보다도 많은 업적은 주로 한국의 민족해방운동에 관계하고 있었던 박진순, 남만춘, 김만겸, 리강 등의 재소한인의 한국에 대한 상황연구와 사회운동, 민족운동에 대한 연구로서 이들의 연구는 학문적인 형식에서는 부족한 점이 있어도 일제시대를 연구하고 이해하는데는 많은 도움을 주는 저작들이다.

그러나 제2기의 마지막 시기인 1939-1945년은 한국학의 맥이 거의 완전하게 끊어졌다고 말할 수 있다. 그 이유는 우선 1937년 한인의 강제이주와 그에 따른 한인 인텔리들의 대량숙청으로 인하여 한인연구자들이 전혀 그 자취를 감추게 되었고 이어서 1941년부터 시작된 전쟁에서 많은 학자들 역시 희생당할 수밖에 없었으며 스탈린의 가혹한 전제정치하에서 최소한의 학문적 자유도 생각할 수 없었기 때문이다.

3. 해방 이후의 소련의 한국학

제3기인 1945년 이래로 한국학은 다시 부흥되기 시작하였다. 그러나 이 시기의 학문은 엄밀히 말해 대단히 제한적 요소가 많은 것이었다. 해방과 더불어 한국에 대한 관심은 급속히 고조되었다. 그러나 당시의 상황에서 이는 학자들의 관심이었다기보다는 새로이 성립한 북한과의 긴밀한 관계 속에서 국가적 요구에 의해 한국학에 대한 요구가 시작된 것이라고 말할 수 있다. 그러나 이 시기의 한국학연구자들은 일반적으로 한인들의 활동이 거의 눈에 띄지 않는다. 그 이유는 1937년에 한인들이 강제이주된 이후에 소련에서는 한인들을 범죄인으로 취급하여 당시의 동양학 연구지인 모스크바나 레닌그라드에서 교육을 받을 수 없었기 때문이었다. 아마 이 시기에 한국학연구의 개척자로 주목할만한 인물은 미하일 박일 것이다.

그는 1918년 6월 21일생으로 연해주 하산구 니즈니예 얀치헤 마을에서 농민집안에 출생하였고 1936년에 치타 역에서 중등학교를 졸업한 후 체르늬셰브스키 역사철학문학모스크바국립 연구소 역사학부에서 수학하였다. 대학을 1941년에 졸업한 후 크질-오르다에서 중등학교교사로 근무하였으며 그후 통합 우크라이나, 중앙아시아, 모스크바대학에서 아스피란투라(대학원생)로 있었으며 1947년에 19세기 한국사관계로 박사후보 학위논문을 통과하고 1945-56년에 교수생활을 하였다. 또 랴잔사범대 학장, 모스크바국립대학 역사학부 학장을 역임하였다. 그 이후 그는 1956-61년 모스크바국립대학 아시아 아프리카연구소 학장 및 교수를 지내고 김부식의 삼국사기에 관한 논문으로 1960년에 박사학위를 받았고 현 소련과학원 후보원사로 있다. 이에 대해 자세한 소개를 한 이유는 그가 1937년의 강제이주후 한인지식인이 거의 모두 처형된 상황에서 새로이 한국학을 개척하는데 대단히 중대한 역할을 하였기 때문이다.

그런데 대체로 보아 1945년 이후의 한국학은 한인 이외의 학자들에 의하여 연구가 이루어졌으며 그러나 기본적으로 이데올로기적으로 심한 왜곡과 결함을 가지고 있었다.

일단 연구의 하부구조를 볼 때 전전에 레닌그라드에 근거를 두고 있었던 동양학연구는 전쟁 중에 많은 연구인원을 상실하고 타슈켄트로 소개되었다가 전후에 다시 레닌그라드로 돌아왔지만 연구인력의 부족은 현저한 현상이었다. 본격적인 전문가는 존재하지 않았다 해도 과언은 아니라고 말할 수 있다. 그리하여 동양학연구소를 재조직하는 문제가 대두되어 1950년 여름에 동양학연구소는 모스크바로 이전되었고 동연구소가 다시 8월에 태평양연구소를 합병했으며 9개의 부로 조직이 나누어졌고 그 중에 한국과 몽고부는 산제예프(G.D.Sanzheev)가 이끌었다. 그리고 동양고문서는 티호노프(D.I.Tikhonov)가 담당하게 되었다. 그러나 전문가가 결여된 상태에서 효율적인 연구활동을 기대하는 것은 어려운 일이었다.

제4기인 1956년 이후부터 한국학 연구는 본격적인 괘도에 진입했다고 평가할 수 있다. 이때부터 한국의 역사, 언어, 문화, 정치, 경제의 각방면에 걸친 많은 연구물들이 축적되기 시작한다. 이때의 연구는 일단 스탈린 시대의 개인숭배에 기울어진 연구를 지양하고 사회주의에 대한 폭넓은 이해가 가능한 바탕이 마련될 수 있었기 때문에 적지 않게 주목할만한 연구들이 많이 나올 수 있었다.

한국학연구에 대한 하부구조도 튼튼하게 정비된 것이 또한 이 시기의 특징이었다. 1956년에 소련과학원은 세계경제 및 국제관계연구소를 설립하였고 동양학연구소는 1956년 9월에 재편되어 6개 부가 생겨났고 극동 및 동남아시아부 안에 게오르기 김이 지도하는 한국일본과가 있었다. 또한 동양학연구소의 레닌그라드 지부가 조직되었다. 1960년에는 아시아인민연구소와 세계사회주의체제경제연구소가 상설되었다. 이 아시아인민연구소에는 1961년에 조직개편을 통해 7개의 지역연구부가 조직되었는 바 한국-몽고-월남부를 게오르기 김이 책임지었다. 이후에 한국학연구는 더욱 활발해져서 모스크바, 블라디보스톡, 타슈켄트, 알마타, 이르쿠츠크, 노보시비르스크 등지에서 한국학을 연구하고 있으며, 연구기관으로는 소련과학원의 동방학연구소, 새계사회주의체제경제연구소, 민족학연구소, 극동연구소, 국제노동운동연구소, 세계문학연구소, 모스크바대학부설 아시아아프리카연구소, 소련외무부산하 국립 모스크바국제관계연구소, 레닌그라드대학, 이르구츠크사범대학, 알마아타대학, 타슈겐트대학 등에서 한국사 및 한국학을 연구하고있다.

또한 이 시기에 생산된 연구문헌 및 저서들은 한국학의 높은 수준을 보여주는 것도 적지 않다고 말할 수 있다. 각 학문영역별로 논저가 생산틴 것도 역시 이 시기에 들어가서야 본격적으로 가능해졌다.

이 시기에 한국학은 주로 북한에 대한 연구였다. 그리고 기본적으로 그것은 북한 사회주의체제의 우월성을 강조하는 성격의 것이었다. 그러나 남한에 대해서도 연구업적이 나오고있음을 주목하지 않을 수 없는데 그러한 연구에 가장 중심적인 역할을 해낸 것은 게오르기 김이며 그 외에도 소로코(O.S.Soroko)의 남한 농업문제에 대한 연구 및 시니쬔(B.V.Sinitsyn)의 『남한의 산업과 노동계급의 상황』(1961) 『남한경제개요』(1967), 카자케비치(I.S.Kzakevich)의 『남한의 농업문제』(1964)등 훌륭한 모노그라피들이 나오게 되었다. 또한 마주로프(V.M.Mazurov)의 『남한과 미국』(1971), 프로쉰(A.A.Proshin), 티모닌(A.A.Timonin)의 『미국의 신식민주의과 남한』(1985), 수슬리나(S.S.Suslina)의 『남한공업에의 외국자본의 팽창』(1979)등의 연구물이 나오게 되었다.

한편 역사학으로서는 이 시기부터는 고대에서부터 현대에 걸치는 시기에 골고루 연구물이 나오게 되었다. 우선 고대사에 있어서 팔목할만한 업적으로 들 수 있는 것은 미하일 박의 고대사연구이며 부틴(Iu.M.Butin)의 『고조선』(1982) 및 『조선에서 삼국시대까지의 조선』(1984)도 주목할

만한 것이다. 중세조선시대의 황동민의 연구, 조선봉건제에 대한 바닌
(Iu.V.Vanin)의 연구, 쨔가이(G.D.Tiagai)의 『봉건말기의 조선 사회사상』
(1971), 『한국에서의 민족해방운동 이데올로기의 형성』(1983), 샤브쉬나
(F.I.Shabshina)의 『1919년의 인민봉기』(1958), 쉬파에프(V.I.Shipaev)의 『민
족해방운동에서의 조선부르조아지』(1966), 근대국제관계에서의 나로친스
키의 연구가 주목할만한 것이었다. 또한 현대사분야에서는 마주로프
(V.M.Mazurov), 샤브쉬나(F.I.Shashina), 보론쪼프(V.B.Vrontsov), 김(G.F.
Kim), 예례멘코(L.E.Eremenko), 그랴즈노프(G.V.Griaznov), 티호미로프
(V.D.Tikhomirov), 쉬파에프(V.I.Shipaev), 이바노바(V.I.Ivanova) 등의 연구
가 주목되며 이러한 연구업적의 축적은 1974년의 두 권으로 된 『한국통
사』의 출간으로 나타나게 되었다. 이 책은 하권은 우리 나라에서도 번역
되어 출간되었지만 이 책에서 우리는 그동안 소련의 사학계가 한국사에
대해 쌓아온 성과와 그 한계를 동시에 읽을 수가 있다.

 어문학분야에서는 이 시기에 상당한 정도의 연구가 이루어졌다고 말
할 수 있다. 훈민정음연구에 있어서 콘체비치나, 특히 마주르의 한국어
연구, 니콜스키에 의한 사전편찬작업이 큰 업적으로 지목되지 않을 수
없다. 특히 1976년에는 15만 단어를 수록한 『조로사전』이 출간됨으로써
소련의 한국학연구에 큰 기여를 하는 일도 있었다. 문학분야에 있어서는
마리아나 니키티나의 연구가 활발하며 그 외에 김만중의 『구운몽』등 고
전작품이 번역되기도 했고 안나 아흐마토바같은 일급시인에 의해 한국
의 고전시가들이 번역되기도 했지만 주로 북한작가들의 작품이 상당수
러시아이로 번역되었다.

 민속학의 분야에서는 R.A.쟈릴가시노바의 연구가 주목할만 하다. 그녀
는 한국고대사에서 출발하여 그후 한국민속학으로 연구방향을 잡았다.
레닌그라드에 있는 인류학 및 민속학박물관은 한국의 의복, 가정용품,
세간, 장신구, 도자기 등의 한국수장품을 소유하고 있다.

4. 페레스트로이카와 한국학

제5기는 페레스트로이카과 더불어 시작된 것이지만 그러나 페레스트로이카 자체도 출발점과 달리 그 모습이 많이 변화하고 있으며 더구나 역사학에서 그 성과가 나타나는 것은 다소 시간이 걸리는 작업이라고 볼 때 페레스트로이카의 성과를 전적으로 반영한 한국학연구는 아직 태동중이라고 보지 않으면 안된다.

그러나 그러한 가운데서 최근에 우리나라에서도 번역되어 출간한 수슬리나(S.S.Suslina)의 『남한의 산업』(1987, 『남한경제론』으로 번역됨), 그리고 부쬐긴(A.A.Butsygin)의 『남한사회 중간계층분석』(1987) 그리고 미하일 박의 『남한 역사학 개요』(1987)을 주요한 업적으로 들 수 있다. 이제 이러한 저작들의 내용을 좀 상세히 살펴보기로 하자.

수슬리나의 『남한의 산업』은 소련학계가 가지고 있는 남한관을 나타내준다는 점에 있어서 그 내용을 검토해 볼 필요가 있다. 수슬리나는 그의 저서에서 남한경제에 대해 주목할만한 언급을 하고있다.

현재 남한은 그 경제 발전 도정에서 세계자본주의경제로 편입되는 과정의 모든 형태ㅡ세계자본주의 ≪중심부≫에 대한 일방적 종속관계에서부터 그와의 불균등한 상호의존관계 상태의 획득까지ㅡ를 연속적으로 경험한 발전도상국의 두드러진 본보기인데, 이는 세계자본주의경제에서의 그 특별한 지위에 의해 이미 예정되어 있던 것이다. 장래에는 선진자본주의국들과 ≪일상적인≫ 상호 의존 및 상호관계를 맺는 쪽으로 이행하리라 예기되는데, 남한의 경험은 이러한 이행이 ≪세계자본주의로부터의 이탈이 없이도 가능하다는 것을 보여주었다.≫

수슬리나의 이같은 논의는 E.M.프리마코프의 『식민주의체제 붕괴 후의 동방』(모스크바, 1982)에서의 논의를 계승한 것으로 이 논의는 더 나아가서는 레닌의 제국주의 시대에서의 자본주의의 정치적 경제적 불균등발전법칙에 근거를 둔다고 하였다. 물론 과연 남한경제의 역동성 및 종속이론에 대한 이같은 비판이 레닌의 논리에서 끌어져 나온 것인지의 여부는 제쳐 두고라도 이러한 논의는 일단 사회주의의 승리와 자본주의의 몰락이라는 도식에 입각하여 발전도상국의 문제를 제대로 그 역동성을 관찰하며 고찰하지 못했던 소련학계의 일단의 진전을 반영한 것이라고 볼 수 있다. 수슬리나는 나아가서 남한에는 국가독점자본주의가 전면적으로 발전하고 있으며 70년대말 남한은 중공업부문의 비중에 있어서 대체로 중진자본주의국 수준이었다고 규정하고 남한의 자본주의가 발전하며 남한은 "기술식민주의"의 지배하에 놓이게 되고 이러한 기술팽창의 대상인 남한은 그 자신이 "亞제국주의적 ≪중심부≫의 일원이 되고 있다"고 하였다. 수슬리나의 이같은 논의는 현재 기술적 도약과 그에 따른 어려움을 눈앞에 두고 있는 우리에게는 적합한 지적이라고 보이지만 남한을 "亞帝國主義"로 규정하는 것은 무리가 있는 것이 아닌가 생각된다.

A.A.부칙긴의 『남한사회중간계층분석』도 기본적으로 수슬리나와 같은 맥락을 가지고 말한다. 그러나 그가 "외국자본의 대대적인 팽창은 식민지배시기에 생겨난 자본주의의 씨앗을 촉성시켰으며 이 나라에 자본주의적 생산관계를 부자연스러울 정도로 급속하게, 어떤 의미에서는 인공적으로 "재배"시켰다고 말할 때 그는 남한사회의 역동성보다는 오히려 타율적 자본주의를 강조하고 있는 듯이 보인다. 그런데 제국주의 국가들이 자기의 이해에 맞게 남한경제를 재편하는 것이 남한의 성장과 일치하는 것은 무엇보다도 남한 내부에서의 역동성이 고려되지 않으면 해명되기 어려운 문제일 것이다. 왜냐하면 제국주의 국가들이 결코 개발도상국의 이익을 위한 정책을 쓰지는 않을 것이기 때문이다.

한편 미하일 박 교수의 저서 『남한역사학개론』은 그 부제 '남한 역사가들의 부르조아 민족주의적 이념의 비판'이 말해주 듯 현재 남한의 주

요 역사학자들의 사학사 연구를 대상으로 하여 그 저류에 흐르고 있는
부르조아 민족주의의 성격을 규명하려한 저서이다.

5. 맺음말

이러한 저작물들은 기본적으로는 사회주의 체제에 대한 우월성을 전
제하고 있다는 점에 있어서는 아직도 필요한 객관성의 확보에 많은 문
제를 가지고 있는 것으로 보인다. 이 저작들에서는 한국의 사회를 중진
자본주의로 평가하고 있으며 전통적으로 남한사회를 신식민지 종속국으
로 보던 입장을 다소 바꾼 것으로 주목할만한 것이지만 그 문제의식은
페레스트로이카 이전의 전통적인 관점과 그 이후의 신사고에 입각하여
남한경제의 역동성을 인정해야한다는 요청이 혼재되어 있다고 볼 수 있
다. 또한 미하일 박의 『남한역사학개요』도 남한의 역사학을 부르조아 역
사학으로서 상당히 강도 높게 비판을 하면서도 남한역사학의 발달을 사
실대로 인정하고 있는 측면을 보여줌으로써 이른바 구사고와 신사고의
과도기의 모습을 보여 준다.

앞으로 페레스트로이카가 더 진전되어 소련에서의 학문적 자유가 더
주어지고 연구자의 활동이 더 자유로와 진다면 이제 소련에서도 반드시
마르크스-레닌주의만을 고집하지 않는 새로운 한국학연구들이 많이 나
을 것이며 그러할 때 이러한 연구들은 그동안 소련학계가 축적해온 마
르크스적 방법론에 입각한 연구물들과의 상호비판을 통해 한국연구수준
을 한 단계 더 높일 수 있을 것이라고 기대할 수 있다. 무엇보다도 중요
한 것은 소련학계가 학문 외적으로 주장해오던 이데올로기적 교조의 잔
재를 떨쳐버리는 일이며 이 면에서 상당한 정도의 진전은 있었다고 인
정할 수 있지만 아직 만족할만한 단계는 아니라는 것을 말해두지 않으
면 안된다.(1990년 집필)

소련에서의 '한국사' 연구

1. 머리말

소련과 우리 나라가 처해있는 환경과 또한 앞으로 두 나라의 관계의 진전을 예상해볼 때 양국의 서로에 대한 이해가 대단히 필요한 시점이라고 생각된다. 이러한 점에 있어서 소련의 학계에서는 한국사를 어떻게 이해하고 있는가를 살피는 것은 우리가 소련을 이해하기 위해 필요한 한 방편이라고 할 수 있겠다.

소련에서의 한국사연구를 점검하는 또 하나의 이유는 소련에서의 한국사연구를 학문적인 업적으로 한국사학계가 흡수할 필요성에서이다. 전세계의 학문연구가 점점 관계가 깊어지고 학문의 교류가 활발해지는 이 시점에서 그 동안에 우리의 인식에 거의 공백으로 남아있는 소련의 한국사학계를 점검하여 우리학계가 우리에게 부족한 점을 보완할 수 있는 기회가 되었으면 하는 것이 이 글을 집필하게 된 동기이다.

특히 그 동안 막연히 소련에서는 마르크스-레닌주의에 입각하여 역사학을 구축하고 있다고 일반에게 인식되어온 것이 그 실제에 있어서 어

떠한 문제점이 있었는가를 살피는 것도 오늘의 우리에게는 도움이 되
는 일이라고 할 수 있겠다.

2. 소련에서의 한국사연구와 그의 통계적 개요

소련에서의 한국사연구는 이미 제정시대에 시작된 전통을 이어받고
있다. 구 한말에 제정러시아는 한반도를 차지하려는 의도를 가지고 있었
기 때문에 한국에 대해 예의 주시하고 있었으며 그러한 이해관계를 반
영하여 한국에 대한 학문적 저작들이 일찌기 나올 수 있었다. 그리하여
다음과 같은 저작들이 발견된다. 제정시대의 한국관계 연구는 비추린(I
a.Bichurin)의 Sobranie svedenii o narodakh, obitavsich v Srednej Azii v
prevnija vremena(sankt Petreburg, 1851)를 시작으로 하고 있으며 1874년에
는 푸칠로(M.P.Pucillo)에 의해 *Orut russko-koreiskogo slovar'*(sankt
Peterburg, 1874)라는 최초의 노한사전이 나오기도 하였다. 또 1882년에는
안도(K.Ando)에 의해 *Ocherki Korei*라는 최초의 한국지가 나왔으며 이는
일본의 사료에 의거한 것이었다. 그리고 1888년에는 최초의 한국사개설
*Obshchii ocherk istorii Korei*가 나오게 되었다.

19세기 말에 들어가면 러시아의 한국학은 제도적으로 자리를 잡게 된
다. 1897년에 산크트 페쩨르부르그대학 동양학과에 한국어강좌가 개설되
었으며 여기에서는 한인 민경식과 김병옥이 교사로 활약하였다. 이어서
1899년 블라디보스톡 「동방문제연구소」에 한국어강좌가 개설되었다.
1900년에는 러시아에서의 한국학의 표본적 교과서라고 이야기 할 수 있
는 『한국지』(*Opisanie Korei*, Sankt Peterburg, 1900)가 간행되었고 이어서
블라디보스톡을 중심으로 쿠네르가 한국에 관한 업적을 남겼다. 그 중요
한 것은 다음과 같다.

N.V.Kuner, Ocherki Korei, ≪Izvestia Vostochnogo Instituta≫,

Vladivostok, 1910-12

　N.V.Kuner, *Lektsii po kommercheskoi geografii stran Dal'nego Vostoka*, Vladivostok, 1906

　무엇보다 우리의 관심을 끄는 것은 혁명이후의 업적일 것이다. 혁명이후 소비에트러시아에서의 한국사연구는 본격적으로 활기를 띄게 되었다. 그러나 1920년대의 한국사연구는 순수한 연구적 입장에서 출발하고 있는 것이 아니었다. 이 시기의 한국사연구는 한국이 일제의 식민지로 되어있다는 사실로 또 신생 소비에트정권이 아시아의 식민지에서 일어나고 있는 민족해방운동과 결합하려고 하는 의도를 가지고 있었기 때문에 소비에트정권과 아시아의 민족해방운동을 결합하는 그러한 실천적 과제에 필요한 연구를 하는 것이었다. 이러한 상태에서 연구의 주축을 이룬 사람들은 한국민족해방운동에 관련된 혁명가들이었다. 빌렌스키, 박진순, 슈먀츠키, 남만춘 등이 바로 그러하였다. 1930년대에는 스탈린주의가 강화되어가는 가운데 최성우, 리강 등의 연구가 뒤따랐다. 그러나 이러한 한국사에 대한 연구가 1937년 스탈린의 대숙청 및 한인의 강제이주 및 이에 따른 대량숙청이후에 소련에서의 한국사 연구는 사실상 중단되었고 그 연구자들의 맥도 끊어지게 되었다. 동양학연구기관이 전쟁을 피하여 중앙아시아로 소개되었는데 1939년에 레닌그라드대학 「동양학연구소」 타슈켄트로 소개되었다. 한인들이 타슈켄트지방에 대량 이주하였기 때문에 타슈켄트가 한국사연구의 중심이 되었는데 1940년에는 타슈켄트대학에 한국어강좌가 개설되기도 하였다. 1944년에는 모스크바대학 극동학부가 설치되었는데 여기에서 한국사가 연구되었고 무엇보다도 중요한 것은 1955년에 소련 과학원 「동방학연구소」가 12부로 강화되면서 한국사연구가 활기를 띄었고 특히 1956년에 게오르기 김이 한국 및 일본연구의 책임자가 되면서 소련에서의 한국사에 대한 학문적 연구가 활발해졌다. 이리하여 대체로 1945년 이후 특히는 1956년 이후는 한국사가 학문적 토대가 든든해졌다. 1945년 이후의 주요한 한국사연구가로는 미하일 박, E.피구레프스카야, F.I.샤브쉬나, V.B.보론쪼프, G.F.김, G.D.쨔가이를 들 수 있다.

다음에는 소련에서의 한국사연구에 대해 다음의 통계를 살펴보기로 하자. 필자가 조사한 바에 의하면 1917년 이후 1970년까지의 소련에서의 한국사연구는 다음의 통계로 제시될 수 있다.

<표 1> 소련의 한국사(-1945) 연구

	일반	고중세사	근대사	현대사 (1917-45)	계급투쟁 민족해방
1917-1928(12)	0	0	8	96	1
1929-1937(9)	0	0	6	55	1
1938-1945(8)	0	2	1	6	0
1946-1955(10)	4	7	40	8	1
1956-1970(15)	3	32	38	13	28

자료: *Bibliografia Korei, 1917-1970*, Moskva, 1981

표1은 소련에서의 1945년 이전의 한국사연구를 통계 낸 것이다. 이 표에서 우리가 말할 수 있는 것은 소련에서의 한국사는 압도적으로 근현대사 그중에서도 특히 현대사가 중심이 되어있다는 사실이다. 또 한가지 주목할 것은 1938-45년이 연구의 공백인데 이 시기에는 소련이 전쟁을 겪기도 하였지만 보다 중요한 것으로는 1937년의 소련지식인 및 한인지식인의 대량숙청으로 말미암아 연구의 전통이 끊겨버렸기 때문인 것으로 보인다. 1946년 이후에는 고중세사에도 어느 정도 관심이 고조되고 있다. 1945년 이후의 시기의 현대사연구는 다음의 표를 참고하기로 하자.

<표 2> 소련의 한국사(1945-) 연구

	일반 국제관계		북한사		남한사	한국전쟁
	일반	대외관계		법		
1945-1955	44	23	14	8	12	8	219
1956-1970	36	20	76	15	30	59	34

자료: *Bibliografia Korei, 1917-1970*, Moskva, 1981

　표2를 보면 1945년 이후의 한국사연구는 북한사가 큰 비중을 차지하며 특히 한국전쟁에 대하여 풍부한 연구문헌을 가지고 있음이 드러난다. 이러한 통계에 대한 지식을 가지고 이제는 소련의 한국사연구의 내용적인 면을 검토하여 보기로 하자.

3. 소련 한국사연구의 방법론

　소련에서의 한국사연구의 방법론의 문제를 검토해보기로 하자. 소련에서의 한국사연구의 시작은 식민지 민족해방운동에 대한 관심의 일환으로 출발되었다고 말할 수 있다. 새로이 성립한 소비에트정부는 식민지의 민족해방운동과 긴밀한 관계를 유지하려 했으며 그러한 노력이 주로 식민지의 사회경제연구 또는 민족해방운동의 연구로 연결되었다. 그러한 연구의 기본적인 방법으로는 마르크스-레닌주의를 표방한 것이었다. 그러나 그 안에서는 다양한 경향이 존재하기 때문에 너무 자세히 그것에 대해 논의할 수는 없지만 일단 계급투쟁이라는 것을 역사해석에서 결정적인 변수로 취급한다는 점은 얘기될 수가 있다.

　그러나 소련 학계에서도 마르크스-레닌주의에 입각한 역사해석은 1920년대를 지나면 쇠퇴하게 된다. 그 뒤에 등장한 역사관은 스탈린의 역할을 강조한 기계적인 유물사관이 등장하게 된다. 이러한 이유로 인하여 1930년대부터는 1920년대의 업적들이 심하게 비판을 받고 사라지게 된다. 특히 1937년의 대숙청이후에는 한국사연구자들이 거의 자취를 감추게 되어 1945년 이후에는 새로운 세대들이 등장하게 된다. 그러나 그 역시 스탈린적 교조주의에 불과한 것이었다. 1956년 이후 이러한 경향이 부분적으로 완화되기는 하였지만 근본적인 개선이 있지는 못하였다. 필자는 3.1운동이라는 하나의 테마에 대하여 소련에서의 인식의 변화가 어떠했는가를 살핀 적이 있다.(「소련에서의 3.1운동 연구」, 『3.1운동과 민족통일』, 동아일보사, 1989, pp.183-196)

그의 내용을 여기에서 간략히 정리하자면 1919년의 빌렌스키에 의해 쓰여진 "일본제국주의의 독아 밑에서"라는 논문은 민족운동이 신속히 계급투쟁으로 전환하리라는 기대를 가지고 쓰여진 것이며 대개 러시아혁명과 내전기에 쓰여진 3.1운동에 대한 연구는 계급투쟁을 강조하며 10월혁명이 3.1운동에 직접적인 영향력을 행사했다는 것을 강조하였고 1926년에 박진순에 의해 쓰여진 "조선에서의 혁명 7주년에 즈음하여"는 3.1운동을 통일전선의 문제로 인식하였고 민족부르조아지의 진보성을 인정하였고 1929년에 보이친스키의 논문 "조선에서의 3.1봉기 10주년"은 박진순과는 달리 통일전선으로서의 3.1운동 이해보다는 프롤레타리아트의 헤게모니 확립을 위한 극복해야 할 전 단계로서 3.1운동을 이해한 것이다. 1952년에 초판 1958년에 재판이 나온 샤브쉬나의 『조선에서의 1919년 인민봉기』는 미국과 남한에 대한 냉전의식이 강하게 나타나 있으며 스탈린의 인용이 계속되고 있음을 보여준다. 이에 대해 1979년에 나온 V.K.박과 F.L.샤브쉬나의 논문 "한인국제주의자들의 영웅적 과업"은 3.1운동 당시의 민족부르조아지에 대해서 상대적으로 명예회복을 해주고 있음을 보게 된다. 이같이 소련 내에서도 하나의 테마에 대한 해석은 시대적 조건과 깊은 관계를 가지고 있음을 우리는 확인하게 된다. 이러한 변화가 더욱 확연히 예기되는 것이 고르바쵸프의 등장 이후 나타난 페레스트로이카의 시대이다. 이제 그러한 변화의 경향을 살피고 그것이 소련의 한국사학에 미칠 영향을 검토해보기로 하자.

4. 페레스트로이카와 역사해석의 문제

페레스트로이카와 더불어 소련에서는 역사학의 문제가 광범위한 대중들의 관심사가 되어있다. 그 이유는 두말할 필요 없이 지금까지의 소련의 역사학이 심하게 왜곡되어 있었기 때문이다. 지금까지의 소련의 역사학은 진실을 국민들 앞에서 감추어왔다. 또 많은 사실을 왜곡하고 또 수많은 금기의 영역을 만들어내었다. 그같은 역사왜곡의 결정판은 1938년에 나온 『전연맹공산당(볼세비키)소사』라고 할 수 있다. 이 책은 소련의 성경이 되어 소련에서의 역사학의 길잡이가 되었었다. 스탈린주의의 도그마가 역사학을 시배해왔던 것이다.

만일 페레스트로이카가 스탈린주의와의 결별을 원한다고 한다면 그것은 자연히 스탈린주의적 이데올로기, 스탈린적 역사해석을 수정하지 않으면 안되는 것이다. 무엇보다도 그것은 페레스트로이카의 정당성을 확보하기 위해 필요한 것이다.

그러나 우리가 조심스럽게 페레스트로이카의 진행과정을 살필 때 스탈린주의의 이데올로기를 제거하려는 작업이 처음부터 명백히 진행되었다고 보기는 어렵다. 페레스트로이카의 시작이라고 얘기될 수 있는 1985년 4월의 소련공산당중앙위원회 전체회의에서 고르바쵸프는 경제발전의 당위성, 그를 위한 과학기술의 진보 및 관리와 계획의 개혁을 강조하고 있지만 이데올로기의 문제에 있어서는 아무런 언급을 하지 않았었다. 문제는 "경제적 메카니즘의 재구성"이었던 것이다. 경제라고 하는 것이 사회의 하부구조라고 이야기할 수 있다면 그것을 통제하는 정치의 개혁이 없이 경제의 재구성이 가능할 것인가? 또 정치의 개혁이 필요하다고 한다면 기존의 정치체제를 합리화하고 있는 이데올로기에 집착하면서 정치개혁을 추진할 수 있겠는가? 따라서 경제개혁을 수행하기 위해서라도 이데올로기의 문제가 재검토되지 않으면 안되었던 것이다.

1985년 4월 이후 획기적인 의미를 가지는 사건은 1986년 2월에 열린 소련공산당 제27차 전당대회이다. 이 제27차 전당대회는 경제적 개혁의 필요에서 출발한 정치 및 이데올로기와 밀접한 관계를 가지고 있는 것임을 잘 보여주었다. 2월 25일에 행해진 고르바쵸프의 연설에서 이 문제는 잘 드러난다. 문제는 이제 단순한 경제적 재구성이 아니라 "사회주의적 정의", "정치 및 이데올로기적 제도의 혁신" 및 "사회주의적 민주주의의 심화"였던 것이다.

페레스트로이카를 사회의 저변에 확대하고 사회의 지지를 확보하기 위해서는 "민주화"라고 하는 것이 가장 결정적인 수단이다. 그러나 민주주의적 전통이 희박한 소련에 있어서 민주화작업은 기존의 관료계층으로부터 심각한 반발을 불러일으키고 있다. 그런데 역사를 재해석한다는 과제는 보수적 관료계층을 통해 소련사회를 통제하고 있는 스탈린적 이데올로기의 정당성을 부정하는 길이며 페레스트로이카를 위한 정당성을 역사에서 확보한다는 것을 의미한다.

고르바쵸프는 그의 입지를 강화시키기 위한 방책의 하나로 레닌주의로의 복귀라고 하는 선언을 하였다. 그것은 전투적인 의미를 담고있다. 그것은 레닌주의와 스탈린주의의 차이를 구별하는 일일뿐 아니라 스탈린주의를 레닌주의에 반대하는 정치적 이데올로기로서 규정한 것이다. 오랜 기간을 통해서 레닌주의와 스탈린주의를 구별해왔던 소련에 있어서 그것은 대단한 진통을 요구하는 일이다.

물론 스탈린주의에 대한 이같은 공격은 단지 고르바쵸프에서부터 시작된 것은 아니다. 1956년의 제20차 전당대회 그리고 1961년의 소련공산당 제 22차 전당대회는 스탈린 비판의 획기적 전기를 마련해주었고 소련사회에 광범위한 레닌주의자들을 양성시켰다. 지금 페레스트로이카의 주도세력들이 무엇보다도 흐루슈쵸프 시대에 형성된 세대들인 것이다. 스탈린주의에 대해 가장 권위있는 역사가의 한 사람인 메드베제프(Roy Medvedev) 역시 바로 이 시기에 활동한 인물이다.

그러나 흐루슈쵸프의 실각이후 스탈린과 스탈린주의는 점차로 복권이 되었다. 스탈린주의를 부분적으로 수정하는 방법으로는 스탈린주의를 극복할 수 없었다. 이 점에 있어서 소련공산당 제 20차 전당대회 및 제22차 전당대회는 스탈린주의의 문제를 ‘개인숭배’의 차원에서만 이해하고 그것을 체제의 전면적인 재검토라고 하는 차원으로까지는 발전시키지 못하였다. 바로 이같은 점이 스탈린주의의 부활을 가능하게 만들었다.

이제 역사의 재해석은 스탈린주의의 기반을 근저에서 공격하고 체제의 전면적 개혁을 하는 데에 기여하도록 하지 않으면 안되게 되었다. 스탈린주의에 대한 불철저한 싸움은 불가피하게 보수파들이 설 땅을 만들어주는 것이다. 따라서 기본적인 문제는 어떻게 개혁파들이 보수파에 대해 이데올로기적인 헤게모니를 장악할 것인가 하는 점이고 이러한 이데올로기적 투쟁이 역사의 재해석이라는 작업을 통하여 이루어지고 있는 것이다. 이러한 작업에 선구적인 역할을 맡고있는 역사가 아파나시예프(Iuri Afanaseev)의 말에서 우리는 그 의도를 쉽게 짐작할 수 있다.

> 우리는 페레스트로이카가 전복되지 않기를 바라는데 그것은 우리가 결정적으로 비난해온 과거의 유물, 우리가 오늘날도 여전히 경제적 사회적 및 정신적 구조 속에서 그 존재를 느끼는 유물을 파괴하는 것을 전제로 한다… 탈스탈린화는 끝까지 진행되어야 한다. 그 이후에야 사람들은 우리의 말과 행동에 대해 판단할 수 있을 것이다.

탈스탈린화를 끝까지 진행시켜야 한다는 점에 있어서 흐루슈쵸프의 측근 중의 하나였던 부를라츠키(Fiodr Burlatskii)는 동의를 한다. 그에 의하면 흐루슈쵸프의 스탈린 비판은 불충분한 것이었는데 그것은 흐루슈쵸프 자신이 스탈린 시대에 우크라이나에서 그리고 모스크바에서 간부들을 숙청하는 일을 담당했었고 따라서 그는 다른 사람들에 대해 모든 진실을 밝힐 수는 없었다는 것이다. 그는 소련 공산당 제22차 전당대회에서 몰로토프(V.Molotov), 카가노비치(L.Kaganovich)를 비판하면서도 미코얀(A.Mikoian)에 대하여는 침묵을 지켰다. 미코얀은 그의 협력자였기 때문이다. 부를라츠키는 스탈린주의에 대한 비판의 불충분함이 스탈린주의자들의 복귀를 가능하게 했다고 보는 것이다. 따라서 흐루슈쵸프의 실각 경험을 가지고 있는 소련에서는 스탈린주의에 대한 철저한 비판이 더욱 요청되고 있는 것이다.

소련사회의 일각에서 페레스트로이카의 지지파들에 의해 추진된 이같은 역사재해석의 노력이 처음부터 당지도부의 즉각적인 지지를 받은 것은 아니었다. 고르바쵸프는 그의 저서『페레스트로이카』에서 스탈린시대의 농업집단회의 방법과 속도에 대해서는 오류를 인정하면서도 농업집단화 자체를 부정적으로 평가하지는 않았다. 그러나 그는 "역사학은 수정을 요한다"고 인정하였다.

역사의 재해석이라는 작업에 새로운 자극제가 된 것은 10월혁명 70주년을 기념하여 행해진 고르바쵸프의 연설이다. 1987.11.2일에 행해진 이 연설 "10월과 페레스트로이카:혁명은 계속된다"에서 고르바쵸프는 소련의 역사를 재해석하는 작업에 가담하였을 뿐 아니라 그것을 계속 진행시켜야 한다고 강조하였다. 이것은 그 이후에 큰 영향력을 행사했기 때문에 여기서 그의 내용을 잠시 소개하기로 하자.

고르바쵸프는 10월혁명과 그 혁명에 있어서의 레닌의 역할, 사회주의 건설에 있어서의 레닌의 역할, 레닌주의의 창조성을 지적한다. 이 점에 있어서 그의 해석은 소련의 전통적인 해석에서 크게 벗어나지 않는다. 그러나 레닌 이후의 시기에 대한 그의 해석은 특별한 주의를 요한다.

그는 공식 연설에서 처음으로 트로츠키의 이름을 들추었다. 물론 트로츠키에 대한 평가는 부정적인 것이었다. "트로츠키주의는 하나의 정치적 경향으로서 그의 이데올로그들은 좌파의 사이비혁명적 용어로 포장을 하고는 사실상 항복적 입장을 취했다. 그것은 사실상 레닌주의에 대한 전면적 공격이었다."

고르바쵸프는 이어서 지노비에프와 카메네프에 대해서도 트로츠키와의 블록을 형성했음을 언급하고 이들이 끊임없이 당에서의 논쟁을 촉발시키고 당의 분열을 꾀했음에 대해 비판을 가했다. 그리고 스탈린에 의해 지도되는 당이 이데올로기적인 투쟁에 있어서 레닌주의를 승리하게 했다고 말했다. 그러나 그는 트로츠키주의의 패배에 기여한 인물은 거론하면서 부하린, 드제르진스키, 오르드조니키드제, 루드주타크를 긍정적인 각도에서 평가하고 있는 것이다. 특히 부하린에 대한 것은 특별한 주의를 요한다.

고르바쵸프는 1930년대에 부하린이 사회주의 건설에 있어서의 시간의 요소를 과소평가했음을 지적하였다. 그러나 고르바쵸프는 그의 연설에서 레닌이 부하린에 대해 긍정적으로 평가한 유언을 인용하였다. "부하린은 당내에 있어서 가장 뛰어난 사람들 중의 하나일 뿐 아니라, 대단히 높은 가치를 가지고 있는 이론가이다. 그는 당 전체의 사랑을 받을 만 하다. 그렇지만 그의 이론적 논점들은 완전히 마르크스주의적으로 되기 위해서는 많은 유보를 가지고있다. 왜냐하면 그에게는 사변적인 점이 있기 때문이다.(그는, 내가 생각하기로는, 결코 변증법을 공부하지 않았고 , 또 완전히 이해하지 못했다.)" 공식연설에서 이 같은 정도의 언급은 그때까지 "인민의 적"으로 처형당하고 아직 복권되지 않은 상태에 있던 부하린에게는 획기적인 언급이었던 것이다.

또 고르바쵸프는 1920-30년대의 소련의 산업화에 대해 언급하면서 그 과정에서 성장한 관료주의와 그 병폐에 대하여 신랄한 비판을 가했다. 그는 엄격한 중앙집권적 명령체계가 농촌사회의 변형에 관한 일을 수행하기에는 불가능하다고 했다. 산업화의 진행과정에서 객관적 경제법칙이 무시되었으며, 농촌에서의 사회적 관계에 주의를 기울이지 못하였고 농민층에 대해 정치적으로 올바르게 평가하지 못했고 중농과의 연맹에 실패하였음을 지적하였다. 그는 1930년대의 농촌집단회의 과정에서 "거친 위반"이 행해졌음을 언급하였다. 집단화가 쿨락에 대해서 뿐 아니라 중농에 대해서도 투쟁을 전개시켰음을 인정한 것이다.

고르바쵸프는 이어서 사회주의의 건설과정에서 계급투쟁이 점점 더 심해진다고 하는 스탈린적 이론을 거부하였다.

고르바쵸프는 또한 개인숭배라는 것이 단지 스탈린의 개인적 성격의 문제에서 빚어진 것이 아니라, 소련 사회의 민주화가 필요한 수준을 가지지 못했기 때문이라고 하였다. 수 천명의 당원과 비당원이 대량 억압의 희생물이 되었다는 "쓰디쓴 진실"을 그는 인정했다.

나아가 그는 개인숭배가 소련사회에 필연적이라는 명제를 거부하였다. 개인숭배라는 것은 "사회주의와는 본래 이질적인 것일 뿐 아니라 사회주의의 근본적인 원칙에서의 이탈을 의미하고 따라서 어떻게도 정당화되지 않는다"고 하였다.

고르바쵸프는 소련정부가 이러한 역사의 문제를 검토하기 위해 소련공산당중앙위원회 정치국에 특별위원회가 설치되었음을 알렸다. 이 특별위원회의 과제는 스탈린 시대의 희생자들을 구하기 위한 것이다. 그는 소련공산당 중앙위원회에 특별위원회를 설치하여 소련공산당사를 다시 쓸 것임을 밝혔다. 그리고 역사적 진실을 밝히는 것이 지금의 문제 즉 민주화, 합법성, 공개성, 관료주의 병폐의 제거 등 페레스트로이카가 제기하는 문제들을 해결하는데 도움을 줄 것이라고 전망했던 것이다.

고르바쵸프는 스탈린 이후의 시기에 대하여도 역사적 평가를 내렸다. 흐루슈초프가 관료주의의 병폐를 극복하고 사회주의에 더 많은 동력을 주려고 했으며 인간주의적 이상과 가치를 강조했음을 그리고 레닌주의의 창조적 정신을 이론과 실천에서 강조했음을 고르바쵸프는 높이 평가하였다. 그러나 고르바쵸프는 흐루슈쵸프가 "넓은 민주화"에 의지해서 개혁을 시도하지 못했음을 비판했다.

고르바쵸프는 브레즈네프에 대해서는 가혹한 비판을 가했다. 그의 시대에 "이론과 현실의 괴리가 심화되었다"고 말하고 "사회주의의 대원칙들과 나날의 현실 사이의 점증하는 차이는 견딜 수 없이 되었다"고 지적하는 것이다.

이같은 고르바쵸프의 연설은 그 자체로서 혁명적인 것은 아니었다. 많은 관측자들은 고르바쵸프의 연설이 스탈린에 대해 더 많은 비판을 할 것을 기대하였던 것이다. 그러나 1987의 고르바쵸프 연설은 1956년에 비해 스탈린주의를 체제상의 문제로 파악했으며 따라서 심층적으로 스탈린주의를 비판한 것이라고 볼 수 있는 것이다.

따라서 1987이후에 나온 한국사연구에 대해 주목할 필요가 있으며 그의 예로 필자는 미하일박의 『한국역사학개요』를 소개하고자 한다.

5. 미하일 박의 『한국역사학개요』

미하일 박 교수의 저서 『한국역사학개요』 (M.N.Pak, *Ocherki po istoriografii Korei (K kritike burzhuazno-natsionalisticheskikh idei iuzhno-Koreiskikh istorikov)*, Izd. "Nauka", Moskva, 1987, 148 p.)는 그 부제 '남한 역사가들의 부르조아 민족주의적 이념의 비판'이 말해주듯 현재 남한의 주요 역사학자들의 사학사 연구를 대상으로 하여 그 저류에 흐르고 있는 부르조아 민족주의의 성격을 규명하려한 저서이다.

소련에서의 한국사연구에 지도적 역할을 수행하고 있는 미하일 박 교수는 소련에서 최고의 명문 '로모노소프 모스크바 국립대학'의 '아시아 아프리카 연구소'를 책임지고 있는 사람이다. 1956년 '역사의 제문제'지에 "3-6세기 신라의 사회경제적 관계의 특성에 대하여"라는 논문으로 학계에 발을 디딘 이래 미하일 박의 전공영역은 한국고대사이며 한국고대사에 대한 논문을 많이 썼고 또 김부식의 삼국사기를 러시아어로 1959

년 번역하기도 하였다. 따라서 30년 이상을 한국사연구에 몰두해온 소련의 원로학자가 남한의 역사학계에 대해 가지는 관심은 대단히 의미가 있는 것이라고 생각이 든다. 이번의 미하일 박의 저서는 그의 연구영역을 확대하여 현재 남한에서 활약하고 있는 중진학자들의 한국사학사연구를 대상으로 하여 비판을 시도한 것이다. 이제 그의 논지를 살펴봄으로써 남한의 역사학계에 대해 행하는 그의 비판을 수용할 것은 수용하고 비판할 것은 비판해보도록 하자. 우선 미하일 박 저서의 목차를 간단히 제시하기로 한다.

서론
제1장 남한의 부르조아 민족주의와 그 본질의 몇가지 해석
제2장 남한의 민족주의와 한국사학사 연구
제3장 남한의 부르조아 역사학과 민족주의
결론

그의 책은 148페이지에 불과 하지만 인용 서목은 179개에 달하고 그 서목 중에 영어, 일어, 러시아어, 한국어로 된 주요 문헌을 포괄하고 있기 때문에 그 내용은 상당히 밀도 있는 것이라고 보여진다.

이제 각 장의 내용을 살펴보기로 하자. 서론에서 미하일 박은 세계가 자본주의세계와 사회주의 세계의 "격렬한 이데올로기적 투쟁의 와중"에 있다고 하고 저서의 목적을 "남한의 부르조아 민족주의의 이데올로기 비판"에 있다고 하였다.(p.3) 그리고 그 구체적 방법으로는 남한 역사가들의 역사 및 사학사 해석을 비판하는 방법을 취하였다.

이러한 문제의식에 입각하여 제1장에서는 남한의 민족주의를 '민족주체성'과 '민족자주'(samobytnost')의 개념을 핵심적인 것으로 보고 그 해석을 시도한다. 미하일 박 교수의 남한 민족주의에 대한 인식은 제3세계의 민족주의 일반이 그러하듯 그 복잡하고도 모순적인 성격을 파악하고

있다고 보인다. 그는 남한을 "미 팽창정책의 지정학적 기지"로 보면서도 또 "부르조아 민족주의의 친미적 군사-관료적 체제의 반동적 역할은 의심의 여지가 없지만 신식민주의의 의도와 민족부르조아지의 상당 부분을 포함한 남한인민의 다수의 이익과는 모순관계에 있다"고 보고 있다.(p.9) 이 점은 상당히 중요한 점으로 보이는데 남한의 성격을 부정 일변도가 아니라 긍정적인 점도 파악하려는 문제의식이 엿보이기 때문이다.

진덕규, 이극찬, 이홍구, 양호민, 노재봉 등의 민족주의에 대한 입장을 검토하면서 미하일 박은 이들이 민족문제에 대해 계급적 접근을 거부하고 그들 다수가 심한 반공적 입장에 서있다고 본다. 이들은 "한국 민족주의를 부르조아지의 이익에 근로자들을 정신적으로 예속시키는 도구로 삼고, 한국의 민족적 특성을 절대화하며, 서울 체제에 의한 사회주의 조선민주주의 인민공화국의 흡수를 선전하고 있다"고 비판한다.(p.16)

이러한 남한의 민족주의에서 중요한 비중을 차지하고 있는 섯은 '민족주체성'의 개념이라고 본다. 이 개념에 정의를 내린 대표자로 그는 최창규를 지목하는데 그의 이론은 현존하는 남한체제의 정당화에 봉사하고 있다고 본다.(p.17) 한편 그는 이기백의 입장을 들어 그가 역사적 사실의 미화나 왜곡에 반대하고 있다는 평가도 내리고 있다.(p.24)

제2장에서 미하일 박은 남한의 사학사를 민족주의와의 관련 하에 논하고 있다. 왜냐하면 "남한의 부르조아 민족주의의 이데올로기 형성에 있어서 국사와 사학사의 제 문제들의 해석이 중요한 자리를 차지"하고 있기 때문이다.(p.32) 그러나 미하일 박은 사학사연구를 대상으로 하여 그의 논의를 진행시키고 있다.

제2장은 중세사학사연구를 대상으로 하는 부분과 근현대사 사학사 연구를 대상으로 하는 부분으로 나누어진다. 중세사학사연구를 대상으로 하는 부분에서 그는 '삼국사기'와 '삼국유사'를 연구한 이우성, 이기백, 김철준, 고병익, 천관우 등의 업적을 충실히 소개한다. 그는 또한 고려

후기의 역사학에 대한 이우성, 하현강등의 업적을 소개하면서 고려시대의 사학사에 대한 남한 학자들의 연구가 "민족이나 국가의 개념을 자의적으로 해석"하고 있다고 지적하며 고려의 역사학을 깊이 연구할 때 그러한 관점은 너무나 앞서 있는 것이라고 비판한다.(p.44)

조선시대의 사학사 연구에 대하여 미하일 박은 남한의 민족주의 역사가들이 "지배층 일반 또는 그 일부의 당파들이 국가의 대외정치에 있어서 어느 정도로 독립성을 확보했는가 또 조선의 역사와 문화의 독립적 기원의 탐구에 있어서 '민족 주체성'의 원칙이 어느 정도 나타났는가의 문제"를 설명하려고 하고 있다며 그 대표적인 예로 한영우의 '조선전기 사학사연구'를 들고 있다.(p.44) 미하일 박은 한영우의 연구가 "세종 정책의 사회-계급적 내용을 왜곡하면서 세종 개인을 미화하고 있다"고 비판하며 동시에 '고려사'에 관한 남한 학자들의 연구가 '삼국사기'와는 달리 '고려사'에서는 본기 대신 세가라는 표현이 사용됨에도 불구하고 이의 이념적 내용에 대하여는 침묵하고 단지 사료로서만 다루고 있음을 지적한다.(pp.47-49) 그러나 이같은 비판에도 불구하고 그는 남한학자들의 연구를 비교적 소상히 소개해주고 있다.

그는 또한 실학파 사학의 연구에 있어서 이만열, 황원구의 업적을 소개하며 이들이 "역사적 의식의 '이단적' 경향, 즉 한국민족의 민족의식의 각성"에 초점을 맞추고 있다고 하였다. 또한 한영우의 '규원사화'에 대한 연구를 소개하면서 그 것에 대해 긍정적 평가를 하고 있다. 특히 고대사연구의 자료로서 이 책을 이용하는 것은 잘못일 것이라는 한영우의 지적에 동의를 표하며 그러나 남한학자들 중의 일부가 한국고대사의 신화적 개념을 이용하려 하고 있음도 지적하고 있다.(pp.60-66)

미하일 박 교수는 일제시대의 역사학에 대해서도 신채호와 박은식의 사학에 대해 김용섭, 신용하, 안병직 등의 연구업적을 소개하고 또한 식민사학이나, 사회경제사학에 대해서도 소개하고 있다. 그는 특히 백남운이 한국역사학에 끼친 방법론의 전환에 대해 또 국수적 경향에 대해 저지역할을 한 것에 대해 높은 평가를 하고 있으며 이에 대해 남한 학자들이 침묵하고 있음을 동시에 비판하고 있다.(p.79) 그는 또 '진단학보'를 중심으로 한 학파나 1930년대의 민족사학에 대한 소개도 하고 있다. 그는 민족사학에 대한 평가에 있어서 강만길의 평가는 민족해방운동에 있어서 민족주의 역사가들의 역할을 과대평가하고 있다고 비판한다.(p.84) 전체적으로 보아 민족주의사학에 대한 박 교수의 평가는 다음의 인용문에서 보듯이 대단히 제한적이다.

"민족 부르조아지는 민족해방운동을 이끌고 그것을 승리에 이르게 할 수 없음이 드러났다. 이 계급은 한국을 해방하는데 있어서 얼마만큼의 기여를 해야 하는 가를 알지 못하고 1945년 이후에 남한을 제국주의 미국에 종속시켰다. 민족부르조아지의 이러한 미숙성과 연약함은 한국의 부르조아 민족주의 역사학에 불가피하게 반영되어 있다. 현 남한에서 이 역사학은 부르조아 민족주의의 이념적 도구로써 또 반공주의의 도구로써 되어있다. 민족주의 역사학의 창시자들의 창조적 유산의 해석은 한반도에서 북한에 반대하고 사회주의에 반대하는 서울 체제의 정치적 목적에 종속되어있다."(p.84)

제3장은 남한의 부르조아 역사학과 민족주의의 관계를 다루고 있다. 우선 박교수는 미국과 남한에서의 한국학 특히 한국사의 붐이 현대 자본주의의 옹호자들이 사회주의의 힘에 반대하는 이데올로기적 투쟁의 일환으로 역사학을 이용하려는 노력과 관련되어 있다고 본다.(p.85) 그는 그 예로서 록펠러나 포드재단의 자금이 제공되어 『조선왕조실록』 간행, 진단학회에 의한 『한국사』 출판, 서울대, 연세대, 고려대 등에서의 연구소 설치 등에 사용되었음을 지적한다.(p.85) 그리고 "남한에서의 많은 학술대회의 작업들이 노골적인 반공의 선전의 틀 속에 휘말려서 서울체제의 국제적 지위를 높이는데 봉사했다"고 본다.(p.86)

그는 남한의 역사가들의 민족에 대한 개념을 주목하면서 남한의 민족주의가 거의 인종주의 및 나찌즘에 가깝다고 비판한다.(p.87) 그는 그에

대한 비판의 대상으로 진단학회의 '한국사'를 들고 상세한 비판을 가한
다. 또 그보다 학문적 기초를 한 단계 높인 것으로 한우근의 '한국통사'
를 든다. 그러나 "구체적인 사회-경제적 문제들의 연구로의 분명한 경향
에도 불구하고 , 한국사에 있어서의 민중의 '두드러진' 역할에 관한 선언
에도 불구하고 남한의 부르조아 역사가들은 한국민족 발달과정의 과학
적 해석을 진정으로 할 수가 없다"고 한다. 왜냐하면 그에 의하면, "이
길은 사회경제적, 정치적, 이데올로기적 상황 속에서 일어나고 있는 사
회계급들의 투쟁의 역사로서의 전세계사적 과정의 일부로서만 이해되고
열려질 수 있는 것이기 때문이다."(p.101)

그는 남한의 부르조아 역사가들이 사회적 공동체로서의 민족의 분명
한 역사적 기준을 가지지 못한다고 본다. 그는 남한의 역사가들이 민족
(natsia)이라는 개념을 편의대로 여러 종류의 공동체 예컨대 인민(narod),
준민족(narodnost'), 민족성(natsionalnost')등의 개념으로 사용함을 비판하
고 있다. 또한 그는 남한의 김창순, 김준엽 등 역사가들이 민족해방운동
을 해석하는데 있어서의 문제점을 지적한다. 남한의 역사가들이 1945년
이전의 민족운동을 "이해의 조화"라는 관점으로 무계급적인 것으로 또
공산주의 운동을 계급적 성격을 가진 것을 부정하고 민족진영의 급진세
력으로만 규정하려는 것을 비판한다.(p.119)

결론에 있어서 미하일 박은 1) "남한의 부르조아 민족주의가 반동적
반공 이데올로기"라고 지적한다. 2) 남한의 사학사 연구에 있어서는 사
회사상 일반 특히 역사학의 발달에 있어서의 사회-계급적 요소들의 의미
를 망각하고 "민족 주체성"의 출현에만 관심이 주어져 있다고 비판한다.
3) 1945년 이후의 남한의 역사학은 분단의 상황에서 , 서울체제의 목적
은 자본주의적 기초 위에 통일을 하는 것인데 민족주의적 역사학의 전
개과정은 이 목적에 종속되었다고 한다. 또 그는 남한의 부르조아 민족
주의에 있어서 "지배집단의 반공주의"와 "한국인민 다수의 이해"사이에
는 모순이 존재한다고 보고 남한 민족주의의 민주적 경향의 담지자는

체제의 저항세력 특히 부르조아 지식인과 학생이라고 본다 그리고 이 경향이 역사학에서 분명히 드러난다고 한다.(pp.120-121)

이상에서 우리는 미하일 박 저서의 내용을 간략히 소개하였다. 이미 소개한 바와 같이 남한의 역사학에 대한 박 교수의 평가는 비판적이다. 그러나 필자가 판단하는 한 그 비판은 단지 자의적인 것만은 아니다. 소련의 역사학이 언제나 마르크스-레닌적 방법론에 입각해 있으려 한다는 것은 미리 전제해두기로 하자. 그러한 관점에서 남한의 역사학이 불만족스러울 것은 당연한 일일 것이다. 또 남한의 역사학이 일반적으로 마르크스-레닌적 방법론을 거부하고 있기 때문에 그러한 입장에서의 비판을 남한의 학계가 그대로 받아들이지도 않을 것이다. 따라서 방법론의 우위에 대한 언급은 삼가고 싶다.

다만 미하일 박 교수의 책을 읽으면서 긍정적으로 우리가 받아들여할 점이 있는 것을 지적하고 싶다. 그것은 남한에서 여지까지 사용해온 민족의 개념이 조금 더 과학적인 것이 되어야 하지 않을까 하는 것이다. 이 점에 있어서 미하일 박 교수의 지적은 받아들일 가치가 있다고 본다. 또한 책의 전편을 통해 남한의 역사학의 업적을 대폭 수용하고 있는 것을 볼 수 있는데 이는 이데올로기의 차이를 일단 접어두고 남한 역사학의 발달을 사실대로 인정하는 것이기 때문에 미하일 박교수의 책은 학문적 입장에 충실한 책이라고 평가해도 좋을 것 같다.

마지막으로 지적하고 싶은 것은 미하일 박 교수의 책을 통해서 소련의 한국사연구 수준이 상당한 수준임을 확인하게 되어서 반갑다는 것이다. 서로의 입장의 차이는 분명히 존재하겠지만 소련과의 적극적 학술교류는 우리학계에도 신선한 자극을 줄 수 있을 것이라고 기대해 볼 수 있다.

6. 맺음말

소련에서의 한국사연구는 그 오랜 전통으로 또 현대사에 충실한 연구로 말미암아 우리가 이용하면 많은 도움을 얻을 수 있을 것이다. 그런데 우리가 살펴본 바와 같이 소련의 역사학은 1930년대 이래 스탈린주의에 의해 심하게 왜곡되어서 소련역사학을 수용하는데는 비판적 안목을 요한다.

그러한 가운데서도 1920년대에 나온 소련의 한국사연구는 식민지시대의 사회경제, 사회주의운동 등을 이해하는데 필요한 자료적 가치를 가지고 있는 것들이 대단히 많다. 또한 이 시기의 역사학은 마르크스주의에 충실하려 하면서도 스탈린주의의 도그마에 빠져있지 않기 때문에 우리가 수용할 만한 것을 많이 가지고 있다고 보며 이의 소개가 필요하다고 생각된다. 또 1956년 이후 흐루슈쵸프 시대의 역사학도 부분적으로 과학적 인식을 중시한 역사학이라고 볼 수 있다. 그러나 브레즈네프 시대의 역사학은 다시 스탈린적 교조주의가 역사학에 큰 영향력을 행사했으며 많은 부분이 왜곡되어 있다. 그렇기 때문에 소련에서 역사학에 대한 전면적인 검토가 시작된 1987년 이래의 업적에 많은 기대를 함직하다. 이상과 같은 사항에 유의하여 우리가 소련의 역사학을 비판적으로 수용한다면 소련에서의 한국사연구는 우리 역사학 자체의 발전에도 많은 도움을 줄 수 있을 것이라고 생각한다.

<『東西硏究』 3권, 연세대학교 동서문제연구원, 1990>

소련에서의 3·1운동 연구

1. 머리말

3·1운동사에 대한 평가와 연구의 작업에 있어서 소련의 연구업적을 검토하는 일은 3·1운동의 이해를 보다 더 심화시키는 데에 일조가 될 수 있을 것이라 생각된다. 그 이유는 소련이 한국을 이해하는 수준이 상당한 차원에 올라있다고 생각할 수 있기 때문이다. 러시아 제정시대의 연구를 제외하고서라도 10월혁명 이후에도 소련은 한국 연구에 상당한 정도의 관심을 보여온 것이 사실이다.[1] 그럼에도 불구하고 우리 학계는 소련에서의 한국학연구에 대하여 거의 아무런 주의를 기울이지 못했다. 그것은 소련의 문헌을 이용할 수 있는 연구자가 거의 없었다는 사실과 함께 그동안 사회주의 국가들에 대한 정보에 있어서 정부가 폐쇄정책을 써왔기 때문에 자료를 확보할 수 없었다는 사실에 기인한 것으로 보인

---

[1] 예컨대 소련과학원의 동방과학연구소에서 발간한 책 『한국문헌목록, 1917-1970』에 의하면 혁명이후 1970년에 이르기까지 소련에서 연구된 한국학 관계문헌은 총 2,369건이다. 그 중에서 역사학 관계 문헌은 946건이다.
  Bibliografia Korei.1917-1970, Moskva, 1981, 168 P.

다. 지금은 그러한 문제점들이 점차 해소되는 추세이기 때문에 소련의 한국학관계 문헌들이 보다 활발히 우리 학계에 소개될 전망이 있다고 보인다.

소련에서의 한국 연구는 그 성격에 있어서도 독특한 특징을 가진다. 그 이유는 소련에서의 연구방법이 기본적으로 마르크스-레닌주의에 그 근거를 가지려고 하기 때문이다. 그 점에 있어서 소련에서의 한국 연구는 한국에서의 연구와는 다른 모습을 우리에게 보여준다. 또한 같은 사회주의 국가라고 하더라도 소련에서의 한국 연구는 중국이나 북한에서의 한국연구와는 다른 모습을 가질 것이라고 우리는 말할 수 있다. 이제 필자는 3·1운동이라고 하는 하나의 역사적 주제에 대해 소련에서의 연구가 어떻게 진행되어 나왔는가 하는 것을 고찰함으로써 소련에서의 한국에 대한 연구가 어떠한 특징을 가지고 있는가 하는 것을 검토해보려 한다. 이러한 검토는 3·1운동 자체에 대해서도 보다 진전된 차원에서 논의를 전개시킬 수 있는 하나의 바탕을 마련해 줄 수 있는 것으로 보인다.

2. 1945년 이전 소련에서의 3·1운동 연구

필자는 소련에서의 3·1운동에 대한 연구를 검토함에 있어서 그것을 두개의 시기로 나누어 검토하는 것이 적당하리라고 생각하는데, 그 첫 시기는 10월 혁명에서 한국이 해방될 때까지의 시기이고 그 두 번째 시기는 해방이후 남북한이 분단된 상태의 시기이다.

이같은 시기구분은 식민지 시대와 분단시대라는 것이 각기 상이한 특징을 가지고 있으며, 그러한 상이한 시대적 조건이 3·1운동을 평가하는 데 있어서 일정한 정도의 영향력을 행사할 수밖에 없을 것이라는 판단에 의한 것이다.

식민지 시대에 소련에서 연구된 3·1운동관계 문헌으로서 본고에서 검토하고자 하는 것은 다음의 논문들이다.

① V. 빌렌스키(시비랴코프), 「일본 제국주의의 독아 밑에서(조선 인민의 독립을 위한 투쟁)」, 1919
② 「혁명적 조선과 <상해 정부>」, 1921
③ 박진순, 「조선에서의 혁명 7주년에 즈음하여」, 1926
④ G. 보이친스키, 「조선에서의 3·1봉기 10주년」, 1929

식민지시대 당시 소련에서는 3·1운동에 대해 학문적으로 깊이 진전된 연구를 하지 못했던 보인다. 3·1운동에 대한 대표적 문헌으로 거론된 위의 4개의 논문들은 그 전부가 아카데믹한 글이 아니고 사회운동론의 문제의식을 가지고 저술된 것이다. 위의 논문들을 개별적으로 검토해 보기로 하자.

빌렌스키의 논문은 소련에서 나온 3·1운동 관계 문헌으로는 최초의 것이 된다.[2] 이 논문을 저술한 빌렌스키는 러시아 내전기에 시베리아 및 극동지방에서 투쟁한 볼셰비키당의 지도적 인물 중의 한사람이었다. 이 논문은 『시베리아 및 극동 선전선동문고』 중의 하나로서 출판되었다. 서문의 서명 날자는 1919년 7월 26일로 되어 있다.

먼저 이 논문이 집필될 당시의 러시아의 상황에 대해 간략한 이해를 가지는 것이 필요하다고 생각한다. 10월혁명 이후 러시아의 시베리아 및 극동지방에 성립했던 소비에트정권은 1918년 9월 경에는 완전히 붕괴되고 백색정부가 들어서게 된다. 1919년 7월 무렵에는 콜차크의 백색독재 정부가 시베리아 및 극동을 통치하는 시기였으며 콜차크정부를 지원하기 위해 미군, 일본군을 비롯한 연합군이 시베리아 및 극동에 주둔해 있

---

2) V. Vilenskii (Sibiriakov), *V kogtiakh iaponskogo imperiazma (Bor'ba Koreiskogo naroda za nezavisimost'*, Moskva:Gosizdat, 1919. 16s.

었다. 볼셰비키는 파르티잔운동을 활발히 전개하면서 백군 및 외국개입군과 교전을 하는 상태였다. 그렇기에 이 시기에 저술된 빌렌스키의 논문은 팜플렛의 형식을 가지고 있었으며 그 저술의 근본적 의도는 극동지방에 거주하고 있는 한인들 사이에 백군 및 외국개입군에 대해 공동으로 투쟁할 것을 선전 선동하는 것이었다. 그러한 점에서 이 논문은 러시아의 10월혁명이 한인들에게 혁명적 영향력을 행사하였다는 사실을 강조하였다.

> 러시아 프롤레타리아 혁명의 직접적 경험하에 조선의 혁명가들은 그들의 민족운동에 러시아 프롤레타리아혁명을 이념으로 또 형식으로 접목하면서 혁명성의 요소들을 많이 도입했다.[3]

빌렌스키의 위의 언급은 물론 노령극동지방의 한인을 염두에 둔 것이다. 그런데 조선내의 3·1운동에 대해서도 빌렌스키는 극히 흥미있는 보고를 하고 있는데 그 내용은 다음과 같다.

> 지방에서는 조선의 봉기자들이 러시아 10월혁명의 조직적 경험을 이용했다는 것을 언급하는 것은 흥미있는 일이다. 그러한 지역에서는 그들은 일본인과 조선인관리들을 추방하고 조선빈민위원회(Sovet Koreiskoi bednoty)를 조직했다. 운동이 가장 고양되었던 순간에 세꼴(Sekkor)시에서는 빈민위원회 중앙위원회(Tsentral'nyi Komitet Sovetov bednoty)가 조직되기까지 했다.[4]

위의 언급은 3·1운동이 그 진행 중에 지역에 따라서는 계급투쟁으로 신속히 전파됐다는 것을 말해 주는 것이다. 결국 빌렌스키는 조선의 프로레타리아트가 "민족적 독립을 위한 투쟁을 경유하여 자본의 사슬로

---

3) *Ibid.*, p.13
4) *Ibid.*, p.14

부터 사회적 해방을 위한 투쟁으로 넘어가게 되는 것은 불가피하다"고 하며 "이 점에서 전 세계의 프롤레타리아트와의 형제적 연대 속에서 그들은 승리자가 될 것이다"고 언급한 것이다.[5]

민족운동이 신속히 계급투쟁으로 전환하리라는 기대는 1919년 당시 세계혁명에 큰 기대를 걸고 있었던 볼셰비키의 정신상태를 보여주는 것이라 하겠다.

빌렌스키의 뒤를 이어 3 · 1운동에 대해 직접 언급한 논문으로 주목할 만한 것은 「혁명적 조선과 (상해정부)」이다.[6] 이 논문은 코민테른 극동비서부의 기관지 『극동의 제민족』에 게재된 것인데 논문에 서명이 없는 것으로 보아 코민테른 극동비서부의 입장을 반영한다고 말할 수 있다. 그런데 위의 논문이 발표된 때는 한국의 공산주의 운동이 상해파와 이르쿠츠크파로 갈려있던 때이었으며 상해파는 상해임시정부와 이르쿠츠크파는 노병의 대한국민의회회와 긴밀한 관계를 가지던 때였다. 당시 코민테른 극동비서부는 이르쿠츠크파를 지지하는 입장에 있었다. 그러한 이유로 인하여 한때 임시정부에 대한 평가는 상당히 가혹하다. 이 논문에 의하면 상해임시정부는 그 초기에 "조선 대중사이에서 어느 정도의 대중성을 획득했다"는 사실을 인정하기는 하지만 얼마 가지 않아서 "혁명적 대중과 완전히 결별하고 군대 없는 장군들의 상황에 처하게 되었다"고 하였다.[7]

따라서 러시아혁명과 내전기에 3 · 1운동에 대한 연구는 계급투쟁을 강조하며 10월혁명이 3 · 1운동에 직접적 영향력을 행사했다는 것을 강조하는 내용이라고 말할 수 있다.

1926년 박진순의 논문 「조선에서의 혁명 7주년에 즈음하여」는 3 · 1운

---

5) *Ibid.*, p.15

6) "Revoliutsionnaia Koreia: (Shankhaiskoe pravitel'stvo))", *Narody Dal'nego Vostoka*, Irkutsk, 1921.1, no. 3, pp..405-408

7) *Ibid.*, p, 406.

동에 대해 상당한 정도의 분석을 시도한 논문이다.8) 박진순은 연해주에
서 출생한 한인으로서 진보적 경향을 가진 청년으로서 일찍부터 사회주
의 운동에 관여를 했고 특히 이론가로서 활약을 한 사람이다. 박진순이
이 논문을 발표할 때는 그가 모스크바대학에서 수학한 때이었다.

　박진순의 논문은 3·1운동을 마르크스적 관점에서 이론적으로 천착한
중요한 논문이다. 박진순의 논문에서 주목할 만한 점은 3·1운동에 참여
했던 종교세력을 계급적으로 분석하였다는 점이다. 예컨대 그는 천도교
를 상당히 진보적인 것으로 보았다. 그에 의하면 천도교는 3백만의 신도
를 가지고 있는 바, 그 구성원은 빈농 및 중농 그리고 '백정(천인)' 및
급진적 인텔리겐챠로 이루어져 있다고 했다. 기독교의 사회적 기반에 대
해서는 그것이 부농, 도시부르조아지 및 친미적 자유주의적 인텔리겐챠
라고 말했다. 反日의 이데올로기를 가지고 있는 보수적 양반들은 유교를
중심으로 하여 모여 있다고 했다. 불교에 대해서는, 그 상층부의 지도자
들은 일본제국주의의 영향하에 있지만 불교 자제는 조선의 평범한 대중
들의 종교라고 분석했다.9)

　3·1운동에 참여한 종교단체를 위와 같이 분석하면서 그가 주목하고
있는 것은 1919년 3·1운동이전에 정치적·경제적 조건이 '단일한 민족
혁명 전선'의 창설을 위한 조건이 구비되어 있다고 하는 것이다.10) 그는
그 전선의 구성계층이 농민, 계급에서 탈락한 인텔리겐차, 자유주의적
부르조아지로 이루어져 있다고 분석했다.

　그는 또한 3·1운동의 진전에 따라 운동방향이 2개로 갈라지게 되었
는데 하나는 조선 북부지방에서 전개된 "비조직 된 무장 파르티잔 전쟁"
이며 다른 하나는 독립이라는 구호에 대립하여 "자치"라는 구호를 들고

---

8) Pak Din'shun, "K 7-i godovshchine revoliutsii v Koree", *Krest'ianskii Internatsional*,
　　Moskva, 1926, no. 3-5, pp.78-86
9) *Ibid.*, p. 80
10) *Ibid.*, p. 80

나온 지주계급 및 상업자본가들의 운동이다. 그는 그 같이 자치론이 등
장하게 된 이유를 실명하여, 지주 및 상업자본가들이 농업혁명을 두려워
했고 일본제국주의와 결탁하여 조선을 같이 통치하기 위한 것이라고 했
다.[11]

　동시에 그는 3·1운동이 국제적으로 대단히 불리한 정황에서 일어난
것임을 지적하였다. 말하자면 봉기의 시기가 아주 잘못 선정되었다는 것
이다. 그 당시는 시베리아 및 남만주에 일본군이 출병해 있던 때이고,
미국이나 프랑스, 영국같은 유럽의 열강이 극동에서의 일본의 군국주의
적 행동을 방관하던 시기였다는 것이다.[12]

　결국 3·1운동의 분석에서 그가 이끌어내는 결론은 한국혁명의 문제
를 농업혁명의 문제로 인식하면서 노농통일전선의 필요성을 역설하는
것이었다.

　　　1919년 혁녕 7쭈년에 스음하여 혁녕운동의 앞에 어떠한 죄낭면의
　　과제가 놓여있는가? 그것은 노농대중의 조직이며 단일한 혁명적 노
　　농전선을 진보적 인텔리겐차와 일본제국주의에 반대하는 모든 진실
　　된 혁명적 요소들과 함께 창설하는 일이다.[13]

　3·1운동을 통일전선의 문제로서 인식하는 이같은 분석은 1925-1927
년의 중국혁명에서 통일전선의 문제가 최고의 관건이었던 상황을 고려
할 때 자연스럽게 이해가 될 수 있는 부분이다.

　그런데 박진순의 논문 발표후 3년만에 나온 보이친스키의 논문 「조선
에서의 3·1봉기 10주년」은 박진순과는 상당히 다른 문제의식을 가지고
있다.[14] 우리는 박진순의 논문과 보이친스키의 논문 사이에는 중요한 사

---

11) *Ibid.*, p.83
12) *Ibid*, p.83
13) *Ibid.*, p.86
14) G, Voitinskii, "K desiatiletii martovskikh sobytii v Koree", *Revoliutsionnyi Vostok,*

건이 놓여 있었다는 것을 염두에 둘 필요가 있다. 그것은 1928년 말 코민테른 제6차 대회 이후 코민테른의 방향전환이며 다른 하나는 소련공산당에서 같은 시기에 스탈린의 헤게모니가 확립된 점이다. 바로 그러한 이유 때문에 보이친스키의 논조는 대체로 보아 민족부르조아지를 비판하며 프롤레타리아트 헤게모니의 문제를 거론하는 것이라고 파악될 수 있다.

보이친스키는 3·1운동 당시 조선의 부르조아지, 쁘띠부르조아지, 인텔리겐챠들이 대규모 대중운동의 지도적 대표적 역할을 담당했다든 것을 부인하지는 않는다. 그러나 그는 조선의 부르조아지들이 미국에 의지함으로써 환상에 빠졌다는 점을 지적한다. 보이친스키는 3·1운동에 영향을 미친 큰 두가지 요소로 소비에트의 민족정책과 (특히 극동의 한인들에게 있어서) 소수민족의 독립에 대한 연합국의 선언을 거론하는데 조선의 취약한 부르조아지는 윌슨의 14개 조항에 대해 환상을 가졌다든 것이다.15)

그는 1923년까지 조선의 민족운동의 이념적, 조직적 지도자는 민족부르조아지였다는 사실을 인정한다. 그러나 이들의 투쟁방법은 평화적 항의에 그친 것이었고, 제국주의로부터 양보를 얻어내려는 것에 그치고 또 동시에 민족봉기를 억제하려고 했다는 점을 지적한다.16) 그는 이어서 노동계급의 헤게모니문제에 대해 언급하면서, 조선의 노동계급은 아직 젊고 농촌과 연계되어 있으며 아직 독립적 정치요소를 형성하지 못했다고 지적한다. 최근(1929)에 이르러서야 조선의 프롤레타리아트계급은 對自의 계급으로 형성되었다고 지적한다.17) 결국 보이친스키는 박진순과는 달리 코민테른 제6차 대회 이후의 전술변화에 따라 통일전선으로서의 3·

Moskva, 1929, no. 7, pp. 31-55.

15) *Ibid.*, p.44

16) *Ibid.*, p.48

17) *Ibid.*, p.52

1운동 이해 대신에 프롤레타리아트 헤게모니의 확립을 위한 극복해야할 전 단계로서 3·1운동을 파악했다고 보여지는 것이다. 따라서 민족부르조아지에 대한 평가가 대단히 제한적인 것임을 보게 된다.

결국 식민지시대 소련에서의 3·1운동에 대한 연구는 그때 그때의 문제의식에 따라 그 평가 및 주목대상이 변모했음을 확인할 수 있게 된다. 그러나 전반적으로 보아 학문적으로 3·1운동을 깊이 있게 밝히지는 못하였다.

3. 1945년 이후 소련에서의 3·1운동 연구

1945년 이후 소련의 F.I. 샤브쉬나는 3·1운동에 대해 본격적인 연구서를 저술하였다. 『조선에서의 1919년 인민봉기』라고 제목을 붙인 이 책은 3·1운농에 대한 모노그래프로서 본격적으로 아카데믹한 저술이라고 얘기할 수 있겠다.[18]

1952년에 제1판이 나오고 1958년에 제2판이 나왔는데 필자가 참고한 것은 제2판임을 밝힌다. 샤브쉬나의 책은 본격적인 연구서이기에 여기서 우선 그 책의 목차를 소개한다.

머리말
제1장, 1919년 인민봉기 전야의 조선에서의 사회경제적 상황(간략한
　　　특징)
제2장, 일본제국주의에 의한 조선의 정치적 노예화
제3장, 종교단체와 선교사들의 활동
제4장, 10월혁명 이후 조선에서의 민족해방운동의 고양

---

18) F.I. Shabshina., *Narodnoe vosstanie 1919m goda v koree*, Moskva:Izd-vo AN SSSR
　　1952, 280 p., Izd, 2-e: Moskva, Izd-vo bost lit 1958, 214 p.

제5장, 3·1 시위
제6장, 평화적 시위의 무장투쟁으로의 진전, 전국의 대중봉기
제7장, 봉기의 유혈진압
제8장, 패배의 원인과 1919년 봉기의 교훈
제9장, 1919년의 개혁과 그 본질
맺음말

　이상으로 구성되어 있는 샤브쉬나의 책은 상당히 귀중한 연구서임에
는 틀림이 없다. 그러나 그와 함께 그녀의 책은 시대적 상황에서 탈피하
지 못한 약점들을 동시에 공유하고 있다. 그것은 무엇보다도 이 책이 미
·소가 날카롭게 대립되었던 전후의 냉전시기에 그것도 한국에서는 6·
25라는 전쟁이 한창 진행되던 때에 저술되었다는 사실이다. 따라서 미국
에 대한 또 남한에 대한 냉전의식이 강하게 나타나 있다. 또 다른 문제
는 이 책이 아직 스탈린주의의 해악에서 벗어나지 못하였다는 것이다.
1958년의 제2판에서도 스탈린을 상당부분 인용하고 있는데서 그 사실을
확인할 수 있다. 그렇기 때문에 샤브쉬나의 책은 그 풍부한 내용에도 불
구하고 비판의 화살을 피할 수 없다.
　샤브쉬나는 머리말에서 "10월 혁명은 조선인민에게… 해방과 승리의
길을 열어주었다"고 하였다. 그것은 소련의 3·1운동 연구의 전통을 생
각해 볼 때 색다른 주장은 아니다. 그러나 그녀는 부르조아 사학과의 투
쟁이라는 대결의식 속에서 반동적 부르조아 역사가들이 1919년의 봉기
가 10월혁명의 직접적 영향하에 일어났다는 것을 부인하고 이들 부르조
아 역사가들이 윌슨의 영향하에 운동이 일어났다고 주장하는 것을 비판
한다.[19] 샤브쉬나의 이러한 문제의식은 오히려 그 이전의 연구보다도 후
퇴된 의식으로 보여진다. 왜냐하면 빌렌스키나 보이친스키도 10월혁명이

---

19) *Ibid.*, p. 8.

3·1운동에 끼친 직접적 영향력은 노령·극동지방의 한인들에 국한된 것임을 인정하고 있기 때문이다. 1920년대 이후 10월혁명이 조선에서 전개된 민족운동에 심대한 영향력을 행사했다는 것은 부인하기 어렵다. 하지만 조선에서의 3·1운동시작 자체는 10월혁명으로부터 직접적 영향력을 받기에는 너무도 그 조건이 맞지 않았다. 모든 정보는 일제관헌에 의해 통제되고 있었으며, 국경은 철저히 봉쇄되어 있었다. 러시아 혁명에 대한 정보자체가 입수되기에도 많은 어려움이 있었다. 더구나 1919년 3월 당시 소비에트 러시아는 심각한 붕괴의 의기에 놓여 있었다. 또한 조선의 부르조아적 지도층은 3·1운동 당시 운동의 주도권을 부르조아 계급이 가지고 있었다는 사실은 소련학계에서도 인정하는 것인 바 소비에트 러시아와 동맹관계를 구하려 한 것이 아니라 오히려 미국이나 연합국의 평화(베르사이유, 파리)에 기대를 가지고 있었던 것이다. 3·1운동 직전 노령·극동에 있어서조차 볼셰비키적 이념에 동조하는 한인은 아직 소수였고 3·1운동 이후에도 노령한인사회의 중심적 조직인 대한국민회의는 反볼셰비키적 입장올 취었던 것이다.

결국 샤브쉬나의 문제의식은 소련이 북조선정권의 성립에 결정적으로 기여했다는 사실 그리고 6·25때 북조선 정권에 도움을 주었다는 우월의식에서 나온 것이라고 평가할 수밖에 없다. 그것은 또한 스탈린적 쇼비니즘과 잘 조응되는 사고방식인 것이다.

그러나 샤브쉬나는 그의 책에서 3·1운동이 일어나게 되기까지의 일본제국주의의 수탈에 대해서는 실증적으로 잘 기술하고 있다. 정치적 억압에 대해서도 그녀의 분석은 종합적이고 실증적이다. 그러나 3·1운동을 주도했던 천도교나 기독교에 대해서 그녀의 평가는 박진순의 평가와는 사뭇 다르다.

그녀는 천도교가 동학의 혁명적 전통에 대해서 적대적이며, 오히려 동학의 진보적 요소는 의병으로 발전했는데 대해 반동적 요소가 천도교가 되었다고 본다. 그리고 천도교는 일진회와도 조직적으로 밀접한 관계에 있었다는 것이다. 천도교도의 숫자도 실제 13만 정도에 불과하다고 주장한다.[20] 그녀는 천도교 비판을 통해 3·1운동을 주도했던 천도교가 결국 제국주의와의 타협적 세력이었다는 것을 주장한 것이다.

그녀는 기독교에 대해서도 마찬가지의 신랄한 비판을 한다. 미국 선교사들의 영향하에서 기독교 세력은 미제국주의와 결탁하여 일본의 지배에서 벗어나 그들의 자유를 찾으려 했던 것이고 민중이 봉기의 방법을 채택했을 때 이들은 일본제국주의가 그 봉기를 진압하도록 도와주었다는 것이다.[21] 샤브쉬나의 문제의식이 냉전의식에 입각하고 있기는 하지만 과연 그녀의 주장을 실증적으로 어떻게 비판할 수 있는가 하는 것은 우리 학계의 과제라고 하겠다.

샤브쉬나의 연구 중 주목할 만한 부분 중의 하나는 3·1운동의 전전에 따라 각 지역마다 지역지도부가 형성되었다는 주장이다. 예컨대 진주지방에서 시위를 조직했다는 '노동독립단', '농민독립단' 등이 그것이다. 이점은 3·1운동 연구가 지역적 차원에서 이루어져야 하겠다는 필요성을 우리에게 주고 있다.

샤브쉬나는 3·1운동에 있어서 부르조아적 요소를 폄하하면서도 노동계급이 부르조아 계급을 대체할 수 있을 정도로 크지 못했다고 본다.

> 조선의 노동계급이 운동에서 가장 큰 활동성과 용기를 보여주기는 했지만, 운동을 지도할 수는 없었다. 조선 노동계급은 아직 젊었고 약했으며 민족적 차원에서 자신의 뒤에 농민과 다른 인민계층을 이끌 수 있는 독자적인 정치적 세력으로 나타나지 못했다.[22]

결국 계급적으로 볼 때 3·1운동은 실패할 수밖에 없었다는 비관론이 샤브쉬나의 논리에 자연스럽게 끼어들게 된다. 샤브쉬나의 다음 귀절은

---

20) *Ibid.*, pp.57-67
21) *Ibid.*, pp.67-80
22) *Ibid.*, p.158

그녀의 책의 전체적인 결론으로 보아도 무리가 없다.

　　부르조아 역사가들은 1919년 운동을 3월 1일의 시위로 결말을 짓고, 그것을 조직성과 면밀성 정확한 준비의 모범으로 간주한다. 그렇지만 3월 1일의 시위라는 것은 단지 그것으로서는 운동의 前史이었음이 드러났고, 운동은 그 후에 부르조아지의 모든 계산들이 뒤엎어진 후에 조선 인민이 적극적인 투쟁에로, 대중적 시위로, 일본 경찰 및 군대와 무장하여 조우했을 때 시작되었던 것이다. 그럴 때 조선인민은 지도자가 없이 되었다. 조선 인민의 투쟁은 자연발생적이었고 분산적이었다. 운동은 전 국토를 휩쓸었지만, 동시에 일어나지는 않았다.[23]

1950년대의 샤브쉬나의 냉전의식은 소련에서 계속되고 있는가? 그렇다고 볼 수는 없다. 1979년에 출판된 M.T.김의 저서 속에 들어있는 V.K.박과 F.I. 샤브쉬나의 논문은 그 기간에 3·1운동에 대해 소련학계에 변화가 일어났음올 보여준다.[24]

　　이 논문에서는 3·1운동에 대한 10월혁명의 직접적 영향력이라는 과장된 평가가 누그러져 있다. 소비에트 국가가 극동의 한인들의 진보적 계층들에게는 추구해야할 모델이 되었다고 언급하지만 한국의 모든 애국자들이 즉시 10월혁명의 깊은 의미를 이해한 것은 아니다고 평가하고 있는 것이다.

　　또한 3·1운동 당시의 민족부르조아지에 대해서도 상대적으로 명예회복을 해주고 있음을 본다.

　　1919년 운동은 근로대중뿐 아니라 부르조아적 애국자들의 전보적

---

23) *Ibid.,* p.167

24) V.K.Pak, F.I. Shabshina, "Geroicheshe dela Koreiskikh internatsionalistov", *Koreiskie internatsionalisty v bor'be za vlast' sovetov na Dal'neIn Vostoke (1918-1922),* Mosba, 1979, pp.3-38

부분도 깨어서 행동하게 했다. 이들은 공산주의자들의 사회적 강령을 이해하지는 못했지만 독립의 달성은 소비에트의 조국에 눈을 돌리고 공산주의자들과 같이 행동함으로써만 가능하다는 것을 보지 않을 수 없었다.[25]

이러한 평가는 1926년의 박진순의 평가와 괘를 같이 하는 것이라고 할 수 있겠다. 결국 데땅뜨 시대의 문제의식이 노출된 것이라고 보겠다.

4. 맺음말

본고는 소련에서의 3·1운동 연구라는 것이 각 시대적 상황에 따라 어떻게 변화해 왔는가 하는 것을 조명했다. 우리는 사회적 상황의 변화에 따라 3·1운동에 대한 평가가 딜라져왔음을 감지할 수 있다. 소련학계의 3·1운동연구사에 있어서 그러한 민감한 영역은 두 개의 문제라고 얘기할 수 있다. 하나는 10월혁명과 3·1운동의 관계이며 다른 하나는 3·1운동 당시 및 그 후의 민족부르조아지에 대한 평가의 문제이다. 이 두 문제에 대한 평가는 소련의 정치권력 및 이데올로기의 변화에 따라 상당히 직접적으로 조응되고 있는 것으로 분석된다. 고르바쵸프 이후 시작된 페레스트로이카는 역사학의 많은 영역에 있어서 활발하고도 근본적인 수정을 요구하고 있다. 3·1운동에 대한 연구도 소련에서 재조명되지 않겠는가? 역사가 변화이듯이 역사학 역시 변화인 것이다. <『3.1운동과 민족통일』, 동아일보사, 1989>

---

25) *Ibid.*, p.14

페레스트로이카와 역사의 재해석

1. 머리말

오늘에 있어서 소련에서는 역사를 재해석하는 작업이 활발히 진행되고 있다. 혁명 이전의 러시아역사에서부터 시작하여 오늘의 소련사에 이르기까지 그 작업은 광범위하다. 무엇보다도 중요한 사실은 이러한 작업이 직업적 역사가들 사이에 국한된 일이 아니라 사회 일반의 중요한 관심사로 되어있다는 사실이다. 아니 오히려 역사를 재해석한다는 작업에 신호탄을 던진 것은 역사가들이 아니라 예술가들이었다. 이러한 노력의 결과로 우리는 이제 10월혁명, 레닌과 스탈린, 1920-30년대의 역사, 1939년의 독소불가침조약, 1940년의 발트3국 합병, 1941년의 전쟁, 1956년의 헝가리사태, 1968년의 체코 개입 등등에 대해 새로운 해석들을 접하는 것이 가능하게 되었다. 말하자면 이제 소련의 역사가 뒤집어지고 있는 것이다.

이러한 사태를 이해하기 위하여 역사의 재해석이라는 작업이 어떠한 배경에 의해 시작되었는지 그것이 어떻게 출발되었는지 그리고 그것은 어떻게 계속 될 것인가의 문제를 검토하여 보기로 하자.

그리고 역사를 재해석한다는 일은 현재 고르바쵸프가 이끌고 있는 페레스트로이카의 운명과도 관련이 있는 것으로 생각되어진다. 왜냐하면 페레스트로이카가 이데올로기의 재해석을 시도하지 않으면 안되는데 역사학이 그에 있어서 대단히 큰 비중을 차지하고 있기 때문이다. 그리하여 마지막으로는 페레스트로이카에 어떠한 영향을 미치게 될 것인지의 문제를 검토하여 보기로 하자.

2. 왜 역사의 재해석이 필요한가

왜 소련에서는 역사학의 문제가 광범위한 대중들의 관심사가 되어있는가? 그것은 두말할 필요 없이 지금까지의 소련의 역사학이 심하게 왜곡되어 있었기 때문이다. 지금까지의 소련의 역사학은 진실을 국민들 앞에서 감추어왔다. 또 많은 사실을 왜곡하고 또 수많은 금기의 영역을 만들어내었다. 그같은 역사왜곡의 결정판은 1938년에 나온 『전연맹공산당(볼셰비키)소사』라고 말 수 있다. 이 책은 소련의 성경이 되어 소련에서의 역사학의 길잡이가 되었었다. 스탈린주의의 도그마가 역사학을 지배해 왔던 것이다.

만일 페레스트로이카가 스탈린주의와의 결별을 원한다고 한다면 그것은 자연히 스탈린주의적 이데올로기, 스탈린적 역사해석을 수정하지 않으면 안되는 것이다. 무엇보다도 그것은 페레스트로이카의 정당성을 확보하기 위해 필요한 것이다.

그러나 우리가 조심스럽게 페레스트로이카의 진행과정을 살필 때 스탈린주의의 이데올로기를 제거하려는 작업이 처음부터 명백히 진행되었다고 보기는 어렵다. 페레스트로이카의 시작이라고 얘기될 수 있는 1985년 4월의 소련공산당 중앙위원회 전체회의에서 고르바쵸프는 경제발전의 당위성, 그를 위한 과학기술의 진보 및 관리와 계획의 개혁을 강조하고 있지만 이데올로기의 문제에 있어서는 아무런 언급을 하지 않았었다. 문제는 "경제적 메카니즘의 재구성"이었던 것이다.[1] 정계라고 하는 것이 사회의 하부구조라고 이야기할 수 있다면 그것을 통제하는 정치의 개혁이 없이 경제의 재구성이 가능할 것인가? 또 정치의 개혁이 필요하다고 한다면 기존의 정치체계를 합리화하고 있는 이데올로기에 집착하면서 정치개혁을 추진할 수 있겠는가? 따라서 경제개혁을 수행하기 위해서라도 이데올로기의 문제가 재검토되지 않으면 안되었던 것이다.

　1985년 4월 이후 획기적인 의미를 가지는 사건은 1986년 2월에 열린 소련공산당 제27차 전당대회이다. 이 제27차 전당대회는 경제적 개혁의 필요에서 출발한 정치 및 이데올로기와 밀접한 관계를 가지고 있는 것임을 잘 보여주었다. 2월 25일에 행해진 고르바쵸프의 연설에서 이 문제는 잘 드러난다. 문제는 이제 단순한 경제적 재구성이 아니라 "사회주의적 성의", "정치 및 이데올로기적 제도의 혁신" 및 "사회주의적 민주주의의 심화"였던 것이다.[2]

　페레스트로이카를 사회의 저변에 확대하고 사회의 지지를 확보하기 위해서는 "민주화"라고 하는 것이 가장 결정적인 수단이다. 그러나 민주주의적 전통이 희박한 소련에 있어서 민주화작업은 기존의 관료계층으로부터 심각한 반발을 불러일으키고 있다. 그런데 역사를 재해석한다는 과제는 보수적 관료계층을 통해 소련사회를 통제하고 있는 스탈린적 이데올로기의 정당성을 부정하는 길이며 페레스트로이카를 위한 정당성을 역사에서 확보한다는 것을 의미한다.

　고르바쵸프는 그의 입지를 강화시키기 위한 방책의 하나로 레닌주의로의 복귀라고 하는 선언을 하였다. 그것은 전투적인 의미를 담고있다. 그것은 레닌주의와 스탈린주의의 차이를 구별하는 일일뿐 아니라 스탈

---

1) M. Gorbachev, *Izbrrannye rechi i stachi*, tom 2, Moskva, 1987, p.158
2) *Ibid.*, tom 3, p.200

린주의를 레닌주의에 반대하는 정치적 이데올로기로서 규정한 것이다. 오랜 기간을 통해서 레닌주의와 스탈린주의를 구별해오지 않았던 소련에 있어서 그것은 대단한 진통을 요구하는 일이다.

물론 스탈린주의에 대한 이같은 공격은 단지 고르바쵸프에서부터 시작된 것은 아니다. 1956년의 제20차 전당대회 그리고 1961년의 소련공산당 제22차 전당대회는 스탈린 비판의 획기적 전기를 마련해주었고 소련사회에 광범위한 레닌주의자들을 양성시켰다. 지금 페레스트로이카의 주도세력들이 무엇보다도 흐루슈쵸프 시대에 형성된 세대들인 것이다. 스탈린주의에 대해 가장 권위있는 역사가의 한 사람인 메드베제프(Roy Medvedev) 역시 바로 이시기에 활동한 인물이다.

그러나 흐루슈쵸프의 실각 이후 스탈린과 스탈린주의는 점차로 복권이 되었다. 스탈린주의를 부분적으로 수정하는 방법으로는 스탈린주의를 극복할 수 없었다. 이 점에 있어서 소련공산당 제 20차 대회 및 제22차 전당대회는 스탈린주의의 문제를 '개인숭배'의 차원에서만 이해하고 그것을 체제의 전면적인 재검토라고 하는 차원으로까지는 발전시키지 못하였다. 바로 이같은 점이 스탈린주의의 부활을 가능하게 만들었다.

이제 역사의 재해석은 스탈린주의의 기반을 근저에서 공격하고 체제의 전면적 개혁을 하는 데에 기여하도록 하지 않으면 안되게 되었다. 스탈린주의에 대한 불철저한 싸움은 불가피하게 보수파들이 설 땅을 만들어주는 것이다. 따라서 기본적인 문제는 어떻게 보수파에 대해 이데올로기적인 헤게모니를 장악할 것인가 하는 점이고 이러한 이데올로기적 투쟁이 역사의 재해석이라는 작업을 통하여 이루어지고 있는 것이다. 이러한 작업에 선구적인 역할을 맡고있는 역사가 유리 아파나시예프(Iuri Afanaseev)의 말에서 우리는 그 의도를 쉽게 짐작할 수 있다.

우리는 페레스트로이카가 전복되지 않기를 바라는데 그것은 우리가 결정적으로 비난해온 과거의 유물, 우리가 오늘날도 여전히 경제적 사회적 및 정신적 구조 속에서 그 존재를 느끼는 유물을 파괴하는 것을 전제로 한다… 탈스탈린화는 끝까지 진행되어야한다. 그 이후에야 사람들은 우리의 말과 행동에 대해 판단할 수 있을 것이다.[3]

탈스탈린화를 끝까지 진행시켜야 한다는 점에 있어서 흐루슈쵸프의 측근 중의 하나였던 표드르 부를라츠키(Fiodr Burlatskii)는 동의를 한다. 그에 의하면 흐루슈쵸프의 스탈린 비판은 불충분한 것이었는데 그것은 흐루슈쵸프 자신이 스탈린 시대에 우크라이나에서 그리고 모스크바에서 간부들을 숙청하는 일을 담당했었고 따라서 그는 다른 사람들에 대해 모든 진실을 말할 수는 없었다는 것이다. 그는 소련 공산당 제22차 전당대회에서 몰로토프(V.Molotov), 카가노비치(L.Kaganovich)를 비판하면서도 미코얀(A.Mikoian)에 대하여는 침묵을 지켰다. 미코얀은 그의 협력자였기 때문이다.[4] 부를라츠키는 스탈린주의에 대한 비판의 불충분함이 스탈린주의자들의 복귀를 가능하게 됐다고 보는 것이다. 따라서 흐루슈쵸프의 실각 경험을 가지고 있는 소련에서는 스탈린주의에 대한 철저한 비판이 더욱 요청되고있는 것이다.

소련사회의 일각에서 페레스트로이카의 지지자들에 의해 추진된 이같은 역사재해석의 노력이 처음부터 당지도부의 즉각적인 지지를 받은 것은 아니었다. 고르바쵸프는 그의 저서『페레스트로이카』에서 스탈린시대의 농업집단화의 방법과 속도에 대해서는 오류를 인정하면서도 농업집단화 자체를 부정적으로 평가하지는 않았다. 그러나 그는 "사학은 수정을 요한다"고 인정하였다.[5]

역사의 재해석이라는 작업에 새로운 자극제가 된 것은 10월혁명 70주년을 기념하여 행해진 고르바쵸프의 연설이다. 1987.11.2일에 행해진 이

---

3) *Les Nouvelles de Moscou*, no. 37, 1987. 9.13
4) *Literaturnaia Gazzetta*, 1988.2.24
5) M. Gorbachev, *Perestroika*, Paris:Flammarion, 1987, p.64

연설 「10월과 페레스트로이카: 혁명은 계속된다」에서 고르바쵸프는 소련의 역사를 재해석하는 작업에 가담하였을 뿐 아니라 그것을 계속 진행시켜야 한다고 강조하였다. 이것은 그 이후에 큰 영향력을 행사하기 때문에 여기서 그의 내용을 소개하기로 하자.

고르바쵸프는 10월혁명과 그 혁명에 있어서의 레닌의 역할, 사회주의 건설에 있어서의 레닌의 역할, 레닌주의의 창조성을 지적한다. 이 점에 있어서 그의 해석은 소련의 전통적인 해석에서 크게 벗어나지 않는다. 그러나 레닌 이후의 시기에 대한 그의 해석은 특별한 주의를 요한다.

그는 공식 연설에서 처음으로 트로츠키의 이름을 들추었다. 물론 트로츠키에 대한 평가는 부정적인 것이었다. "트로츠키주의는 하나의 정치적 경향으로서 그의 이데올로그들은 좌파의 사이비 혁명적 용어로 포장을 하고는 사실상 항복적 입장을 취했다. 그것은 사실상 레닌주의에 대한 전면적 공격이었다."6)

고르바쵸프는 이어서 지노비에프와 카메네프에 대해서도 그들이 트로츠키와의 블록을 형성했음을 언급하고 이들이 끊임없이 당에서의 논쟁을 촉발시키고 당의 분열을 꾀했음에 대해 비판을 가했다. 그리고 스탈린에 의해 지도되는 당이 이데올로기적인 투쟁에 있어서 레닌주의를 승리하게 했다고 말했다. 그러나 그는 트로츠키주의의 패배에 기여한 인물은 거론하면서 부하린, 드제르진스키, 오르드조니키드제, 루드주타크를 긍정적인 각도에서 평가하고 있는 것이다.7) 특히 부하린에 대한 것은 특별한 주의를 요한다.

고르바쵸프는 1930년대에 부하린이 사회주의 건설에 있어서의 시간의 요소를 과소평가했음을 지적하였다. 그러나 고르바쵸프는 그의 연설에서 레닌이 부하린에 대해 긍정적으로 평가한 유언을 인용하였다. "부하린은

---

6) M. Gorbachev, *Octobre et la restructuration: la revolution se poursuit*, Edition de l' Ageance de presse Novosti, Moscou, p.20
7) *Ibid.*, p.21

당내에 있어서 가장 뛰어난 사람들 중의 하나일 뿐 아니라, 대단히 높은 가치를 가지고 있는 이론가이다. 그는 당 전체의 사랑을 받을 만 하다. 그렇지만 그의 이론적 논점들은 완전히 마르크스주의적으로 되기 위해서는 많은 유보를 가지고 있다. 왜냐하면 그에게는 사변적인 점이 있기 때문이다.(그는, 내가 생각하기로는, 결코 변증법을 공부하지 않았고, 또 완전히 이해하지 못했다.)"[8] 공식연설에서 이 같은 정도의 언급은 그때까지 "인민의 적"으로 처형당하고 아직 복권되지 않은 상태에 있던 부하린에게는 획기적인 언급이었던 것이다.

또 고르바쵸프는 1920-30년대의 소련의 산업화에 대해 언급하면서 그 과정에서 성장한 관료주의와 그 병폐에 대하여 신랄한 비판을 가했다. 그는 엄격한 중앙집권적 명령체계가 농촌사회의 변형에 관한 일을 수행하기에는 불가능하다고 했다. 산업화의 진행과정에서 객관적 경제법칙이 무시되었으며, 농촌에서의 사회적 관계에 주의를 기울이지 못하였고 농민층에 대해 정치적으로 올바르게 평가하지 못됐고 중농과의 연맹에 실패하였음을 지적하였다. 그는 1930년대의 농촌집단화의 과정에서 "거친 위반"이 행해졌음을 언급하였다. 집단화가 쿨락에 대해서 뿐 아니라 중농에 대해서도 투쟁을 전개시켰음을 인정한 것이다.

고르바쵸프는 이어서 사회주의의 건설과정에서 계급투쟁이 점점 더 심해진다고 하는 스탈린적 이론을 거부하였다.[9]

고르바쵸프는 또한 개인숭배라는 것이 단지 스탈린의 개인적 성격의 문제에서 빚어진 것이 아니라, 소련 사회의 민주화가 필요한 수준을 가지지 못했기 때문이라고 하였다. 수 천명의 당원과 비당원이 대량 억압의 희생물이 되었다는 "쓰디쓴 진실"을 그는 인정했다.

나아가 그는 개인숭배가 소련사회에 필연적이라는 명제를 거부하였다. 개인숭배라는 것은 "사회주의와는 본래 이질적인 것일 뿐 아니라 사

---

8) *Ibid.*, pp.21-22
9) *Ibid.*, pp.24-26

회주의의 근본적인 원칙에서의 이탈을 의미하고 따라서 어떻게도 정당화되지 않는다"고 하였다.[10]

고르바쵸프는 소련정부가 이러한 역사의 문제를 검토하기 위해 소련공산당 중앙위원회 정치국에 특별위원회가 설치되었음을 알렸다. 이 특별위원회의 과제는 스탈린 시대의 희생자들을 구하기 위한 것이다. 그는 소련공산당 중앙위원회에 특별위원회를 설치하여 소련공산당사를 다시 쓸 것임을 밝혔다. 그리고 역사적 진실을 밝히는 것이 지금의 문제 즉 민주화, 합법성, 공개성, 관료주의 병폐의 제거 등 페레스트로이카가 제기하는 문제들을 해결하는데 도움을 줄 것이라고 전망했던 것이다.[11]

고르바쵸프는 스탈린 이후의 시기에 대하여도 역사적 평가를 내렸다. 흐루슈쵸프가 관료주의의 병폐를 극복하고 사회주의에 더 많은 동력을 주려고 했으며 인간주의적 이상과 가치를 강조했음을 그리고 레닌주의의 창조적 정신을 이론과 실천에서 강조했음을 고르바쵸프는 높이 평가하였다. 그러나 고르바쵸프는 흐루슈쵸프가 "넓은 민주화"에 의지해서 개혁을 시도하지 못했음을 비판했다.[12]

고르바쵸프는 브레즈네프에 대해서는 가혹한 비판을 가했다. 그의 시대에 "이론과 실천의 괴리가 심화되었다"고 말하고 "사회주의의 대원칙들과 나날의 진실 사이의 점증하는 차이는 견딜 수 없이 되었다"고 지적하는 것이다.[13]

이같은 고르바쵸프의 연설은 그 자체로서 혁명적인 것은 아니었다. 많은 관측자들은 고르바쵸프의 연설이 스탈린에 대해 더 많은 비판을 할 것을 기대하였던 것이다. 그러나 1987의 고르바쵸프 연설은 1956년에 비해 스탈린주의를 체제상의 문제로 파악했으며 따라서 심층적으로 스탈

---

10) *Ibid.*, p.27
11) *Ibid.*, p.28
12) *Ibid.*, p.35
13) *Ibid.*, p.36

린주의를 비판한 것이라고 볼 수 있는 것이다.

3. 스탈린주의의 희생자들에 대한 복권

스탈린주의의 희생자들에 대한 복권은 소련공산당 제 20차 전당대회 이후 계속 진행되었지만 그것은 충분한 것이 되지 못하였다. 더구나 브레즈네프의 시대에 들어와서는 그 복권의 움직임은 중단되었다. 1920-30년대를 비롯하여 스탈린 시대의 많은 희생자들이 아직 미복권의 상태에 놓여있었다. 고르바쵸프의 집권 이후에 우리는 다시 복권의 움직임을 보게 되는데 그 중요한 것을 살피기로 한다.

1986.4.17일에 소련방최고 법원에 의해 루드주타크(J.E.Rudzutak)와 무라로프(N.I.Murarov)가 복권이 되었다. 무라로프는 1903년에 러시아사회민주당에 가입하여 1917년 10월혁명 때에 모스크바에서 무장봉기에 가담됐고 그 후에는 농업인민위원회에서 일하다가 1927년 소련공산당 제15차 전당대회에서 소련공산당이 레닌주의의 원칙에서 벗어나고 있음을 비판했다. 이 때문에 그는 당에서 추방되었다. 그는 그후 최소한 3번이나 재입당을 위해 노력됐다. 그러다 1936년 스탈린의 희생물이 되었다.

루드주타크는 노동조합운동가였다. 그는 레닌과 노동조합에 대해 같은 견해를 가지고 있었고 대규모생산이 조합 그리고 개인기업과 공존할 수 있다는 생각을 가졌었다. 소련공산당 제12차 전당대회에서 그는 정치국의 후보가 되었다. 그러나 그는 1937년 체포되어 1938년 총살당했다. 소연방최고법원은 그가 무죄였음을 인정하고 사후 복권을 시행한 것이다.[14]

1987년 7월 16일에는 소련방최고법원에 의해 일련의 과학자들이 복권

---

14) *Sotsialisticheskaia industria*, 1987.7.5

되었다. 이들은 모두 15명인데 그중에는 A.V.차야노프, N.D.콘드라티예 프같은 세계적인 명성을 가진 학자들의 이름이 포함되어 있다. 특히 차 야노프는 1920년대에 농업문제의 전문가로서 레닌의 생각에 많은 영향 력을 미친 사람이었고 콘드라티예프는 이미 세계에 유명한 경제학자로 서 경기의 장기파동을 발견한 사람이다.

그러나 무엇보다도 복권의 중심에 놓여있는 인물은 부하린이었다. 부 하린은 1888년에 출생하여 이미 1905-07년의 혁명운동에 가담하고 1906 년에 러시아사회민주당에 입당하였다. 그는 1910년 이후 계속 망명생활 을 하였고 1913년에 스탈린이 『마르크스주의와 민족문제』라는 논문을 쓰는 것을 도와주었다. 1914년부터는 그는 국가와 민족문제에 대해 레닌 과 격렬한 논쟁을 벌이는데 레닌은 부하린의 입장을 반대하면서도 그의 이론가적 자질을 높이 평가하였다. 부하린은 10월 혁명 당시 모스크바에 서 무장봉기를 이끌었고 혁명의 성공에 결정적으로 기여하였다. 이리하 여 그는 약관 29세의 나이에 소련공산당 기관지 『프라브다』의 편집장이 되었다. 그는 1918년에 브레스트-리로프스크의 평화를 둘러싸고 레닌과 충돌하기도 했지만 1921년 신경제정책의 시행과 더불어 그의 두뇌역할 을 담당하였다. 레닌 사후에 트로츠키가 카메네프, 지노비에프와 연합하 였을 때 스탈린과 연합하여 트로츠키파를 패배시켰다. 그러나 1928년 산 업화의 속도에 관한 문제를 둘러싸고 스탈린과 논쟁을 하였고 논쟁에서 패하게 된다. 레닌의 사후 레닌의 자리를 계승하여 정치국원이 되었던 부하린은 1929년에 정치국에서 추방이 되고 1938년에는 드디어 처형을 당한다. 그는 "스파이, 살인자"로 규정이 되었다.

부하린을 복권시켜야 한다는 운동은 이미 후르슈쵸프 시대부터 있었 다. 그러나 수슬로프가 그것을 방해하였다고 한다. 1987.11월 부하린의 부인 안나 라리나(Anna Larinna)는 고르바쵸프에게 부하린의 복권을 청 원하는 편지를 내었다. 특히 『오고뇩』지에 실린 안나 라리나와의 인터뷰 는 부하린의 복권이 임박했음을 알리는 신호였다.15) 특히 『모스코프스키예 노보스티』는 1987.12.6일자 신문에 부하린의 유서를 공개하였다. 그 유서의 한 구절은 아무리 사악한 비신스키가 부하린을 비난하더라도 비신스키의 말이 거짓임을 애기해 준다. "동지들이여 당신들이 공산주의의 승리하는 과정 중에 가지고 가는 깃발에는 내 피가 한 방울 스며있다는 것을 알기 바라오-니코라이 부하린."16) 동시에 우리는 소련의 여러 간행물들이 부하린에 관한 글을 1988년 초부터 싣고있음을 보게 된다. 이들 간행물들이 다름 아닌『프라브다』『코무니스트』『네델랴』같은 소련공산당 또는 정부의 기관지에 게재된 것이다.

1988년 2.4일 부하린은 소연방최고법원에 의해 드디어 복권되었다. 부하린과 함께 복권된 인물은 리코프(A.Rykov), 라코프스키(C.Rakovski)가 있었다. 부하린은 1988.5.10 소련과학아카데미 의장단의 결정에 의해 아카데미회원의 자격도 되찾게 된다. 더 나아가서 1988.6.21일 부하린은 소련공산당의 당적을 되찾게 되는데 이로써 부하린의 복권은 완벽하게 이루어지게 되었다. 완전한 명예회복이 이루어진 것이다.

이와 함께 부하린의 이론을 재조명하는 작업이 한창 진행되고 있다. 1920-30년대 자본주의나 파시즘을 분석하는 데 있어서 부하린의 입장이 옳았다는 것이 다시금 강조되고 있으며 상업화의 문제에 있어서도 부하린의 견해가 옳았다는 것이 인정되고있다.

또한 1988.6.13일에는 카메네프, 지노비에프, 퍄타코프, 라덱이 복권되었다. 이들은 모두 트로츠키와 연계되었던 인물이다. 이로써 스탈린주의에 의해 희생되었던 인물 중에 아직 트로츠키가 남아있는 상태이긴 하지만 그는 법적으로 처벌받은 것은 아니어서 그의 역할을 얼마나 정당히 평가해줄 것인가 하는 문제가 남아 있는 것이다.

이제 그리하여 역사적 인물들을 복권하였을 뿐 아니라 이들 인물을 포함한 역사적 해석을 전면적으로 재해석하는 문제가 남아 있게 되는

---

15) *Ogoniok*, no.48, 1987.11.28-12.5, pp.26-31
16) *Moskovskie Novosti*, 1987.12.6

것이다.

이러한 점에서 불때 1989년 7월부터 소련 최고의 권위를 자랑하는 역사학잡지『역사의 제문제』가 트로츠키의 논문「스탈린적 날조 학파」를 연이어 수록하고 있음도 주목을 요하는 일이다.

4. 예술을 통한 역사의 재해석

소련에서 역사의 재해석이라는 작업에 한 걸음을 내디딘 것은 역사학이 아니라 예술이었다. 그것은 예술이 보다 자유로운 방식을 가지기 때문일지도 모른다. 그러나 보다 중요한 것은 예술가들의 집단의 직업적 역사가들보다 더 진보적이라는 데서 그 원인이 있을 것이다. 이제 예술이 먼저 시작한 역사해석의 문제를 검토하여 보자.

1)『참회』

『참회』는 텐기즈 아불라제(Tengiz Abuladze)가 감독을 맡은 영화의 제목이다. 우리는 주저 없이 이 영화가 페레스트로이카의 시대에 역사의 재해석이라는 작업에 새로운 지평을 열어준 작품이라고 말할 수 있다.

이 작품은 원래 1982년에 시나리오가 작성되고 1984년 말에 '그루지아필름'에 의해 촬영이 완성되었던 것이다. 그러나 너무 비판적이라 해서 햇빛을 볼 수 없었다가 글라스노스트정책덕분으로 1987년 초에야 상영이 가능해진다. 이 영화는 모스크바에서만도 상영 10일만에 70만명의 관객을 동원한 작품이다. 이제 필자가 감상한 영화의 내용을 소개하자 (필자는 이 영화를 1988.8.2일 파리에서 관람하였다.)

그루지아의 어떤 시에서 바를람 아라비제(Varlam Arabidze)라는 시장이 죽었다. 그는 위대한 사람이며 부모보다도 더 귀중한 사람이다. 친지와 이웃들이 모여들어 위문을 하는데 모두가 그의 죽음을 애도한다. 친지들의 회고에 의하면 그는 위대한 사람이었다. "그는 친구를 적으로 만들고 적을 친구로 만드는 재주를 가지고 있었다."

바를람을 묻은 후에 그 다음날 개짖는 소리에 놀라 일어난 바를람의 아들 아벨의 부인은 창문을 통해 밖을 보고는 소스라치게 놀란다. 죽었던 시아버지의 시체가 정원나무에 기대서 있는 것이다. 식구들은 급히 바를람을 다시 묻었다. 그러나 다음날 바를람의 시체는 다시 정원나무에 기대서 있었다. 이제 이 사실을 경찰에 알릴 수밖에 없이 되었다. 경찰은 묘지 주변에 철책을 둘러쳐서 사람들의 접근을 막았다. 그러나 다음날도 여전히 시체는 정원나무에 기대서 있는 것이 아닌가?

이제 시체의 발굴자를 찾아내기 위해 본격적인 수색전이 벌어졌다. 바를람의 손자 토르니케도 할아버지를 파는 자를 찾기 위해 묘지 부근의 나무 위에 숨어서 기다리고 있었다. 이윽고 밤이 깊었을 때 한 사림이 나타나서 바를람의 묘를 파기 시작한다. 격분한 토르니케는 총을 쏘게 된다. 이어서 시체발굴자와 토르니케 사이에는 싸움이 시작되고 매복되었던 경찰이 달려와서 시체발굴자를 체포하게 된다. 그런데 범인은 놀랍게도 여자였다.

이 여인은 드디어 법정에 서게 되었는데 이 여인은 법정에서의 질문에 답하는 가운데 죄를 인정하느냐고 물었을 때 시체를 발굴했다는 사실은 인정하지만 죄는 인정하지 않는다고 하였다. 이제 장면은 바꾸어 이 여인의 답을 이해하기 위해 과거를 보여준다.

여인의 기억은 바를람이 시장으로 취임하던 날로 거슬러 올라간다. 시는 축제분위기다. 그런데 도로의 수도공사를 하는 도중에 수도관이 터져 도로는 온통 물벼락을 맞게 된다. 그러나 억수같은 물벼락을 맞으면서도 식의 진행은 계속된다. 화가인 산드로와 그의 아내 니노 그리고 그들의 딸 케티는 베란다를 통해 이 광경을 본다. 산드로는 딸 케티가 이 광경을 보지 못하게 하기 위하여 문을 닫는다. 그러나 위대한 바를람의 통치는 시작되었다. 이 시에는 6세기 때부터의 교회가 하나 있었다. 이 교회에다 시는 실험실을 설치하였다. 이 때문에 교회는 날마다 파괴되고 있었다. 이에 항의하기 의하여 시의 노인 두명과 산드로는 시장 바를람을 방문한다. 산드로는 문화적 가치, 문화재의 중요성을 강조하며 교회에서 실험을 중지할 것을 요청한다. 바를람은 이들에게 묻는다. "당신은 과학과 진보에 반대합니까?" 산드로는 "위대한 문화적 유산을 파괴하는 그러한 과학에는 반대한다"고 대답한다. 바를람은 새로운 건물을 지을 때까지 임시적으로 교회건물을 사용하는 것이라고 변명하다가 강력한 항의에 부딪치자 화를 낸다. 바를람은 시를 천국으로 만들 것이라고 말한다. 회견은 끝났다.

그리고 두 노인은 곧 체포되었다. 산드로는 노인의 체포에 대하여 당국에 항의를 한다. 그는 교회문제 때문에 노인들이 체포된 것은 이해할 수가 없다고 하며 차라리 자기를 체포해야 한다고 주장한다. 그러나 항의도중 바를람으로부터의 전화가 걸려왔고 그 노인들은 곧 풀려났다고 하였다.

그러나 그날 밤에 예기치 않게 바를람과 그의 부하들이 산드로의 집을 방문한다. 온갖 코메디를 연출하며 바를람은 의심어린 눈으로 산드로의 그림을 본다. 바를람의 아들 아벨은 산드로의 딸 케티와 같이 논다. 케티는 십자가에 못박힌 예수와 부활에 대해 아벨에게 이야기해 준다. 아벨은 부활이 사실이라면 죽은 자기의 엄마도 살아날 수 있느냐고 묻는다. 이제 그들은 떠나게 되었는데 바를람 일행은 모두 창문으로 뛰어내려 말을 타고 집을 떠났다. 창문을 닫으며 산드로는 분노를 터뜨린다. 그러나 그 순간 누가 문을 두드린다. 바를람이 거기에 서있는 것이다. 아벨이 엄마의 부활을 믿으며 가져온 십자가를 돌려주기 위하여.

악마의 방문 이후에 니노의 악몽이 시작된다. 끊임없는 탈출과 체포의 위험. 그러나 그것은 단지 꿈이 아니다. 문에서 노크하는 소리가 난다. 산드로를 체포하기 위해 갑옷을 입은 기사들이 들이닥친다. 그리고는 몇 개의 그림들과 함께 산드로를 체포해간다. 왜? 그것은 그의 그림이 "무정부주의적"이고 인민에게 새로운 것이라는 일련의 화가들의 진정서를 바탕으로 해서인 것이다. 니노는 체포된 남편의 구원을 위해 도처에 도움을 청한다. 그러나 그들의 가족 역시 체포되었다. 공포의 시대가 시작된 것이다.

수많은 사람들의 행렬이 있다. 그들은 모두 체포된 남편, 친척들에게 소포나 편지를 전하기 위해 서있는 행렬인 것이다. 일부는 소포를 전달할 수 있지만 일부는 "서신연락의 자유가 없"게 되었다. 산드로의 경우는 이 후자에 속하게 되었다. 체포되어 유형에 처해진 산드로를 기다리는 나날이 시작되었다. 결국 니노는 바를람에게 찾아가서 무릎을 꿇고 산드로의 무죄와 구원을 호소하지만 바를람은 이를 거부한다.

어떤 아이가 니노에게 와서 기차역에 체포된 사람들의 명단이 있다고 알려준다. 니노는 케티와 함께 역으로 달려간다. 역에는 통나무들이 산적되어 있었다. 통나무 하나하나는 체포되고 유형에 처해진 사람들이다. 어떤 아이는 "우리 아빠를 찾았다!"하며 달려간다. 어떤 부인은 통나무 하나를 껴안고 울고있다. 나무들은 모두 많은 톱밥과 껍질을 남기고 처리가 되었다.

바를람의 광기는 끝이 없다. 드디어 체포의 위험은 니노에게까지 들이닥친다. 바를람의 부하 하나가 니노의 체포가 임박됐음을 알리며 기차표와 돈을 주어 도망칠 것을 권한다. 그러나 도망치려는 순간에 기사들이 들이닥친다. 그녀는 체포되었다. 그리고 케티와 영영 이별하게 된다. 여기에서 여인의 법정증언은 끝난다. 그 여인은 바로 케티였던 것이다.

법정은 소란스러워지고 판결은 연기된다. 그러나 여인의 증언을 들은 후 토르니케의 마음은 움직이기 시작한다. 그는 깊은 참회를 느낀다. 그는 아버지 아벨에게 가서 상의를 한다. 그러나 아버지 아벨은 그때는 어려운 시기였다고 변명을 한다. 그리고 한 두 사람의 무죄한 죽음보다는 백만 명의 행복이 나은 것이라고 변명한다. 토르니케는 인간의 가치와 행복을 산술적으로 계산하는 아버지에게 실망을 느낀다. 그는 아버지에게 "나는 아버지를 미워한다"고 외친다.

한편 아벨의 가족과 친지들은 아버지 바를람의 무덤이 자꾸 파헤쳐지는 골치아픈 일에서 벗어나기 위해 여인을 정신병자로 몰아버릴 것을 결정한다. 공판은 재개되었다. 아벨측의 변호사는 여인을 정신병원으로 보낼 것을 주장한다. 왜 자꾸 무덤을 파느냐는 법관의 질문에 여인은 바를람이 무덤 속에 누워있는 것을 보고 결코 참을 수 없다고 말한다. 바를람은 까마귀에게 조각조각 뜯겨가야만 한다고 주장한다. 여인은 소리친다. 법정에서 바를람을 변호하는 한 바를람은 살아있는 것이라고.

토르니케는 깊은 번민에 싸이게 된다. 토르니케는 케티를 찾아가서 자기를 용서해 달라고 한다. 케티는 용서는 하나님이 할 수 있는 것이지 자기가 할 것이 아니라고 대답한다. 그리고 곧 자기가 정신병원으로 보내질 것임을 알려준다. 토르니케는 아버지에게 달려가 항변을 한다. 아버지 아벨은 토르니케에게 변명을 한다. 아벨은 아버지의 무덤을 파헤치는 자를 차라리 목졸라 죽이고 싶다고 말한다. 토르니케는 심한 분노를 느낀다. 그는 항변을 하다 따귀를 맞는다. 그러나 아픔보다는 아버지와 어머니에 대안 실망감이 더 고통스러운 것이다. 현재의 안락한 특권적 생활이 파괴되는 것을 두려워하여 과거를 묻어두기를 바라는 아버지. 과거를 묻어두면 둘수록 바를람은 편히 잠잘 것이 아닌가? 토르니케는 결국 자기 방에 들어가 문을 걸어 잠그고 할아버지 바를람이 손자 토르니케에게 들려준 총으로 자살을 한다.

아벨은 자신의 저주스러운 운명을 본다. 아버지 바를람, 아들 토르니케. 그는 원한에 차서 아버지 바를람의 묘를 파고 그 시체를 온 시가 내보이는 절벽 위에서 내던져 까마귀밥이 되게 한다. 그리고 여인은 방면되었다.

햇볕이 찬란한 오후에 여인의 집에 문을 두드리는 소리가 난다. 어떤 할머니가 길을 묻는다. "이 길이 교회로 가는 길인가요?" 케티는 조용한

음성으로 대답한다. "이길은 바를람가입니다. 이길은 교회로 가는 길이 아니예요." 할머니는 중얼거린다. "교회로 가는 길이 아니라면 이 길이 무슨 소용이 있담!"

이 영화가 스탈린 및 스탈린주의를 비판하기 위한 정치적 영화라는 것은 누구에게나 자명할 것이다. 바를람과 마찬가지로 스탈린은 그루지아인이다. 영화에 갑옷을 입은 기사들이 경찰로 동원되는 것은 스탈린이 공산당을 "기사단"이라고 본 것을 비꼰 것이다. 아벨은 브레즈네프 시대의 인물인 것이다.

2) 『아르바트의 아이들』

소련에서 역사를 재해석하는 문제에 있어서 가장 신선한 자극을 던진 문예작품 중의 하나가 아나톨리 리바코프의 소설 『아르바트의 아이들』이다.

그러나 이 소설은 이미 오래 전에 구상되었던 작품이다. 저자는 이 소설을 1950년대 말부터 쓰기 시작했으며 그리하여 1966년에 이 소설은 『노븨이 미르』지에 발표하기로 예정이 되어 있었다. 당시의 이 잡지의 편집장 트바르도프스키이는 그것을 출판하기로 약속하였다. 그러나 소설은 발표될 수 없었다. 그리하여 발표가 좌절된 후 처자는 또 2부를 쓰기 시작하였다. 다시 12년이 지났고 『옥탸브르』지에 1978년 소설이 발표될 예정이었다. 그러나 그것도 실패로 돌아갔다. 작가는 다시 소설의 3부를 쓰기 시작했다. 그리고 소설은 드디어 1982년에 모두 완성이 되었다.[17] 그러나 소설이 완성된 후에도 저자는 5년이나 기다려야만 하였다. 드디어 소실은 1987년 『드르주바 나로도프』지에 발표될 수 있게 되었다. 고르바쵸프의 페레스트로이카정책이 비로소 이 소설의 출판을 가능 해 준

---

17) *Ogoniok*, no. 27, 1987.7

것이다. 이 소설이 발표된 후 릐바코프는 한 인터뷰에서 그 심정을 다음
과 같이 밝혔다.

질문:『아르바트의 아이들』의 제1부가 쓰여지고 출판되기까지에는 20
　　　년 이상의 세월이 흘러갔습니다. 그 동안에 당신은 낙관적인 생각
　　　을 가졌고, 그래서 소설을 외국에서 출판하기를 거절했습니다. 그
　　　것은 결국 당신이 현재 우리 사회에서 일어나고 있는 변화의 불가
　　　피성을 믿었다는 것입니까?
대답: 나는 나의 인민과 나의 나라를 언제나 믿어왔고, 지금도 믿고
　　　있습니다. 내 책이 우리의 인민들에게 불필요하다고 생각됐다면
　　　나는 그러한 믿음을 가지지 못했을 것입니다. 과거의 짐으로부터
　　　해방됨을 느끼지 못하고서는 우리가 전진할 수 없다는 것을 우리
　　　사회가 깨닫게 될 날이 결정적으로 오리라고 생각했습니다. 진보
　　　라는 것은 자유로운 사고 없이는, 또 진리에 의해 살고 진리를 말
　　　하지 않고서는, 즉 모든 진리를 가지지 않고서는 생각할 수 없는
　　　것입니다.[18]

　이제 이 소설의 내용을 간략히 살펴보자. 이 소설의 중심인물은 모스
크바의 아르바트가에 살고있는 20대의 청년 사샤 판크라로프이다. 사샤
는 인텔리가문 출신이었다. 그의 아저씨(어머니의 형제) 리야자노프는
중공업인민위원장의 직책을 가지고 스탈린의 신임을 받는 사람이었다.
사샤 자신은 고등전문대학에 다니며 콤소몰(공산주의 청년동맹)의 책임
자로 활동하고 있었다. 그러나 그는 1934년 교내 잡지에 발표한 풍자시
때문에 학교와 콤소몰에서 추방된다. 그 추방은 마치 종교재판과 같은
방법으로 이루어진다. 그는 사선의 부낭함을 공산당 당기위원회에 호소
할 수 있는 기회를 가지게 되었고 그 덕분에 다시 복권되었다.
　그러나 복권의 기쁨을 가지는 것은 순간이고 친구들의 축하를 받고

---

18) *Sobesednik*, no. 32, 1987.8

돌아온 그날 저녁 그의 집은 내무인민위원회 요원에 의해 수색되고 사샤는 체포된다. 내무인민위원회 요원 쟈코프는 사탄과도 같은 방법으로 사샤를 심문한다. 사샤는 이미 자신이 공산당 당기위원회의 결정에 의해 복권되었음을 말하고 무죄를 주장한다. 이에 대한 쟈코프의 대답은 가공할 만한 것이었다.

그렇다면 아무 이유도 없는데 당신을 체포했다는 것인가? 당신은 여기에서도 역시 반혁명적 선동을 계속하고 있다. 우리는 헌병대도 아니고 제3의 특수대도 아니고 우리는 단순한 처벌부대가 아니다. 우리는 당의 무장대다. 그런데, 판크라토프, 당신은 두 개의 얼굴을 가진 사람이다. 자 보아라 당신이 누구인가를![19]

사샤는 결국 아무 죄도 없이 내무인민위원회에 의해 시베리아로 유형을 가게 된다. 사샤의 어머니는 리야자노프에게 사샤의 구원을 요청하나 그는 거절한다. 사샤의 어머니는 그에게 차갑게 말한다. "너는 무죄한 사람을 보호하지 않았다. 아무도 역시 너를 보호하지 않을 거다."[20]

이 소설에서 잘 부각되는 점은 스탈린의 심리를 잘 묘사했다는 것이다. 말하자면 독재자의 심리학이라고 말할 수 있을 정도로 이 소설은 스탈린의 심리를 잘 묘사하였으며 그리하여 심리소설로서의 높은 평가를 받고 있다. 예컨대 권력에 대한 스탈린의 심리를 리바코프는 다음과 같이 묘사한다.

단지 인민의 사랑에 기초한 권력은 약한 권력이다. 그렇지만 단지 공포에 입각한 권력 역시 불안정하다. 안정된 권력이란 독재자에 대한 공포와 그에 대한 사랑에 입각해있는 권력이다. 위대한 통치자란 공포를 통해 자기에게 사랑을 불러일으키게 할 줄 아는 사람이다. 인

---

19) A. Rybakov, *Deti Arbata*, Moskva, 1988, p.86
20) *Ibid.*, p.284

민과 역사로 하여금 그 정부의 모든 잔인성을 독재자에게 돌리는 것
이 아니라 그의 실행자들에게 돌리게 할 것이다.[21]

리바코프의 스탈린 심리묘사는 정확했다고 본다. 1930년대 스탈린독
재의 진면목을 이해할 수 있게 하는 다음의 구절을 또 음미하여 보자.
그것은 스탈린의 인텔리겐챠에 대한 태도이다.

　　권력을 위한 싸움에 있어서 레닌은 인텔리겐챠에 의존자였다. 그
　것은 올바른 것이었다. 인텔리겐챠는 다른 생각을 하는 사람들이고
　다든 생각은 권력을 위한 싸움에 있어서는 좋은 도구이다. 그렇지만
　권력이 정복되었을 때 인텔리겐챠에 의존해서는 안된다. 권력의 도구
　는 다른 생각이 아니라 단일한 생각인 것이다.[22]

이러한 묘사는 결국 소련에서 1930년대에 스탈린 주위에 결집됐던 자
들은 기회주의자, 출세주의자들이었다는 것을 다시 한번 잘 보여준다.
진지한 사회주의자 사샤 판크라토프는 콤소몰에서 추방되고 유형을
가게 된다. 사샤의 친구이며 기회주의자이고 출세주의자인 샤로크는 법
률공부를 마치고 쟈코프의 밑에서 내무인민위원회에서 일하게 된다. 스
탈린을 진심으로 존경했던 그리고 맡은 일에 헌신적이었던 리야자노프
에게는 숙청의 운명이 기다린다. 구 볼셰비크 부쟈긴은 스탈린으로부터
외면을 당한다. 레닌에게 체포영장을 발부한 바 있던 검사 비신스키는
충실한 공산주의자, 레닌의 동료들에게 칼을 휘두르기 시작한다. 절대권
력을 장악한 스탈린 앞에 더 이상 아무런 주관적 사고를 가진 인물은
없게 된다.
카가노비치, 야고다, 예조프같은 무원칙한 출세주의자들만이 남아있게
되는 것이다. 그것은 사회주의의 탈을 쓴 스탈린의 개인독재에 불과했

---

21) *Ibid.*, p.295
22) *Ibid.*, p.419

다. 리바코프가 묘사하고자 했던 것은 이 점이었다. 충실하고 충성스러운 공산주의자들은 박해를 당했던 것이다.

요컨대 이 소설은 전혀 반소비에트적이 아니다. 오히려 사샤는 모든 어려움 가운데서도 사회주의를 굳게 믿고있다. 이러한 소설이 20년 동안이나 출판을 금지당했다는 것은 그동안 스탈린주의자들이 권력을 장악해왔기 때문이다. 그러나 이 소설은 스탈린주의를 재평가하는 데 획기적인 지평을 열어준 것이라고 할 수 있는 것이다.

3) 샤트로프의 두 편의 희곡

희곡작가 샤트로프의 최근의 작품들은 역사의 재해석의 주제와 직접적으로 관련되어있다. 먼저 『브레스트의 평화』를 검토해 보기로 하자. 이 희곡은 1987.4월 『노븨이 미르』지에 발표되었다. 그러나 이 작품은 이미 1962년에 완성되어 있었다. 결국 리바코프의 소설과 마찬가지로 25년간이나 햇빛을 볼 수 없었던 것이다.

2부작으로 구성되어 있는 『브레스트의 평화』는 1917.12.31일 페트로그라드가 배경이 되어있다. 10월혁명에 의해 시작된 볼셰비키권력은 대독전쟁에 따라 그 기로가 달라지게 되어 있었다. 볼셰비키당 내에서는 그리고 소비에트사회 내에서는 독일과의 평화라는 문제를 둘러싸고 심각한 의견의 분열이 있게 되었다. 레닌의 입장은 모든 희생을 치르고라도 독일과의 평화를 이루어야 한다는 것이었고 이에 대해 부하린은 독일의 혁명에 기대를 걸고 혁명적 전쟁을 주장한다. 트로츠키는 그 절충으로 '전쟁도 평화도 반대'라는 입장을 취한다. 신생 소비에트정권이 부딪힌 이 곤란한 문제에 대하여 당시의 볼셰비키당 지도자들이 가지고 있었던 입장을 밝히려고 샤트로프는 노력하였다.

이 희곡이 던진 충격은 신선한 것이었다. 왜냐하면 무대를 통해 아직 복권되기 이전의 트로츠키, 부하린 등을 복권시켰고 그들의 입을 통해 역사적 진실을 부각시겼던 것이다. 그리고 스탈린은 대독문제에 있어서 무원칙한 정략가로 부각시켰다.

이 희곡에는 레닌, 트로츠키, 부하린 등 모두 20여명의 인물들이 등장하는 바 이들은 열정적인 토론을 전개한다.

독일은 12.27일 굴욕적인 평화를 러시아에 요구한다. 그 요구조건은 폴란드, 리투아니아, 백러시아 일부의 독일점령을 인정하라는 것, 에스토니아, 라트비아, 우크라이나로부터 러시아군대를 철수하라는 것 그리고 엄청난 배상금을 요구하는 것이었다. 레닌은 중차대한 문제를 놓고 대중들의 의견을 듣기를 제안한다. 러시아의 여론은 굴욕적인 강화의 문제를 둘러싸고 찬반의 격렬한 논쟁이 벌어진다. 당내의 지도자들 역시 이에 대해 격렬한 논쟁을 벌였다. 다음의 논쟁을 소개하자.

부하린- 서유럽 혁명으로부터의 즉각적인 지지가 없이는 우리는 일년도 지탱하기 힘들다는 것을 나는 확신합니다.

레닌- 분명히 여기에 우리가 서로를 이해 못하는 중요한 점이 있어요. 당신은 우리가 서로를 잘 모르고 있다고 생각합니까? 이 문제에 대해서 당신과 나는 10월 이전부터 이미 논쟁을 했어요. 나로 말할 것같으면 우리는 러시아에서 사회주의의 건설로 나아갈 수 있을 뿐만 아니라 만일 우리가 목적에 도달하기 위한 길과 방법, 수단을 잘 정한다면 성공할 수 있다고 봅니다. 여기에 바로 초점이 있어요. 좋아요, 더 나가 봅시다. 혁명적 전쟁, 그렇다면 누가 싸우겠습니까?

부하린- 지금은 군대가 없습니다. 이것은 사실입니다. 그렇지만 군대는 파르티잔부대로부터 형성될 것입니다. 투쟁의 과정 속에서 형성될 것입니다.

레닌(참지 못하고)-어떤 희생을 치르고!23)

부하린과 레닌의 차이는 상황진단의 차이일 뿐만 아니라 러시아혁명

---

23) Shatrov, "Brestski1 Mir", *Novyi Mir*, no. 4, 1987.4, p.10

을 이해하는 시각의 차이를 드러낸 것이다. 부하린은 독일혁명이 곧 일어날 수 있다고 보고 유럽에서의 혁명을 통해서만 소비에트러시아가 생존할 수 있다고 보는데 대해 레닌은 독일혁명이 기대하기 힘든 것이며 소비에트러시아 스스로의 힘에 의하여 정치적 계산을 해야한다고 주장하는 것이다.

트로츠키의 입장은 어떠한가? 트로츠키는 이때 강화의 전권을 위임받고 브레스트에 협상대표단의 단장으로 있었다. 전쟁종식 및 군대해산을 수행하지만 강화조약에 서명을 않겠다는 트로츠키는 역시 독일혁명에 기대를 걸고 있었기 때문에 한 주장이었다. 그러나 레닌은 트로츠키의 입장을 모험주의로 보고 이를 거부한다.

> 트로츠키- 그렇지만 독일혁명이…
> 레닌-그렇지만 만일 그것이 일어나지 않는다면? 그때는 어떻게 되겠소?
> 트로츠키-아! 블라디미르 일리치, 만일, 만일, 만일,…
> 레닌-그렇지만 이 "만일"이 없을 때는 안되는 것이오. 전술이란 어려운 일이오. 나는 당신에게 말할 수 있소… 만일 당신이 필요한 때에 후퇴를 할 줄 모른다면, 만약 당신이 배로 진흙탕에서 길 준비가 되어있지 않다면 당신은 혁명가가 아니고 수다장이에 불과하오. 나에게도 이 길은 마음에 들지 않소. 그렇지만 다른 길은 없소. 그리고 우리는 러시아를 파국에서 구해내야만 하오. 이것이 우리의 의무이오…
> 트로츠키- 블라디미르 일리치, 우리 사이에 다시 전술적 차이가 생겼다는 것은 대단히 유감스럽습니다.
> 레닌-그렇지 않소, 이미 말한 바와 같이 우리 사이의 차이는 전술적인 차이가 아니오.
> 트로츠키-시간이 우리의 논쟁을 해결해 줄 것입니다.
> 레닌- 레브 다비도비치, 모험의 냄새가 나오.
> 트로츠키-왜요, 왜 그렇습니까? 우리 혁명의 국제적 사명이 우리에게 지시하는 것을 당신은 보지 못합니까…

> 레닌- 그것은 오직 하나만이 있을 따름이오. 그것은 사회주의를 말
> 로 건설하는 일이 아니라 실제로 건설하는 일이오. 그것이 책에는 씌
> 어 있지만 그것을 실생활에서 이루어야 하오. 역사는 우리에게 하나
> 의 기회를 주었소. 찬란한 사례를 위해 평화가 필요하오. 그 의미는
> 엄청나게 클 것이오…[24]

평화에 대한 서로 다른 입장은 결국 공산당중앙위원회의 표결에 부쳐
지게 된다. 그 결과 레닌의 입장이 부결되었다. 얼마 후 독일은 더 가혹
한 요구조건을 내걸고 전면공세를 취한다. 레닌의 예견이 옳았던 것이
다. 러시아는 이전보다 더 강화된 조건을 받아들이지 않으면 안되게 되
었고 결국 공산당중앙위원회는 레닌의 제안대로 강화를 받아들인다. 전
로소비에트중앙집행위원회에서 찬성 116 반대 85 기권 26으로 간신히
강화를 의결한 후 레닌은 다음과 같은 독백을 남긴다.

> 레닌(자신에게, 우리에게, 동지들에게, 아주 크지는 않게 확실하게
> 얘기함)- 우리는 이것에 서명해야만 한다… 가식 없는 진리를 똑바로
> 쳐다볼 수 있는 용기를 가져야만 한다. 우리가 좀 더 분명히 진리를
> 볼수록 소비에트러시아가 자신의 중요한 국제적 사명을 할 수 있게
> 하는 굽힐 수 없는 단호함에 더 확실히 도달할 수 있다. 우리의 국제
> 적 사명은 새로운 사회를 건설하는 일, 세계의 인민들에게 실현된 밝
> 은 생각을 주는 일, 자본주의의 전쟁, 진흙탕, 더러움에 대해 사회주
> 의의 평화, 순수함, 복지를 대립하는 일이다.
> 　이것을 위해서는 무엇이 우리에게 필요한가? 전쟁인가 평화인가?
> 우리에게 그 같은 선택이란 존재하지 않는다. 우리는 건설을 해야만
> 한다. 이 때문에 우리는 평화를 갈망한다. 이것은 힘이 없을 때의 전
> 술적 방법이 아닌 것이다. 이러한 생각은 우리의 모든 정책이며 우리
> 의 모든 생활인 것이다. 평화의 매 시간은 전쟁의 매 분보다도 비록
> 그것이 승리하는 전쟁일지라도 천 배나 더 많은 것을 사회주의에 준
> 다. 어렵기는 하지만 유익한 혁명의 교훈들을 배우시오, 동지들, 배우

---

24) *Ibid.*, p.18

시오, 승리하기 위하여.[25]

이 희곡에서 부하린은 비록 입장을 달리하더라도 신념에 기초해 있는 인물로 묘사되는 반면 스탈린은 무원칙한 인물로 트로츠키는 모험주의자로 묘사가 된다. 이 희곡은 따라서 부하린의 복권을 간접적으로 겨냥한 작품으로도 이해가 될 수 있다. 이제 샤트로프의 다음의 희곡『더멀리, 더멀리, 더멀리…』로 들어가 보자.

『즈나미야』지 1988.1월호에 발표된 샤트로프의 희곡『더멀리…』는 좀 더 대담하게 10월혁명, 그리고 소비에트사회의 문제를 재조명하려는 시도를 한 작품이다. 이 희곡에는 "1917년 10월 24일, 그리고 그후에 일어난 일들에 대한 저자의 견해"라는 주가 말해주듯 10월혁명 및 소련사를 재조명한 작품인 것이다. 그리고 이 작품은 소련사회에 많은 반향을 불러일으켰다.

이 희곡에서는 다수 시간과 다수 공간의 교차라는 수법을 사용해서 10월혁명의 주요한 인물을 모두 등장시킨다. 레닌이나 스탈린같은 인물뿐 아니라 코르닐로프(Kornilov), 데니킨(Denikin) 같은 백군의 장군들, 스피리도노바(Spiridonova)같은 사회혁명당원, 플레하노프(Plekhanov)같은 멘셰비크도 등장한다.

이 희곡은 무엇보다도 먼저 스탈린이 레닌주의의 정통적 계승자라고 하는 『전연맹공산당(볼세비키)약사』에 대한 거부에서부터 시작한다. 다음의 대화를 보도록 하자.

　　부하린-내 애기 좀 들어보시오, 누가 어느 자리에 앉았었지요? 나는 생각이 잘 안나는데…
　　스베르드로프-그게 무슨 중요성이 있소?
　　스탈린-그것은 엄청나게 중요한 의미를 가지고 있소. 나는 바로

---

25) *Ibid.*, p.51

여기에, 레닌 옆에 앉아있었소.

부하린－코바, 조작하지 마시오. 당신은 결코 여기에 앉아있지 않았소. 당신은 늘 담배를 피웠고 바로 그 때문에 창문에 가 있거나 구석에 가 있었소.

스탈린－나는 바로 여기에 레닌 옆에 앉았소. 당신이 기억하지 못하면서 나를 비난해서는 안되오. 나는 언제나 모든 것을 기억할 수 있소.

스베르드로프－그런데 무엇보다도, 레닌은 지노비에프와 마찬가지로 10월 25일 전에는 여기에 없었고 있을 수도 없소. 그들은 잠복해 있었고, 그 후에 우리는 일리치의 집무실로 갔었소.

스탈린(고집스럽게)－ 나는 언제나 레닌 앞에 있었소.

트로츠키－우리는 그것을 벌써 『약사』에서 읽었지.[26]

샤트로프는 계속하여 프롤레타리아트의 개념이 레닌과 스탈린 사이에 있어서 얼마나 현저한 차이가 있는가 하는 것을 보여준다. 샤트로프는 스탈린적 독재는 프롤레타리아트 독재가 아니라 그의 개인독재에 불과한 것임을 주장하는 것이다. 프롤레타리아트독재의 개념을 둘러싸고 벌어지는 다음의 논쟁을 보기로 하자.

로자 룩셈부르크(마르토프에게 주의를 기울이지 않고)－ [⋯]나의 관점에서는, 프롤레타리아트독재는 가장 제한이 없는 가장 넓은 민주주의요. 정치적 자유가 없는 사회주의는 사회주의가 아니지요. 자유가 없이는 대중들의 정치적 교양 정치적 생활에로의 그들의 완전한 참여가 있을 수 없어요. 단지 정부의 적극적 지지자들만을 위한 자유. 단지 당원들만을 위한 자유(아무리 그 당원들이 많다고 하더라도) 그것은 자유가 아니에요. 자유라고 하는 것은 언제나 그리고 오직 다르게 생각하는 사람들을 위해 있는 것이에요. 볼셰비키의 위험은 임시적이고 경멸할만한 불가피함이 항상적인 덕으로 바뀌는 것에서 시작하는 겁니다.

---

26) M. Shatrov, "Dalshe... dalshe... dalshe...", *Znamia*, 1988.1, p.9

레닌- 로자, 잘 말했소! (마르토프에제 조용히 심지어는 우애 있게) 당신은 우리를 기다리고있는 5년의 테러에 대해서 책에 썼소. 나는 당신에게 얘기하지만 우리가 노동자와 농민의 관계를 올바로 잘 조정하지 못한다면 5년이 아니라 20년에서 40년의 반혁명과 테로가 불가피하오![…]27)

샤트로프는 그뿐만 아니라 미묘한 문제를 제기한다. 그것은 프롤레타리아트독재체제에 복수정당이 존재할 수 있다는 것을 스피리도노바의 입을 통하여 얘기한 것이다. 그녀는 다음과 같이 말한다.

스피리도노바—[…]레닌은 결코 프롤레타리아트독재를 일당체제로는 생각하지 않았고 말하지도 않았어요. 더 나아가서 17년 12월에 우리에게 비례대표제선거를 제안하고 그는 우리에게 말하기를 소비에트권력은 근로인민들이 공산당에 불만을 가질 때 대의원을 개선하고 다른 정당에 권력을 이양하고 혁명이 없이도 정권을 비꿀 수 있다고 말했소. 당신들은 그것을 잘 알고있지요…28)

현재 소련의 전통으로 되어있는 일당체제는 레닌의 생각과는 거리가 먼 것이라고 하는 말은 소비에트체제 자체에 대해 하나의 화살을 던지는 일이다. 사회주의 민주주의 문제뿐 아니라 당내 민주주의의 개념에 대하여도 샤트로프는 스탈린이 레닌의 개념을 왜곡했음을 밝힌다.

스탈린- 당의 단결에 대해서 말할 때는 당신도 모른 체 할 수는 없습니다. 제 10차 전당대회와 「단결에 대한 결정」을 기억하십시오. 결국 그것이 우리로 하여금 우리당의 강철같은 대열을 단결시키는 데 도움을 주었습니다.
레닌(잠시 침묵을 지켰다가)- 결정적인 순간에 내부의 위험성이 데

---

27) *Ibid.*, pp.21-22
28) *Ibid.*, p.33

니킨의 위험보다도 더 무서울 때에 파당과 반대를 위한 장소는 있을
수 없소. 나는 그 점을 확신하오. 그렇지만 그때는 구체적 순간, 구체
적으로 주어진 의견대립이었지 일반적인 문제가 아니었소. […]그렇
소, 단결은 당의 힘이오. 그렇지만 맹목적이고 생각도 없는 단결은,
지도자의 절대적인 의지에 기초해 있는, 지도자 개인에 충성하는 것
은 논쟁도 없고 의견의 대립도 없는 그러한 단결은 당의 더 가공할
만한 연약함이오. […] 민주주의가 있을수록 사회주의가 있는 것이
오.29)

결국 샤트로프는 레닌의 개념과 스탈린의 개념은 전혀 다른 것이라고
하는 것을 보여주려고 한 것이다. 그러나 결국 소련사회는 스탈린적 개
념에 의해 역사가 전개되어 왔다. 샤트로프는 레닌의 입을 통해 사회주
의로부터의 그러한 이탈을 사과하게 한다.

레닌- 나는 이 저주스러운 병 때문에 스탈린을 경질시키려는 일을
끝까지 밀고 나가지 못한 것에 대해 러시아의 인민들에게 의심할 바
없이 잘못을 했습니다… 나는 너무 늦게 감지했고 그래서 체제를 개
혁시키지 못했습니다. 이 모든 것이 불가능하게 해하는데.
스베르드로프- 블라디미르 일리치…
레닌- 나를 빼놓아서는 안되오. 나는 나중에 일어난 일들에 대해
나의 도덕적인 잘못과 책임을 면할 수 없다는 것을 모든 사람이 알
았으면 하오.[…]30)

샤트로프는 레닌을 통해서 스탈린적 체제로 소련사회가 귀결되었음을
사과시킨 것이다. 무대의 마지막 장면은 레닌과 스탈린 사이의 거리를
결정적인 방법으로 보여준다. 또 스탈린이 소련사회에서 차지하는 위치
를 보여준다.

---

29) *Ibid.*, p.38
30) *Ibid.*, p.49

무대의 마지막 장면에서 등장인물은 모두 하나씩 무대를 떠난다. 그러
나 스탈린은 남아있다. 레닌은 스탈린이 떠나주기를 기다리는데 스탈린
은 계속 남아있다. 스탈린은 침묵을 깨고 레닌에게 말한다.

    스탈린- 나는 당신과 잠시 이야기하고 싶습니다. 설명할 것이 있
습니다.
    레닌(냉혹하게)- 나는 당신과 얘기할 것이 아무 것도 없소.(관객
석에다) 더 멀리 떠나야한다, 더 멀리, 더 멀리!
    그리하여 그들은 서로 상당한 거리를 가지고 떨어져있다. 사람들
은 스탈린이 떠나주었으면 하고 바란다... 그렇지만 스탈린은 아직 무
대에 남아있다.
    막이 내린다.[31]

샤트로프의 이 희곡이 소련사회에 아직도 건재하는 스탈린주의를 공
격하기 위한 작품이라는 것은 별 어려움 없이 알 수 있다. 이 작품은 그
러한 이유로 인해 격렬한 논란을 불러일으켰다. 이 희곡을 둘러싸고 벌
어진 논쟁은 그야밀로 정치적 이네올로기 논쟁인 것이다. 그것은 소련사
회에서 보수세력과 페레스트로이카 지지세력 사이의 충돌을 보여준다.
그러나 페레스트로이카를 지지하는 세력이라고 할 때 그것은 단일한 세
력인 것만은 아니다. 이러한 점을 소련의 시평들을 통해 잠시 검토해 보
기로 하자.

5. 역사재해석의 두 경향

우리는 전 절에서 예술의 각 영역에서 역사를 재해석하려는 노력을
활발히 하고 있음을 보았다. 이제 우리는 역사적 주제를 다룬 시평을 검

---

31) *Ibid.*, p.53

토하여보자.

우리는 우리의 논의를 위해 『노븨이 미르』 1987.11월호에 게재된 이고르 클럄킨의 논문 "어느 길이 교회로 가는 길인가?"와 그에 대한 반론을 제기하고 있는 『드루즈바 나로도프』지 1988.6월호에 실린 아그다스 부르가노프의 시평 "역사, 가혹한 어머니"를 검토해 보기로 하자. 이 두 시평을 검토하여 봄으로써 우리는 페레스트로이카를 지지하는 두 경향을 엿볼 수 있다.

먼저 이고르 클럄킨의 시평을 소개하기로 하자. 그는 우리가 이미 소개한 바 있는 『참회』라는 영화에서 모티브를 따온다. 클럄킨의 논문은 "교회로 가는 길"에 촛점을 맞춘다. 즉 소련이 걸어온 길은 교회로 가는 길이었던가 하는 의문을 제시하고 있는 것이다.

클럄킨의 시평은 19세기 중엽에 강력한 영향력을 행사한 바 있는 자유주의적 비평가이자 편집인이었던 카트코프의 재평가로부터 시작된다. 막강한 힘을 발휘하던 『루스키이 베스트니크』의 편집인이었던 카트코프는 러시아에서 사상가들이 당국에 의해 허가된 생각만을 할 것이 아니라 자유롭게 자기의 생각을 가질 것을 바랐다. 카트코프는 정신적인 독립을 무엇보다도 중요시하였다. 그리하여 그는 체르니셰브스키와 그의 추종자에 대하여도 반대했는데 그 이유는 그들이 개인성(individualnosti)을 사슬에서 벗겨내는 것이 아니라 새로운 더 나쁜 원시적 공동체적 집단성(Obshchinnyi kollektivnost)으로 불러내었기 때문이었다. 그는 정치적 입장에 있어서 반동적인 입장을 보였던 것은 사실이지만 (예컨대 1863년에 그는 폴란드의 폭동을 진압할 것을 주장하였다.) 그러나 그는 동시에 토스토예프스키나 다른 작가들의 원고에 검열이 가해지는 것에 대해서 반대했다. 그는 카트코프의 복권을 희망한다. 왜냐하면 그는 카트코프의 긍정적인 측면을 포착한 것이다.

카트코프는 자유주의자였다. 그는 자기의 확신에 있어서 끝까지 밀고 가는 용기를 가졌고, 그의 좌측에서 오는 위험을 포착하면서도, 검열관의 보호 아래 그리고 종말의 불가피성과 함께 자유주의적이고 집중된 자유들, 좁은 교양계층 속에 정교한 문화를 확립시키려고 하는 그의 시도에 아무런 장애를 받지 않았다. 좌측에서는 모두가 조용했고 몇 가지의 "교조주의적"인 책과 논문밖에는 없어서 읽는 사람들도 별로 없었을 때 운명에 용감히 맞서고 반복해서 『루스키이 베스트니크』의 편집인의 메마른 길에 서는 일은 가치가 있는 일일까?[32]

그는 물론 그것을 가치 있는 일로 보고 있다. 그는 카트코프를 서양으로 가는 "길" 위에 서 있던 사람이라고 보고있다. 그것은 서구적 역사발전의 과정을 의미하는 것이다. 그러나 클럄킨에 의하면 서양적 생각과 서양적 풍토, 즉 유럽식 민주주의는 러시아에서 그 토양을 발견하지 못했다. 서구 지향자들은 모두 실패했던 것이다. 이 점에 있어서 그는 러시아 역사의 독특성의 문제를 제기한다. 즉 "우리의 역사적 길은 보다 나은 것이 아니었다. 그렇지만 다른 선택이 있을 수 있었을까?"하는 의문을 제기하는 것이다.[33]

그는 그러한 질문에 대해 부정적인 답변을 한다. 그의 역사적인 해석을 요약해 보기로 한다.

클럄킨에 의하면 러시아가 타타르의 굴레에서 벗어나기 위해 힘을 모았을 때, 유럽은 이미 산업문명의 진전을 위해 힘을 모으고 있었다. 뒤에서 따라 달리는 것이 러시아의 운명이 되었다. 러시아는 특히 무력의 측면에서 독립을 유지하기 위해 모든 것을 희생했다. 서양에서는 자유의 성장과 함께 산업화시대에 들어갔는데 러시아에서는 농노제의 성장이 이루어진 것이다.[34]

---

32) Igor' Kliamkin, "Kakaia ulitsa vedet k khramu?", *Novyi Mir*, no. 11, 1987.11, p.153

33) *Ibid.* p.155

34) *Ibid.*, p.155

클럄킨에 의하면 러시아에서는 인텔리겐챠가 수세기를 통해 형성된 것이 아니라 표트르대제 이후 몇 10년 동안에 형성되었다. 인텔리겐챠는 유럽의 과학기술적 성과를 동화해 가면서 동시에 유럽적인 자유주의적 그리고 사회주의적 사회사상에 연결되어 있었다. 그것이 "전제군주의 눈에는 도망처럼 보였고 가부장적인 농민에게는 이방인이며 이해되지 못했다." 그리하여 전대미문의 "인텔리겐챠문제"를 불러일으켰는데, 이들 인텔리겐챠들은 국가로부터는 심리적으로 민중들로부터는 문화적으로 분리되어 있었던 것이다.

서양에서는 부르조아지가 국가로부터 독립해있었음을 느꼈는데 비해 러시아에서는 부르조아지가 완전히 짜리즘에 복속되어 있었다. 유럽에서는 농민문제의 해결이 자본주의적 발전의 길을 따라 이루어진 것이지만 러시아에서는 농촌에서의 자본주의적 성장은 그 농민문제를 가부장적인 공동체를 그 근본에서 변화시킴이 없이 해결하려 했고 결국 농민들을 독립된 주인으로 만들지 못한 상태에서 아시아적 전제주의국가로부터 떨어지게 한 것이다. 결국 클럄킨의 표현에 의하면 러시아는 "서양의 여러 나라들이 깔아놓은 철로를 따라간 것이 아니라 러시아적인 대로와 시골길을 웅덩이에서 흔들거리면서 그리고 새처럼 날 것을 꿈꾸면서" 따라갔던 것이다. 자본주의적 길을 추구함에 있어서 서양과는 달리 인민들은 굴종시키는 대가를 치루었고 그 다음에는 半유럽적 半아시아적 자본주의가 짜르정부에 의해 이식되었던 것이다. 부르조아지는 짜르정부의 후견이 없이는 아무런 힘이 없었던 것이다. 카트코프는 다른 어떤 자유주의자보다 이 점을 잘 이해했고 따라서 자유의 이름으로 전제군주에 복종할 것을 호소했던 것이다.

그런데 클럄킨이 카트코프에게 보고있는 위대한 점은 무엇인가? 그것은 그가 "나"의 존재를 발견했기 때문이다.

클럄킨은 슬라브주의자들의 해석을 따라서 러시아의 특징 중의 하나를 러시아 문화의 근본에 "나"가 아닌 "우리", 독창이 아닌 합창이 있음

을 발견한다.[35]

혁명 이후에 "우리"를 지배했던 가부장은 "민중의 아버지"로 끝나버렸다고 보는 것이다.[36]

클럄킨은 "나"의 발견을 토스토예프스키가 했음을 지적한다. 토스토예프스키는 러시아에 있어서의 가장 중요한 점의 하나를 "개인"의 파괴, 자유에로의 도덕적인 비준비성에서 찾았던 것이다. 그러나 토스토예프스키가 "자기로부터 시작"한다는 것을 말했을 때, 그것은 서양적인 정치적 자유주의와는 다른 것이었다. 결국 러시아는 러시아라고 보는 것이다.

클럄킨은 카트코프에 대한 변론과 아울러 『베히』의 변론으로 넘어간다. 『베히』는 러시아에서 1909년에 나온 7명의 저자에 의한 논문집이다. (벨쟈예프, 불가코프. 제르셴존, 이르고예프, 키스탸코프스키, 스트루베, 프란크). 러시아에서 입헌민주당의 이념을 극명하게 표현해 주는 『베히』의 입장은 반동적인 것으로 이미 레닌에 의해 정평이 나 있다. 그러나 클럄킨은 『베히』의 재해석을 통해 러시아의 자유주의적 전통을 재평가하려고 한다. 클럄킨은 말한다. "『베히』는 무엇보다도 우선 혁명적이었다. 그 다음으로는 어정쩡했던 러시아 인텔리겐챠의 평결문이다. 평결은 가혹하고도 단호하게 유죄이다!"[37]

다른 무엇에 앞서서 클럄킨이 『베히』를 높이 평가하는 것은 그것이 자유주의적 개인을 발견하는 것이었기 때문이었다. 그는 벨쟈예프의 말을 인용한다. "우리는 외부의 굴레로부터 벗어나서, 단지 우리가 내부의 멍에 즉 자기자신에 책임성을 놓고 외부적인 힘에 의존하는 것을 저지할 때에만 해방될 수 있다." 클럄킨에 의하면 『베히』는 러시아 인텔리겐챠들의 참회를 요구했다. 『베히』는 러시아가 러시아 인텔리겐챠들의 "종교적 정화"를 통해서만 새롭게 될 수 있고 이들만이 주요한 문화세

---

35) *Ibid.*, p.156
36) *Ibid.*, p.159
37) *Ibid.*, p.162

력으로서 그 손에 "표트르대제의 러시아의 운명"이 달려있다고 본 것이다.『베히』는 "우리는 새로운 의식으로 오직 참회와 자기정죄를 통해서 나아갈 수 있는 것이다."고 했던 것이다. 클럄킨은 바로 그 이유 때문에 『베히』가 오늘날 많은 독자를 확보하고 있다고 생각한다.[38]

클럄킨은 1956년 이후에도 "우리는 자기에로 접근하지 못했다"고 본다. 그에 의하면 심각하고도 고통스러운 도덕적 자기정리 없이는 심각한 정신이 있을 수 없다. 이것을『베히』가 던지고 있다고 본다. 그와 함께 클럄킨은 1921년에 표현된 바 있는『스메나 베흐』의 입장을 무려 7페이지에 걸쳐 논쟁 없이 인용한다.(이 책은 멘셰비키의 입장에서 소비에트 권력의 강화를 러시아의 강대화로 해석한 책)

이러한 자유주의적 전통을 회상시킨 클럄킨은 소련 사회의 참회를 요구한다. 그것은 소련 사회 전반에 대한 요구이다.

"교회로 가는 길이 아니다" 이것은 그 길을 바꾸지 않고 없애버려야 한다는 것을 의미한다. 우리는 지금 어떤 로케트 위에 있으며 어떤 관점에서 출발할 것인가, 확실히 교회에 도달하기 위하여.[39]

그와 동시에 클럄킨은 사회적 법칙이라는 것에 대해 단호히 부정적 입장을 취한다. 그것은 러시아의 "정신적 손실"이다. 인간의 의지와 의식과는 무관한 사회적 발전의 법칙이 존재한다는 것은 혁명적 민주주의자들의 근본적 사고 중의 하나였고 그것은 헤겔로부터 빌려와서 자기 나름대로 이용한 것이다. 이것이 마르크스의 기본적 시각이었다고 본다.[40]

아울러 그는 이제는 "모든 이데올로기적인 해악에서 벗어날 때가 아

---

38) *Ibid.*, p.164
39) *Ibid.*, p.185
40) *Ibid.*, p.186

닌가?"라고 묻고 있는 것이다.

따라서 그는 "누가 잘못했는가?"의 문제에서 "왜냐?"라는 문제로 넘어갈 것을 주장한다. 그는 "이러한 새로운 생각은 동시에 마르크스적인 전통을 재생시키고 풍부하게 할 것이다"고 말하고 있지만 그의 초점은 이미 마르크스에 있는 것이 아니다. 그것은 러시아의 자유주의적 전통의 부활에 있는 것이다. 그는 페레스트로이카 내에서의 서로 다른 방향을 가지고 있는 그룹이 있다는 사실을 지적한다.

> 투쟁은 단지 관료들과 비관료들과의 싸움이 아니라, 사회적 그룹들 사이에서의 싸움인 것이다[…] 페레스트로이카는 모든 모순을 제거하는 것이 아니라 반대로 그것을 심화시킨다. 아무 것도 두려워할 것이 없다. 모순은 이미 알려진 바와 같이 사회발전을 막는 것이 아니라 그것을 촉진하는 것이다.[41]

클럄킨의 입장은 의심할 바 없이 자유주의적인 것으로 보인다. 그것은 기본적으로 러시아사회가 걸어온 길을 바꿈으로서만이 재생이 가능하다고 보는 것이다.

이제는 이에 대한 반론의 성격을 가진 마르크스주의의 입장을 견지하며 스탈린주의에 반대하는 아그다스 부르가노프의 시평을 소개하기로 하자.

아그다스 부르가노프는 그의 시평 "역사, 엄한 어머니…"에서 소련사회에 대해 역사적 반성을 하고 있다. 그는 우선 클럄킨의 비평이 서방의 소비에트 연구가들의 테제와 근본에 있어서 일치한다고 보고 그점을 비판한다. 그것은 "스탈린주의는 볼셰비키혁명의 유일하게 당연한, 논리적인 그리고 게다가 승리적인 결론"이라는 테제이다. 그는 클럄킨의 관점이 운명론적이라는 점에 있어서 그것을 거부한다. 부르가노프에 의하면

---

41) *Ibid.*, p.188

대안의 가능성이라고 하는 것은 사의주의건설의 상황에서 더 성장했다. 왜냐하면 주관적 요소의 역할이 증대했기 때문이다.

그러나 대안이 가능했다고 얘기하려면 그 대안은 무엇이고 어째서 대안대신 실제적 상황이 일어났는지를 설명해야 한다.

부르가노프는 1920년대 말에 신경제정책이 철회되고 집단화가 이룩되는 과정을 본다. 클럄킨에 의하면 다수의 농민들은 집단화에 쉽게 타협했는데 그것은 농민층 대부분이 부르조아 이전 단계의 공동체적 심리 속에 있었기 때문이다. 그러나 부르가노프에 의하면 그러한 요소는 어느 정도의 역할을 하기는 했지만 결정적인 것은 아니었다. 그는 말하기를 "농민층 행동의 선택에 있어서 결정적인 것은 그들의 분할성이었다"고 본다. 그렇기 때문에 "농민층은 조직적으로 그리고 실제적으로 집단화의 방법에 저항할 수 없었다." 그렇다면 스탈린적 집단화, 스탈린적 좌파정책의 기저에는 무엇이 놓여있었는가? 그것은 "사회의 쁘띠부르조아적 성격" 즉 "도시와 농촌의 빈민"들이 있었다는 것이다. "빈농, 농촌일용품팔이, 신진노동계급은 상당한 정도로는 농촌빈민들로부터 형성되어 있었다. 그들은 먼 시골에서 생활에 궁해서 새로이 형성된 산업지역에 행복을 찾아서 몰려든 것이다."42)

부르가노프는 이러한 계층들이 집단화를 이룩하는 데 중요한 역할을 하였다고 한다. 그러나 집단화를 위한 사회적 압력은 큰 것이었다고 하더라도 스탈린적 방법에 의해서만 집단화가 이루어질 수 있었는가? 부르가노프는 "인간에게는 무엇이 중요할 뿐 아니라 어떻게 할 것인가 하는 것도 중요하다"고 한다. 말하자면 집단화는 필요했다. 그렇지만 부르가노프는 레닌의 논문 "더 나은 것은 최선은 아니지만 더 나은 것"에서 레닌이 농민이 노동자계급에 대해 신뢰를 가질 수 있는 조건을 구상했음을 밝힌다. 스탈린의 집단화는 결코 더 많은 생산을 가져온 것이 아니

---

42) Agdas Burganov, "Istoria-mamashka surovaia...", *Druzhba narodov*, 1988.6, p.143

다. 그것은 국가가 식량문제를 손쉽게 다룰 수 있도록 했을 따름이다. 이러한 기본조건이 레닌적 기본방법에 의해 이루어졌다면 그 기초는 훨씬 더 견고했을 것이다라는 주장이다.[43]

한편 부르가노프는 더 나아가서 스탈린의 "개인숭배"의 기저에 "사회의 쁘띠부르조아적 성격"이 놓여있음을 지적한다. 스탈린은 "가장 불행한, 어느 정도까지는 가장 룸펜적이고 가장 화가 나있는 계층 특히 농민의 심리"를 이용했다는 것이다. "이 계층들은 이전의 경제적 방식에 의해 그리고 신경제정책에 의해 활성화된 사적소유구성에 의해 강타당했고, 그들은 옛날부터 경영을 확대시킬 줄 몰랐고, 아마도 결코 경영을 확대시킬 줄 몰랐을 것이다. 그들은 스탈린적 농촌에서의 "혁명"을 그들 세기의 공격으로 감지했는데, 그것은 모든 것을 모든 사람들 사이에서 나누어 갖는 것이다. 그리고 어디에서 전리품을 취하는가 하는 것은 중요하지 않다"[44]

클럄킨이 이러한 심리를 "공동체"적인 섯으로 파악하는데 비해 부르가노프는 "거칠은 공산주의"의 이데올로기로 본다. 이 이데올로기는 마르크스에 의해 규정되었던 것으로 그것은 "인간의 개성"을, "문화와 문명의" 세계를 거부하고 "시기"와 "탐욕"으로 "가난하고 거친 자연스럽지 못한, 그리고 인간의 의무를 가지지 않는 단순성"인 것이다. "형평에의 갈망"이 그 이데올로기의 특징인 바 그것은 "어느 정도의 최소한"이라는 생각에서 나오는 것이다. 이것이 스탈린이 이용한 심리인 것이다. 스탈린은 마르크스에 의해 규정된 바 있는 "무지의 악마적 힘"을, 대중의 저차원의 문화를 이용했던 것이다. 스탈린은 조급한 노동계급과 농촌빈민들을 중화시키는 대신 농민계급에 대해 연맹관계를 가지는 대신 그것을 오히려 이용한 것이다. 레닌의 말 "폭력으로 행동하는 것은 모든 것을 망치는 일이다"를 전적으로 거부해서 행동한 것이다.[45]

---

43) *Ibid.*, p.145
44) *Ibid.*, p.145

부르가노프는 레닌의 길과 스탈린의 길이 현저히 다른 것이었으며 레닌의 길이 소련사에 대안이 될 수 있었다고 보는 것이다. 그러나 스탈린이 권력에 있는 상태에서는 레닌의 대안이 가능했을까? 부르가노프는 스탈린이 권력에 있는 한 그러한 선택은 불가능했을 것이라고 본다. 그렇다면 문제는 어떻게 스탈린이 권력을 장악할 수 있었는가 하는 것이다.

레닌이 죽은 후에 어떻게 스탈린이 권력에 도달하는 것이 가능했는가? 사회구조 그리고 당에 있어서 혁명 이후에 프롤레타리아적 핵의 몫이 현저히 줄어든 결과 그리고 쁘띠부르조아의 대표자들에게 그에 상응해서 문을 연 결과 그것이 스탈린적 유형의 사람들에게 그러한 가능성을 주었다.[46]

부르가노프는 1917년 초에 당에서 노동계급이 60.2%를 차지했는데 1922년에는 그 비율이 37.3%로 하락됐음을 지적한다. 더구나 당원의 수가 급속히 팽창함에 따라 정치적으로 성숙된 노동계급의 수는 당에서 희석되었다. 바로 그들의 정치적 비성숙성은 모든 종류의 모험주의 출세주의적 요소의 진전에 좋은 수단이 된 것이다. 그리고 여기에 소련공산당 제10차 전당대회의 결정 "당의 단결에 대하여"라는 것이 기여했다고 본다.

위의 결정은 제10차 전당대회에서(1921) 당의 분열의 위험이 나타났을 때 레닌에 의해 제시되어 채택된 것으로 당내에서 모든 파당의 금지를 그 내용으로 하고있다. 그런데 이미 말한 여러 요소들과 함께 스탈린은 그 결정을 이용한 것이다. 당내에서 건전한 층들은 그 결정 앞에서 아무것도 할 수 없었다는 것이다.

부르가노프는 『더 멀리...』에서 제시된 샤트로프의 테제에 대하며 일면 동의하며 일면 반대한다. 샤트로프는 스탈린을 서기장에서 좀 더 일

---

45) *Ibid.*, pp.145-6
46) *Ibid.*, p.147

찍 경질시키지 못했음에 대해 레닌이 사과하도록 했다. 그러나 부르가노프에 의하면 설사 레닌이 스탈린을 경질시켰다 해도 아무도 그의 계승자들이 레닌의 권위를 가지지 못한 상태에서 레닌에 의해 유언된 정치구조의 변경을 실현할 수 있었을까에 대해 의문을 제기한다. 그에 의하면 그러한 보증은 없는 것이다. 그러나 레닌이 정치구조를 개혁하지 못했음을 사과하는 데 대해서는 동의를 표하는 것이다.[47]

그러나 샤트로프와 마찬가지로 부르가노프는 10차전당대회의 결정 "당의 단결에 대하여"가 레닌이 그 결정을 항구적으로 당규로 정할 생각은 가지고 있지 않았다고 본다. 단지 스탈린이 그것을 개인권력의 확대와 유지에 이용했을 따름이라는 것이다. 그렇다면 이제 스탈린에 대안 대안이 있었겠는가의 문제로 돌아가야 할 것이다. 그에 의하면 그 대안이란 "이론적으로는 있을 수 있지만 실제로는 없었다"는 것이다. 그렇다면 스탈린과 스탈린주의는 "10월혁명의 논리적 귀결"이었는가? 그렇지는 않았다. 문제는 레닌의 빠른 죽음이 그 우연이 레닌의 구상을 실현하지 못하게 했고 그의 후계자들은 구의 구상을 실현하지 않은 것이다. 그는 레닌의 구상으로 당 및 사회의 민주주의, 당조직의 개선, 노동자와 농민을 위한 중앙위원회의 확대, 문명화된 조합들의 구성으로 이루어진 사회주의를 열거한다.

부르가노프는 마지막으로 당의 개념에 있어서도 레닌의 개념이 "역사의 창조자는 민중이고 당은 민중의 봉사자이다. 당은 단지 인민이 창조하는 것을 올바르게 반영할 때에만 대중을 이끌 수 있다"고 보는데 비해 스탈린의 개념은 "당은 소비에트 국가에 있어서의 기사단이다"라는 차이점을 지적한다. 그는 "사회주의를 스탈린과 동일시해서는 안된다"는 것을 주장하는 것이다.[48]

그러나 그가 보는 문제는 단지 스탈린에게만 문제가 있었다는 것은

---

47) *Ibid.*, pp.149-150
48) *Ibid.*, pp.153-4

아니다. 제2의 레닌이 없었다는 데에 문제가 있는 것도 아니었다. 더 중요한 것은 당의 비민주적 상황이었다는 것이다.

> 레닌의 죽음 앞에 놓여있었던 당의 비민주적 상황은 장래의 당의 운명을 결정지었다. 당은 비민주적 상황 속에서 당의 활동을 민주주의를 향해 이끌 수 있는 "또 다른 레닌"이 없었다는 점에서 비난받을 것은 아니다.[49]

부르가노프는 페레스트로이카가 사회주의를 살릴 수 있는 마지막 기회라고 본다. 그에 의하면 "당과 국가의 완전한 민주화의 "길"만이 "교회"로 즉 레닌적 사회주의로 갈 수 있다"는 것이다.[50]

부르가노프의 비평은 마르크스-레닌의 입장에 서있는 것으로 그 전통에서 출발하여 페레스트로이카를 이끌어 나가려고 하는 것이다.

우리는 이리하여 페레스트로이카를 지지하는 두 세력의 차이와 갈등을 보았다. 페레스트로이카가 진전될수록 이 두개의 경향은 그 대립을 더해갈 것인가?

아직은 역사의 재해석이라는 것이 스탈린과 스탈린주의에 대한 공격의 성격을 가진다. 따라서 현재의 대립의 중요한 블록은 페레스트로이카를 지지하는 개혁파와 스탈린 체제를 고수하려는 또는 부분적으로만 개혁하고자 하는 보수파의 대립으로 나타난다. 자유주의적 경향이 소련에서 승리할 가능성은 거의 없지만 그렇다고 해서 마르크스적 전통에 입각한 편에도 승리의 보장이 있는 것은 아니다. 그 점을 다음에서 살피자.

---

49) Ibld., p.158
50) *Ibid.*, p.159

6. 계속되는 싸움

역사의 재해석이라는 작업은 『소베츠카야 로시야』지 1988.3.13일에 실린 레닌그라드기술학교 화학교수 니나 안드레예바의 "나는 원칙에 반대할 수 없다"라는 글에서 신랄하게 비판되었다. 소위 反페레스트로이카선언이라고 말해지는 이 글에서 니나 안드레예바의 주장은 무엇인가?

결론부터 이야기하자면 안드레예바의 글은 스탈린주의의 복권을 시도한 글이라고 볼 수 있다. 그리고 그녀의 스탈린주의는 러시아의 쇼비니즘과 밀접히 연결되어 있다. 그것은 사회에서 진행되는 민주화의 확산에 제동을 걸고 관료적 통제적인 방법을 고수하려는 것이다. 그녀는 페레스트로이카가 사회에 확산되어 가는 것에 대해 대단히 부정적인 평가를 하고 있다. 개방성, 솔직함, 모든 영역의 비판 등이 그녀에 의하면 "서방의 라디오방송 또는 사회주의의 본질에 대해 확실한 개념을 가지지 못하는 우리나라 사람들"에 의해 촉발되었다고 비난한다.

그녀는 샤트로프의 희곡 『브레스트의 평화』를 비판하면서 희곡작가와 연출자의 뜻에 따라 "레닌이 트로츠키에게 머리를 조아린다"고 썼다. 또 『더멀리…』를 비판하면서 "샤트로프가 사회주의적 리얼리즘의 보편적 원칙으로부터 근본적으로 이탈했다"고 규정했다. 릐바코프의 소설 『아르바트의 아이들』에 있어서는 망명작품들로부터 많은 것을 따왔다고 비판했다. 그 비판은 러시아의 애국주의적 감정에 호소하기 위한 것이다.

그녀는 나아가서 스탈린 비판의 진행방법에 대해 부정적 평가를 한다. 그녀는 스탈린 비판자들을 서방의 직업적 반공주의자, 러시아사회민주당 의단, 마르토프의 후계자, 트로츠키 및 야고다의 추종자, 네프맨, 바스마치라고 규정했다. 결국 그녀는 스탈린을 표트르대제와 같이 보고 싶어했다.

결국, 예컨대, 표트르대제의 개인적 자질에 대해 오늘날 아무도 비난하지 않을 것이다. 그러나 모든 사람들은 그의 통치기간 중에 우리나라가 위대한 유럽의 강국으로 올라갔다는 것을 기억하고 있다.

여기에서 표트르대제를 스탈린으로 대체시킬 때 안나 안드레예바가 진정 말하고자 하는 것이 나온다. 그녀는 동시에 "애국적 의식", "대러시아인의 민족적 자부심"을 손상시키지 말 것을 요구한다. 그녀는 페레스트로이카의 지지세력을 "신자유주의자" 및 "신슬라브주의자"로 나누어 공격한다. "신자유주의자"는 서양의 부르조아체제로의 접근을 시도하고 있다고 비판하고 "신슬라브주의자"들은 집단화를 거부하고 100년 전의 농민경제로 되돌아가려 한다고 비판했다. 비공식적 단체들과 조직들이 바로 이같은 경향 위에 조직되었다고 비판한다. 결국 안드레예바는 역사를 재해석하는 작업에 대해 최후통첩을 던진다. "현재 진행되고 있는 논쟁의 가장 중요하고 가장 핵심적인 문제는 사회주의 건설에 있어서 당과 노동계급의 지도적 역할을 인정하느냐 아니냐에 있다"고 하는 것이다.

이 기사가 나온 후 소련사회에서는 상당한 기간의 침묵이 있게 되었다. 많은 사람들이 이제 페레스트로이카는 끝난 것이 아닌가 하는 의문을 제기하기도 하였다. 더군다나 그 편지가 실릴 때는 고르바쵸프가 유고슬라비아를 공식방문하는 중이었다. 따라서 고르바쵸프의 부재 중에 보수파들이 급진적인 페레스트로이카의 진행에 대해 제동을 걸려고 시도한 것이 아닌가 하는 추측을 가지게 했고 그것은 충분한 타당성이 있다. 『프라브다』지에서의 반론이 1988.4.5일까지 늦어진 것도 이러한 맥락에서 이해돼야 할 것이다.

『프라브다』는 「페레스트로이카의 원칙: 사고와 행동의 혁명성」이라는 사설에서 안드레예바의 글을 공식적으로 비판하였다.

이 사설은 "페레스트로이카 이외의 다른 길은 있을 수 없다"고 했다.

『프라브다』는 안드래예바의 입장을 "보수주의적 저항"으로 규정하고 그녀의 편지가 "교조적인 사고"라고 비난했다. 특히 소비에트 역사의 문제에 있어서 안드레예바의 편지가 "본질적으로 역사의 운명론적 이해에 의해 지배되고 있으며 진정한 과학적 이해와는 아무런 관계가 없고 역사적 필연성의 이름으로 역사에서 일어난 모든 것을 변명하려 한다"고 했다. 또 애국주의에 대해 사변을 일삼았다고 섰다. 『프라브다』는 수많은 사람들이 스탈린의 희생자였음을 강조하였다.

그러나 『프라브다』의 사설이 스탈린에 대해 완전한 거부를 한 것은 아니었다. 『프라브다』는 스탈린의 "사회주의를 위한 투쟁 및 사회주의의 성취의 방어기에 있어서의 공로"를 인정했고 동시에 그가 저지른 과오를 비판하였다. 그러한 평가는 근본에 있어서 혁명 70주년 기념에서의 고르바쵸프의 평가와 일치하는 것이다.

마지막으로 『프라브다』는 안드레예바에 대해 "페레스트로이카의 가장 좋은 교사는 '인생'이고 인생은 '변증법적인것'"이라고 하였다.

결국 이 논쟁은 『소베츠카야 로시야』가 안드레예바의 글을 실은 것을 사과함으로써 끝이 났다. 그러나 이 논쟁은 보수세력이 현실적으로 강한 힘을 가지고 있으며 경우에 따라서는 페레스트로이카를 압도할 수 있음을 보여주었다. 일단 페레스트로이카의 지지세력에 의해 역사의 재해석은 계속될 수 있게 되었다. 그러나 그것은 앞으로도 난관이 없을 수는 없을 것이다. 페레스트로이카나 역사의 재해석이 순탄하지만은 않은 작업인 것이다.

니나 안드레예바는 그 뒤에도 헝가리 기자와 89.12.8일 가진 회견에서 그 자신의 입장을 옹호하고 있다. 그녀에 의하면 1989.5.18-20일에 모스크바에서는 페레스트로이카의 부정적 경향을 반대하기 위하여 「레닌주의적 공산주의적 이상을 위한 단결」이 조직되었으며 그녀가 조정평의회의 의장으로 선출되었다는 것을 밝혔다. 이 평의회는 89.12.6-7일 모스크바에서 회합을 가지고 정치적 상황을 평가하였는데 반스탈린 캠페인에 반대하는 조직의 강화에 대해 이야기했고 최고소비에트의 강화를 시온주의자들의 음모라고 비난하였으며 동구의 변화를 부르조아적인 것으로 루마니아 공산당의노선을 지지한다고 한 것이다.

7. 맺음말

역사의 재해석이라는 작업은 『프라브다』의 사실 이후 계속될 수 있었다. 그리고 1988.6.28일의 소련공산당 19차당대회는 우여곡절에도 불구차고 페레스트로이카에 활기를 넣어주었다. 19차당대회는 스탈린의 희생자들을 기념하여 기념비를 세우는 데 찬성을 표했다. 그리고 1988.8.25일 스탈린억압의 희생자들의 기념비건립 시민위원회가 조직되었다. 이 위원회에는 『리테라투르나야 가제티』『오고뇩』 같은 잡지들이 앞장섰고 아다모비치(A.Adamovich), 아파나세예프(Y. Affanaseev), 예프투셴코(E. Evtushenko), 옐친(B. Yeltsyn), 카랴킨(Y. Kariakin), 코로티츠(V. Korotich), 리하쵸프(D. Likhachev), 메드베제프(R. Medvedev), 오쿠자바 (B. Okudzhava), 라즈곤(L. Lazgon), 릐바코프(A. Rybakov), 샤트로프(A. Shatrov), 솔제니친(A. Solzhenitsyn), 울랴노프(N. Ulianov), 샤트료프(H. Shatrov) 등이 참가하였다.51)

1989년에 『노븨이 미르』는 솔제니친의 『수용소군도』를 발행하기로 결정하였고 니나 안드레예바의 주장에도 불구하고 루마니아에서는 시민혁명에 의해 차우세스쿠의 정권이 붕괴되었다. 보수파들의 주장은 그 근거가 짐차 약해지고 있다.

이러한 상황과 아울러 현재 페레스트로이카 지지자들의 입장은 단호하다. 그것은 어떠한 형태로든지 스탈린의 복권을 막으려는 것이다. 스

---

51) *Les Nouvelles de Moscou*, no. 36, 1988.9.4., p.2

탈린의 3번째 죽음 이후에 스탈린이 다시 살아나기는 어려울 것이다. 그러나 경제문제, 민족문제 등의 암초에 부딪혀 스탈린이 살아날 가능성이 전혀 배제되는 것도 아니다. 역사는 속일 수 없지만 그렇기 위해서는 역사적 진리를 위해 인내하고 싸우는 사람들이 있어야 한다. 이러한 삶들에 의해 소련의 역사학계가 다시 한번 참된 모습을 보여주기를 기대하지 않을 수 없다.

<『역사비평』, 1990년 봄, 역사비평사>

일제시대 한국인의 소련관

1. 머리말

소련은 1917년에 성립하였다. 그리고 한인들은 일제의 식민지라는 특수한 조건 속에서 소련을 인식하였다. 본고는 바로 그러한 특수한 조건 속에서 형성된 소련관을 이해하고자 하는 의도에서 집필되었다.

소련이 자본주의의 타도와 사회주의건설의 기치를 들고 혁명에 성공하였을 때 한국은 일제의 식민지라는 조건에서 이미 7년을 경과한 상태였다. 한국은 19세기 후반에 자생적인 근대화에 성공하지 못하고 또 급속히 근대화정책을 추진하여 자립적인 기반을 갖추기 이전에 열강의 각축장화하고 말았으며 이러한 가운데 일본의 식민지가 되어버리고 말았다. 이러한 조건에서 한인들의 민족독립을 위한 투쟁은 의연하게 지속되었다. 그 투쟁은 혹은 무력항쟁이라는 방법을 택하기도 하였으며 혹은 실력에 있어서의 일제의 압도적 우열을 인정하고 각 부면에서의 한인들의 실력을 양성하고자 하는 실력양성운동으로도 일어났다. 그런데 이렇게 한인들이 민족의 자주독립과 국가건설을 도모하는 과정에서 1917년

혁명을 통하여 성립한 소련은 한인들에게 비상한 충격을 주게 되었다. 소련은 일제 시기의 한인들에게 어떠한 충격을 주었는가? 한인들이 충격 속에서 가지게 된 소련의 이미지에는 어떠한 문제가 있는가 하는 것이 본고의 고찰대상이 될 것이다.

2. 러시아혁명과 그것이 한인에게 준 충격

러시아혁명은 일제의 식민지라는 조건하에 놓여 있었던 한인들에게 비상한 충격을 던져주었다. 그런데 그 충격은 대체로 보아 긍정적인 이미지를 형성하는데 기여한 것이 아니었나 하는 생각이 든다. 즉 일반적으로 보아 한인들은 러시아혁명과 소련의 이미지를 대단히 긍정적으로 보고있는 것이 아닌가 하는 생각이 드는 것이다. 1919년 3월 코민테른 창립총회에 참석하였던 강상주는 소비에트 러시아만이 한인독립운동가들에게 은신처를 제공해주고 독립을 도와주고 있다고 하였다.[1] 한인사회당 대표로 코민테른 2차 대회에 참석하였던 박진순은 10월혁명이 프롤레타리아적 서양과 혁명적 동양의 다리역할을 하게 되었다고 하였다.[2]

국내에서도 초기의 사회주의자중의 하나인 정백은 소련을 대단히 이상적으로 생각하였다. 그에 의하면 소련은 모든 갈등이 사라진 이상향 가까운 나라였다. 소련의 문화에 대해 그는 다음과 같이 언급하였다.

계급차별에 입각한 재래문화는 소수의 특권계급을 위하야 법열의

---

1) M.T.Kim, *Koreiskie internatsionalisty v bor'be za vlast' sovetov na Dal'nem Vostoke(1918-1922)*, Moskva, 1979, p.66

2) Pak Chin-sun, "The Revlutionary East and the Next Task of the Communist International", in Suh Dae-sook(ed.), *Documents of Korean Communism, 1918-1948*, Princeton, 1970, p.53

> 장미원은 되여도 다수되는 민중과는 몰교섭한 전인류의 행복과 실생
> 활을 떠난 사치품에 지나지 못하엿다. 그는 실로 권위를 장식하기 위
> 한 구가하기 위한 위선적 문화였다. 그러나 무산자의 문화는 생활과
> 예술의 분열과 갈등이 업나니 노동과 예술이 혼연히 융화하야 만인
> 이 노동자요 동시에 예술가가 될지며 따라서 생활이 예술화하고 예
> 술이 생활화하야 생활은 곳 예술을 의미하고 예술은 곳 생활을 의미
> 하게 되는 것이다.[3]

한인들에 의한 소련에 대한 이러한 긍정적인 평가는 단지 사회주의 운동가들에게만 국한되었던 것은 아니라고 본다. 1920년부터 국내에서 간행되기 시작하였던 신문인 『東亞日報』와 『朝鮮日報』를 통해서도 소련에 대한 긍정적인 이미지는 널리 유포되고 있었다. 동아일보는 1920년 4월 1일 그의 창간사설인 「主旨를 宣明하노라」에서 "세계인류의 운명의 대륜은 한 번 회전하도다, 쯔아는 가고 카이사는 쪼기도다 자본주의의 탐학은 노동주의의 도전을 받고 강력에 기본한 침략주의와 제국주의는 권리를 옹호하는 평화주의와 정의를 근본한 인도주의로 전환코자 하난도다"[4]고 하였다. 이 사설에서 러시아 10월혁명에 대한 긍정적인 평가를 읽는다는 것은 어려운 일이 아니다.

이러한 평가들을 통하여 볼 때 소련은 일단 한인들 사이에 그의 긍정적인 이미지를 심는데 성공한 것으로 보인다. 실로 이러한 이미지의 조성을 위하여 한국에서 사회주의를 받아들인 많은 소장 지식인들이 많은 역할을 하였음은 의문의 여지가 없다. 초기의 한인사회주의자들은 대단히 활발한 문필활동을 펴나갔으며 『共濟』나 『新生活』 같은 좌파적 입장을 뚜렷이 드러낸 잡지들뿐만 아니라 『開闢』과 같은 잡지나 각종 신문을 통하여서도 그들의 의견을 활발하게 개진하였고 이러한 좌파 지식인들의 활동이 소련에 대한 긍정적인 이미지를 많이 유포시켰다. 그중 몇

---

3) 정백, 「노농로서아의 문화시설」, 『新生活』, 제6호, 1922, p.18
4) 『東亞日報 社說選集』, 제1권, 동아일보사, 1977, p.21

가지 특이한 예만 들어보더라도 동아일보에는 「니콜라이 레닌은 엇더한 사람인가」라는 제목으로 1921.6.4일부터 8.31일까지 61회에 걸쳐 기사가 실렸으며 조선일보에서는 「노국의 연구」라는 제목으로 1923년 2.19일부터 7.26일까지 161회에 걸쳐 러시아에 대한 기사가 실리고 있다.

또한 1920년대 소련관의 특징은 우익적 입장을 가진 사람들도 소련을 그다지 부정적으로 보지는 않았다는 점이다. 예컨대 이광수는 간디적 무저항주의를 이상으로 설정하면서도 소련을 아주 부정적으로 생각하지는 않은 것 같다. 그는 "간디는 레닌과 함께 현대의 인류구제운동의 쌍벽이라 할 것이외다"[5] 라고 하였다. 그는 레닌의 혁명이 폭력적으로 이루어진 것을 비난하였다. 그러나 레닌의 운동이 전세계 인류의 구제를 목표로 한 것이라고 생각하였던 것이다.

민족주의 역사가이며 상해임정의 대통령을 역임했던 박은식도 소련에 대하여 대단히 긍정적인 평가를 내리고 있는 것이다.

> 러시아의 혁명당은 앞장서서 홍기를 높이 들어 전제를 엎어버리고, 널리 정의를 선포하여 각 민족의 자유와 독립을 허용하였다. 전에 극단의 침략주의 국가였던 러시아가 일변하여 극단의 공화체제를 세우게 된 것이다. 이는 세계를 개조함에 있어서 가장 앞서 이룩된 기틀이 되었다.[6]

그러나 우리가 주의 깊게 소련관을 분석하여 보면 사회주의적 성향의 지식인들에 의해 만들어진 소련관은 대단히 선택적이라는 것을 보게 된다. 이들은 새롭게 성립한 소련사회를 긍정적으로 보는 한편 소련사회의 부정적 측면에 대하여는 눈을 돌리지 않았다. 특히 이들이 소련을 이상적으로 생각한 이유는 소련이 피압박 민족 특히 한민족의 민족해방운동

---

5) 「상쟁의 세계에서 상애의 세계에」, 『민족개조론』, 우신사, 1981, p.81
6) 박은식, 『韓國獨立運動之血史』, 일우문고, 1973, p.128

에 대하여 긍정적으로 지원할 것이라는 기대감에서 출발하였기 때문이다. 이들은 이러한 긍정적인 생각의 근거로 소련의 민족정책을 들기도 하였다. 예컨대 동아일보의 모스크바 특파원인 이관용은 1925년 5월 23일자 기사에 다음과 같은 서술을 하고 있다.

> 이개 상반하는 세계로 분립하야 한편에 자본주의세계가 잇고 다른 편에 사회가 잇게되엿습니다. 그러나 자본주의세계에서 각민족이 호상쟁투함에 대하야 사회주의세계에서는 각민족이 경제상문화상 상부상조적관계로 살며 자본주의세계에서 소위국제연맹이란것이 유명무실함에 대하야 이 사회주의 세계에서는 모든민족의 자유발전을 엄정히 보장하는 연합기관이 잇서 자본주의 세계 각국에 대하야 각민족의 이익을 보증합니다.[7]

그러나 사회주의 인사들은 소련에서 일어나고 있는 한민족의 민족운동에 대한 부정적인 정책을 주목하지 않았다. 소련이 자국의 이익을 위하여 한민족의 독립운동을 희생시킬 수 있다고 하는 예는 이미 러시아 혁명 초기부터 보인다. 1921년의 자유시사변은 러시아공산당에 밀착해있는 이르쿠츠크파를 지원하는 과정에서 발생한 참극이며 소련은 1922년 연해주에서 일본군이 철군하자 한인무장부대를 강제로 무장해제시키고 탄압하였다. 소련이 그의 이해에 밀착해 있는 공산주의운동에 대하여는 지원을 하였다는 것은 부인할 수 없는 사실이다. 그러나 기타의 민족주의운동이나 또는 소련이 직접 통제할 수 없는 공산주의운동에 대하여는 대체로 탄압을 하였다고 말할 수 있다.

결국 대다수의 진보적인 지식인들이 사회주의의 이상을 가지고 소련의 사회주의를 그 모델로 생각하고 있었음은 주지의 사실이다. 그리고 많은 한인들이 현실 판단을 제대로 할 수 없었던 이유는 이들 지식인들

---

7) 신주백 편, 『日帝下新聞社說連載資料集』, 제1권, 영진, 1991, p.464

이 그들이 지고의 이상으로 삼는 유토피아를 현실과 혼동하기 때문인 것으로 보인다. 이관용은 소련에 대하여 언급하면서 "누구든지 이신세계에 발을 드려노코자하면 전에 기성한 모든 관념을 떼여놀것임니다. 몇천년 나려오든 모든 사회제도를 일소하고 전무하든 신문명을 건설하랴는 막대한 혁명이 진행중임니다… 그럼으로 누구든지 이 신세계에서는 장래에 살면서 현재로 활동하게 됨니다"[8] 라고 하는 것을 보게 되는 것이다.

이들 한인들의 소련관은 1930년대에 들어가서는 한층 더 환상적인 성격을 가지게 되는 것으로 보인다.

한편 흔치 않지만 1920년의 소련에 대해 수준 높은 비판을 하고 있는 글들도 발견된다. 천진 거주 유기석은 볼세비즘을 국가사회주의로 파악하고 소련이 국가와 사회주의의 배치성으로 말미암아 모순을 보이고 있다고 본다. 그는 1920년대의 소련을 분석하며 "레닌과 기타수령들은 본시 사회주의를 즉시 실현시킬 생각은 업섯고 최초붓터 국가자본주의를 실행하였다. 그러나 공산당 부하의 열광적인 신도는 도처에 적군을 식혀 자본가급지주의 산업을 몰수하고 후에는 적은 수공업의 공구까지 다 국유로 만들엇다"고 하였다. 그는 신경제정책으로 인하여 볼세비키의 모순이 증대될 것이라는 의견까지 결론적으로 제시하였다.[9] 또한 문맥상으로 보아 소련을 방문한 일이 있는 포박이라는 자의 글을 유여가 번역한 글에서는 "지금소행하는 정체가 볼세비키의 쏘벳트이지 진정한 공농급병의 쏘벳트가 아님을 알수잇다"는[10] 소비에트제에 날카로운 비판과 또한 민족해방운동에 대하여 소련이 지원을 할 것이라는 기대를 가지고 있는 사람들을 겨냥하여 "쏘벳트로시아는 제국주의의 가능성만 잇슬뿐 아니라 벌써 종종침략정책을 실행하기도 하였다"는[11] 비판도 소개되어

---

8) 동아일보 1925.5.23: 『日帝下新聞社說連載資料集』, p.464
9) 『新民』, 1925, 12월호, pp.29-34
10) 『新民』, 1926년 7월호, p.65

있다.

또한 소련의 민족정책을 겨냥하여 유여는 소련의 민족정책이 철저히 국익의 차원에서만 수행된다고 하였다. 그는 "노농정부는 일본의 침략을 면하기 위하여 잠시 고려독립군을 도아준것이지 결코 약소민족을 응원하는데서 나는 생각은 아니다"라고 하였으며 "볼셰비키정부는 전로제정부의 전통정책을 승사하여 전로서아의 약소민족을 압박하였다"하고 "볼셰비키는 무슨 색채로 개변하든지 아모래도 의연히 제국주의의 추한 냄새를 면치못할 것이다"라고 하였다.[12]

팔봉의 경우에 그는 자유주의와 공산주의를 각기 붕괴와 건설의 원리로 설명하면서 볼셰비즘을 비판하고 있다.

> 볼셰비즘은 공산주의의 건설의 원리다. 엇지하야 그러냐하면 볼셰비즘은 계급의 독재를 시인하는 까닭이다. 혁명당시에 자유를 부르짓고 자유주의를 선전하는 것은 혁명을 위한 볼셰비즘의 한개의 수단에 지나지 못한다. 그것은 노농로서아의 실례를 보아도 알것이다.노농로서아는 무엇이냐? 그것은 경제적 단체주의다. 십여명의 위원은 자본국가의 군주와 다를 것이 무엇이냐. 다만 그 독재자를 변경하얏슬 뿐이다.[13]

또한 많지는 않지만 소련을 직접 탐방하고 쓴 기행문도 있다. 소설가 나혜석이 남긴 기행문에서는 러시아의 실상이 잘 소개된다.

> 모스코에 가까워오는 농촌 일면이 거의 마령서로 깔렸다. 연선 좌우에는 걸인이 많고 정거장에는 대합실 바닥에 병자 노인, 소아, 부녀들이 혹 신음하는 자, 혹 우는 자,혹 조는자, 혹 두팔을 늘이고 앉은자, 담요를 두르고 바랑을 옆에 끼고 있는 침상. 노서아 혁명의 여

---

11) 『新民』, 1926년 8월호, p.18
12) 유여, 「노농정부와 약소민족」, 『新民』, 1926년 10월, pp.29-32
13) 『開闢』, 1926년 1호, p.17

파가 이러할줄 어찌 가히 상상하였으랴. 노국이라며 혁명을 연상하고
혁명이라면 노국을 기억할 만치 시베리아를 통과할 때는 무엇인지
모르게 혈성의 공기가 충만하였다.[14]

3. 1930년대 스탈린의 소련과 한인의 소련관

1930년의 소련관을 살핀다는 것은 쉬운 일이 아니다. 우선 소련에 대
해 호의를 표시하는 글들은 그 대부분이 조선총독부의 검열에 의하여
삭제당하고 있기 때문에 이러한 글을 검토하기가 대단히 어렵다. 그러나
대체로 제목을 가지고 파악해보더라고 소련측의 공식적인 입장들을 그
대로 추수하고 있는 글들이 대부분이라고 할 수 있을 것이다. 따라서
1930년의 한인들의 소련관은 스탈린적 소련을 찬양하는 글들이 대량으
로 씌어지고 있었다고 말할 수가 있다.

그러나 어차피 남아있는 글들을 가지고 논의할 수밖에 없으므로 우리
는 이제 소련에 대해 가지고 있는 두개의 서로 다른 이미지를 분석하여
보기로 하자. 즉 좌파적 입장에서 보고있는 소련관과 우파적 입장에서의
소련관을 비교하여 검토하기로 하자.

1935년 코민테른 제7차대회에서의 김하일의 연설은 한인 공산주의자
들이 소련에 대해 가지고 있는 입장을 명백히 보여주었다. 소련은 "세계
프롤레타리아트와 피억압자의 조국"이며 국제공산당은 "세계혁명의 참
모부"이며 스탈린은 "세계프롤레타리아트의 수령"인 것이다.[15]

1928년 12월 테제 발표 이후도 많은 한국공산주의자는 언제나 소비에
트동맹 사수를 구호로 내걸었을만큼[16] 소비에트에 대한 인식은 단지 객

---

14) 소재영 편, 『間島流浪40년』, 조선일보사, 1989, p.167
15) 신주백 편, 『1930년대 민족해방운동론연구』, 제1권, p.328
16) 이철악, 「조선혁명의 특질과 노동계급 전위의 당면임무」(배성찬 편역, 『식
　　민지 시대 사회운동론 연구』, p.133) 그는 조선공산당의 대표적 인물로 세

관적인 차원의 문제가 아니라 공산주의자들의 신조에 가까운 것이 되었다. 해방 직후에 한국공산주의자의 대표자격인 박헌영은 조선에서의 혁명이 가능하다는 주장을 하면서 그 전제조건을 소련의 탓으로 돌린다.

"그것은 세계혁명의 토대이요 국제프롤레타리아트의 조국인 쎄쎄쎄르가 전지구의 5분지 1을 차지한 넓은 나라에 있어서 평화적 사회주의 건설이 성공하고 전략적으로 절대 불패의 지위를 확보할만한 위대한 승리를 얻은 결과이다"라고 하고 구호로 "만국 프롤레타리아트의 조국 쎄쎄쎄르 만세!", "세계혁명운동의 수령 스탈린동무 만세!"라고 하는 데서도[17] 그 사정을 짐작할 수 있다.

또 백철은 소련의 5개년 계획에 대하여 거의 맹목적으로 스탈린의 업적을 찬양하였다. "자본주의의 말기적현상으로서 경제공황의 황파에 자본주의제국가가 치명적위기에서 신음하고잇는 대신에 프로레타리아 신흥국인 쏘베트러시아에서는 위대한 기도하에 오개년산업확장계획이 실시되엿다"고 하고 "그 결과 경제의 전분야의 생산력의 현저한 증대와 빈농급중농의 기초적대중의 적극적 지지와참가에 의한 농업집단화운동의 이상한 성공의 위대한 성적이 실현된 것을 알게 되엿다"고 하였다.[18]

쌍암도 "스탈린은 힘차게 트로츠키의 영구**론을 배격하고 부하린의 우익이론을 물리치면서 용감스럽게 **...운전하고있다" 그리고 "소베트는 이 계획의 수행에 따라 세계자본의 식민지적 지위로부터 완전히 해방되고 세계자본주의의 시장을 현저하게 협소식힐뿐 아니라 세계자본주의의 상대적 안정을 궤멸할수 잇는 것이다"[19]는 식으로 5개년계획을 찬양하고 있다.

계무산계급의 당면의 최대의 중심문제 중의 하나는 "유일한 사회주의 조국인 '소비에트' 연방을 지키는 것"이라고 하였다.

17) 박헌영, 「현정세와 우리의 임무」,(김남식, 심지연 편, 『박헌영 노선비판』), pp.181, 195

18) 「오개년 계획의 달성과 쏘베트문학」, 『彗星』, 1932.2월호, p.120-121

19) 『朝鮮之光』, 1930, 통권 90호, p.25

한편 공산당에 소속되지는 않았지만 좌파적 입장에서 소련을 이해하고자하는 글로 우리는 신일용의 글을 들 수 있다. 그는 『開闢』의 신년호에 「세계적위기의 전면적 의의」라는 글을 통하여 소련에 대한 입장을 표명하고있다. 그는 세계의 위기의 근본이 제국주의 상호간의 위기와 자본주의국가 내부의 무산계급운동의 국제화로 보고있다. 그리고 이같은 대립항쟁의 근저에 세계관의 대립이 있다고 하였다. 따라서 그에 의하면 세계의 위기란 "국민주의 세계관 대 사회주의적 세계관"의 대립에서 생기는 것이며 이러한 관점에서 세계의 국가 중에서 미국, 독일, 이태리는 무력수단에 의하여 시장 및 영토의 재분할을 획책하고 영국과 프랑스는 될 수 있는 한 전쟁을 회피하려하며 소련은 유일하게 사회주의국으로 전쟁을 적극적으로 회피하고 있다고 하여 소련을 평화적으로 파악하였다.[20]

반면에 소련을 비판적으로 보고있는 시각도 있었다. 일제하 대표적인 민족운동가였던 김구는 그의 회고록에서 왜 그가 공산당에 반대하는 가를 말하면서 공산주의운동이 소련이나 코민테른에 지나치게 밀착되어 있는 것을 비판하고 있다.[21]

최석천이 쓴 「최근 소련의 사회적 동요」에서는 키로프 암살 사건을 맞아 소련의 사회가 가지고 있는 위기를 분석하고 있다. 그는 키로프 사건을 소련정부의 발표를 넘어서는 독특한 견해를 가지고 있는 것은 아니나 소련에 대한 평가는 사뭇 부정적이다.

"현재의 사베트에 사회정세는 제정말기시대의 음울한 로서아를 연상식힌다. 제정말기시대의 자유주의자들은 그 음울한 기분에 융화되지 못

---

20) 『開闢』, 신년특대호, 1935, p.16
21) 김구는 공산혁명을 하자는 이동휘에 대한 답변으로 다음과 같이 말했다한다. "우리 독립운동은 우리 한족의 독자성을 떠나서 어느 제3자의 지도-명령을 받는다는 것은 자존성을 상실하고, 곧 의존성 운동이니 선생은 우리 임시정부 헌정에 위배되는 말을 하심이 크게 옳지 못하고 제는 선생 지도를 따를 수 없으며, 선생의 자중을 권고합니다." (『백범일지』, p.272)

해 혁명으로 발길을 돌렷다. 현재에 잇서서도 신진당원중에는 현재의 사회정세에 융화되지 못해서 사베트간부에 대한 반감이 상당히 심각한 모양이다. 그리고 기결과가 암살로서 나타난 것이다"라고 한 것이다.[22] 그리고 그는 소련의 농업문제를 지적하면서 문제의 소재가 집단농장제도에 있다고 보며 자유상업을 용인하여 개인농업을 번영시켜야 할 것으로 보고 있다. 그러나 그것은 공산주의의 전면적인 후퇴를 초래할 것으로 보고있다. 이러한 견지에서 보면 비교적 사실의 정확성여부가 문제가 되기는 하지만 우파측이 소련에 대하여 비교적 정확한 인식을 가진 것이 아닌가하는 생각이 든다.

또 1930년대에 소련을 직접 여행하고서 쓴 오긍선의 기행문은 소련의 문제를 아주 잘 드러내고 있다. 1930년에 소련을 방문한 그는 소련사회의 모습이 당시의 선전과는 판이하게 다르다는 것을 알려주고 있다. 그가 니그롤라이 역에 도착하였을 때 아무도 그의 짐을 받으려 하지 않았다. 화물 운반인은 단지보고만 있었다. 왜냐하면 "그들이 다투어 튀여나와서 열심으로 일을 한다 할지라도 그수입을 자기가 독점할 수 없는 것이 그들의 수입공동분배제도임으로 그러케 몸부림처가며 땀나게 일할 필요"가 없기 때문이라고 지적한다. 또 호텔에서의 예약을 무시한 무성의한 태도, 개인주택의 슬럼화, 주로 생활난과 모체의 허약으로 인해 이루어지는 지나친 낙태, 공창제는 폐지되었으나 성적 관계의 문란으로 인한 성병의 창궐, 식량난, 반실업상태의 노동자 등의 묘사가 이루어지고 있다. 또한 치타 이남의 한인들의 생활도 언급되어 있다. 그에 의하면 "그곳에도 유랑의 생애를 머물고잇는 우리동포들이 별로히 직업도업시 토굴생활을 계속하고 잇는것을 보앗습니다. 그나마 그들은 하등의 보호와 지도도업고 또언어를 통치못함으로 노국관헌으로부터 추방압박을 당하여 자유로운 천지를 차자드러온 그들은 이제는 실망을 하고 진퇴유곡

---

22) 『開闢』, 신년특대호, 1935, p.24

에 빠져 엇절줄을 모른다합니다"23)라고 하였다. 그는 볼세비키의 신사회
가 허구에 그치고 있음을 충실히 묘사하였다.

4. 맺음말

　1917년 러시아에서의 혁명이 성공하고 나서 성립한 소비에트정부는
그들이 추구한 사회주의적 이상에 따라 여러 가지의 혁명적 정책들을
추구하였다. 그리고 이러한 것들을 세계의 다른 나라들이 따라야 할 모
델로 설정하고 많은 선전과 선동을 행하였다.

　1910년이래 일제의 식민지라는 조건하에서 한인들은 소비에트정부가
선전하는 약소국의 민족해방운동 지원이라는 선전에 상당한 정도로 호
의와 기대를 가지고 있었던 것은 사실인 것으로 보인다. 따라서 소련의
볼세비키가 추구했던 바와 같이 한국에서 민족해방운동을 일으키고 나
아가서 무산계급독재를 실현하고자 하는 움직임이 한국의 지식인사회에
서도 일어나게 되었다. 이들은 소련사회를 대단히 이상적으로 보았다.
새로운 문명, 새로운 사회의 가능성이 소련에 있는 것으로 보았다. 특히
좌파적 이념에 공감했던 사람들, 그리고 공산주의운동에 가담했던 사람
들은 소련을 거의 환상적이라고 할 수 있을 정도로까지 이상적으로 파
악한 것이 특징이다.

　그러나 보수적이거나 또는 자유주의적 사고를 가진 인사들은 소련을
그다지 긍정적으로 보지는 않았다. 러시아혁명의 초기에 소련에 대해 가
지고 있던 다소 막연했던 기대감은 시간이 지남에 따라 사라지게 되고
소련사회의 문제점을 보다 현실적으로 파악할 수 있게 되었다. 따라서
소련의 연구수준은 높은 것이 아니었지만 소련에 대해 좌파 지식인들이
가지고 있던 막연한 환상을 파괴하는데는 일조하였을 것으로 보인다.

---

23) 오긍선, 「노농로서아폐견기」, 『新民』, 1930, 통권 59호, p.24-33

결국 우리는 소련에 대해 한국인들이 두 가지 상반된 인식, 두개의 상반된 이미지를 가지고 있었음을 보게 된다. 그리고 이 두개의 상을 가르는 중심에 과학이 놓여 있었다기보다는 이데올로기가 놓여있었다. 일제시대는 이 두개의 상반된 이미지 사이의 교호가 불가능하였다고 본다. 왜냐하면 이 시대는 운동의 시대, 즉 신념의 시대였기 때문이다. 이 신념의 시대를 지나, 그리고 상충되는 이미지의 교호를 또 다시 불가능하게 한 냉전시대를 넘어서 이제 이 두개의 이미지 중에서 진정한 이미지를 만들어나가야 하는 것이 오늘날의 문제라 하겠으며 그것이 또한 오늘날 비로소 가능하다고 여겨진다. 왜냐하면 오늘날 비로소 체제의 우위를 논하는 담론이 그 영향력을 상실해가고 있기 때문이다.

<『한국-러시아 양국의 이해증진을 위한 역사 교과서 개선방안 탐색』, 한국교육개발원, 1992>

한러관계사의 새로운 조명

1. 머리말

한러관계사는 그동안 어둠에 가리워져 있었다. 상호간에 대해 굳게 문을 닫았던 러시아와 한국은 양국 사이에 밝혀야 할 적지 않은 문제가 있었음에도 불구하고 이를 공동의 관심사로서 밝혀낼 기회를 가지지 못하였다. 소련에서 개방정책이 실시되고 한소관계의 국교가 열린 이래 특히는 옐친 정부가 구소련의 문서공개를 결정한 이래 적지 않은 문서들이 한로관계를 새로이 서술해야 할 것임을 보여주고 있다. 본고는 이렇게 새로 조명되어야 할 한러간의 관계사 중에서 그동안 간간히 공개된 문서 그리고 러시아의 국립문서보관서에서 최근에 동아일보지상을 통하여 입수되고 공개된 문서들 가운데 몇 가지 문제점을 중점적으로 거론하여 한러 양국이 상호이해를 넓히고 정확한 역사를 서술하여 현재 및 미래의 세대들에게 우리가 파악 가능한 한 진실을 알려야 하지 않을까 하는 문제의식에서 집필되는 것이다.

러시아와 한국이 근대에 들어와서 접촉하기 시작한 것은 그리고 상호에 대한 기록을 가지기 시작한 것은 대략 1860년대를 기점으로 한다고 말할 수 있다. 물론 그 이전에 러시아나 한국이 서로의 존재에 대해 알고는 있었지만 별 접촉을 할 필요를 가지고 있지 않았다. 1860년 러시아가 연해주를 차지하면서 한국과 러시아는 국경을 마주하게 되고 이후부터 한국과 러시아는 보다 빈번하게 접촉을 할 수밖에 없었다. 그리고 따라서 적지 않은 기록들이 이후에 발견된다. 그런데 과연 이러한 기록들이 러시아의 한국관련 기사에서 잘 이용되고 있는지 혹은 한국에서 이러한 기록들에 대한 정보를 통하여 한러 간의 관계사에 대하여 정확한 이해를 가지고 있는지가 문제인 것이다. 이제 한러관계사에서 나타난 몇 개의 기록을 바탕으로 하여 우리나 러시아가 보다 본격적으로 양국의 관계사 연구에 착수하여 진실을 바탕으로 하여 미래를 열어나가는 것이 필요하지 않을까 하는 생각이다. 본고는 지면관계상 소련이 성립된 이후의 양국의 관계사를 중심으로 하여 몇 가지 문제를 검토하여 보기로 하겠다.

2. 일제시대의 몇 문제

한러 간의 관계사에 있어서 가장 중요한 문제는 역시 러시아혁명의 결과 생겨난 소련과 한국의 민족운동과의 관계이다. 이 문제에 대하여 우리는 새로운 조명을 해야할 필요를 느낀다.

먼저 소련이 약소민족으로서의 한민족에 대하여 어떠한 정책을 취하였는가의 문제이다. 소련은 약소민족의 해방운동을 지원한다는 차원에서 우리 민족의 독립운동을 지원해왔다는 것을 그동안 많이 강조하였다. 그러나 소련정부의 이러한 약소민족해방 지원정책은 역사적 사실과 부합되지 않는다. 그러한 예로서 우리는 1921년의 자유시사변 및 그 이후의 극동지방에서의 한인무장부대 해체, 1925년 일소기본조약체결을 전후하여서의 한인에 대한 압박 및 민족운동에 대한 탄압, 1937년의 강제이주 및 그 이후의 한인에 대한 압박 등을 들 수가 있다. 예컨대 소련의 소수민족정책이 소수민족을 보호하는데 실패하였을 뿐 아니라 소수민족이 언제나 소련의 이해에 따라서 탄압의 대상이 되어왔다고 하는 사실을 지적할 필요가 있다.

러시아에서 그동안 새로이 공개된 자료에 입각하여 이러한 문제들에 관련된 사실들에 대하여 우리는 다음과 같은 예들을 들 수가 있다. 자유시사변이 소련의 외교정책의 노선변화에 따라 한인들에 대한 적대정책으로의 전환에 따라 이루어졌다는 사실에 대하여 주목할 필요가 있다. 러시아는 극동에서의 내전을 승리로 이끌기 위하여 일본군의 개입을 막으려 완충국으로서의 극동공화국을 세웠고 이를 내세워 일본과의 협상을 진행하는 과정에서 당시 연흑룡주 일대에서 활동하고 있던 한인무장대의 활동금지를 인정하게 되었다. 이는 한인 독립운동가들이 러시아에 대하여 가지고있던 기대를 완전히 저버리는 것이었는데 왜냐하면 러시아는 한인들의 도움을 얻기 위해 한인민족해방운동과의 연대를 공공연히 강조하였기 때문이었다. 이 당시 다수의 한인들은 러시아의 국제군조직에 기대를 가지고 리시아에 들어오게 되있는데 결과적으로 이 국제군은 조직되지 못하였고 한인들의 무장조직만 오히려 큰 손실을 보게 되었다.

또한 1922년 말에 가서 일본군이 물러나고 소비에트는 정권을 장악하게 되었는데 소비에트정부는 내전에서 소비에트정권에 기여한 한인들의 노고를 잊어버리고 오히려 한인들을 추방하려는 대책을 모색하였다. 한인들은 연해주 일대에 밀집하여 거주하고 있었기 때문에 소비에트정부의 약소민족 자치정부 수립정책에 기대를 걸고 한인들이 자치권을 어느 정도 행사할 수 있는 구역을 만들고자 하였다. 이에 대하여 놀랍게도 러시아공산당 중앙위원회 달뷰로는 한인들 전체를 연해주에서 추방하고자 하는 계획을 민족문제인민위원회에 보내게 되었다. 한명세 등의 항의에 의하여 이 계획이 좌절되기는 하였지만 러시아공산당의 정책이 한인들에 대하여 결코 우호적이 아니었을 뿐 아니라 어떤 의미에서는 파렴치하였다고 하는 사실을 주목할 필요가 있다.[1]

또 하나의 예로 우리는 한인에 대한 강제이주정책을 들 수가 있다. 이에 관련된 문서는 최근에 동아일보 지상을 통하여 공개되었다. 그러나 이 문제에 관련된 문서가 완전하게 공개되었다고 말할 수 없으며 오히려 대단히 불충분하지 않은가 판단된다. 이미 공개된 자료에 의하면 이주된 한인은 모두 3만 6천 442가구로 인원은 17만 1천 781명이고 모두 124개의 그룹으로 이주되었다. 캄차카나 오호츠크같은 곳에 있는 한인들도 7백 명 정도 되는바 이들도 11월 1일까지는 이주토록 되었다. 스탈린의 지시에 의한 이같은 강제이주는 극동에서 한인들을 인종청소하는 데 목적이 있었다고 보는 것이 타당할 것이다.

또한 한인들은 연해주에 두고 온 재산에 대하여 보상을 받지도 못하였고 극히 열악한 조건에서 생활하게 되었으며 우즈벡 현지의 관리들은 그나마 한인들의 정착을 위해 지원된 건축자재나 자금 등을 한인들에게 지원하지 않고 유용하였다.[2] 이러한 사실 등은 한인들에 대한 지원이 어려운 경제 때문에 열악할 수밖에 없었다는 것보다는 한인들에 대한 러시아나 우즈벡 등 현지관리들의 태도가 적대적이기까지 하였다는 것을 말해주며 사실상 한인들에 대한 적대적인 태도는 어렵지 않게 여러 증언들을 통하여 확인될 수 있다. 러시아에서 비밀문서를 공개하기 시작한 이래 이러한 문제들에 대한 진상의 일각이 드러나고 있기는 하지만 보다 더 철저한 규명이 필요하다고 본다. 요컨대 강제이주가 어떻게 해서 일어나게 되었는가의 문제를 면밀히 밝혀줄 수 있는 사료들이 공개되어야 한다. 한인들의 강제이주는 스탈린이 취하게 된 인종청소의 시작

---

1) 이 문서들은 이우효에 의해 소개되었으며 진상규명을 위하여 관련자료가 공개되고 연구되어야 한다.
  拙稿,「소련연방체제의 개편과 한민족문제」, 『中蘇問題硏究』, 제17호, 부산대 중소문제연구소, 1991.12. pp.111-131
2) 『東亞日報』, 1993.1.13-28

이었다. 그러면 한인들이 왜 이러한 정책의 첫째 희생양이 되었는가의 문제를 살펴보아야 한다. 이미 서술했듯이 1922년 말에 이미 러시아공산당이 한인들이 강제이주를 계획하였다는 것은 한인들을 극동에서 제거하려는 계획의 뿌리가 상당히 깊다는 것을 말해준다. 즉 한인들과 극동의 러시아인들 사이의 갈등의 골이 상당히 깊었으며 러시아인들은 그리고 그들의 지도세력으로 등장한 공산당은 쇼비니스틱한 방법으로 한-러인의 갈등을 해결할 계획을 가지고 있었다고 보아야 한다. 이는 다시 말을 바꾸자면 제정러시아 시대부터의 황색인종에 대한 증오와 갈등이 민족간의 평등을 선포한 이후의 시기인 소련에서도 여전히 계속되었을 뿐만 아니라 오히려 강화되었다고 보아야 할 것이다. 이러한 문제를 해명하기 위해서는 극동의 지방행정관청의 문서들까지도 모두 고려의 대상에 넣고 사료의 면밀한 수집이 이루어져야 함을 의미한다.

그리고 국가문서보관서 뿐만 아니라 당과 국가보안위원회(KGB) 그리고 군대의 문서들까지도 공개할 수 있어야 하리라고 본다. 왜냐하면 국가나 사회의 주요한 정책결정 과정에서 이러한 기관들이 큰 영향력을 행사하여왔기 때문이다. 러시아나 한국에서 이러한 문제들과 관련하여 좀 더 적극적인 관심을 가지고 사료를 발굴해야 한다고 본다.

또한 소련은 일제시대에 공산당을 통하여 한인 사회주의운동에 지대한 영향력을 행사하였으며 이 문제에 대하여 코민테른이나 소련공산당의 문서 속에서 밝혀내야 할 것이 작지 않다고 본다. 아직 이러한 문서도 공개되지 않았으므로 이에 대한 공개와 자료수집이 필요하다고 본다.

3. 해방 이후사의 몇 문제

해방 이후 시기의 문제에 있어서 무엇보다도 중요한 것은 북한 정권의 성립문제와 6.25의 문제라고 본다.

먼저 북한정권의 성립이 가지고 있는 문제의 중요성에 대하여 살펴보기로 하자. 이 문제는 한국의 상황에서 아주 긴요한 문제이다. 물론 북한정권의 성립문제에 대하여 우리 사회를 비롯한 서방세계에서는 그동안 많은 연구를 진행시켜왔다. 그 결과 적어도 북한이 주장하는 주체사관에 입각한 김일성 가계의 신화를 벗기는 데는 큰 역할을 하였다. 그러나 김일성이 만주에서 소련으로 이동한 후 어떻게 하여 북한의 지도자로 내정되었는가 소련측의 의도는 어떠하였나 등등의 문제가 사료를 통하여 밝혀진다면 우리는 북한정권의 성격에 대하여 보다 분명한 이해를 가질 수 있을 것이고 통일을 눈앞에 두고 있는 현 시점에서 민족적 동질성의 회복에도 크게 기여할 수 있을 것이라고 본다. 과연 러시아는 언제까지 북한의 입장을 정치적으로 고려하여 이에 대한 사료를 비밀로 하고 있을 것인가?

또한 다른 문제는 상당한 정도로 논란이 되고있는 6.25의 문제에 있어서 러시아의 교과서는 진실을 교묘하게 회피하고 있다는 인상을 준다는 것이다. 러시아의 중등학교 11학년 교과서에서3) 한국전쟁에 대하여 다음과 같이 서술되어 있다.

> 50년대 초의 두 세력의[미국과 소련-필자] 가장 첨예한 충돌로 한국전쟁이 되었다. 그것은 "냉전"이 얼마나 쉽게 전쟁으로 전환되는가를 보여주었다. 미국의 군사통수부에서는 핵무기를 사용하려고 계획하였지만 단지 유사한 대응수단이 소련측에서 나올 수 있다는 위험 때문에 저지되었다. 복잡하게 얽혀진 상황에서 소련은 한국에 군사적 기술석 지원을 하는 것이 불가피하다고 간주하였다. 조선민주주의인민공화국에 대한 지원은 소련뿐 아니라 중화인민공화국 및 다른 사회주의국가들도 하였다. 1951년 중반에 한국에서의 상황은 안정되었고 평화협정이 시작되어 그 결과 1953년 7월 27일 휴전협정이 서명

---

3) *Istoria Otechestva:Uchebnik dlia 11 klassa srednei shkoly*, Moskva :≪Prosveshchenie≫, 1992

되었다. 베를린에서와 마찬가지로 한국에서도 소련과 미국의 지도자
들은 상호의심과 공격적인 격정에도 불구하고 직접적인 군사충돌로
까지 사태가 발전해서는 안된다는 책임감을 체험하게 되었다.[4]

　위의 서술이 과연 러시아가 역사적 진실에 충실하게 사태를 묘사한
것인가? 위의 서술은 전쟁의 계획과 도발에 대한 책임을 회피하고 있으
며 더구나 그 전쟁의 직접적인 최대의 희생자인 한국에 대하여 소련측
으로서는 응당히 가져야만 하는 책임마저도 회피하고 있다. 더 나아가서
위의 서술은 역사적 사실을 왜곡하고 있다. 마치 북한에 대한 지원이 북
한이 위험에 빠지게 된 연후에야 이루어진 것처럼 서술하고 있으며 전
쟁의 도발도 그 원인제공을 미국이 한 것처럼 서술하고 있다. 물론 러시
아교과서는 이전과는 달리 해당장의 말미에 사료를 첨가하여 전 북한군
이상조의 진술을 게재하였다. 그것은 스탈린과 협의하기는 하였지만 전
쟁의 이니시어티브는 김일성으로부터 나왔다는 것이다.[5] 그러나 이같은
사료를 첨가함으로써 위의 서술을 근본적으로 바꾸는 것은 아니다. 러시
아측의 역사서술은 한국의 입장을 참고사료의 제시를 통하여 무마하려
고 하는 태도를 보이고는 있지만 여전히 역사적 진실을 회피하고 있으
며 소련의 책임을 북한에게만 전가하려는 태도를 여전히 보이고 있는
것이다.
　북한정권의 성립문제에 대한 소련측의 자료는 북한의 왜곡된 주체적
역사를 교정하는데 결정적이라고 보아야 한다. 6.25에 과연 소련이 얼마
나 개입되어 있었는가 소련의 역할이 어떠하였는가 소련은 왜 6.25를 계
획하였고 어떤 구상을 가지고 있었는가 하는 문제는 아직 충분히 해명
되지 않은 문제이다. 소련측은 이 문제에 대해 우리 정부에 관련자료를

---

4) *Ibid.*, pp.145-146
5) 이 부분에 대하여 우리 언론에서는 마치 러시아가 한국전쟁에 대하여 근본적으
　로 이전과는 달리 전쟁의 책임을 인정하고 있는듯 보도하였다. 언론의 태도가
　좀더 진지해야 함을 보여주는 대목이다.

넘겨주겠다고 약속하였기 때문에 그 귀추를 주목해야 하나 이 문제의 중요성은 재론의 여지가 없다. 이 문제의 중요성은 차치하고서라도 이 문제에 대한 명확한 정리는 한러 간의 관계개선에 절대적으로 필요한 것이라고 본다. 과연 우리 민족이 당해야 했던 모든 비극이 단지 우리 민족 내부에서 이데올로기의 대립이 있었다는 것만으로는 해결되기 어려운 것이라면 이 문제에 대한 정리를 통하여 한러 간에 서로에 대한 명백한 이해 및 필요한 경우 그에 대한 적절한 조처가 있어야 할 것이다.

해방 이후의 문제로서 또 하나의 중요한 문제로 소련측의 문서공개가 요구되어야 할 문제는 사할린 한인에 대한 문제이다. 사할린 한인들은 일본군의 강제징용에 의해 끌려간 사람들인데 대부분 남한출신들이기 때문에 그동안 소련에서 법적으로 적절한 보호를 받지 못하고 어려움을 많이 겪었다. 남북한이 갈려있고 일본도 자신의 책임을 회피하기 때문에 많은 어려움을 겪을 수밖에 없었던 사할린 한인들은 소련정부의 적절하지 못한 정책으로 인하여 그 어려움은 가중되었다. 이 문제에 대한 소련의 적극적인 사료공개와 조사는 사할린 한인에 대하여 적극적인 대책을 세우는데 도움이 되리라고 본다.

4. 맺음말

본고는 이상에서 간략하게 주마간산으로 검토해본 것과 같이 한러관계사를 서술하는데 있어서 러시아측의 사료가 공개된다면 양국 관계사의 이해에 획기적인 진전을 가져올 수 있을 만한 부분들을 소련의 성립 이후의 시기에 국한하여 몇 가지 선택적으로 지적하여 그 문제를 검토하여 본 것이다.

모든 나라의 역사가 그 날의 정치적 입장 혹은 문화적 기호와 관련하

여 서술되고 있다는 것은 의심의 여지가 없는 사실이다. 따라서 소련이
나 러시아의 역사서술에서도 그러한 점은 분명하게 드러난다. 그것은 우
리의 경우에도 마찬가지이다. 그렇기에 러시아의 경우와 같이 불과 몇
년 사이에 급속한 정치적 변화를 겪은 상태에서는 그에 따른 역사적 서
술을 하기가 그리 쉽지는 않은 문제라고 하는 것도 아니라고 하는 것을
우리는 알고 있다. 그러나 한국과 러시아가 과거의 적대관계를 청산하고
공식으로 국교를 가지게 된 마당에서 더구나 러시아가 과거의 공산주의
이데올로기를 잘못으로 인정하고 자유로운 시장경제와 민주주의를 지향
하는 단계에 도달하게 된 현재에 러시아의 역사교과서에 혹은 러시아
대중들 사이에 한국에 대하여 부정적인 적의 이미지가 계속 유포되고
있다면 그것은 결코 바람직한 일이 아니며 시간을 다투어 해결해야 할
문제인 것으로 판단된다.

정치적 변화나 경제적 변화는 고통을 초래하며 그것은 역사적 서술의
문제에 있어서도 마찬가지이다. 역사적 서술의 전환 역시 관습에 대한
도전이기 때문에 실제로 러시아에서 역사서술을 담당하고 있는 학자들
이나 여론에 충격을 줄 수밖에 없을 것이다. 그러나 아무리 큰 충격이
온다고 하여도 구소련에서 제작된 텐기즈 아불라제 감독의 영화『참회』
의 마지막 장면에서 할머니가 중얼거리듯 "교회로 가는 길이 아니라면
이 길이 무슨 소용이 있담!"이라고 한말을 상기하는 것이 좋을듯하다.
"교회로 가는 길"만이 진실이기 때문이다.

<『한국-러시아 양국의 이해증진을 위한 교육의 역할』, 한국교육개발
원, 1993>

제 3 부 한국과 러시아 : 그 변화

아관파천과 한로관계

1. 머리말

　1894년 이후 아관파천에 이르기까지의 시기는 한국의 근대사에 있어서 대단히 중요한 분기점이 되는 시기였다. 개항 이후 한국이 비록 독립국으로서 근대 외교 무대에 등장할 수는 있었지만, 현실적으로 청과의 전통적인 사대외교를 일거에 청산할 수는 없었기 때문에 한국은 사실상 청과의 사대적 외교관계를 지속할 수밖에 없었다. 한국은 청의 압력으로부터 벗어나고 싶어하였으나 그러한 주장을 노골적으로 할 수 있을 만큼의 실력을 갖추지는 못하였으며, 청은 한국과 전통적인 사대외교를 근대적 외교관계로 전환하는 것을 거부하고 있었다. 청은 청 나름대로 그들의 지배하에 한국을 위치시켜두고자 하였으며 이러한 경향은 임오군란 이후에 더욱 가속화되어 조선의 내정과 외교는 사실상 청의 간섭 하에 놓여지게 되었다.[1]

---

1) 임계순, 「한로밀약과 청의 대응」, 『청일전쟁을 전후한 한국과 열강』, 한국정신문화연구원, 1984, pp.58~59.

1894년 동학농민의 봉기를 기회로 하여 촉발된 청일전쟁과 그로부터의 청의 패배는 한국에서의 청의 종주권의 묵시적 인정이라는 기반 위에 성립하였던 동북아 질서를 착란시키는 결과를 초래하게 되었다. 그리고 그 결과 청이 한국에서 차지하였던 전통적인 종주관념에 기초한 위치는 국제사회에서 인정받지 못하게 되었고 청의 자리를 대신하여 일본이 한국에서 지배적 위치를 차지하게 되는 상황으로까지 발전하게 되었다. 청일전쟁 이후 일본의 일부 대한정책 담당자들 사이에서 진행되었던 한국의 보호국화 정책은 이러한 사태의 변화를 가장 특징적으로 보여주고 있는 것이다.[2] 우선 크게 보아 이 시기를 전후하여 동북아시아에서의 중국의 헤게모니는 종말을 고하였다고 말 할 수 있다. 청일전쟁에서의 패배를 통하여 중국은 한국에 대하여 종주권을 주장하는 것을 완전히 포기할 수밖에 없게 되었고[3] 서양문물을 초기에 받아들인 일본은 중국을 제압하고 한국에서의 우위를 확보하게 되었다. 일본은 서양의 열강들과 마찬가지로 제국주의국가로 발전할 수 있는 전기를 가지게되었다.

그러나 동북아시아에서의 일본의 부상은 무엇보다도 한국을 포함하여 만주 일대의 커다란 시장을 일본의 독점적인 영향하에 둘 수 없다는 열강들의 이해관계의 일치 때문에 곧 이어 삼국간섭을 초래하게 되었다. 삼국간섭에서 가장 적극적이었던 세력은 러시아였다. 왜냐하면 러시아는 극동방향으로의 진출이 일본에 의하여 차단될지도 모른다는 위협을 느꼈기 때문이다. 러시아는 프랑스와 독일을 참여시켜 삼국간섭을 성사시켰고 이는 동북아에서 러시아의 지위를 강화시켰다. 러시아는 청에 있어서의 자신의 위치를 강화시켰을 뿐만 아니라 한국에 있어서도 그 발언

---

2) 유영익, 「청일전쟁중 일본의 대한침략정책」, *Ibid.*, pp.129～180.

3) 청의 종주권포기는 물론 전쟁 패배후 즉각 이루어지지 않았다. 청과의 근대외교관계가 공식적으로 이루어진 것은 그로부터도 5년이 지난 다음이다. 그러나 청측의 끈질긴 권리주장에도 불구하고 청의 영향력은 국제사회에 영향을 끼칠수 없었다. 권석봉, 「청일전쟁 이후의 한청관계연구(1894～1898)」, *Ibid.*, 185～233.

권을 강화하여 일본의 보호국화 기도에 결정적인 쐐기를 박았다. 즉 청
일전쟁과 삼국간섭에 이르기까지 러시아는 외교적인 노력만으로 만주를
일본의 영향권으로부터 격리시키는데 큰 역할을 하였을 뿐 아니라 한국
에 대하여도 일본과 경쟁할 수 있을 정도로 유리한 위치를 차지하게 되
었던 것이다. 그리하여 삼국간섭 이후 동북아의 정세는 한반도 및 만주
에서의 영향력 확대문제를 둘러싸고 러시아와 태평양으로 진출하려는
러시아와 한반도를 거쳐 대륙으로 진출하려는 일본의 대립양상으로 발
전하게 되었다. 전통적 사대질서에서 근대적 외교질서로의 이행이라는
과도기에 청 헤게모니의 묵인이라는 특수상황은 근대적 외교질서 속에
서의 러일경쟁이라는 사태로 발전하게 되었다.

　국제정세의 이같은 변동에 따라 한국의 정치정세도 당연히 큰 변동을
보이게 되었다. 동학농민들의 봉기를 무력으로 진압하게 된 일본은 그
여세를 타고 조선정부를 강요하여 그들이 원하는 제도적 변혁을 꾀하였
다. 소위 근대적 개혁이라고 하는 명분 아래 조선의 정치제도 및 재정을
그들이 장악하려는 시도를 하게 되었다. 그리고 이것은 조선의 조야로부
터 강력한 반발을 받게 되었다. 수동적으로 개혁을 담당하게 된 조선의
친일관리들은 민중들로부터 별다른 지지를 얻어내지 못하였으며 더구나
일본의 개혁요구는 한국을 부강하게 하려는 원대한 구상에서 나온 것이
아니라 아무런 사회적 조건을 고려하지 않은 상태에서의 종이 위의 개
혁에 불과하였기 때문에 한국사회를 근본적으로 개혁하지는 못하였다.
더군다나 단발령과 같이 정치경제적 시의성이 없으면서도 사회적으로
큰 반발을 일으킬 수 있는 조치들을 실시하였기 때문에 갑오개혁의 여
러 조치들은 민중들로부터 수용할 수 있는 자세마저 사라지게 만들었다.

　한국민중들의 이같은 반발은 결국 1895년부터 의병이 전국적으로 일
어날 수 있게 하는 계기가 되었다. 그러나 국내에서 일어나고 있는 이같
은 소용돌이 속에서 조선의 정부도 동북아에 새로이 일어나고 있는 세
력 개편에 의하여 러시아에 의존하려는 세력과 일본에 의존하려는 세력

으로 분열되어 나갔다. 일단 갑오개혁을 통하여 일본은 한국의 정부에 정치적 영향력을 극대화시킬 수 있게 되었지만, 한국 내에 반발하는 세력을 모두 제압할 수 있었던 것은 아니다. 특히 민비를 중심으로 하는 한국왕실의 주요한 그룹이 일본의 영향력을 배제하기 의한 정책을 구사하려고 시도하였다. 민비에게는 새로이 동북아의 실력자로 대두한 러시아가 그녀의 의지를 실현시켜 줄 후원자로 보여졌던 것이다.

그러나 비록 러시아가 국제정치상에서 차지하는 위상이 작지 않았다고 하더라도 그리고 그 힘이 일본을 능가할 수 있었다고 하더라도 일본이 한국에 직접적으로 미칠 수 있는 영향력을 대체하기에는 러시아는 너무도 먼 거리에 있었다. 특히 시베리아철도 완공 이전에 러시아가 극동에 미칠 수 있는 영향력이라고 하는 것은 극히 제한될 수밖에 없었다. 러시아는 한국에 대한 관심을 가지지 않았던 것은 아니지만, 그러나 실질적으로 민비의 기도대로 한국을 보호해 주기에는 지나치게 멀리 있었고 그것도 대단히 불리한 조건 속에 있었다.

일본이 민비시해라고 하는 극단적인 방법까지 동원하면서 引俄拒日하려는 민비를 제거하고 그 대신 일본의 영향력을 확고부동하게 심으려는 정책은 바로 그같은 계산에 입각해 있기 때문에 가능하였던 것이다. 더구나 일본의 정책을 배후에서 밀어주고 있는 영국의 지지도 일본의 행동에 자신감을 주는 한 요인이었을 것이다. 비록 일본의 이같은 정책이 원대하지 못하고 단견이었고 야만적이었다고 할지라도 그것은 효과를 발휘하기에는 충분하였다. 그러나 그 효과는 일본이 기대하던 효과가 되지는 못하였다. 역으로 그 효과는 일본이 기대하던 것과는 반대로 아관파천을 초래하여 일본의 앞에 새로운 장애요인으로 러시아를 정면으로 대두시키게 만들었다. 그리고 아관파천을 통하여 러시아는 마치 한국에서 일본세력에 대치하여 한국정부를 장악하고 있다고 여겨지게 만들었다.

그러나 한국정부가 러시아의 보호를 받고 있다고 느끼고 받을 수 있다고 믿었을 때 그것은 또 한번 한국정부가 무력함을 막연한 기대로 대체하는 것 이상의 의미를 가지고 있는 것은 아니었다. 러시아의 정책은 한국정부의 의사와는 무관하게 오로지 러시아정부의 이해를 따라 결정되고 있었다. 기득권을 포기하지 않으려는 일본과 일본에 대신하여 한국의 새로운 실력자로 떠오르게 된 러시아의 대립이 첨예하게 빚어지며 또한 정면충돌을 피하려고 노력하던 이 시기는 우리의 주의를 끌기에 충분하다.

2. 아관파천과 한로교섭

우리는 먼저 가장 중요한 문제인 아관파천이 어떻게 가능하였는가의 문제를 점검해보고자 한다. 고종이 아관파천을 단행할 수밖에 없었던 가장 큰 이유는 민비시해 사건 이후 보다 직접적으로 느낄 수밖에 없었던 일본측에 의한 신체적 위협으로부터 벗어나기 위한 것이었다, 그리고 그러한 계획은 베베르라는 음모적이고 유능한 러시아공사에 의해서 성공적으로 이루어지게 되었다. 그러나 아관파천을 더 정확하게 이해하기 위해서는 아관파천 직전의 조선문제를 둘러싼 열강의 역학관계를 잠시 묘사하는 것이 필요하다고 본다.

아관파천의 배경을 설명하기 위하여 우리는 다소 시기를 거슬러 올라가서 한로교섭이 진행되는 시기를 고찰할 필요가 있다. 한로간에 정식의 국교가 성립된 것은 1884년 7월 7일의 일이었다. 이 무렵의 한국정부는 청의 지나친 간섭을 무엇보다도 큰 부담으로 생각하고 있었으며 러시아와의 교섭이 신속히 진행된 것은 바로 청에 대한 견제역할을 러시아가 해줄 수 있으리라는 기대를 한국정부가 가지고 있었기 때문이었다.[4] 그

---

4) 최문형, 「열강의 대한정책과 한말의 정황」, *lbid.*, pp.1~40.

러나 거문도 점령 사건에서 보듯 영국이 청을 지원하며 버티고 있었고
또한 러시아도 한반도의 문제에 적극적으로 개입할 의사나 또는 여력을
가지지 못하였기 때문에 청의 간섭을 러시아를 통해 견제한다는 한국정
부의 희망은 이루어질 수가 없었다. 그러나 동아시아 열강의 구도상 청
이나 일본에 대해 견제세력으로 작용할 수 있는 현실적인 대상으로 러
시아 이의의 다른 세력이 존재하기 어렵다는 것이 청일전쟁 이전의 상
황이었다. 열강은 청의 조선 종주권을 내용적으로 묵인하고 있었으며 이
러한 상황에서 한국문제는 긴급한 해결을 요하는 문제가 될 수는 없었
다.

조선에서의 동학농민의 봉기를 계기로 하여 일어난 청일전쟁에서 일
본이 승리하여 조선의 내정개혁을 요구하며 조선을 보호국화 하려고 하
자 한국문제는 이제 동북아에서 대단히 중요한 문제로 대두하게 되었다.
이미 일본은 청일전쟁을 통하여 한국에 대하여 종주권을 행사하던 청을
제압하고 한국에 있어서의 일본의 우위를 확보하게되었다. 그러나 일본
은 동아시아에 있어서의 일본의 지나친 세력팽창을 저어한 러시아의 견
제를 받게되었다. 下關조약이 조인되는 4월 17일 러시아는 만일의 경우
전쟁까지도 불사하겠다는 강경한 조처로 간섭을 독일과 프랑스에 제의
하였다. 이 정책을 주도한 자는 재무상 위테였다. 러시아 황제는 만일
일본이 요동반도를 할양받게 된다면 러시아는 조선연안에 부동항을 획
득하면 될 것이라는 생각을 가졌으나 만주를 러시아가 독점적 시장으로
확보해야 한다는 위테의 의견이 관철된 것이다. 위테는 최악의 경우 여
순군항을 일본측에 허용할 생각은 가지고 있었으나 만주 본토에 대하여
는 일본의 영향력이 미치지 못하게 할 생각이었다. 러시아의 제의에 대
하여 독일은 (1) 러시아가 동방에서 일본과 대립하면 독일 동부국경의
긴장을 완화할 수 있고 (2) 독일을 동서에서 압박하고 있는 露佛동맹에
쐐기를 박고 (3) 차후 중국분할에 발언권을 확보한다는 필요성 때문에
러시아의 제의에 동조하였고 프랑스는 독일과의 전쟁을 원치 않았기 때

문에 독일이 삼국간섭에 참여하여 러시아와의 긴장완화를 통하여 노불동맹에 의하여 프랑스가 전쟁에 말려들지는 않게 될 것을 바람직하게 생각하였다.[5]

일본은 기대 외의 삼국간섭을 맞아 어려움을 겪었지만 결국은 陸奧 외상의 의견에 따라 삼국간섭을 받아들였다. 이에 따라 요동반도는 "그쳐야 할 곳에 그친 곳"이 되었고 "나아가야 할 곳"의 대상이 한국이 되었다. 그러나 일본이 요동반도 대신 새로 나아가야 할 곳으로 선정한 한국에 대하여는 일본으로서는 강경책과 온건책 사이에서 확고한 정책을 가지지 못하였다. 일관성 있는 정책의 부재가 삼국간섭 이후의 일본의 대한정책의 특징이라고 말할 수 있는 것이다.[6]

러시아는 독일 및 프랑스를 끌어들여 삼국간섭을 실현하여 일본의 중국 진출에 막대한 지장을 주었다. 이러한 사건은 일본을 견제할 수 있던 세력을 찾던 민비에게 좋은 기회를 제공하였고 민비는 러시아의 지원을 통하여 일본의 압력을 물리치려는 방책을 추구하게 되었다. 한국으로서는 러시아는 청일전쟁 이전에는 청의 견제를 위해 필요했지만 청을 대신하여 일본이 한국을 간섭하게 된 상황에서는 일본을 견제하기 위하여 러시아가 필요했던 것이다.

그러나 일본은 한국의 진출에 방해세력으로 등장한 민비를 그대로 놓아둘 수가 없었다. 일본은 극단적인 방법을 동원하여 그들의 장애세력으로 등장한 민비를 제거하였다. 일본의 한국장악에 방해가 되는 세력은 어느 누구도 제거할 수 있다는 것을 보여준 사건이었다. 이 사건은 물론 일본 단독으로 한국을 지배하겠다는 강한 의지를 대외적으로 표출한 사건이었다. 그러나 일본의 의지를 뒷받침해 줄 수 있는 여건은 아직 조성되지 않은 단계였다.

그러나 이러한 일본측의 만행이 고종에게 두려움을 안겨준 동시에 고

---

5) 信夫清三郎 編, 『日本外交史』, 제1권, 每日新聞社, 1975, p.184.
6) *Ibid.*, pp.186~188.

종으로 하여금 일본을 기피하도록 만들었다. 이에 고종은 러시아의 보호를 통하여 친일 내각의 등장으로 인한 위협에서 벗어나고자 하였다. 각지에서 의병이 궐기하여 수도의 치안은 안전하지 않은 상태였던 것이다. 한편 러시아측의 입장에서는 민비시해 사건 등을 통하여 상황이 일본에게 불리하게 전개된 기회를 이용하여 한국에 러시아의 세력을 심어놓고자 하는 생각을 가지게 되었다. 바로 양국의 이러한 이해관계의 일치는 현상의 극적인 타개책으로 아관파천의 문제를 제기하게 하였다. 이러한 과정을 다소 상세히 살펴보기로 하자.

아관파천의 문제가 제기될 수 있었던 것은 당연히 민비시해의 문제 때문이었다. 일본에 의해 민비시해가 저질러지자 베베르는 즉시본국정부에 이러한 사태를 인정할 것인가라는 전문을 보내게 된다. 이에 대하여 러시아정부는 왕실의 안전문제에 대하여 미리 생각하여 보라고 지시하였으며 현상을 인정하는 문제는 시기상조라는 답신을 보내었다.[7) 이러한 답신은 러시아가 일본에 의해 저질러진 민비시해 사건을 계기로 성립한 정치질서를 인정하기를 주저하면서 타개책을 찾아보라는 내용으로 이해될 수 있다.

베베르가 아관파천의 복안을 가지고 있었던가는 분명하지 않지만 현상타개책이 적극적인 방법의 동원이 없이는 불가능하다는 생각을 가지게 되어 본국정부의 의사를 타진하게 되는 것은 1895년 11월에 들어서서였다. 그는 서울에서 (11월 5일)10월 24일 로바노프-로스토프스키(Lobanov-Rostovskii)공에게 비밀전문을 보내어서 본국정부의 지시를 요청하였다.

일본 공사관의 몇 대표들과의 비공식적 회의에서 이전의 질서로 돌아가는 것이 강제적 수단의 적용이 이루어지지 않고서는 안된다는

---

7) "Telegramma sekretnaia poslanniku v Tokio ob obespechenii bezopasnosti korolevskoi se'mi," 2 Oktiabria 1895 goda. TsGAOR.

것을 결론내렸다. 이노우에는 공식적으로 그의 정부에 다른 나라의 대표들을 참가시키는 가운데 잠시 왕궁을 점령하여 왕을 음모자들의 손에서 해방시킬 것을 천명하였지만 그같은 조치가 다른 열강들과의 관계를 복잡하게 만들 것을 두려워한다고 하였다. 그리고 그는 러시아로부터 간섭은 없을 것이라고 보았다. 급하니 지시를 간청합니다.[8]

이러한 전문에 대하여 10월 27일(11월 8일) 로바노프-로스토프스키공은 "음모자들의 손으로부터 왕을 해방시키는데 대한 모든 수단들을 만일 귀하가 현지적 관점에서 필요하다고 인정한다면 우리는 승인할 것이다"라는 아주 긍정적인 답을 보내었다. 이로부터 베베르는 아관파천에 대한 본국정부의 승인을 얻은 것이며 이에 적극적으로 아관파천을 추진하게 되는 것이라고 볼 수 있을 것이다. 이 전문을 받은 후 베베르는 아관파천의 공작에 착수하게 된다고 볼 수 있다.

그러나 아관파천에 대한 세부적인 계획은 보안유지의 필요성 베베르와 러시아 본국 사이에 활발하게 유지될 수는 없었지만 러시아정부는 한국에서의 러시아의 위치에 변경을 가져올 만한 준비를 1895년 11월부터 구체적으로 착수하였다는 사실에는 의심의 여지가 없다. 그것 중의 가장 중요한 사건은 카르네예프 대령 일행의 서울파견이다. 그의 서울파견은 1895년 후반기에 참모본부의 지시에 따라 한국의 상황을 조사케 할 목적으로 이루어진 것이다. 그의 일행은 그와 동시베리아 제3상비중대의 중위 미하일로프(Mikhailov), 자바이칼 카자크 제1연대중 4명, 그리고 두명의 한인통역으로 구성되었다. 카자크와 통역은 블라디보스톡에서 구하게 되었다. 그는 하바로프스크에서 블라디보스톡으로 떠나라는 명령을 11월 8일 수령하여 12월 7일 나가사키를 거쳐 12월 15일 부산에 도착 계속 여행을 하여 1896년 1월 20일 고종을 알현하게 된다.[9] 카르네예

---

8) "Perepiska DSS Bebera i Stats-Sekretaria kniazia Lobanova-Rostovskogo o vozmozhnom vyzvolenii koreiskogo korolia iz ruk zagovorshchikov, 21 oktiabria i 27 oktiabria 1895g.," Seu1-Sankt-Peterburg, TsGAOR.

프대령 일행이 서울에 도착함에 따라 공사관 방어의 구체적 계획이 성립할 수 있게 되고 아관파천의 작업은 급진전하게 된 것이다.

서울에서의 파천의 공작은 주로 베베르가 담당했다고 보여진다. 그는 이미 러시아정부로부터 멕시코 공사로 발령받았음에도 불구하고 서울을 떠나지 않고 러시아공사관을 반으로 나누어 슈페이에르와 공동으로 집무하면서 공작을 추진하게 된다. 베베르는 노력 1895년 12월 30일(건양 1월 11일)에 그가 멕시코로 전임되었고 슈페이에르가 그의 직무를 대신 수행하게 된 것을 외부대신 김윤식에게 통지하였다.[10] 아울러 그 다음날 그는 직무의 인수인계가 끝났다는 것을 김윤식에 통보하였다.[11] 슈페이에르는 1월 18일 고종의 알현요청을 하여 1월 20일 알현하기로 약속을 받았다.[12] 그는 이어서 인천에 정박하고 있는 포함 함장 몰라스와 지리사원 카르네예프의 접견을 요청하였고 이 요청은 아력 1월 19일(1월 31일) 이루어져 당일로 그 다음날 면접을 약속받았다.[13] 슈메이에르가 공시적으로 공사로서의 업무를 수행하는 동안 베베르는 이범진 등과 막후에서 공작을 추진하였던 것으로 보인다.

카르네예프 대령이 러시아 공사관에 도착함과 동시에 아관파천을 위한 준비는 완료되었다. 1월 20일(2월 1일) 슈페이에르는 카르네예프와, 포함 "Bobr"호의 함장 몰라스(Mollas)중령을 고종에게 알현시켰다. 이 알현에서 고종은 매우 흡족해하였다. 이후 계획은 급속히 진행되었다.

러시아 공사관은 전국에서 일어나고 있는 의병들로 인하여 치안이 어렵다는 것을 이유로 하여 1월 28일(2월 9일) 저녁에 제물포에 정박하고 있던 보브르호부터 장교 2인과 경포 1대와 함께 수명100명을 추가로 공

---

9) Karneev, "Poezdka general'nogo Shtava Polkovnika Karheeva i poruchka Mikhailova po iuzhnoi Korei v 1895/6 g.g."

10) 『舊韓國外交文書』, 제17권, 俄案 1, 고대아세아문제연구소, 1969, p.351.

11) *Ibid.*, pp.353~354.

12) *Ibid.*, p.356.

13) *Ibid.*, p.357.

사관 수비대에 편입시켰다. 이리하여 러시아 공관에는 모두 5인의 장교, 4인의 카자크, 135명의 수명, 1대의 대포를 가진 수비병력이 조성되게 되었다.14) 슈페이에르는 카르네예프로 하여금 공관수비를 책임지도록 하였다. 이에 그는 각 구역별로 방어조직을 완료하였다. 러시아 공관에서의 준비는 완료된 것이다. 이제 왕궁으로부터 왕의 도착하기만을 기다리는 상태가 되었다. 고종의 파천상황에 대하여 카르네예프의 보고문을 인용하기로 하자.

1월 30일 오전 7시 반에 동편 담의 측문 앞에 두 대의 가마가 나타났다. 공관에 살고있는 이범진이 그가 가지고 있는 정보에 의하여 왕이 왕궁으로부터 피하여 우리 공관으로 향하였다는 것을 이른 새벽에 나에게 미리 알려주었다. 측문은 즉시 열려졌고 두 대의 가마가 공관으로 들어왔다. 한 가마에는 왕이 그의 궁녀 중 하나와 함께 타고 있었고 다른 하나의 가마에는 왕세자가 역시 궁녀와 함께 타고 있었다. 자세히 관찰하건대, 장교 이기동의 협력에 의하여 왕이 왕궁으로부터 탈출하는 것이 가능하였다. 탈출 계획은 다음과 같았다. 왕후의 관 옆에는 궁녀들이 당직근무를 하고 있었는데 그들의 가마는 내전으로 들어갈 수 있었다. 궁녀들은 이른 아침에 교대하였다. 그런데 궁정의 관례상 여자가 탄 가마는 수색을 하지 않았다. 왕은 평상시에 오정에 가깝게 기상하고 밤에 평상근무를 하였으며 아주 늦게야 취침하였다. 그렇기 때문에 왕의 평상시의 관행대로 이른 아침에는 왕으로 감지하지 않았다. 거사는 아주 훌륭하게 성공하였는데 왜냐하면 비밀이 아주 엄격하게 유지되어서 가마꾼들은 오직 공관에서만 왕인 줄을 알아차렸기 때문이다.15)

러시아공사관으로 피신한 고종은 2월 2일(2월 14일) 선언문을 발표하고 같은 날 군대에 대한 호소문을 발표하였다. 이는 국왕이 러시아공관

---

14) Karneev, op.cit, p.57.
15) Karneev, op.cit., p.58.

에 피신해 있음을 알리고 군대를 러시아공관 주위로 집결시켜 왕에 대한 충성을 확인 받아서 일본으로부터의 위협에 대처하려는 의지의 표현으로 생각된다. 이 군대에 대한 호소문에서 조희연, 우범선, 이두황, 이범래, 권영진을 참수하여 바치라고 포고되어 있었다.16)

한국에서 전개된 이 상황에 대하여 러시아 관계 당국의 보고는 다음과 같다. 1896년 2월 3일(2월 15일) 프리아무르군구의 부사령관 그리브스키(Gribskii) 장군은 참모부의 펠트만(Feld'man) 장군에게 하바로프스크로부터 다음과 같은 암호전문을 보내었다.

> 2월 2일 동경의 보가크(Vogak)대령으로부터의 긴급전문: 비공식적 보고: 서울에 러시아 해병대가 도착하였고 왕은 우리의 공관으로 향하였으며 공관에서 친일파들의 내각을 면직시키고 새로운 내각을 임명하였다; 왕(?-필자)은 러시아 공관 내에 있다.17)

그리브스키이는 그 이튿날 전날의 보고가 확인되었으며 여기에 대하여 일본의 언론은 대단히 평온한 상태를 보이고 있으며 이러한 사태가 "왕비의 죽음에 대한 왕의 복수"로 간주한다는 것을 보고하였다.18)

그리고 이 사실은 시종무관장이며 국방상인 반노프스키(Vannovskii)에 의하여 2월 6일 러시아 황제에게 보고되었다.19)

한편 고종은 러시아 공관에 피신해 있으면서도 신변의 위협에 대한 불안을 완전히 떨쳐버릴 수 없었기 때문에 당연한 일이기는 하지만 러

---

16) 이에 대하여 이는 국왕이 모르는 일이라고 하여 관보에는 게재되어있지 않았다고 한다. 이현종, 「아관파천」, 『韓露關係 100年史』, 1984, p.164.

17) "Soobshchenie o perevorote v Seule, begstvo Korolia v russkuiu missiiu, 3 fevrlis 1896g.," RGVIA.

18) "Telegramma o reaktsii v Iaponii na begstvo koreiskogo korolia v russkuiu missiiu," 4 fevralia 1896, RGVIA.

19) "Soobshchenie o perevorote v Seule, begstvo Korolia v russkuiu missiiu, 3 fevralia 1896g.," RGVIA.

시아에 대하여 군사고문과 훈련교관 파견을 요청하였다. 이 사실은 슈페이에르(Shpeier)의 보고에 의하여 확인된다. 슈페이에르는 1896년 2월 7일(2월 19일) 로바노프에게 다음과 같이 고종 알현의 내용을 보고하였다. 고종은 베베르와 슈페이에르를 불러서 러시아의 황제가 조선을 도와줄 것을 요청하는 것을 전달해 달라는 부탁을 하였다는 것이다. 그 도움의 구체적인 것은 군사 고문의 파견과 재정 고문의 파견이었다. 러시아에 대한 고종의 의존 요청은 그 정도가 지나치다고 말할 수 있는 정도였다.

> 국가의 모든 중요한 일에 있어서 러시아만의 고문들과 교시들에 의해 지도되어야 할 절대적인 필요성을 역설하면서 전하는 황제께서 지도자의 역할을 담당하고 그의 피위임자들이 내각의 고문의 자격으로 모든 회의에 참석하여 한국고관들의 활동을 정의와 현명한 진보의 길로 나가게 해줄 것을 희망하였다. 특히 현재 완전히 잘못된 기초 위에 서있는 재정정책의 영역에서 우리 고문의 지도가 미숙한 한국 정부에 특별히 가치 있는 일이라고 하였다.
> 한국을 위하여 덜 중요하지 않으며 불가피한 일은 군사업무를 올바르게 조직하는 일이다. 전하는 그의 곁에 확실하고 잘 훈련된 병단의 형성을 희망하였는데 처음에는 그의 수는 3천명 정도인데 이는 왕국의 재정적 수단이 더 규모있게 군대를 조직하는 일을 불가능하게 하기 때문이며 왕의 의견으로는 이 정도의 군대는 국가를 내부의 혼란과 국가의 독립을 침해하는 것으로부터 국가의 위협을 없게 하는 데에는 충분한 것이다.[20]

이에 대하여 슈페이에르는 이 문제에 대하여 긍정적으로 검토하도록 외무장관에게 전보로 보고하겠다고 대답하였으며 카르네예프(Karneev) 대령에게 군사훈련을 담당할 경우의 현지적 문제들을 검토하여보라는 위임을 하였으며 외무장관에게는 왕의 요청을 긍정적으로 해결해주도록

---

20) 29 marta 1896 g., RGVIA.

황제에게 요청해 달라고 하였으며 그것도 신속하게 들어줄 것을 요청하고 있었다. 또한 한국 군대의 훈련을 담당할 교관으로는 카르네예프 대령을 추천하였다.[21]

한편 카르네예프는 슈페이에르의 요청에 의하여 다음과 같이 러시아가 한국군의 훈련을 담당할 경우에 생기는 문제들에 대한 검토를 하였다. 카르네예프는 한국군의 상황을 분석한 후 러시아가 파견해야 할 군대의 규모에 대하여 논하였다.

카르네예프가 보고서를 작성할 당시의 한국 서울에는 일본군에 의하여 훈련된 2개 대대가 있었으며 각 대대는 884명의 병사들로 구성되어 있었다. 정부는 이 무렵에 지방의 봉기를 진압하기 위하여 제3의 대대를 조직할 예정이었으나 아직 구성되지는 않았다. 이 당시 한국의 재정은 예산이 연 500만 루블(은화)정도의 취약한 상태였기 때문에 대규모의 군대를 양성하는 것은 한국 정부의 능력 밖이라고 하였으며 이러한 상태를 감안하여 카르네예프는 유럽식 군대양성 계획을 제시하였다. 그것은 3개의 보병 대대와 1개의 포병중대를 양성하자는 것이었다. 포병중대는 4개의 경야전포 및 4개의 산악 무기 및 반개의 기병중대 혼성으로 구성한다. 그리고 이들로부터 차후의 군부대를 위한 간부들이 양성될 것이다. 이러한 일을 위한 파견대의 규모를 카르네예프는 다음과 같이 산정하였다.

> 각 보병대대: 대위 1인(보병학교 졸업자)
> 　　　　　　 2등대위 1인 또는 중위
> 　　　　　　 (군사학교 수료 및 1년 이상 중대지휘)
> 　　　　　　 각 중대당 1명의 보병상사 및 2명의 하사관
> 　　　　　　 나팔수 1인
> 　　　　　　 3개 대대 전체: 위관 6인, 상사 12인, 하사관 24인, 나

---

21) *Ibid.*

                   팔수 3
        포병중대   :대위(포병학교 졸업자) 1인
                   중위 2인
                   (포병학교 졸업자, 1년 평원, 1년 산악 근무자)
                   포병하사관 4인
                   조준수 4인(평원, 산악 포병중대)
                   나팔수 1인
                   경험 있는 철공 1인
                   계:위관 3인, 하사관 18인
        공병대 훈련: 공병대위 1인(공병학교 졸업자)
                   기병대
                   공병하사관 1인
                   지뢰공병 하사관 1인
                   계: 위관 1인 하사관 2인
        기병대   : 참모부대위(참모학교 졸업자)
                   기병특무상사 1인
                   하사관 1인
                   나팔수 1인
                   철공 1인
                   계: 위관 1인 하사관 4인
        의료진   : 군의관 1인(2년 이상 복무자)
                   의료조수 1인
                   수의조수 1인
        지휘부   : 참모부 대령 1인
                   (한국군 조직 및 훈련 주임 및 병단 사령관)
        총계   : 참모장교 1인, 위관 11인, 의사 1인, 의료 조수 2인,
                   각종 하사관 63인[22]

  카르네예프가 이 보고서를 작성할 무렵에 러시아 군사교관단의 주둔
은 상당한 기간으로 보고 있었다. 그리하여 이들의 복무기관은 5년으로

---

22) 29 marta 1896g., RGVIA.

예정되어 있었다. 그리고 이들에 대한 보수로 러시아정부가 참모부 대령은 월 400루블, 참모부 대위는 월 225루블, 여타 대위 및 군의 월 200루블, 기타 위관 월 150루블을 지급하도록 입안하였다. 또 상사 월 12달러, 기타 하사관 월 10달러, 의료조수 월 15달러였다. 이들은 임지에서 시베리아를 경유하여 노보키예프스크까지 도달하고 그곳에서 우편로를 따라 서울에 도착하도록 되었다. 이들의 이동에 필요한 비용은 5만 루블로 계산되었고 매년 비용이 3만3천 루블 합하여 5년간 21만 5천 루블이 계산되었다. 한편 카르네예프는 한국정부가 부담해야 할 것도 명시하였는데 참모부 대령에게 월 200달러 기타 장교에게 월 100달러였다. 또 참모부 대령에게는 6개의 난방이 되고 햇빛이 드는 방이 딸린 숙소, 기타 장교는 4개의 같은 방이 딸린 숙소, 하사관에게는 2개의 같은 방이 딸린 숙소를 요구하였다. 또 장교들 개인별로 말 1필과 그의 유지비용, 하인 2인이 요청되었다.

한국군 보병대의 무장은 레밍톤과 마우제르체제로 하기로 하였고 현재 이 무기가 모든 보병 대대를 무장하기에 충분하지 않으며 포병 무기는 없다고 하였다. 따라서 긴급히 한국군을 무장시키기 위하여 1개 포병중대와 반개 기병 중대의 무장을 위한 군수품을 요청하였다.23)

카르네예프의 메모에 바탕을 둔 이 보고는 베베르를 통하여 외무성에 전달되었으며 외무성은 이 문제에 대하여 육군성에 이 문제에 대한 논의를 요청한 것이다. 한편 육군성은 이 문제에 대하여 주일 러시아공사관으로부터 별도의 견해를 보고 받았다. 주일 러시아공사관의 무관인 보가크 대령은 1896년 2월 10일 한국과의 러시아 군사교관단 파견문제에 대하여 벨트만 중상에게 부정적으로 보고하였다. 일본이 잠자코 있는데

---

23) 이를 위해 요청한 군수품의 내용은 다음과 같다.1) 오데사군구의 군대에서 소구경 화기로 교체하기 위하여 취한 3000정의 베르단 체제 소총 2) 4대의 경야포 및 최신 모델의 4대의 산악 고사포 및 부속품 3) 카자크군 모델의 80개의 안장 및 부속품 4) 1개 대대 및 반 개 기병중대를 위한 짐마차 1대 및 단야장을 위한 여행마차 1대 5) 300개의 탄약통 및 대포를 위한 3벌의 탄환통.

만일 이 문제가 실현된다면 일본을 극도로 분개시킬 것이라는 이유에서
였다. 아울러 그는 사태에 대한 전망을 다음과 같이 하고 있었다.

> 제가 상황을 파악하고 있는 한 이 문제는 오래 동안 연기해야 합
> 니다. 일본 정부는 한국 문제를 취급하는 데 있어서 러시아와 합의를
> 도출하려고 아주 노력하고 있는데 부득이하게 극단적으로 나갈 수도
> 있기 때문입니다. 한편 우리 나라는 한국 문제에 있어서 일본의 참여
> 를 절실하게 요구합니다.[24]

러시아 육군성은 여하튼 외무성의 요청에 대한 답변을 할 필요에서
1896년 4월 5일 외무상의 편지에 대한 회의를 개최하였다. 시종무관장
오부르쵸프(Oburchev)가 주재하고 프리아무르군구 사령관 두호프스키
(Dukhovskii) 중장, 참모부 군사교육위원회 주임 펠트만(Fel'dman) 중장,
참모부 아주담당국장 프로젠코(Protsenko) 중장, 그리고 푸댜다(Putiata)
대령과 예프튜긴(Evtiugin) 대령이 참석하였다. 이 회의에서 한국국왕의
러시아 고문과 군사교관 파견요청이 국왕과 고문들의 의견일치에서 비
롯된 것임에도 불구하고 과연 "극동에서의 우리의 정책이라는 관점에서
바람직한 것인지를 판단하기가 어렵다"고 하였으며 이러한 관점에서 조
선군의 창설과 한국의 안보라고 하는 목표에서라기보다는 국왕의 "개인
적 안전을 위한 무장호위"가 필요하다는 사실을 인정하고 전 한국군을
창건하는 문제는 시기가 도래할 때까지 검토하지 않기로 하였다.[25] 이는
러시아정부가 고문들을 파견하면서 한국에 대하여 어떠한 정도의 영향
력 행사를 고려하고 있는지에 대한 결정이 분명히 이루어지지 않은 상
태에서 일본측의 입장을 고려하여 내린 판단이라고 할 수 있을 것이다.
이리하여 육군성 회의에서는 카르네예프의 메모에서 제시된 것보다는

---

24) "Telegramma voennogo agentav Kitae i Iaponii o vozmozhnoi reaktsii v Iaponii na
prisytstvie v Koree russkikh voennykhsovetnikov, 10 fevralia 1896g," RGVIA.
25) 9 aprel'ia, 1896, RGVIA.

훨씬 축소된 규모로 교관을 파견하기로 하였다. 육군성 회의에서는 250명 병사로 구성되는 4개 중대 구성의 1개 보병 대대로 무장대를 편성하기로 하였다. 그리고 이에 따른 파견단의 규모를 제시하였다.

참모장교(대대 지휘) 1인
위관 (종대 지휘) 4인
위관(부관, 경리관) 2인
상사 4인
하사관 8인
나팔수 1인
고수 1인
의사 1인

또 왕실수비대의 무장도 베르단총 1,000정과 탄약통 200개를 블라디보스톡의 병기고에서 가져가도록 하였다.

이는 카르네예프의 메모보다도 약 4분의 1규모로 축소하여 왕의 개인적 안전을 위하여 편성을 예정한 것이며 한국군의 전면적인 조직이라고 하는 카르네예프의 메모와는 거리가 먼 것이었다. 어쨌든 이 제의는 육군상 반노프스키(P.S. Vannovskii)를 통하여 4월 20일 외무상 로바노프-로스토프스키(A.B.Lobanov-Rostovskii)에게 전달되었다.

그렇지만 고종은 러시아측의 군사교관 파견 및 무기공급에 대하여 일단 만족의 뜻을 표하였다. 베베르가 1896년 4월 18일자로 외무성에 보낸 비밀전문에 의하면 고종이 러시아가 강력하게 지원을 해준 것에 대해 고마움을 표시하였으며 블라디보스톡 병기고에서 무기를 인수하기 위해 한국의 고관 10명이 기선을 타고 출발하였으며 왕은 러시아 육군성의 제안에 동의한다는 것이었다. 고종은 한국의 전 병력이 4,000명이기 때문에 왕실수비대가 천천히 다른 부대들을 교련시키기를 원하고 있으며 군의관은 요청이 있을 시는 왕실가족의 치료를 담당해야 한다고 하였다

는 것이다.26)

이제 다음 절에서 러시아와 한국 사이의 정치적 교섭의 문제를 보다 상세하게 살펴보기로 하겠다.

3. 러일 경쟁과 한국문제

아관파천을 통하여 러시아가 고종의 신변을 확보하면서 러시아는 일본에 대한 종전의 정치적 수세를 단번에 만회할 수 있게 되었다. 그러나 이로써 한국을 누가 지배하게 될 것인가에 대한 대답이 명백하게 확정되는 것은 아니었다. 이러한 점에 있어서 한국 문제를 둘러싸고 러시아와 일본이 서로 어떠한 관계를 가지고 있었는가를 살펴보아야만 한로관계를 보다 분명히 파악할 수가 있을 것이다. 아관파천을 통하여 일본은 다른 어느 나라보다도 당황하였다. 일본공사 고무라는 사건 당일 러시아 공사관을 찾아가 공사를 만나고 진상해명을 요구함과 동시에 고종의 환궁을 촉구하였다. 그러나 사태를 돌이킬 수는 없었다. 이에 주한공사 고무라는 러시아와의 협상만이 문제를 해결할 수 있는 것이라고 생각하게 되었다. 러시아가 일본의 태도를 걱정하는 바와 마찬가지로 일본도 러시아의 태도에 대해 안심할 수가 없으므로 타협이 최선의 방책이라고 생각한 것이다. 그 점은 일본정부도 마찬가지였다. 러시아와 즉각적인 전쟁을 벌인다는 것이 무모한 일이기 때문에 또한 당장에 러시아에 대해 가지고 있는 군사적 수세를 면하기가 어렵기 때문에 일본은 타협책을 찾게 되었다.27)

한편 러시아의 베베르는 아관파천을 성사시킨 후 다시 주한공사의 일을 맡게 되었다. 슈페이에르는 2월 16(28)일 외부대신 이완용에게 임시

---

26) "Telegramma," 18 aprel'ia 1896 g., RGVIA.
27) 이현종, op.cit., p.174.

주일공사직을 맡게 되었으며 그 대신 베베르가 주한공사직을 맡게 되었다고 통지하였고[28] 이로써 아관파천에 관련된 정치공작은 완료하게 되는 것이라고 볼 수 있을 것이다. 베베르는 조선의 국정을 요리하면서 일본이 이루어놓은 성과를 하나씩 모두 무너뜨렸다. 일본은 사태를 이전으로 돌려놓는다는 것이 불가능하다고 판단하였으며 그 대신 러시아가 이루어놓은 기득권을 인정하되 일본과 러시아의 공동보호 하에 한국을 위치시킨다는 것이 일본의 협상목표였다고 말할 수 있다. 이러한 목표 하에 일본 정부는 주한 일본공사 고무라와 베베르 사이에 협약을 체결하도록 하였으며 이에 1896.5.14일 경성에서 베베르-고무라 각서를 교환하였다. 비록 아관파천에 의하여 일본이 지금까지 확고하게 행사할 수 있다고 여겨졌던 정치적 영향력을 상실하게 된 것은 분명한 일이지만 일본으로서는 그렇다고 해서 러시아의 한국지배를 묵묵히 준수할 수는 없게 되었다. 삼국간섭에 의하여 일본이 나아가야 할 대상이 한국으로 한정된 이상 한국에서의 더 이상의 후퇴는 일본 정부에 치명적인 타격을 주게될 것이었기 때문이다. 그러나 한편 이미 아관파천을 통하여 국왕을 통제할 수 있는 입장에 놓여있는 러시아에 대하여 일본이 정면으로 도전을 할 수 있는 입장은 아니었다. 러시아와의 타협만이 일본이 취할 수 있는 현실적인 방안이었던 것이다. 이에 러시아와 일본 양국은 아관파천이라는 현존상태를 그대로 인정하는 바탕 위에서 양국의 타협을 모색하게 되었고 그것이 베베르-고무라 각서로 나타났던 것이다. 그 각서의 내용은 다음과 같다.

　　1. 왕의 환궁문제는 전적으로 왕의 재량에 맡기되, 러일 양국 대표는 그의 안전에 대한 모든 의혹이 소멸되면 왕에게 우호적으로 환궁을 권고한다. 이 경우에 있어 일본대표는 일본인 장사 단속에 가장 완벽하고도 효과적인 조처를 취할 것을 보증한다.

---

28) 『舊韓國外交文書』, 제17권, p.360.

2. 현 내각 관료들은 왕 자신의 자유 의지와 선정에 의하여 임명되었고 그들의 대부분은 지난 2년간 각료나 기타 고위직에 재직한 바 있는 관대하고도 온건한 인물로 알려져 있다. 양국 대표는 왕이 관대하고도 온건한 인물을 각료로 임명하고 그의 신민에게 후의를 보이도록 권고한다.

3. 러시아 대표는 일본 대표와 다음의 사실에 대하여 합의한다. 즉 한국의 현 상황은 부산 서울 사이의 일본 전신선 보호를 위해 일본 수비병의 주둔을 필요로 할 수 있다. 3개 중대의 군인들로 구성된 이 수비병은 가능한 한 조속히 철수하고 대신 헌병으로 대체하되 대구에 50명, 기홍에 50명, 부산 서울 사이의 10개 중간 지점에 각 10명씩 배치한다. 이 배치는 바뀔 수 있으나 헌병의 총수는 결코 200명을 초과할 수 없다. 그리고 이들 헌병도 한국정부에 의해 안녕질서가 회복되는 지역으로부터 점차 철수할 것이다.

4. 예상되는 한국민중의 공격에 대항하여 서울 및 각 개항장의 일본인 거류지 보호를 위해 서울에 2개 중대 부산 원산에 각 1개 중대의 일본군이 주둔하되, 1개 중대의 인원은 200명을 초과할 수 없다. 이 군대는 거류지 근처에서 숙영하겠지만 상기한 공격의 위험이 소멸되는 대로 철수해야 한다. 러시아 공사관 및 영사관 보호를 위해 러시아 정부도 상기 각지의 일본군병력을 초과하지 않는 수의 수비병을 보지할 수 있다. 그러나 그들도 내륙의 평온이 완전히 회복되는 대로 철수할 것이다.[29]

위 각서의 1항과 2항은 일본이 러시아의 기득권과 변화된 상황을 그대로 인정한다는 내용이다. 그러나 이어서 3항과 4항은 그럼에도 불구하고 일본이 군사적 안보적인 상황을 러시아로부터 인정받은 것이며 나아가서 러시아에 일본과 동등하게 군사적 안보적 상황을 허용함으로써 한국에서의 정치적 우위를 러시아가 차지한 바탕 위에서 군사적 안보적 균형을 일본과 러시아가 이룬다는 내용인 것이다.

이로써 일본과 러시아는 한국문제에 대한 현실적인 타협을 이루었다.

---

29) 최문형, op. cit, p.129 에서 재인용.

그러나 일본과 러시아의 공사들 사이에 교환된 이 각서는 양국의 행동을 규정하는 문서로서는 그 구속력이 약하였다. 일본과 러시아는 더 고위 레벨에서 일본과 러시아의 한국에서의 권리를 한정하기 위한 고위회담을 연이어 가졌으며 그것이 로바노프-야마가타 의정서로 모스크바에서 체결되었던 것이다.

(5월 28일)6월 9일에는 로바노프-야마가타 협약을 성립시키는데 이 의정서에 러일간의 경쟁과 그에 대한 타결책이 집중적으로 표현되어 있다고 보아야 할 것이다. 우선 우리에게 잘 알려져 있는 내용이지만 다음에 야마가타-로바노프 의정서의 중요한 내용을 다시 한 번 소개하기로 하자.

1. 로일 양국정부는 한국의 재정난을 구하기 위해 한국정부에 대해 과잉 지출을 삭감하고 지출과 세입의 균형을 이루도록 권고할 것이다. 만약 긴급을 요하는 개혁의 결과로 외채에 의존하게 될 경우에는 양국정부는 공동 노력으로 한국에 원조를 제공할 것이다.

2. 로일 양국정부는 이 나라의 재정 및 경제적 여건이 허락하는 한 외국의 원조없이 국내 질서를 유지하기에 충분한 수의 한국군대 및 경찰의 창설과 유지를 전적으로 한국에 일임하기로 할 것이다.

3. 한국과의 통신을 유지케 하기 위해 일본 정부는 현재 그 수중에 있는 전신선을 계속 관리할 것이다. 러시아에게는 서울로부터 그들의 국경까지 전신선 가설권이 허여된다. 이들 전신선은 한국정부가 그것을 매수하는 데 필요한 자금을 마련할 때 되찾을 수 있도록 한다.

4. 상기 원칙이 더한층 정확하고도 상세한 정의를 필요로 할 경우 그리고 후일 상의를 필요로 하는 다른 문제들이 나타날 경우 양국 정부대표는 이같은 문제들에 대해 우의적으로 협의하도록 위임받게 될 것이다.

(비밀조항)
1. 한국의 안녕질서가 내외의 어떤 원인으로 인해 문란해지던가

심각하게 위기를 맞이하게 될 경우, 그리고 러일 양국정부가 그들 국민의 안전과 전신선 보호에 소요되는 수 이상의 군대를 파견할 필요가 있다는 판단에 의견이 일치하는 경우 양 제국정부는 그들의 무장군 사이의 충돌을 예방하기 위해 양국 군대사이에 중립지대를 두는 방법으로써 각자를 위한 활동영역을 결정한다.

　2. 본 의정서의 공개조항 2조에서 언급된 바 한국에서 필요한 군대가 창설될 때까지는 러일 양국이 이 왕국에서의 군대유지권을 가진다는 베베르와 고무라가 서명한 가협정은 그대로 유효하다. 한국왕의 신변경호에 대하여는 특별히 그 의무만을 위한 한국군이 창설될 때까지 기히 정해진 조치가 마찬가지로 지켜질 것이다.[30]

로바노프-야마가타 의정서의 정신은 한국을 러시아와 일본의 공동적인 후견 하에 두되 만일의 경우 충돌이 일어날 경우에는 한국을 분할하여 영향력을 행사한다는 것이다.

이 당시에 러시아로서 일본에 대하여 어떠한 정책을 취할 것인가에 대하여는 2개의 구별되는 의견이 존재하였다고 본다. 하나는 위테를 중심으로 하여 가지고 있던 구상으로 그는 일본과의 공동보호령을 구상하고 있었던 것으로 보인다. 위테의 구상은 일본측의 제안과 일치하고 있었다. 수세에 몰린 일본은 이를 통하여 한국이 러시아의 손에 들어가는 것을 막아보려 하였기 때문이다.

그러나 위테 구상에 대해 러시아의 군부는 다른 생각을 가지고 있었던 것으로 판단된다. 이들이 황제에게 진언한 내용을 보면 한국이 러시아의 손안에 들어왔을 때 이를 확실하게 러시아의 손안에 넣고 합병을 해야 한다는 것이었다.

야마가타와의 회담을 앞에 두고 우흐톰스키(E.Ukhtomskii)가 황제에게 보낸 편지[31]에서도 그 사실이 드러나며 특히 5월 31일 프리아무르군구

---

30) 최문형 ,op. cit, p.131 에서 재인용.
31) 12 maia 1896 g.

의 사령관 두호프스키에게 그로데코프(Grodekov) 중장이 보낸 편지에서 그 사실이 명백히 드러난다.

결과적으로 로바노프-야마가타 협약은 일본측의 제안인 공동보호령안을 명백하게 거부하였지만 한국에 있어서의 러시아와 일본의 역할이 대단히 모호하게 규정되어 있으며 이는 정치적 우위를 바탕으로 하는 러시아와 경제적 우위를 가지고 있는 일본이 서로 시간을 끌면서 상황을 자기측에 유리하게 만들게 하기 위한 과정에서 나온 타협이 아닌가 하고 생각되는 것이다. 이 협약이 일종의 잠정협약(modus vivendi)임은 분명하다. 일본측은 한국을 분할하여 남반부를 그들의 보호령으로 하려는 생각을 가지고 있었다. 그러나 이는 보다 유리한 고지를 차지하고 있는 러시아로서는 참을 수 없는 것이었다.

그러나 러시아로서는 일본의 경제적 우위를 인정하지 않을 수 없었다. 그 결과 이 협약은 만일의 경우에 한국을 분할할 수 있다는 조항을 비밀조항으로 삽입하고 그러한 극한상황이 도래하기 전까지는 현상을 유지하고자 하는 러일의 의도가 그대로 나타난 셈이었다. 따라서 이 협약은 보다 위테의 생각에 가까운 것이었다고 보아도 좋을 것이다.

그러면 이제 민영환 사절을 중심으로 하여 이루어진 아관파천기의 한러 교섭관계를 살펴보기로 하자. 고종과 베베르 사이에 러시아황제의 대관식을 계기로 하여 특사를 파견하기로 한 것은 1896년 3월 7일 이전의 일이었다. 바로 이 날자로 베베르는 윤치호에게 러시아 사절단의 일등서기관 자격으로 산크트 페테르스부르그로 파견될지도 모른다는 것을 언질주었기 때문이다.[32] 민영환의 특명 전권 공사 임명은 3월 11일이며 의부대신 이완용이 러시아공사 베베르에게 민영환의 파견에 대하여 통지하는 공문이 정식으로 발송된 것은 3월 13일이었다.[33]

민영환 사절단은 민영환과 윤치호 그리고 민영환의 개인 비서로 김득

---

32) 『尹致昊日記』, 제4권, 국사편찬위원회, 1975, p.153.
33) 『舊韓國外交文書』, 제17권, p.363.

년, 통역 김도일로 구성되어 있었다. 이들은 4월 1일 서울을 출발하였다. 이들은 서울서 선편으로 제물포에 도착하여 여기에서 러시아 군함 그레먀치(Gremiatchi)호를 승선하여 4월 5일 중국 우송에 도착하였다. 이들은 하선하여 상하이에 체류한 후 11일 다시 중국선박 엠프레스(Empress)호를 타고 우송을 출항하여 16일 오후에 요코하마에 도착하였다. 이들은 동경에서 러시아공사 슈페이에르의 환영을 받고 29일 캐나다 뱅쿠버에 도착하였다. 30일 다시 동쪽으로 여행을 계속하여 5월 5일에 몬트리올에 도착하고 9일에 뉴욕에 도착하였다. 이들은 여행을 계속하여 16일에 리버풀에 도착하였고 러시아령인 바르샤바에 도착한 것은 18일의 일이었으며 여기에서 이들 일행은 파스콤(Pascom)과 플란손(Planson)의 안내를 받게되었다. 이들은 20일 모스크바에 도착하였다.34) 서울을 출발한지 무려 50일만에 목적지에 도달한 것이다.

이들 일행은 22일 모스크바에서 황제를 알현하게 되었고 같은 날 외무상인 로바노프공을 방문하였다. 이들은 26일의 대관식에 성당에 들어가지는 않고 플래트홈에서 참여하게 되었다. 이후에도 이들은 만찬에도 참여하기도 하였으나 정작 중요한 교섭에는 엄두를 내고 있지 못하다가 6월 5일에야 비로소 로바노프와 회담을 가지게 되었다. 민영환은 이 때 황제에게 신임장을 제출토록 해줄 것을 요청함과 동시에 조선정부의 5개조항의 요청사항을 메모랜덤의 형식으로 교부하게 된다

　Ⅰ. 한국의 군대 자체가 왕을 수호하는 기능을 수행할 수 없을 동안
　　　에 왕의 호위
　Ⅱ. 군사교관과 경찰교관
　Ⅲ. 고문들:
　　　궁정을 위하여 一人(항시로 왕 주위에 있기 위하여)
　　　내각을 위하여 一人

---

34) 『尹致昊日記』 제4권, 국편, 1975, pp.164∼180.

광산, 철도 등의 일을 위해 一人
Ⅳ. 일화 3천만원의 차관
Ⅴ. 양측에서 유리한 상황에서 한국과 러시아 사이에 전신선 가실·
전신에 관한 전문가

1896년 5월 24일[35]

한국 특사 민영환의 이러한 요청에 대하여 러시아정부의 답변은 다소 지체되었다. 이날 민영환의 시급한 답변요청에 대해 로바노프는 실무적인 검토와 황제의 재가를 이유로 가능한 한 빨리 답을 주겠다는 답변을 하였을 뿐이다.[36]

민영환 특사의 황제접견이 허용된 때는 6월 6일이었다. 이 접견에서 민영환은 러시아정부의 한국정부에 대한 적극적인 지지와 후원을 요청하였다. 그러나 러시아황제는 러시아와 일본의 공동적인 영향력을 언급하였을 뿐이었다. 민영환이 5개조 항을 요청하였을 때 황제는 외무장관과 재무장관을 만나 이 문제를 상의하여 보라고 하였다.[37] 황제의 지시에 의하여 다음날인 6월 7일 민영환은 재무상인 위테와 면회하였다. 이 자리에서 위테는 민영환이 기대하였던 것과는 다른 말을 하였다. 위테의 이 발언은 러시아의 대한정책의 방향을 충분히 짐작할 수 있게 하여주는 발언이기 때문에 여기에 그 내용을 소개하기로 한다.

러시아는 일본이나 다른 나라들이 한국을 차지하거나 곤란함을 주

---

35) "Memorandum koreiskoi storony i proekt otvetnykh punktov rossiiskoistorony," 24 maia 1896 goda.
36) 윤치호에 의하면 러시아측 인사인 Stein은 민영환 일행이 도착한지 2일이 지나서야 5개조항을 러시아어로 번역하였고 그는 그것을 아시아과의 담당자인 Kapanist(Kapinist)에게 주었으며 Kapinist는 그것을 장관에게 주었다고 Stein에게 말됐다는 것이다. 그러나 로바노프와의 회담시에 그는 그 사실에 대해 전혀 알지 못하며 기록된 요청을 구하였던 것이다. (『尹致昊日記』 4, p.203).
37) *Ibid.*, p.204.

는 것을 허용하지 않고 한국의 질서와 평화를 유지하도록 단호하게 결심하고 있습니다. 그러나 시베리아철도가 완성되기까지는 러시아는 매우 천천히 진행해나가야 합니다. 따라서 외무성이 극동문제에 관하여 어떤 처리를 한다고 하여도 그것은 임시적인 것일 뿐입니다. 현재로서 일본은 러시아보다도 100배나 약하지만 한국과의 근접성 때문에 한국에 더 큰 영향력을 행사할 수 있도록 위치해 있습니다. 그렇지만 결국 러시아가 우세하게 되리라는 것은 의심의 여지가 없습니다. 귀하의 요청에 대하여는 (1) 군사교관들은 곧 제공될 것입니다. (2) 고문들에 대하여는 우리는 서울에 있는 공사관의 요원들을 증가시킬 것입니다. 이들이 귀하를 돕게 될 것입니다. (3) 차관문제는 한국의 재정적인 상황이 검토될 때까지는 제공될 수 없습니다. 한국의 재정은 세관에 의해 대표되기 때문에 러시아는 세관에 좀더 많은 영향력을 행사하여야 하고 그리하여 차관에 대하여 믿을 수 있을만한 보증을 가져야 합니다. (4) 경비의 문제에 관하여는 만일 한국의 왕이 자신을 보호할 수 있을만한 충분한 성격을 가지지 못하고있다면 나른 어느 누구가 그를 보호할 수가 있겠습니까? 만일 내가 그의 자리에 있다면 나는 대원군부터 시작하여 나의 모든 적을 처벌할 것입니다.[38]

   위테의 이 발언은 러시아에서 실권을 행사하고 있던 위테가 한국문제에 대하여 가지는 입장을 잘 드러내는 것으로 한국에 대한 러시아정부의 정책 기조를 드러낸다고 보아야 한다. 요점을 말한다면 러시아 정부의 대한 정책은 아관파천이라는 유리한 상황에도 불구하고 이 기회를 이용하여 러시아의 영향력을 획기적으로 일본을 압도할 만하게 증가시키겠다는 계획을 가지고 있지 않았다. 시베리아철도의 미완이 러시아의 영향력을 획기적으로 증대시키는데 대한 장애요인으로 등장하고 있으며 완만한 대한 접근책을 구사한다고 하더라도 시간은 러시아의 편이라는 것이 위테의 판단이었다. 즉 한국에 대하여는 이전과도 마찬가지로 소극

---

38) *Ibid.*, pp.205~206

적인 접근책을 구사하겠다는 것이었다. 따라서 이러한 정책의사 하에서 군사교관, 고문, 차관 등의 문제는 자연히 현상유지를 크게 벗어나지 않아야 하였다. 여하튼 간에 그것이 러시아가 감당할 수 있는 힘의 한계를 넘어서서는 안되었기 때문이다.

위테와의 회견을 마치고 민영환 일행은 페테르스부르그로 가서 13일에 외무상 로바노프와 회견을 하게 되었다. 로바노프와의 회견에서는 국왕의 신변보호문제가 초점이 되었다. 로바노프는 러시아공사관에 국왕이 머물러있는 한 보호를 받을 수 있다고 한 반면에 민영환은 국왕이 언제까지나 러시아공사관에 머물러 있을 수는 없기 때문에 고종을 본궁에서 보호할 수 있도록 수비대를 제공하여 줄 것을 요청하였다. 그러나 이점에 대하여 로바노프의 대답은 단호하게 부정적이었다.

> 아닙니다. 그리 될 수는 없습니다. 우리가 만일 왕궁으로 수비대를 보낸다면 영국과 독일이 상처를 받게될 것입니다. 만일 국왕이 왕궁으로 귀환한다면 우리는 우리의 도덕적 안전보장을 하게될 것입니다.[39)]

로바노프의 이 대답은 위테의 대답과 마찬가지로 한국문제에 대하여 러시아가 적극적으로 개입하지 않겠다는 것을 드러낸 것이었다. 왕궁으로의 귀환은 자유로이 하되 안전보장은 책임질 수 없다는 말인 것이다. 민영환은 이에 대하여 차선책으로 군사 교관을 200명으로 증원하여 이 인원이 왕을 보호함과 동시에 한국군을 조직하도록 요청하였다. 그러나 이에 대하여도 일본군과의 충돌을 야기할지 모른다는 이유로 부정적으로 답하였다. 그러나 (1) 군사교관파견문제를 검토할 수 있도록 한 장교를 파견하고 (2) 차관문제를 위해서 전문가를 파견하여 검토토록 하고 (3) 러시아와 한국과의, 전신선 가설에 대하여는 서울과 블라디보스톡을

---

39) *Ibid*, p.214.

연결하는 노선을 가설하도록 하였고 반면에 중국과 한국을 연결하는 해저케이블 설치에 대하여는 한국상황을 알 때까지는 보류하도록 하였다. 그러나 로바노프가 서울-블라디보스톡간 전신선 보호를 위하여 무력이 필요한가 하는 질문에 대해 민영환은 아무런 답변 없이 추후에 이 문제를 생각하여 보겠다고 하였다.[40]

민영환은 로바노프와의 회견을 마친 3일 후 6월 16일에는 아시아국장인 카피니스트(Kapinist)와 다시 회담을 하게 되었다. 이 회담에서 민영환은 호위병의 문제가 제일 중요한 문제라는 점을 지적하고서 한국정부가 필요한 만큼의 충분한 군사 교관을 왜 파견할 수 없는가고 질문하였다. 이 질문에 대하여 카피니스트는 왕의 보호와 군대의 양성은 전혀 다른 두 개의 문제라고 잘라 말하였다. 왕의 보호에 대해 러시아정부는 관심을 가지고 있지만 군대의 조직문제는 전적으로 러시아정부의 판단에 따를 것이라는 것이다. 그는 왕궁으로 호위대를 파견할 수 없다는 로바노프의 입장을 상기시킨 후에 다음과 같은 요지의 발언을 하였다. "우리는 이 문제를 한국의 지역적 이해의 관점에서가 아니라 전 정치권의 일반적 복지라는 차원에서 생각해야 합니다."[41] 민영환은 다시 만일 왕이 왕궁으로 귀환한 후에 문제가 있을 경우에 왕의 보호를 위하여 수비대가 왕궁으로 진입하는 것이 허용될 수 있는가를 물었다. 그러나 카피니스트는 그것을 약속할 수 없다고 하였다.[42] 따라서 민영환은 다음으로 얼마나 많은 수의 군사교관을 파견해 줄 수 있는지에 대하여 질의하였다. 그러나 그에 대하여도 명확한 답 대신에 전쟁성으로부터 이 문제를 검토하기 위한 전문가가 파견될 것이라는 약속만을 받았다.

이상의 사태로 미루어볼 매 민영환의 대로 교섭은 거의 그 성과가 없었다고 평가해도 무방할 것이다. 조선정부가 기대하는 러시아의 적극적

---

40) *Ibid.*, pp.214~215.
41) *Ibid.*, p.220.
42) *Ibid.*, p.220.

인 지원을 전혀 얻어낼 수 없었으며 러시아의 소극적인 대한 정책만을 확인하였을 따름이다. 이에 대한 민영환의 실망을 윤치호는 그의 일기에서 다음과 같이 전하고 있다.

> 민씨는 너무나 낙담하여 아무 데도 가려거나 아무 것도 보려하지 않았다. 그는 한숨으로 집안을 가득 채웠다. 그는 그의 사명이 그 자신의 무능력 때문에 실패로 돌아갔다고 불평하기 시작하였다. 그것은 좋다. 나는 의심하는 바이기는 하지만 만일 진정 그가 그렇게 생각한다면 그는 그의 친애하는 유교적 모욕감에 감염된 것이다. 단지 나는 그가 소위 실패의 짐을 협상의 혀인 나에게 돌리지 않기를 바랄 뿐이다.[43]

그야말로 보잘것없는 대답을 민영환이 받게된 것은 6월 30일의 일이었다. 그 회답의 요지는 다음과 같다.

1. 국왕은 러시아공관에 체류하고 있는 동안에 러시아경비대에 의하여 보호된다. 그가 필요하다고 하는 한 편의에 의하여 러시아공사관에 체류할 수 있다. 그가 그의 왕궁으로 환궁할 경우에 러시아 정부는 그의 안전에 대하여 도의적 보증을 할 것이다. 현재 공관에 있는 러시아 부대는 러시아 공사의 지휘하에 계속 주둔할 것이며 불가피할 경우에는 증강될 수 있다.
2. 군사 교관들에 대한 문제의 결정에 대하여는 러시아 정부는 단시간 내에 경험 있는 고위 장교를 서울에 파견하여 이 주제에 대하여 한국정부와 협상하게 할 것이다. 그의 첫 번째 목표는 한국 국왕을 의한 국왕 친위대의 조직이 될 것이다. 또 다른 경험 있는 인물이 한국의 경제조건을 연구하고 우리의 필요한 재정적 지원을 찾아내기 위하여 파견될 것이다.
3. 한국정부와 협력하게 될 러시아인 고문들을 파견하는 데 대한 문제는 앞의 조항들로 해결된 것이다. 상기의 파견원들은 러시아 공

---

43) *Ibid.*, p.221.

사의 지휘하에 군사적인 부문과 재정적인 부문을 담당하게 될 것
이다.

4. 차관문제는 한국의 재정적 조건과 그의 필요가 완전히 알려지게
될 때 고려될 것이다.

5. 러시아는 러시아의 육로 전신선을 한국에 연결시키는 데에 동의하
며 이 계획의 실현을 위하여 모든 가능한 지원을 제공할 것이
다.[44]

러시아 정부의 회답 요지가 한국 정부의 긴급하고도 간절한 요청과는
너무나 먼 거리에 있다는 것은 이 회답 요점으로서 분명하여졌다. 특히
국왕의 신변보호문제에 대하여 환궁 경우의 호위문제를 위 요지는 명백
하게 보장하고 있지 않으며 군사교관이나 고문, 차관 등의 문제에 대하
여 적극적인 성의를 보이기보다는 소극적인 성의를 보이고 있다. 단지
마지막으로 한국과 러시아의 통신선 확보 문제 즉 당장 덜 정치적일 수
있는 문제에만 러시아는 적극적인 의사를 밝히고 있는 것이다.

이러한 회답요점을 받고서도 민영환은 상당 기간을 더 지체하게 되었
다. 이 기간이 그의 개인적인 관광과 쇼핑을 위하여서였는지 아니면 보
다 협상을 진전시키기 위한 노력 때문이었는지는 불투명하다. 협상에 대
하여 진전된 사항이 있을 조짐은 단지 7월 12일에야 드러난다. 이날 한
국사절단의 담당관인 슈테인(Stein)은 로바노프공이 만일 고종이 명례궁
으로 환궁할 경우에 호위대를 제공하는 문제를 심각하게 생각하고 있는
중이라고 하는 전언을 주었다. 그리고 이 문제에 대한 최종 결정은 베베
르의 건의에 의할 것이라고 하였다. 민영환으로서는 여기에 크게 고무되
어서 이 정보를 알려준 슈테인에게 감사를 표했다.[45] 민영환은 이어서 8

---

44) 『尹致昊日記』 4, p.233 이는 다소 상세하지 못하다.
"Memorandum Koreiskoi Strony i Proekt Otvetnykh Punktov Rossiiskoi Strony, 24
maia 1896 goda."
그러나 이 회답 요점은 후에 작성되었을 것이다. 민영환에게 전달된 것이 6월
30일이므로 6월 하순에 작성되었을 가능성이 크다.

월 3일 윤치호 없이 로바노프를 방문하였다.[46] 그러나 어떤 내용의 회담이 있었는지는 알기 어렵다.

민영환 일행은 8월 4일 일단의 러시아관리들과 에루에스테(Erueste) 식당에서 저녁을 하게 되었다. 참석자 16명중 10명은 러시아인이었고 여기에서 윤치호는 처음으로 한국으로 파견될 군사교관단장인 푸탸타 대령을 보게 되었다.[47] 8월 6일 민영환은 다시 재무상을 방문하게 되었다. 그리고 윤치호는 8월 18일 페테르스부르그를 떠나서 프랑스로 가게 되었다.[48] 민영환 일행은 시베리아를 경유하여 10월에 와서야 교관단 일행과 함께 블라디보스톡에서 서울로 귀환하였다. 중대한 사명을 가지고 떠난 여행치고는 지나치게 많은 세월을 여행에 보낸 것이다.

이제 그렇다면 민영환 특사의 '외교적인' 성과에 대하여 검토하여 볼 차례가 되었다. 요약해서 말한다면 러시아정부는 한국에서 민영환 특사가 도착하기 이전에 이미 러시아정부의 입장에서 필요하다고 생각되는 모든 중요한 결정을 다 하였다. 그것은 4월의 일이었다. 아관파천으로 인하여 고종의 신변 보호 문제가 가장 중요한 문제로 대두되었기 때문에 군사 교관 파견 및 왕실수비대의 문제는 여러 문제 중에서도 가장

---

45) 『尹致昊日記』 4, p.248.

46) *Ibid.*, p.60.

47) 그에 대한 윤치호의 인상은 다음과 같다. "나의 관심이 특별히 이끌려진 사람은 푸탸타대령이었다. 그는 러시아정부에 의하여 한국의 군사문제의 조건을 검토하기 의하여 한국에 파견될 사람이었다. 그의 지적인 얼굴은 그가 러시아 타입이기보다는 이태리타입인듯 하였다. 그가 한국에 가게되면 그는 한국군을 재조직하는 책임을 맡게 될 것이다.
사실상 푸탸타대령이 군사체계의 기술적 세부사항은 능숙하다 말지라도 문명화된 인간이 야만적인 땅에서 갖추어야 할 가장 중요한 항목인 인내에 대하여는 결여하고 있는 듯 보였다. 한국군을 재조직하는 책임을 지고 있는 그 사람에게서 나는 다음과 같은 점을 보게 되었다. 훤칠한 이마는 감각과 사려를 예견해주고 낮은 턱은 가부를 분명히 하고 있으며 친절한 미소는 개인적인 권위의 힘을 고양해주며 넓은 어깨는 그가 책임지려고 하는 힘든 일을 쉽게 감당할 수 있다는 인상을 주었다."(『尹致昊日記』 4, p.263)

48) 『尹致昊日記』 4, p.275.

중요한 문제였다. 그런데 이 문제에 대하여는 이미 베베르와 카르네예프 등의 보고에 의하여 러시아 육군성, 외무성 등에서는 모든 실무적인 결정을 다 마련해놓은 상황이었다. 만일 민영환 일행이 러시아정부에 대하여 어떤 정도의 영향력을 행사하려고 하였다면 민일행의 서울 출발은 너무 늦게 이루어졌으며 그것도 지나치게 늦게 도착하였다. 3월 13일 파견방침을 정해놓고 정작 4월 1일에야 서울을 출발하였으며 그것도 우회로를 택하여 정작 모스크바에 도착한 것은 5월 20일이고 협상을 개시한 것은 5월 22일이었다.

민영환 일행이 여행에 긴 시간을 소모하고 있는 동안에 서울에서는 5월 14일 베베르-고무라 각서교환이 이루어졌고 모스크바에서는 6월 9일 로바노프-야마가타 의정서가 채택되었다. 민영환이 막상 협상을 개시하였을 때는 이미 모든 정부방침, 그리고 일본과의 밀약이 끝난 상태였다. 민영환 일행이 할 수 있는 것은 아무 것도 없었다. 한국 정부익 5개조에 대한 회답은 위의 모든 것이 완벽하게 정리된 후 한국에 제출되었다. 따라서 이미 러시아가 일본과의 사이에 정한 방침을 조금도 변경시킬 수 없었다. 단지 하나의 변수가 있었다고 한다면 고종의 환궁 이후에 고종의 신변보호를 위한 수비대를 러시아측에서 제공할 수 있다는 것이었다. 이점은 사실 로바노프-야마가타 의정서에는 명백하게 밝혀져 있지 않았던 부분이다. 로바노프-야마가타 사이에 국왕의 신변보호문제에 대하여는 베베르-고무라 각서를 인정한다고 하였다. 그리고 베베르-고무라 각서는 왕의 환궁시의 러시아 수비대의 파견여부에 대하여는 언급하고 있지 않다. 리시아는 러시아 공사관 및 영사관 보호를 위한 수비대의 유지만을 언급하였다. 따라서 이 문제는 경성협정에서 다루어지지 않은 문제이다. 환궁을 전적으로 왕의 자유재량에 맡긴다고 하였으므로 왕의 당분간은 환궁하지 않으리라는 생각을 하게 된 것이다.

따라서 이 문제는 기본적으로 러시아정부의 재량에 달려있었다고 보아도 좋을 것이다. 그리고 그 재량이란 러시아정부가 일본으로부터 가해질 수 있을 압력을 제어할 수 있을 정도로 우위를 유지하면서 한편으로는 일본의 지나친 자극을 피할 수 있는 방법일 것이다. 그것이 왕의 환궁시의 러시아 수비대 파병이라는 것으로 나타났다고 보아야 한다.

그렇다면 6월 중순 환궁시의 러시아수비대 파병에 대하여 완강하고도 단호하게 거부하던 로바노프가 7월 중순에 그것을 긍정적으로 검토하게 된 이유는 어디에 있을까? 일본이나 열강의 두려움 때문에 주저하던 그가 7월 중순에 그러한 정치적 고려를 넘어서서 왜 태도의 변화를 나타내었을까? 이것을 민특사의 외교적 성과라고 말할 수 있을까? 여기에 대한 해답이 대단히 중요한 것이다. 여기에 대하여 명백하지는 않지만 한국의 지배 필요성을 강하게 제기한 러시아 군부의 입장이 반영되지 않았는가 하는 추측이 가능하다.

결과적으로 보아 러시아정부의 이같은 결정은 한국정부의 요청이 있기도 하였지만 로바노프-야마가타의 협약보다도 훨씬 더 한국에 대한 러시아의 후견의사를 나타내고 있는 것이라고 보아야 할 것이다. 그러나 그후에 러시아의 한국에 대한 정책을 보면 이같은 결정이 실제로 적극적으로 성의를 가지고 추진되지는 않았다는 것을 알 수 있게 된다.

민영환 일행을 러시아에 보냈을 때 가장 중요한 목적이 왕궁 수비대의 조직문제였다는 것은 이미 지적한 바와 같다. 고종이나 심지어 친로파 관료들까지도 언제까지나 국왕이 러시아 공관에 머무르는 것을 바람직하게 생각하지는 않았다. 러시아 공관이 비좁을 뿐 아니라 왕실의 체통에 관한 문제이기 때문에 고종의 환궁이 빨리 이루어져야 한다는 것은 누구도 반대할 수 없는 의견이었다. 그러나 환궁의 문제에 대하여 가장 큰 전제는 왕의 환궁시의 경비를 러시아인들이 책임질 것인가의 문제였다. 그리고 이 문제에 대하여는 로바노프가 숙고한대로 긍정적인 방향에서 이루어졌다. 과연 러시아인들이 왕의 신변보호를 책임진다는 원칙적인 문제를 정치적인 충돌을 피하면서 어떻게 풀어나갈 것인가 하는 것이 다음의 과제였다.

4. 러시아군사교판단과 그 활동

러시아군사교관단의 최고책임자로 한국에 부임하게 된 푸탸타 대령은 1896년 10월 3일에 군함 그레마추호를 타고 블라디보스톡항을 출발하게 되었다. 그와 대동하게 된 또 다른 장교는 아파나예프(Afanaeev)중위로 그는 수렵 부대의 지휘관이었으며 또 다른 하나는 식스텔리(Siksteli)소위였고 군의관으로 체르빈스키(Cherbinski)가 동행하였다. 항해 중에 그레마슈는 부산항에 1일 정박하였고 7일 째 되는 날인 10월 10일 제물포에 도착하였다. 베베르 공사와 스트렐비츠키 대령이 푸탸타 일행을 환영하기 위해 제물포에 왔었다. 제물포에 도착한 다음날 교관단 일행은 배를 타고 한강을 따라 용산으로 갔으며 그곳에서 서울까지 5베르스타의 거리를 도보로 하여 서울에 도착하였다. 마포와 용산에서는 민영환이 마중을 나왔으며 그외의 고관들이 환영을 나왔다. 서울에 도착한 후 그들 일행은 이전에 왕의 고문들이었던 데니, 르장드르, 그렉하우스 등이 사용하였던 집을 배정받았다. 교관단은 여기서 1박을 하고 다음날 새로운 곳으로 이동을 하였는데 러시아인들을 구경하기 위한 많은 인파들이 모여들어 밤이 깊도록 해산하지 않았다.

푸탸타의 보고서에 따르면 그가 고종을 알현한 날은 10월 13일이 된다. 그는 두 명의 장교와 두 명의 하사관을 대동하고 고종을 알현하였다. 이 첫 번째의 알현에서 푸탸타는 고종이 적들에게 둘러싸여 신변의 안전에 대하여 조금도 확신할 수 없었던 고종의 불안한 심리상태와 태도를 그대로 묘사하였다.[49] 그리고 그는 고종에게 확신을 심어줄 수 있

---

49) "내가 한말은 차례로 통역에 의하여 전달되었습니다. 왕은 눈을 더욱 깜박거리며 똑바로 쳐다보기를 피하였습니다. 내 이야기가 끝나갈 무렵 그는 자신의 흥분을 다소 수습한 채 말을 꺼내려 하며 양 쪽 문을 힐끔 쳐다보았습니다. 궁정대신은 의미를 알아차리고 황급히 문을 꼭 닫았습니다. 왕은 명백히 자신의 의견을 말하는데 어려움을 느끼면서 러시아황제가 조선국민과 국왕 자신에

는 언어로 그의 한국부임 목적을 설명하였다. 그는 왕의 신변보호를 위한 수비대의 조직과 훈련을 위해서 부임했다고 설명하고 이를 위하여 군부를 개혁하기 위한 위원회의 설치를 요망하였다.

푸탸타의 보고서는 이어서 한국에서의 그의 임무와 그의 정세파악에 대한 보고를 행하고 있다. 우선 가장 중요한 고종의 보호문제에 대하여 그는 고종이 환궁에 대하여는 말도 듣고 싶어하지 않을 정도로 거부 반응을 보이고 있다고 하였다. 환궁의 전망도 "모든 건축물들이 완공되고 경비대가 창설된 다음에야 가능할 것"이라는 견해를 보이고 있다. 그는 궁궐의 건축 작업은 1달 반 내지 2달 후면 완공될 것으로 보고 있으며 경비대가 창설되고 궁궐의 건축 작업이 완료되면 "왕이 공사관에 머무는 것은 어떠한 명분으로도 정당화되기 어려울 것"이라고 보고하였다. 그는 러시아 교관들의 도착이 "극동에서 우리들의 이익을 견고히 확보하기 위한 첫걸음"이 되어야 할 것이라고 하였고 한국의 안보문제를 결정할 수 있는 문무관료들로 구성된 위원회가 필요하다고 보았다. 민영환을 이 위원회에 포함시켜야 한다고 보았다. 이어서 그는 왕궁을 보호하는 데에 필요한 인원을 1일 근무인원 158명으로 파악하였고 이 인원이 훈련을 동시에 받아야 하기 때문에 5일에 한번씩 근무하는 것으로 산정하여 총 790명 약 1개 대대의 병력으로 산정하였다. 이 대대의 교육은 푸탸타 및 그와 동행한 2명의 장교, 10명의 하사관들이 맡기로 하였고

게 보여준 호의에 진정한 감사의 뜻을 표하였습니다. '그렇지만 나는 이런 호의를 받을만한 일을 지금까지 한 적이 없으며 나에 대한 황제의 배려에 보답할 수 있는 방법이 지금은 없다'고 덧붙였습니다. 위원회 임명에 관한 나의 부탁에 대하여 그는 내가 만나보아야 할 필요가 있는 모든 사람들에게 나의 요구사항을 다 들어주고 내게 필요한 정보를 주라고 명령하겠지만 군부관리들과는 너무 마음을 터놓아서는 안된다고 말했습니다. 그들 가운데 일본인의 동조자가 매우 많기 때문이었습니다." (18 Oktiabria 1896g. Raport russkogo voennogo sovetnika v koreepolkovnika D.V Putiaty v Glavny: shtab o pribitii v koreiu russkiksvoennykh instruktov, nachale ikh geiatelnosti; planakh dalenishegoobuchenia koreiskikh voisk)

이들은 "궁궐수비에 직접 참여한다는 조건하에 이곳에 왔다"고 하였다.

푸탸타 대령에 의한 한국 궁궐수비대의 교육은 기술적인 면에서 현저한 성과가 있다는 것이 보고되었다. 푸탸타는 대체로 한국군의 훈련상황에 만족하고 있었다. 그리고 그는 그의 사명에 충실하게 그의 작업이 한국에서의 러시아의 영향력을 확대시키는 데 결정적으로 기여하리라고 믿게 되었다. 실제로 그는 1897년 1월 4일의 보고서에서 궁궐수비대 편성에 관한 한 그의 임무가 끝났다는 것을 보고하였다. 1896년 말의 상황에서 그는 그의 제1차적인 임무는 완수했다고 평가하고 있는 것이다.

한국에서 군사훈련을 시작한지 2달 정도가 지나서 푸탸타는 기술적인 문제를 넘어서는 정치적 의미를 가진 보고서를 참모본부에 제출하게 된다. 그것은 러시아가 그동안 한국에 대해 가지고 있던 제한된 영향력 유지라는 차원을 능가하여 적극적으로 러시아의 영향력을 확대하는 확대책을 건의한 것이다.

중국과 만주와의 관계에 있어서 입안된 조치들을 고려하여 조선의 해안선이 우리의 영향력의 경계선이 된다면 가까운 시일 내에 우리는 이곳에 한국군으로 이루어진 병단을 가질 수 있습니다. 그러나 병단은 러시아의 지휘에 의해서만 움직이게 될 것입니다. 병단조직을 위해 6,000명의 요원을 선발해야 합니다. 교관으로 29명의 장교와 131명의 하사관을 임명해야 할 것입니다. 그들에게는 부대를 지휘하고 공공시설 및 해안경비를 담당할 권리가 주어질 것이고 우리의 규정이 도입되고 러시아식 부대가 편성될 것이며 조선 정부로부터 받는 급여는 경비대 관리들이 최근에 맺은 계약서에 따를 것입니다.

5개년 기한의 계약서는 3년에 걸쳐 부대원들을 4만 명까지 늘린 다음 기한을 연장할 수 있도록 되어있습니다. 관청은 적은 비용으로 제한할 수 있습니다. 교관들에 대한 의견은 우편으로 발송됩니다. 국왕과 정부로부터는 반대가 없습니다. 그러나 일본에 의한 배후조종이 계속 강화될 것으로 예상되므로 저에게 6,000명의 한국군 부대편성권을 주시기 바랍니다.50)

푸탸타의 이같은 건의는 일단 러시아의 군부에 의하여는 호의적으로 받아들여졌다. 러시아의 군부는 러시아의 영향력을 계속하여 한국에서 확장시키는 것을 바람직하게 생각하였다.

1896년 12월 30일에 전쟁상 반노프키이는 프리아무르군구 두호프스키이 중장은 한국에 군사교관단으로 장교 29인이 더 파견되어야 한다는 것을 밝혔다. 그러나 육군상은 일본과 외무부의 반대를 염려하였다.[51] 현지에서의 적극적 정책의 건의에도 불구하고 러시아정부의 고위 관련 부서에서는 한국군의 증설과 급속한 영향력 확대에 계속적으로 제동이 걸리고 있었다. 차관문제에서 아무런 진척이 없었음은 물론이고 한국의 방위를 위한 군대창설 문제도 정치적인 이유로 인하여 계속적으로 제약을 받았다. 따라서 군사교관단의 성공적인 활동에도 불구하고 러시아정부는 한국정부를 그의 영향하에 견고하게 묶어둘 수는 없었다. 고종의 환궁이 2월 20일 이루어지기까지 차관 문제도 군사 교관 추가파견 문제도 아무런 진척을 볼 수가 없었다. 물론 그렇다고 하여도 당장 고종이 러시아와의 관계를 중지하고 다른 나라 예컨대 일본에 의존할 수 있는 상태는 아니었다. 고종은 계속해서 러시아장교들에 의해 지휘되는 궁궐 수비대에 그의 안전을 맡겨야 하는 상황이었던 것이다.

따라서 고종의 환궁을 결정한 것은 물론 심사숙고와 면밀한 계산에서 나온 것은 아니었지만 적어도 고종이 자신의 운신 폭을 좀 더 확대하려는 의지와 무관한 것은 아니었다. 고종의 환궁이 러시아에 대한 실망 때문이었다고 해석하는 것은 다소 무리한 해석일 것이다.[52] 한국 정부에 러시아 외에 다른 적절한 후원세력이 당장 나타나지 않았을 뿐만 아니라 한국은 여진히 러시아 수비내에 의존해야 할 상황이었기 때문이다. 그러나 또한 환궁이 국내 여론과 국내 인사들의 노력 때문이었다고 판

---

50) 24 dekabria, 1986 g.
51) 30 deakab'ria, 1896 g.
52) 최문형, op. cit., p.137.

단하는 것도[53] 무리가 따른다. 고종이 환궁을 결정하게 된 이유는 러시아측에서 고종의 신변안전을 환궁 이후에도 이미 양성된 궁궐 수비대에 의해 보장해준다는 약속에 의한 것이었고 러시아로서는 궁궐에서 국왕을 호위할 수 있는 한 공사관에 고종을 계속 체재시킬 이유가 없었기 때문이다. 정치적으로 무난한 선택이란 러시아가 고종의 주변에서 안전을 지켜줄 수 있는 한 고종의 환궁을 도와주는 것이 오히려 타당할 것이기 때문이다. 따라서 환궁에 관한 한 고종의 계산과 러시아의 정치적 입지는 서로 상충되지 않는 것이다. 게다가 일본은 환궁을 그들의 정치력을 다시금 확대할 수 있는 계기로 삼기를 원하였고 그에 따라 환궁에 유생들을 통한 여론 조작에 앞장섰으며 독립협회 등은 우국적인 동기에 의하여 환궁을 주장하였다. 환궁에 대하여 적어도 공식적인 반대입장을 펼 수 있는 자들은 극소수의 정부 관료에 불과하였다. 적어도 환궁은 관련되는 모든 이해당사자들에게 그리고 고종이나 러시아로서도 너무나 당연한 거스를 수 없는 대세였으며 그들은 기꺼이 환궁을 택했던 것이다.

5. 맺음말

아관파천에서부터 환궁에 이르기까지의 약 1년간은 한국의 국왕인 고종이 러시아공사관에 거주하게 되었다. 본고는 그 1년간의 정치적 문제를 한로관계를 중심으로 하여 고찰하였다.

아관파천에서 환궁에 이르기까지의 기간은 러시아의 정치적 영향력이 한국에서 극대화된 시기라고 말할 수 있을 것이다. 그러나 이미 우리가 고찰한 바와 마찬가지로 이 시기의 한로관계의 특징을 우리는 다음과

---

53) 이현종, 「아관파천」, 『한로관계 100년사』, p.184.

같이 정리할 수 있을 것이다. 첫째로, 한로간의 관계에 있어서 양국 입장의 차이를 우리는 지적할 수 있을 것이다. 이시기의 특징은 한국이 적극적으로 러시아의 후원을 얻으려는 노력을 기울였음에도 불구하고 러시아는 한국에 대하여 소극적이고 미온적인 정책을 계속 유지한 것이다. 한국은 무엇보다도 국왕의 신변보호문제 때문에 러시아에 적극적으로 기대게 되었고 군사적 재정적 문제를 포함하여 스스로 러시아의 지원에 의지하여 나가려고 하였다. 러시아에 의존하여 얻게되는 형식적인 독립이 일본에 의한 지배의 위협보다는 더 나을 것이라고 판단한 것이다. 그러나 이같은 열망에 대하여 러시아는 시종 소극적으로 대처하였다. 이시기의 러시아의 대외정책에 결정적인 영향력을 발휘했던 인물은 위테였다. 위테는 시베리아철도 건설과 러시아의 시장으로서의 만주 확보를 무엇보다도 중요한 과제로 생각하고 있었다. 그러나 한국문제는 위테의 구상에서는 정책 우선 순위에서 밀려나 있었다. 그 때문에 러시아정부는 한국 국왕의 궁궐수비대를 창설하여 국왕의 신변을 보호해 주는 이상의 적극적 정치적 행동을 꺼렸다. 경제적으로도 한국이 대단히 어려운 상황에 처해 있었음에도 불구하고 한국을 지원하여 그들의 경제적 영향을 확대하기를 시도하기보다는 현상유지책을 가지고 있었다. 한국정부는 러시아정부에 기대하였던 이상 답답함을 느낄 수밖에 없었다.

둘째로 우리가 주목해야할 것은 일본정부의 입장이다. 일본 정부는 삼국간섭으로 요동반도 진출이 좌절된 후 한반도 진출에 적극적인 성의를 표하였다. 일본의 이같은 적극적인 진출 정책은 무모할 정도로 강경하게 진행되었다. 그들의 진출에 방해가 된다고 판단한 민비에 대하여 시해를 저지를 정도까지 초강경의 강압적 성책을 구사하였던 것이다. 그러나 이같은 초강경책은 그 반작용을 불러일으켰다. 그 결과 아관파천이 일어났던 것이다. 아관파천은 일본이 청일전쟁을 일으키면서 조선정부에 확보하였던 기득권에 치명적인 손상을 가져오도록 만들었다. 그러나 일본은 현실을 현실로 인정하면서 대조선정책을 유화시켰다. 러시아와의 대결을 통한다는 방책보다는 러시아의 정치적 우위를 인정하고 물러선다는 정책이었다. 아관파천 직후 서울에서 채택된 베베르-고무라 각서나 6월 모스크바에서 이루어진 야마가타-로바노프 의정서는 모두 이러한 일본의 현실주의적인 입장을 드러낸 것이라고 말할 수 있을 것이다. 러시아가 아직 일본에 대하여 결정적인 순간에 무력을 행사할 수 있을 정도의 준비가 되어있지 않다는 것을 일본은 알고 있었으며 그렇다고 하여 러시아의 의사를 정면에서 거스를 정도로 일본의 힘이 준비되어 있지 않다는 것을 알고있는 일본으로서는 러시아와의 타협을 통하여 한국에 대한 제한된 영향력을 유지하는 것이 바람직하다고 하는 판단을 하게 된 것이다. 이는 삼국간섭에 굴복했던 것과 마찬가지로 일본 외교의 현실주의적 태도를 나타내는 것이라고 볼 수 있겠다.

셋째로 아관파천에서 환궁에 이르기까지의 한국정부의 외교정책과 그 문제점에 대하여 살펴보기로 하자. 아관파천은 우선 강압적이고 위협적이기까지 하던 일본의 압력을 벗어날 수 있었던 좋은 기회였던 것은 사실이다. 그러나 러시아 공관에 이러한 일년 동안에 한국정부로서는 신속하고 정확한 외교적 노력을 하지 않았다. 베베르 공사에 거의 전적으로 의존하여 대러시아 외교를 행하였으며 이시기에 적극적인 외교 활동이라고는 민영환 특사를 황제대관식을 기회로 러시아에 파견한 일이다. 그러나 한국정부는 러시아정부의 입장에 대해서 정확한 분석은 고사하고도 국제정치적인 감각도 가지지 못하였다. 민특사 일행은 전혀 정치적인 감각을 가지고 있지 못하였으며 지나치게 긴 세월을 낭비하였다. 한국정부가 그토록 갈망하였던 국왕의 수비라고 하는 목적은 러시아의 소규모의 군사교관단의 내한으로 이루어 질 수는 있게 되었고, 고종 환궁시의 수비에 대한 약속도 받게 되었다. 그러나 그 이외에는 어떠한 일도 한국정부의 상태를 개선하는 방향으로 이루어 낼 수가 없었다. 고종의 환궁은 궁궐 수비대의 창설을 통하여 이루어 질 수 있게 되었지만, 그것은 일본이 다시금 정치적으로 영향력을 발휘하기에 유리한 조건을 만들어

주었다. 일본은 고종의 환궁을 계기로 하여 한로 관계를 손상시키고 한국을 다시금 일본의 지배하에 두기 위한 정책을 신속하게 추진해 나가기 시작했던 것이다. 일정하고 뚜렷한 방향 감각을 상실한 한국정부는 다시금 러일 각축의 소용돌이에 말려 들어갈 수밖에 없었던 것이다.

<『한민족과 북방과의 관계사연구』, 한국정신문화연구원, 1995>

1920년대 사회주의 건설에 대한 부하린적 대안의 문제*

1. 미 리 말

소련의 현실 사회주의의 전개과정에 있어서 부하린은 독특한 위치를 차지하고 있다. 레닌에 의해 가장 주목받은 볼셰비키당의 이론가로서 또 레닌 이후 1920년대 신경제정책(NEP)의 이론가로서 부하린은 짜르시대의 낙후된 후진 러시아경제의 유산 속에서 전쟁과 혁명, 그리고 내전기를 거치면서 폐허화된 소련의 경제를 회복시키는데 있어서 가장 정력적인 노력을 기울인 인물이었다.

소련의 현실 사회주의가 몰락한 오늘날 사회주의 건설에 대하여 부하린이 생각했던 이론적 문제제기는 이미 우리의 관심 밖으로 사라져 버린 문제일 수도 있다. 그러나 소련의 1920년대가 제기하는 문제는 그리 간단한 것이 아니라고 생각된다. 인간의 해방을 목표로 추구된 혁명이 어떻게 인간을 가장 완벽하게 억압하는 체제의 성립으로 나아가게 되었

* 이 논문은 서울대학교 소련·동구연구소 대우연구비의 지원을 받은 연구임.

는가? 과연 어떠한 대안이 러시아의 역사적 유산 속에서 가능했던 것인가? 비록 패배하기는 했지만 사회주의의 건설에서 부하린적 대안이 가지는 의미는 무엇인가? 하는 문제는 충분히 음미해 볼 만한 가치가 있는 문제라고 생각된다. 왜냐하면 부하린적 대안이라고 할 때 그것은 여러 대안 중에서도 "가장 열려있고 따라서 스탈린적 바리안트에 가장 잘 대립적인" 것으로 인식되고 있으며[1] 따라서 현실적으로 진행된 소련의 역사를 결정론적으로 보는 것에 대한 반성적 계기를 줄 수 있기 때문이다.

다행히 페레스트로이카 이후에 소련에서는 부하린이 새롭게 조명을 받아 부하린의 저작이 다시 발행되고 있으며 부하린에 관하여 발표되고 있는 논문이 적지 않다. 이는 소련 공산당이 자유화와 개방주의 노선을 선택한 덕분에 이루어진 것이다. 이러한 부하린의 복권과정에서 결정적인 계기는 1987년 11월 2일에 행해진 고르바초프 소련 공산당 서기장의 "10월과 페레스트로이카:혁명은 계속된다" 라는 제목의 연설이었다. 고르바초프는 여기에서 스탈린 권력장악 이후 처음으로 공식연설에서 부하린의 긍정적인 측면을 부각시켰다. 1987년 11월에 때를 맞추어 부하린의 미망인 라리나(Larina)는 고르바초프에게 부하린의 복권을 청원하는 편지를 내었으며 『오고뇨크(*Ogoniok*)』지(誌)에는 라리나와의 인터뷰가 실렸다. 『모스크바 통신(*Moskoviskie Novosti*)』은 1987년 12월 6일 부하린의 유서를 공개하였고 드디어 1988년 2월 4일에 부하린은 소연방 최고 법원에 의해 리코프(Rykov), 라코프스키(Rakovsky)와 함께 복권되었다. 부하린은 1988년 5월 10일 소련 과학 아카데미 의장단의 결정에 의하여 아카데미 회원의 자격도 찾았으며 1988년 6월 21일에는 소련 공산당의 당적을 되찾게 된다.[2] 부하린의 복권은 소련학계에서 부하린에 대한 새

---

1) V. P. Danilov, "20-e gody: NEP i bor'ba al'temativ", *Voprosy Istorii*, no.9, 1988, p.8.
2) 拙稿, "페레스트로이카와 볼셰비키역사의 재해석", 「역사비평」, 1990 봄, p.186

로운 조명으로 뒷받침되었다. 소련의 주요 역사학잡지에서 부하린에 대한 소개가 있게 되었다. 1988년 1월에 당이론지『코무니스트(*Kommunit*)』에 부하린의 1929년 논문 "Politicheskoe Zaveshchanie Lenina"가 게재되었고 주요 역사학 잡지에 부하린에 관한 논문이 게재되었고[3] 부하린에 대한 좌담회가 열렸다.[4] 1988년은 이러한 점에서 부하린의 해라고 해도 과언이 아닐 것이다. 물론 이러한 과정은 페레스트로이카를 추진하는 고르바초프 등의 지도부가 부하린의 사상 속에서 페레스트로이카가 추구하는 이상을 발견하려고 하는 노력의 일환이라고 해석될 수 있다.

그러나 이미 주지하다시피 소련 지도부의 이러한 노력에도 불구하고 인간적인 사회주의를 찾아보려는 소련 공산당 개혁파의 노력은 실패로 귀착되었다. 페레스트로이카는 어떠한 성과 있는 결과를 산출하기보다는 공산당체제를 전복시킴으로써 끝을 내게 되었다. 이러한 결과는 볼셰비키 운동에 결부된 어떠한 형태의 사회주의도 현재 소련해체 이후의 러시아의 새로운 전망과 연결되기가 사실상 불가능하다는 것을 보여준다.

그러나 비록 페레스트로이카가 실패로 귀착되고 소련은 해체되었지만 페레스트로이카에 의하여 다시금 복권되고 역사의 조명을 다시 받게 된 부하린은 페레스트로이카 그 자체와 마찬가지로 이제는 역사학적 관심을 받지 않을 수 없다.[5] 왜냐하면 1920년대의 부하린이나 페레스트로이

---

3) L. K. Shikarenkov, "Nikolai Ivanovich Bukharin", *Voprosy Istorii*, 1988, no.7, s.50-78. G. A. Bordiugov & V. A. Kozlov, "Povorot 1929 goda i Alternativa Bukharina", *Voprosy Istorii KPSS*, 1988, no.8, pp.15-33.

4) "Kruglyi Stol: Sovetskii Soiuz v 20-e Gody", *Voprosy Istorii*, 1988, no.9, pp.3-58.
   "Kruglyi Stol:Sovetskii Soiuz v 30-e God-y", *Voprosy Istorii*, 1988, no.12, pp.3-30.

5) 그러나 본고는 부하린에 대한 자세한 전기의 구성을 목표로 하고 있지는 않다. 이미 부하린에 대한 전기는 Cohen에 의한 고전적인 저작이 있기 때문이다.(S. F. Cohen, *Bukharin and the Bolshevik Revolution*, New York: Oxford University Press,1972, 495 p.) 본고는 단지 페레스트로이카의 실패와 공산주의의 붕괴를 통하여 사회주의에 대한 전면적인 재검토가 필요한 현 시점에서 부하린 사상이 가지는 의미를 재음미하고자 하는 데 그 목표를 두고 있다.

카나 양자가 마찬가지로 전체주의적 초이성의 이데올로기로 무장되어 있던 국가권력에 대하여 인간을 새롭게 부각시키고 숨쉴 수 있는 공간을 허용해 주었다는 의미를 가지고 있기 때문이다. 그러나 문제는 거기에만 그치는 것은 아니다. 소련 사회주의의 실패는 소련 사회주의가 추구하려고 노력하였던 근대화의 문제가 소련 역사상에서 어떻게 위치 지워져야 할 것인가의 문제를 불가피하게 제기시킬 수밖에 없게 된다. 따라서 이 점에서는 근대화를 단지 산업화의 문제가 아니라 정치적 시민사회의 형성이라는 관점에서 소련 사회주의 및 부하린 이론의 문제점을 검토하는 것이 필요해지는 것이다.

2. 1920년대 소련과 사회주의

1917년 볼셰비키는 혁명을 통하여 짜르 전제정을 붕괴시키고 새로운 국가를 건설하였다. 이 국가는 소비에트 국가였다. 그러나 새로운 국가를 건설한 볼셰비키는 적어도 이론적으로 이 국가의 성격에 대하여 문제를 제기하지 않을 수 없었다. 볼셰비키의 권력장악으로 인하여 세워진 국가는 어떠한 국가인가? 그것이 자본주의의 부르조아 국가가 아니라고 한다면 그것은 프롤레타리아트의 국가인가? 프롤레타리아트의 국가는 어떠한 점에서 자본주의 국가들과 구별되는가?

소비에트 국가의 탄생은 러시아의 볼셰비키에게 그동안 마르크스주의자의 입장에서 볼 때 실제적인 응답의 필요성이 없었던 문제에 대해 답하지 않으면 안되는 조건을 만들어 내었다. 그것은 그동안 운동으로 존재하였던 공산주의가 볼셰비키가 권력을 장악하게 되어 지배권력으로 전화되었다는 사실에서 나온 것이었다. 볼셰비키는 혁명을 통하여 국가권력을 장악하게 되었다. 그것은 볼셰비키에게는 현기증나는 일이었다. 그리고 이제 볼셰비키에게 주어진 것은 이 국가권력을 어떻게 관리할 것인가의 문제였다.

볼세비키는 마르크스의 가르침에 따라 국가권력의 약화를 전망하면서 국가기구를 파괴하기 위하여 프롤레타리아트의 독재를 활용하여야 하는가? 아니면 프롤레타리아트를 해방하기 위하여 이루어진 전위당이 국가권력을 장악함으로써 국가권력의 성격이 일변되어 이제 국가는 파괴의 대상이 아니라 옹호와 정당성의 대상이 되었는가?

이러한 문제에 대한 갈등은 적어도 한번에 해결된 문제는 아닌 것 같아 보인다. 레닌이 혁명을 앞두고 집필한 논문 「국가와 혁명」에서 그가 보여주었던 이상적인 국가관은 실제로 볼세비키가 국가권력을 장악하면서부터는 많은 수정을 받지 않을 수 없게 되었다. 그러나 혁명을 거치면서 형성된 국가와-사회에 대한 유토피아적 이미지와 실제 현실 사이의 거리는 쉽게 좁혀지지는 않았다. 그리고 이 문제는 사실상 두 개의 유토피아 사이의 갈등이 밑에 깔려 있었던 것으로 보인다. 프롤레타리아트를 위한 권력으로서의 볼세비키가 구성하는 사회주의란 무엇보다도 프롤레타리아트의 해방과 그를 위한 투쟁이었다. 그리고 이러한 프롤레타리아트가 권력을 장악한 국가는 프롤레타리아트를 위한 국가일 뿐만 아니라 프롤레타리아트에 의한 국가이기도 하여야 했다. 레닌이 「국가와 혁명」에서 보여준 이상이란 바로 이러한 것을 의미하는 것이었다.

그러나 이러한 볼세비키적 담론은 동시에 리바이어던적인 유토피아를 담고있었다. 이 담론 하에서는 주체의 무오류성과 윤리의 완벽함이 전제되고 있었기 때문에 또한 역사적 형이상학적 정당성이 부여되고 있었기 때문에 완벽하게 합리적인 선을 추구하는 국가기구가 예견되는 것이다.

이러한 상이한 담론은 이미 마르크스주의 내부에 존재하는 것이라고 말할 수 있다. 마르크스주의가 가지고 있는 역사에 대한 종말론적 관점에 역사발전에 대한 낙관, 그리고 현존에 대한 강한 부정은 우선 보기에 대립적인 이 두 가지 경향의 유토피아가 그의 담론의 체계 내에 나란히 때로는 서로 갈등을 일으키며 존재하게 하였다. 결국 해방과 진보, 역사적 선이 마르크스주의의 중요한 형이상학적인 전제를 구축하고 있다고 보아야 한다.

볼셰비키는 마르크스주의—그리고 레닌의 해석—을 가지고 러시아의 토양에서 처음으로 역사적 실험을 하게 되었다. 실험의 첫 단계에서는 해방의 구호를 따라서 거의 무정부적 상태로 대중의 에너지의 분출이 이루어졌다. 자본가들에 대하여 노동자 통제가 실시되었으며, 농민에게는 토지가 무상으로 분여되었고, 명사들은 징집에서 해제되어 고향으로 돌아갈 수가 있었다. 구 짜르의 제정 하에서 억압받던 계급에 대한 이러한 해방은 그 자제로서 역사적인 진보로 해석되었다.

구 국가기구에 대신하여 새로이 등장한 새로운 국가기구도 이러한 해방을 나타내는 것이며 그것은 해방이었기 때문에 그것으로 역사적 진보를 의미하였다. 각지에는 소비에트가 새로운 국가권력 기구로 등장하였으며 권력의 구성이라는 관점에서 볼 때 새로운 러시아는 전국에 걸친 소비에트의 그물을 의미하였다.

그러나 이러한 '해방'들과 동시에 러시아에는 새로운 억압과 통제가 진행되고 있었다. 볼셰비키가 행하는 역사적 선은 다른 선택을 용납하지 않았다. 해방은 격렬한 계급투쟁의 그리고 전쟁의 다른 이름이었다. 그리고 그로 인하여 투쟁과 전쟁이 피해야 할 것이 아니라 이루어야 할 선으로 인식되었음은 이미 주지의 사실이다. 흔히들 NEP와 그를 선행하였던 전시 공산주의를 대비하면서 NEP가 소련이 걸어갔어야 할 역사적 방향으로 생각한다. 그러나 전시 공산주의는 사실상 볼셰비키에게 공산주의의 전범으로 인식되어 왔음에 주목할 필요가 있다. 상당수의 초기 볼셰비키 가운데서는 오히려 NEP를 부정적으로 바라보는 시각이 지배적이었다. NEP가 시행될 때에 이미 "중요한 자리"를 차지하고 있었고 "전사같은 분위기의" 당의 신규당원 대종은 공산주의로의 조속한 이행을 거부하는 것을 받아들일 수 없었다.[6]

이러한 문제들은 NEP와 더불어 소련의 지도부가 직면하지 않으면 안되는 문제가 되어 버렸다. 우선 NEP는 볼세비키의 지도자들이 가지고 있던 이데올로기와도 충돌하지 않을 수 없었다. 페레스트로이카 시대의 NEP에 대한 문제의식은 어떻게 NEP를 간직하는 것이 가능했고 또 필요했는가의 문제라고 볼 수 있지만 1920년대의 문제의 초점은 어떻게 하면 NEP와 관련된 위험을 막을 수 있겠는가 하는 것이었다. 즉 그들은 쁘띠 부르조아지로부터 초래될 수 있는 위험에 무엇보다도 신경을 곤두세우고 있었던 것이다.[7]

따라서 우리는 NEP의 시작에서 NEP가 종결될 때까지의 기간인 1921-1928년이 소련의 역사에서 가장 문제시되는 시기임을 알 수가 있다. 왜냐하면 이 시기에는 아직 볼세비키의 담론이 여러 대안들에 대하여 열려있는 시기였기 때문이다. 강한 통제와 당의 전제를 추구하는 경향이 있었던 것이 사실이지만 동시에 해방의 이미지는 아직 사라지지 않고 있었다. 볼세비키당 내의 지도부를 볼 때 어느 누구도 확고하게 권력을 장악하고 있었던 것은 아니었다. 이데올로기적으로 볼 매 아직 통제불능의 리바이어던이 존재하지는 않았다. 이 시기에 대안이 논의되는 것은 바로 그 때문이다.

이러한 점에 있어서 우리가 1920년대 사회주의 건설에 대한 부하린의 대안을 논의한다는 것은 무엇인가? 그것은 일차적으로 당대에 직면하고 있던 문제, 보다 간단히 말한다면, 경제적인 위기를 해결하는데 부하린의 대안이 얼마나 적절한 것이었는가를 점검하는 것이 될 것이다. 이 점에 있어서는 1920년대 말에 제시되었던 약 세 가지의 대안에 대하여 그 타당성을 검토하는 일이 될 것이다. 다음 단계에서 사회주의 건설이라는 관점 하에서 부하린의 대안이 얼마나 가능성이 있었는가를 검토하는 일이다. 여기에서는 부하린적 사회주의가 근대의 민주주의적 가치와 어떻

---

6) V. P. Danilov, "20-e gody…", *Voprosy Istorii*, no.9, 1988, p.5
7) G. A. Bordiugov & V. A. Kozlov, "Povorot 1929 goda i al'ternativa Bukharina", *Voprosy Istorii KPSS*, 1988, no.8, p.15

게 상응하고 대립되는가 하는 점을 살피고자 한다. 마지막으로 세번째로는 부하린의 대안이 소련 사회의 질적 변화와 근대화에 얼마만큼의 의미를 지니고 있는가의 문제가 될 것이다. 여기에서는 부하린을 비롯한 볼셰비키가 이상으로 생각한 근대화를 넘어선 근대화와 가능으로서의 서구의 근대화가 어떠한 거리를 가지고 있었는가 하는 점을 검토하여 보고자 한다.

3. 부하린 대안의 검토

1) NEP의 문제와 부하린 노선

우선 1921년 3월 농촌에서의 곡물 강제공출제도로부터 현물세제로의 전환을 계기로 하여 시작된 NEP가 어떠한 숙제를 소비에트 지도자들에게 부과하였는가? 부하린은 이 NEP의 도입이 내전으로 극히 저하되어 왔던 소비에트의 생산력을 향상시키는 데에 기본적인 목적이 있다는 것을 지적하였다. 전시 공산주의의 목적은 방위에 있었고 따라서 문제는 탈취하는 것이지 생산하는 것이 아니었다는 것이다. 따라서 이 시기의 계급의 균형은 경제적 관계에 의하여 이루어진 것이 아니라 "프롤레타리아트와 농민의 상호 군사적 이해"에 입각해 있었다는 것이다. 노동자는 빵을 필요로 했고 농민은 토지를 필요로 했던 것이다. 그러나 내전이 끝난 후 이러한 계급관계는 변동을 할 수밖에 없었다. 소부르조아적 경제라는 조건에서 이제는 생산력을 증대시켜야만 하였다. 이러한 의도 하에서 NEP는 브레스트-리토브스크 조약에 비유되었다. 그리고 전략적 작전이 성공을 하면 방향타를 돌리는데 그것은 "점차로 경제적인 방법에 의거하여 사적인 대경제를 폐지하고 소생산자를 대기업의 지도에 경제적으로 복속시키는 것"이다.[8]

그러나 소비에트의 경제가 내전 이후에도 위기를 경험하고 있었던 것은 사실이다. NEP의 기본적인 목표가 전쟁으로 인해 파괴된 생산력의 회복에 있었지만 이러한 목표는 소비에트 정부가 추구하고 있는 사회주의적 이데올로기와 충돌되지 않을 수 없었다. 소련이 기반으로 하고 있는 사회가 볼세비키가 기대하고 있는 사회주의를 실현시키기에 대단히 어려운 조건으로 작용한다고 하는 것은 볼세비키 스스로가 인식하고 있었다. 레닌에 의하면 사회주의는 그 경제적 구성에 있어서 국가독점자본주의와 다를 것이 없었다. 단지 프롤레타리아트가 지휘부를 장악하기만 한다면 국가독점자본주의는 곧 사회주의였다.

그러나 혁명과 내전 후의 러시아는 농민이 지배적인 농업사회였다. 산업은 급속히 회복되지 않으면 안되었고 농업은 혁명을 통하여 대토지소유제를 철폐하기는 하였지만 그 대신에 자영농이 중심이 되는 농업구조를 가지고 있었고 소비에트 국가는 이러한 농민들과의 관계를 잘 조절하지 않으면 안되었다.

그런데 국제적으로 고립되어 있어서 외부로부터의 지원을 받기 어려운 상태에서 소련은 주로 자체의 능력으로 산업화를 이루지 않으면 안되었다. 바로 이러한 상황에서 경제정책의 문제를 둘러싸고 부하린-프레오브라젠스키의 논쟁이 있게 된다. 문제의 초점은 1923-27년 경에 있어 경제정책의 방법과 그것이 미칠 사회적 효과에 대한 것이었다. 논의는 프레오브라젠스키를 대표로 하는 좌파들이 좀더 솔직하게 농민의 잉여를 수탈하는 방법으로 급속한 산업화를 이룩할 것을 주장한데 비하여 스탈린-부하린의 우파는 내부 시장확대를 통하여 완만한 방법으로 산업화를 이루어야 한다는 주장을 하였다.

프레오브라젠스키는 이미 NEP가 시작되면서부터 급속한 산업화를 주장하여 마치 자본주의의 초기에 있었던 원시적 축적과 마찬가지로 사회

---

8) Nikolai Boukharine, "La Nouvelle Orientation de la Politique Economique", *Oeuvres Choisies en un volume*, (Moscow:Edition du Progress, 1990), pp.63-71.

주의 부문도 농민의 수탈에 의한 사회주의적 원시적 축적을 이룩해야 한다고 주장하였다.9) 1926년에 발간된 『신경제학』은 이러한 입장을 잘 정리한 책이었다. 그러나 부하린은 여기에 심각한 반론을 제기하였다. 그는 우선 사회주의적 원축이라는 것은 성립할 수 없는 개념이라고 보았다.10) 그는 그러한 법칙을 레닌의 용어에 따라 '어린애같은 장난'이라고 몰아 붙였다.11) 부하린은 자본의 전사로서의 원시적 축적을 사회주의에 적용하는 것은 오류이며 그것은 국유부문과 사적 농업부문과의 관계일 뿐이라고 하였던 것이다.12) 부하린은 프레오브라젠스키의 이론을 받아들일 수 없었다. 왜냐하면 그것은 이론적인 오류도 문제이기는 하지만 무엇보다도 그가 의지하고 있는 노동계급과 농민의 동맹이라고 하는 스미슈카(smychka, 노농연대)를 근본적으로 파괴하는 정책이라고 생각했기 때문이다.

물론 부하린은 농민과 노동계급의 동맹관계를 평행적으로 설정한 것은 아니다. "프롤레타리아트는 농민을 지도한다". 따라서 정확한 의미에 있어서 소련은 노동자와 농민의 국가가 아니라 노동자의 국가라고 하였다.13) 그렇기에 NEP는 "농민경영의 합리화와 증대하는 수익성 덕분에

---

9) 이 문제에 대하여 Robert Bideleux는 소련의 국유부문이 농민경제의 부담 위에 축적을 의존할 수 있었던 것은 소련이 비교적 생산적인 농민부분을 유산으로 받았기 때문이며, 농업부문이 빈약할수록 국유부문이 농민의 희생 위에 축적을 의존하는 것은 그만큼 더 위험하다는 것을 가난한 사회들에서의 공산주의 실험이 보여주었다고 한다. *Communism and Development* (New York: Methuen & Co., 1987), p.112.

10) 원시적 축적을 마르크스의 개념에 의하여 판단한다면 마르크스는 그의 자본론에서 "노동을 그의 의적 조건과 분리시키는 역사적 운동"을 원시적 축적으로 보았다.(K. Marx, Le Capital, tome I, Moscou: Edition du Progrès, 1982, p.680.) 이렇게 볼 때 프레오브라젠스키가 서로 다른 생산양식 간의 부의 이동을 원시적 축적으로 파악한 것이 분명하기 때문에 마르크스와는 상이한 개념을 사용하고 있다.

11) N. Bukharin, "K voprosu o zakonomernostiakh perekhodnogo perioda", *Put'k Sotsializmu*, Novosibirsk:Nauka, 1990, p.126

12) *Ibid.*, p.140.

프롤레타리아트 국가가 실재로 더 많이 얻는 것을 의미하는 것이다.”14) 부하린은 그 때문에 프레오브라젠스키의 이론이 “황금알을 낳는 닭을 죽이는 것”이라고 하였다.15) 어쨌든 1928년 스탈린이 좌파를 몰아내고 정책을 급선회할 때까지는 볼세비키는 황금알을 낳는 닭을 죽이지는 않았다. 그리고 이 닭에 대한 진정한 공격은 스탈린으로부터 왔다.

1928년에 소련에 초래된 곡물위기는 스탈린이 자신의 정책을 집행하는 계기가 되었다. 이 위기는 근본적으로 도시화가 급속히 진전되면서 도시의 곡물수요가 늘었는데 비하여 농촌에서부터의 생산이 그에 미치지 못하는 가운데서 일어났다. 이 해의 수확은 사실 적지 않았고 도시에서의 일인당 곡물소비는 농촌의 그것보다도 오히려 높았었다. 스탈린은 이 곡물위기에 부딪혀 농민의 생산을 자극하는 경제적인 방법을 쓰는 대신에 비상수단을 쓰게 되었다.16)

이로부터 시작된 곡물의 강제징수라는 비상수단 그리고 그를 이은 강제적 농업집단회는 사실상 황금알을 낳는 닭을 죽게 만들었다 그리고 부하린 대안의 진정한 의의는 이러한 스탈린의 폭압정책에 대항하는 거의 유일한 저항이었다는 사실에도 있다.

이 문제에 대하여는 근간에 대형컴퓨터를 사용하여 1920년대 소련경제의 대안문제를 실증적으로 연구한 헌터와 진너(H. Hunter & J. M. Szynner)의 논문이 참고된다.17) 이들의 연구에 의하면 쿨락의 청산정책은 대단히 많은 비용이 드는 것이었다. 1940년 말경에 1920년대의 경향

---

13) “Révélation nouvelles sur l'econonlie soviétique ou Comment tuer le bloc ouvriers-paysans” *Oeuves Choisies en un volume*, Moscou: Edition du Progrès, 1990, p.143.

14) *Ibid.*, p.148.

15) *Ibid.*, p.150.

16) R. BideIeux, *Communism and Development,* New York, 1987, p.118.

17) “Testing Early Soviet Economic Alternatives”, *Slavic Review*, Summer 1991, pp. 251-267

을 기준으로 할 때 고스플란이 예측한 것보다 1500만의 인구가 작았으며 1900만의 인구가 예측보다 더 농촌에서 도시로 이주하였다. 가축생산의 공급은 50%가 감소하였으며 곡물생산은 기대보다도 적었다. 부양인구가 줄었으므로 공업자본을 형성하는 데는 도움이 되었으나 농촌으로부터 도시로의 인구유입은 산업자본 성장을 저해하였다. 여기에서 그들의 결론은 주목할 필요가 있다.

우리의 주요한 발견은 1920년대 말에 '스탈린 동지의 주위에 뭉친 당 및 당 밖의 열광자들이 소련경제의 잠재적 성장 가능성을 남용했다'는 것이다. 우리의 반사실적 시나리오들은 만일 대안의 정책들이 채택되더라면 좀더 큰 산출이 있을 수 있었고 좀더 많은 자본이 더 적절한 비율로 이루어질 수 있었다는 것이다.[18]

이러한 논의는 결국 부하린의 대안이 스탈린의 정책의 진정한 대안이될 수가 있었으며 그로 인하여 소련은 더 경제적으로 윤택하여지고 좀더 튼튼한 국방력을 가지며 인민들의 생활도 더 향상될 수 있으리라는 것을 가능하게 한다. 그러나 이러한 경제적 성장의 문제는 또한 사회주의 체제가 지향하는 정치적인 그리고 사회적인 문제와 분리되어서는 설명될 수 없을 것이다. 이제 다음 절에서는 이러한 문제를 살펴보고 1920년대 부하린의 대안이 스탈린의 대안이 아니라 나아가서는 자유주의적 자본주의 세계에 대응할 수 있는 하나의 사회주의라는 역사적 대안이될 수 있었는가의 문제를 살펴보기로 하자.

2) 사회주의 건설과 부하린 노선

러시아의 볼세비키가 사회주의를 자본주의의 모순을 극복할 수 있는 역사적 대안으로 사고하였다는 것은 분명한 일이다. 부하린 역시 소련에

---

18) *Ibid.*, p.264.

서의 사회주의건설이 자본주의보다도 더 우월한 문명을 건설하게 되리라는 사실을 의심하지는 않았다. 그러나 사회주의 소련에서 비록 가장 개방적인 특성을 가지고 있는 부하린이라고 하더라도 특정한 방향에서 소련의 문화를 유도하려 하였고 정치적 지배로부터 상대적으로 자유로운 문화에 대해서는 생각하지 않았다. 그렇기에 부하린의 사회주의가 비록 많은 점에서 인간적이라고 하는 지적을 받고 있기는 하지만 그것이 대단히 협소한 공간 내에 머물러 있다고 하는 것은 의심의 여지가 없다. 그것은 그가 문화를 철저히 정치와 계급의 관점에서만 다루려고 하고 있는데서 드러난다.

당신은 문화적인 질서가 정치로부터 독립해 있다는 식으로 말을 하고있다. 그러나 그렇지 않다. 어떠한 체제로부터 벗어나 있는 계급 구조로부터 벗어나 있는 개념들이 존재한다는 것을 당신이 증명한다면 그것은 별개의 문제이다. 그러나 그 같은 개념들은 존재하지 않으며 이를 증명하려는 시도들과 우리는 계속하여 투쟁할 것이다.[19]

부하린의 이같은 관점이 단지 문화와 정치와의 연관성을 지적하려는 데에 있다면 부하린의 논의는 전적으로 타당하다고 말할 수 있을 것이다. 그러나 그것이 정치로의, 특정한 계급적 관점으로의 문화의 종속과 인텔리의 종속을 의미한다고 한다면 그것은 전적으로 잘못된 것이라고 말할 수밖에 없을 것이다. 왜냐하면 양자는 별개의 문제이기 때문이다. 그런데 부하린은 후자의 입장을 말하고 있는 것이다.

사람들이 창작의 자유에 대하여 말할 때 지금 우리에게는 왕정주의를 교육할 자유에 대하여 말하거나 생물학의 영역에 있어서 바이탈리즘을 도입하는 것이거나 철학의 영역에서 관념주의자들로 하여금 실체에 관한 칸트풍의 자유에 관한 문제가 일어나는 것이다. 그

---

19) N. Bukharin, "Sud'by Russkoi intelligentsii" *Put'k...*, p.105.

같은 자유하에 우리의 고등교육기관으로부터는 프라하에서도 일할 수 있고 모스크바에서도 일할 수 있는 사람들이 나갈 수 있을 것이다. 우리는 단지 모스크바에서만 일할 수 있는 사람들을 원한다.[20]

부하린이 인텔리에게 요구하고 있는 것은 결국 마르크스주의로 재무장하라는 것이고 그것밖에는 용납되지 않는다는 것을 밝힌 것이다. 바로 이러한 측면은 부하린 이데올로기의 다른 개방적 측면에도 불구하고 그가 전체주의적 틀 속에서 소비에트 문화를 재조직하려 하고 있다는 판단을 하도록 한다. 바로 그러한 상태에서만 인텔리겐챠와의 타협은 이루어질 수 있는 것이다.

> 러시아 인텔리겐챠는, 부분적으로는 소연방에 사는 다른 인민 다른 민족의 인텔리겐챠들도, 아주 큰 비극을 경험하였다. 불행하게도 그들은 모든 것에서 볼셰비키가 잘못했다고 생각한다. 이제 가장 중요한 문제는 우리의 힘을 어떻게 조화시키는가 하는 문제이다. 그러나 인텔리겐챠의 상당 부분의 이데올로기는 이러한 올바른 협력에 방해가 되는 것처럼 보인다.[21]

그러나 부하린 이데올로기의 강점은 그의 실용주의적 관점이라고 할 수 있겠다. 그리고 국가권력과 노동계급에 대한 그의 관점, 노동계급의 문화에 대한 고찰이 그의 이데올로기의 열려진 가능성을 보여준다.

모든 노동자들이 노동자 학부나 대학을 다니는 것은 아니다. 그들이 모두가 붉은 관리인이나 소비에트적인 행정가가 되는 것은 아니다. 그들이 모두 같은 정도로 소비에트 권력의 기관들로부터 가까운 것은 아니다. 그러나 부분적이기는 하지만 노동계급은 한 걸음씩 올라가고 있다. 노동계급의 주요 부분이 견고하게 통제의 지렛대를 손에 쥐게 될 때 관

---

20) *Ibid.*, p.109.
21) *Ibid.*, p.110.

료제와 관료주의는 자연히 죽게 될 것이다. 바로 그 때문에 노동자들의 문화수준 향상이 우리 국가기구의 진정한 향상의 전제이다.22) 그 때문에 전 사회가 혁명적 열기에 마비되어 가고 있을 때 그는 공산주의자들의 과제는 "혁명적 정신과 아메리카주의"라는 과감한 공식화를 할 수도 있었다.23) 이데올로기적인 순수성에서 볼 때 위험스럽다고까지 말할 수 있는 이러한 공식화는 사실상 볼셰비키 이데올로기의 본질적 측면이었다고 볼 수 있다. 왜냐하면 낙후된 러시아를 근대화시키려는 욕구가 이 공식화에 표출되고 있기 때문이다. 이러한 점에서 본다면 볼셰비키의 이데올로기는 근대화의 이데올로기였다. 부하린은 이러한 볼셰비키 근대화 이데올로기의 가장 뛰어난 이론가였던 셈이다.

그러나 근대화의 이데올로기로서의 부하린주의는 혁명으로 인해 고취된 새로운 사회변동으로 인한 사회적 압력에 부딪힐 수밖에 없었던 것으로 보인다. 레닌의 사후에 실시된 '레닌의 등록'시에 24만 명의 신입당원들이 생겨났다. 그들 중 92.4%는 노동자였다. 그러나 문제는 이들 신입당원들이 소비에트 사회에서 일종의 한계적 존재들이었다는 사실에 주목할 필요가 있다. 이들은 농촌에서 갓 도시로 올라와서 비숙련 및 보조적 노동에 종사하고 있었던 사람들이고 이들에게는 출세주의적 동기가 다른 무엇보다도 강하였다. 그렇기에 사회심리적 구성에서 자유로운 경제적 발전에 의지하기보다는 스탈린적인 과도적이고 좌익적인 입장이 실행될 가능성이 더 높았다고도 생각될 수 있다.24)

사회주의 건설이라는 측면에서 보면 부하린의 대안은 다소 복잡한 문제를 야기시킨다. 먼저 어떤 사회주의냐의 문제가 뒤따르게 된다. 이 문제에 관하여 1920년대 볼셰비키당의 전망은 세 가지로 대별될 수 있다

---

22) "Le Léninisme et le problème de la révolution culturelle", *Oeuvres Choisies en un volume*, p.467.

23) *Ibid.*, p.482.

24) E. A. Ambratsumov, "NEP i sobremennost", *Voprosy Istorii*, no.9, 1988, pp. 36-37.

고 본다. 첫째는 현실적으로 실현된 스탈린형의 사회주의이며 두 번째는 트로츠키의 좌파 공산주의적 대안 그리고 세 번째로는 부하린의 우파 공산주의의 대안으로 구분될 수 있다고 본다.

우선 크게 보아서 스탈린형의 사회주의는 좌우 양파의 공산주의와는 구별되는 독특한 형식이라고 볼 수 있을 것이다. 이는 이데올로기적으로 마르크스주의와 가장 멀리 떨어져 있는 사회주의였다. 서구 좌파운동으로서의 마르크스주의가 가지고 있는 반권위적 성격은 스탈린형의 사회주의에서 완전히 그 성격을 달리하였다. 특히 관료주의적 독재에 기초하고 있는 사회주의라는 독특한 전망은 마르크스주의의 이데올로기라기보다는 러시아 전제정의 전통과 러시아 인민의 개인적 자각의 부재에 기초한 前시민사회적 윤리 하에서 가능한 것이었다고 볼 수 있을 것이다.

한편 좌우파의 공산주의는 그 전망을 달리하기는 하지만 크게 보아 서구의 마르크스주의적 이데올로기에 기초하고 있다고 말할 수 있을 것이다. 프롤레타리아트 독재와 전위당에 관한 이들의 사고에서 그 점이 분명히 부각된다. 특히 민주주의적 사고는—그것이 제한된 것이기는 하지만—이들 좌우파의 사고의 한 부분을 차지하고 있었다. 따라서 이들의 전망은 보다 더 이데올로기적으로는 가치 있는 것이지만 러시아의 현실에서 승리할 가능성은 크게 가지고 있지 않다고 보아야 할 것이다.

그와 함께 부하린과 스탈린이 1923-27년 사이에 좌파그룹을 정치적으로 패배시키는데 기여하게 했던 모든 논의들은 또한 후에 부하린의 입지를 약화시키는 데에도 크게 기여하였다. 이러한 과정에서 특히 분파행동에 대해 전일적인 당개념을 강조하였던 부하린도 후에 그 자신이 이전에 주장하였던 이론의 희생자가 될 수밖에 없었다.25)

이러한 문제에 대하여 하겐(Mark von Hagen)은 소련의 민-군 관계를

---

25) R. V. Daniels, "The Left Opposition as an Alternative to Sta1inism", *Slavic Review*, Summer 1991, p.283.

분석함으로써 부하린의 대안이 승리하기 어려운 것이었다는 것을 밝혔
다. "국가와 당의 기구들의 최정상에는 '군사화주의자들'이 방위산업 로
비를 형성하고 있었고 아래에는 '탈농민화론자'들이 쿨락에 대하여 계급
전쟁을 하려고 근질거려하고 있었다. 양자는 모두 대두되는 군사적 가치
들을 사회주의적 근대화의 형식과 결합함으로써 소비에트 정치문화에
영향을 주었다, 이같은 상황에서 온건하고 점진적이고 좀더 민주적인 대
안들은 엄청나게 강한 적에 직면하여 별로 성공의 기회가 없었다."[26]

부하린의 사회주의적 대안이 스탈린이나 좌파의 대안과는 달리 보다
'인간적인' 것은 사실이다. 위로부터의 혁명이 없이 사회주의를 건설할
수 있었다는 점에서 부하린의 대안은 분명히 마르크스주의에 기초하여
새로운 이성적 질서를 건축하여 보려고 시도했던 사람들에게 분명히 희
망을 던져줄 수 있을 것이다. 스탈린 이후의 모든 공산진영에서의 개혁
운동의 진전이 그 점을 잘 보여준다. 그러나 과연 근대화의 문제에 직면
하여 부하린의 대안이 과연 얼마나 타당성을 지니고 있는가의 문제는
또한 별개의 문제이다.

3) 근대화와 부하린 노선

근대화를 단지 근대경제의 확립이라는 차원에서만 정의하는 것은 적
합하지 않다는 것이 이제 소련의 역사를 살펴볼 때 더욱 분명해지는 것
같다. 근대화의 제일요건은 산업화를 의미하는 것이겠으나 사회 정치적
으로는 근대적 인간상의 확립과 근대적 시민정치 공동체의 성립을 말하
지 않을 수 없을 것으로 보인다. 이러한 점에서 과연 부하린이 스탈린의
바람직한 대안이기는 하겠지만 그 성공의 가능성이라는 차원이 아니라
좀더 광범위한 범위에서의 소련에서의 혁명 이후의 시민공동체를 이루

---

26) "Civil-Military Relations and the Evolution of the Soviet Socialist State", *Slavic Review*, Summer, 1991, p.276

는데 적합한 이론이었는가 하는 문제는 별도로 고찰할 필요가 있다. 이 점에서 리(Lars T. Lih)의 논의는 의미가 있다.27) 그는 레닌과 부하린의 글을 정독하며 다음의 논리를 제시한다. "레닌도 부하린도 내전기를 당에 대해서의 가능한 타락의 시기로 보지 않았다. 전시 공산주의의 필요한 정책들에 의하여 창조된 환상들은 대개 극복이 되었다. 레닌은 이러한 환상들을 그의 마지막 논문들에서 다룰 필요를 느끼지 않았고 부하린은 레닌의 유언을 원래의 후퇴의 필요성을 증명하기 위해 사용하지 않았다. 당에 대한 주 위협은 다른 곳에 있었다. 소부르조아적 환경의 감염, 당분열의 위기, 그리고 러시아의 낙후에 의해 겁먹은 사이비 마르크스주의자들의 패배주의였다."

이 논의는 전시 공산주의와 NEP사이의 간격이 통상적인 외관보다는 크지 않다는 주장인 바 상당한 타당성을 가지고 있는 것으로 보인다.

문제는 스탈린의 실제노선, 부하린의 대안, 좌파의 대안 이 모두가 러시아의 낙후된 전근대적 사회를 배경으로 하고 있다는 것이다. 이 모든 대안은 러시아문화의 무게를 감당하지 않으면 안되었다. 그리고 이 문화는 동시에 러시아에서의 시민사회의 형성이라고 하는 근대적 과제에 대단히 불리하게 작용하였다고 하는 사실을 지적하지 않으면 안된다. 이미 로크(John Locke)가 지적하고 있듯이 개인의 시민사회에의 참여는 개인의 생명과 자유 그리고 재산이 상호 보존될 수 있다는 믿음에서 출발하는 것이며 그러한 한에서만 시민사회의 가장 큰 목적이 존재한다.28) 그러나 정확하게 러시아에서는 이러한 것이 존재하지 않았다. 그리고 짜르 전제정 붕괴 이후에 권력을 장악한 볼셰비키도 이러한 시민사회적 질서를 인정하려고 하지 않았다. 볼셰비키의 세계관에서는 시민사회는 형성

---

27) "Political Testament of Lenin and Bukharin and the Meaning of NEP", *Slavic Review,* Summer, 1991

28) J. Locke, *The Second Treaties of Government,* edited by T. Peardon, New York: The Bobbs-Merrill Company, 1952, p.71

시키고 발전시켜야 할 대상이 아니라 이미 그것이 러시아에 존재하지도 않았음에도 불구하고 그것은 타도의 대상이었다. 전근대적인 전제정에서 시민사회를 건너뛰어서 고도의 이상적인 사회주의 사회를 건설하는 것이 볼세비키의 과제였다.

볼세비키의 이러한 신념과 러시아 전통의 결합은 대단히 독특한 정치적 사회적 메카니즘을 소련에 생겨나게 하였다. 이러한 과정에 대하여 벨자예프(N.Berdyaev)의 지적은 음미할 가치가 있다.

볼세비즘은 러시아의 인민에게 로마법적 재산관념과 부르조아적 덕이 결여되고 있었다는 사실에 잘 부합되었다. 그것은 또한 종교에 뿌리를 내리고 있는 러시아적 집단주의에 잘 부합되었다. 볼세비즘은 러시아 인민 사이에 가부장적 생활이 붕괴되고 있고 기존의 종교적 믿음이 해체되고 있음을 이용하였다....러시아적인 정신은 회의주의에 어울리지 않으며 회의주의적 자유주의는 무엇보다도 러시아적 정신에 맞지 않았다. 인민들의 성신은 쉽사리 하나의 통합된 신념에서 다른 통합된 신념들로 옮아갈 수 있었으며, 생 전체를 포괄하는 하나의 정통주의에서 다른 정통주의로 쉽게 옮아갈 태세가 되어 있었다. 러시아는 옛 중세에서, 세속화와 같은 새로운 역사, 자유주의와 같은 문화의 다양한 분야의 분화, 개인주의, 부르조아지와 자본주의의 승리같은 것을 회피하고 새로운 중세로 옮아갔던 것이다.[29]

소련을 통하여 성립한 '새로운 중세'에는 중세적인 사회 정치적 구조와 아울러 전쟁을 통하여 형성된 전시적 규범들이 첨가되었다고 말할 수가 있다. 소련의 '새로운 중세'에서 어떠한 역동성이 존재하지 않았던 것은 아니다. 오히려 그 반대로 이전과는 다른 새로운 역동성이 나타났다. 그리고 이러한 역동성을 통하여서만 소련사회는 존재할 수 있게 되었다고 말할 수 있을 정도이다.

---

29) N. Berdyaev, *The Origin of Russian Communism*, Glasgow: The University Press, 1937, pp.169-170.

소련에서의 이러한 역동성은 새로운 사회·정치적 체제(socio-political system)를 창출해 내었다. 소비에트의 새로운 권력이 창출되고 분배되고 유통되는 것은 이 체제를 통해서다. 이 체제는 당과 사회의 구분 및 당에 대한 사회의 종속을 통하여 제정시대의 관료와 인민의 구분 및 복속관계를 분명하게 재현한 것이었다. 당이 사회에 대립되는 관료체제이며 입법 및 행정 사법과 같은 공적 영역뿐 아니라 경제와 같은 영역이나 나아가서는 도덕적 훈육까지도 담당하는 것이었기 때문에 이러한 의미에서 제정시대의 전제성은 오히려 강화되었다.

그렇지만 이 새로운 체제에서는 권력의 생산과 분배가 훨씬 더 역동적이었다. 급속한 사회-경제적 변화, 전쟁, 그리고 숙청과 처벌을 통하여 사회는 끊임없이 유동하고 있었으며 이러한 유동 속에서 소비에트적인 권력은 그 근원을 찾아내었다. 당은 사회의 전쟁을 통하여 그리고 끊임없이 전시적 긴장을 조성함으로써 권력에 대한 필요성을 증대시켰으며 이렇게 하여 형성된 권력은 당이라는 관료체제를 통하여 분배되었다.

이 체제의 작동법칙에 순응하는 자는 그만큼 승리의 가능성이 있는 반면에 이 작동법칙을 변경하려면 그만큼의 실패의 가능성을 더 안고 있다고 보아야 한다.

그런데 이 체제는 전혀 근대적이 아니었던 것으로 보인다. 부하린의 입장에서도 그가 비록 노동자 농민의 스믜슈카를 강조하고는 있지만 이는 양 계급이 동등하다는 것을 주장한 것은 아니었다. 당의 전일적 지도, 프롤레타리아트의 권력, 보조적 세력으로서의 농민, 노동자-농민 블록 내에서의 시민적 평화가 부하린이 구상하고 있는 질서였다. 이 구조하에서 당은 사실상 새로운 리비이어던이었다. 당에 대한 형이상학적인 윤리는 당에 대한 비판을 봉쇄시켰으며 따라서 어떠한 것이든 당장치를 통과하면 정당화되었다. 이러한 형이상학적인 윤리는 부하린 뿐만 아니라 프레오브라젠스키같은 좌파 이론가들도 역시 같이 가지고 있었다. 이 사회·정치적 체제는 대단히 여과적이었다. 그것은 일종의 강력한 신분적 질서와도 유사성을 가지고 있었다.

부하린은 이 체제의 장치를 가지고 좌파를 분쇄하는데 이용하였지만 곧 그는 스탈린에 의해 조종되는 이 체제의 희생물이 되었다.

물론 부하린의 사상 내에는 이 사회 정치적 체제의 작동법칙을 바꾸려 한 시도가 엿보인다. 특히 스탈린과 그의 균열이 분명해진 1928년 이후 그는 이 사회정치 체제가 근본적으로 그가 신봉하던 마르크스주의 이데올로기에 배치됨을 보았다. 그의 마르크스주의적 이데올로기가 이 작동법칙에 순응하게 하는데 방해가 되었다고 볼 수 있을 것이다. 그 점은 좌파의 경우도 마찬가지였다고 본다. 이 체제는 마르크스주의의 틀 내에서는 설명될 수가 없을 것이다. 이 점에서 입장의 차이에도 불구하고 좌우파는 접근점을 보이고 있었다. 그렇지만 스탈린이 이 체제의 작동 메카니즘을 다루는 데에는 더 적합하였다. 그는 이론으로서가 아니라 정치적 본능과 감각으로 이 기계를 다룰 수 있게 되었다. 소비에트적 욕망과 현실 사이의 긴장을 오히려 부하린은 충분히 정형화할 수가 없었다. 스믜슈카의 관점은 소비에트적인 긴장을 표현하기에 적절하지가 못하였다.

근대의 정치이론은 두 가지로 대변된다고 말할 수 있을 것이다. 하나는 시민적 평화를 지상의 덕목으로 간주하는 것이고 다른 하나는 오히려 전쟁을 덕목으로 간주하는 것이다. 마르크스주의는 이 점에 있어서 다소 모호하다. 시민적 평화에 대한 전제와 마르크스주의 계급투쟁의 노선은 갈등을 일으킬 소지가 있기 때문이다. 그러나 궁극적인 이상으로서의 공산주의를 전제하지 않는다면 자본주의 사회에 있어서의 마르크스주의는 불가피하게 전쟁의 이론이다. 그러나 정치를 통하여 전쟁을 다스리려고 하였다. 레닌을 비롯한 지도자들도 '전쟁은 다른 수단에 의한 정치'라는 격언을 신조로 삼고 있었다. 전쟁과 정치의 관계를 직관적으로 통찰한 이 격언은 정치 속에 전쟁을 포함하는 것이었다. 그러나 스탈린에 이르게 되면 이 격언은 '정치는 다른 수단에 의한 전쟁'이 되어버린 것 같다. 스탈린식의 통치는 계속 전쟁적 긴장을 유지함으로써만 가능했다.

부하린에 있어서도 이 양요소가 모두 고찰된다. 그러나 상호 충돌하는 가치 속에서 소비에트의 성립 이후에는 부하린이 민주주의적이고 시민적 평화에 대한 선호에 의하여 일단 전쟁의 종식을 인정하고 정치로서 사회를 다스리려고 했다.

> '자본주의로부터 사회주의로의' 이행기에 계급들은 아직 남아 있으며 계급투쟁은 잠시 약화될 수도 있다. 그러나 이행기의 사회는 비록 대립적이기는 하나 일정한 단일성(edinstvo)이 있다.[30]

이러한 입장에서는 제한된 범위에서나마 정치적 정당성의 문제가 제기될 수밖에 없으며 그러한 점에서 부하린의 입장은 시민적 정치공동체의 수립에 보다 가까이 접근하였다는 점에는 의심의 여지가 없다.

부하린의 양가적인 입장은 그러나 그의 대안도 역시 반시민적인 요소가 있다는 것을 주목하지 않으면 안된다. 그리고 이러한 측면은 볼셰비키적 담론을 견지하는 한 회피할 수 없었던 것으로 보인다.

4. 맺음말

1920년대에 소련에서 사회주의 건설의 문제를 중심으로 부하린이 전개한 이론은 소련 사회주의의 역사에서 특별한 위치를 차지하고 있는 것으로 보인다. 지금의 시점에서 부하린을 보는 것은 스탈린에 의해 억압받았던 한 볼셰비키를 보기 위해서는 아니며 더구나 부하린의 이론이 현실 사회주의의 몰락에 대한 사회주의적 대안의 의미를 가지고 있기

---

30) "Zametki Ekonomista", *Put'k Sotsializmu*, p.337.

때문도 아니다. 우리가 부하린적 대안의 타당성을 검토할 , 그 역사적 유효성은 1920-30년대를 넘어서는 것은 아니다. 부하린이 볼셰비키인 한 그의 담론이 가지고 있는 역사적 타당성 혹은 사회적 인정이 오늘날에 이루어지기는 어렵다고 판단되기 때문이다.

바로 그렇기 때문에 본고에서 부하린에 대해 내리고자 한 평가는 역사적인 평가이다. 1920-30년대에 소련이 실제로 걸어간 길이 부하린이 걸어가고자 한 길과 어떠한 차이를 가지고 있으며 부하린적 대안이 역사적 가정에 불과할 따름이기는 하지만 만일 선택되었을 경우에 어떠한 문제가 있을 수 있는가 하는가를 검토하는 데에 본고의 의의가 있었다. 소련 사회주의가 성립하여 그 역사적인 동력을 발휘하던 1920년대와 이미 소련 사회주의가 역사적인 실험으로 끝나고 완전한 몰락으로 귀결된 현 시점에서 부하린 이론의 의미를 검토하는 데는 당연히 많은 관점의 차이가 동반된다.

본고는 그러한 점에서 우선은 부하린의 이론을 이해하고 설명하려고 노력하였고 그 다음에는 필자가 염두에 두고 있는 소련사회의 가능한 정상적인 길--그것을 합법칙적이라고 이해할 필요는 없다--을 시민사회에로의 도달이라고 하는 입장에서 부하린 이론이 가지고 있는 문제점을 검토하였다.

부하린의 이론을 이해한다는 측면에서 볼 때 부하린이 소련이 실제로 취했던 스탈린의 노선보다 민주주의적 질서에 부합한 이론이었다는 데에는 의심의 여지가 없다. 그러나 그같은 평가는 부하린이 볼셰비키였다는 것을 전제로 하는 것이며 이 경우에 부하린의 이론이 가지는 의의는 러시아 사회주의의 반동적인 성격을 교정하는 역할을 하였다고 하는 데서 찾을 수 있을 것이다. 적어도 부하린의 사회주의는 볼셰비즘의 '중세적' 또는 전체주의적 경향에 대하여 분명한 제동을 걸고 있었다. 부하린의 이론이 현실적으로 채택되었을 경우에 후에 고르바초프에 의해 시도된 페레스트로이카 같은 정책과 유사한 정책이 이루어질 수 있었을 것이며 소련사회가 보다 빨리 그리고 보다 큰 고통 없이 시민사회로 성장하는 데에 기여할 수 있었을 것으로 판단된다.

그러나 서양사회가 걸어온 일반적인 길—그것을 시민사회의 발전과정이라고 이해할 때—을 감안하여 볼 때 부하린의 이론은 그가 가지고 있는 볼셰비키적 담론 때문에 결국 시민사회에 배치되는 이론으로 보아야 할 것이다. 볼셰비키 담론은 담론 속에서 개인주의, 재산권의 존중과 같은 시민사회의 구성에 필요한 요소를 배제하고 있었다. 모든 담론을 계급주의로 해석하고 환원시키는 것, 개인소유에 대한 존중의 결여 내지는 경시 이것은 부하린 역시 피할 수 없는 것이었다. 그러한 점에서 그는 충실한 볼셰비키의 일원이었던 동시에 역사적 한계를 가지고 있었다. 소련 사회주의가 몰락한 21세기의 문턱에서 부하린의 대안을 평가해 볼 때 우리는 결국 소련 사회주의가 시도한 역사적 도전이 그 여러 대안에도 불구하고 잘못 시도된 것은 아닌가 하는 깊은 의문을 가지지 않을 수 없게 되는 것이다. <『러시아연구』, 제2권, 서울대 소련동구연구소, 1992>

스탈린과 소련 사회주의의 정착

1. 머 리 말

혁명과 내전을 통하여 분쇄되었던 짜르가 지배하던 구체제 러시아는 내전에서 볼세비키가 승리하면서 1922년에는 소련이라는 견고한 제도적 틀을 갖추게 되었다. 이 연방을 체결하는 조약은 1922년 러시아 연방공화국, 우크라이나, 백러시아, 트랜스코카사스 사회주의 연방공화국의 네 나라에 의하여 이루어졌고 1922년 12월 30일 소련 소비에트 제1차총회에 의하여 조인되었다. 이 조약에 근거하여 소련헌법은 1923년 7월 6일 소련 중앙집행위원회에 의하여 채택되어 1923년 7월부터 발효되었으며 1924년 1월 31일 소련 소비에트 제2차 총회에 의하여 승인되었다.[1]

러시아혁명의 지도자인 레닌은 1922년 5월에는 뇌졸증으로 고통을 당하였고 집무를 거의 볼 수 없는 상황이었으며, 스탈린은 이미 1922년 4월 당중앙위원회의 서기장으로 임명되었으므로 이때부터 스탈린은 실질

---

1) Michel Lesage, *Les Regimes Politiques de l'U.R.S.S. et de l'Europe de l'Est*, Paris:P.U.F., pp.70~71.

상의 소련 지도자가 되었다. 1922년 말 레닌은 스탈린의 권력강화에 대해 심각하게 우려하는 유서를 남겨놓기는 하였지만 그것은 스탈린이 권력을 장악하는 데 아무런 장애가 되지 못하였다. 소련이라는 국가의 초석을 다진 것은 레닌이었지만 스탈린은 그 기초 위에서 자기의 방식대로 소련을 지배하였다.

러시아 10월혁명의 주역이 레닌이라고 한다면 소련 체제 구축의 주역은 스탈린이었다고 주저 없이 말할 수 있다. 물론 레닌은 '레닌주의'라고 일컫는 교리의 창시자이기는 하지만 그것을 해석한 것은 스탈린이었다. 스탈린만이 레닌을 올바로 해석할 수 있었으므로 사실상 '레닌주의'는 '스탈린주의'를 의미하게 된다. 그런 의미에서 스탈린은 소련 사회주의를 정착시키고 소련 사회주의 이데올로기를 만들고 수호한 사람이다. 소련 사회주의는 따라서 무엇보다도 스탈린 이데올로기의 영향을 가장 강하게 받았다.

그런데 소련의 사회주의 체제는 역사적으로 성립했던 하나의 체제이다. 이념적 지향에 의하여 이 체제에 향수를 느끼건 적대시하건 이 체제는 사회주의의 이름으로 분석되어야 한다. 스탈린은 마르크스와 레닌의 이름으로 그 자신의 이데올로기를 정당화하였으며 사회주의라는 새로운 체제를 구 짜르의 제국 위에 건설하였다. 이 새로운 체제는 20세기 세계사에 결정적인 영향력을 행사하였다. 기본적으로 20세기는 새로이 성립한 사회주의라는 문명과 자유주의라는 문명의 대립이었다고도 말할 수 있기 때문이다. 이제 20세기 러시아를 지배하였던 이 사회주의 문명이 어떠한 것인지를 살펴보기로 한다.

2. 러시아혁명과 스탈린의 권력장악

역사는 우연적인 것은 아니지만 그렇다고 해서 필연적인 것도 아니다.

소련에서 스탈린이 권력을 장악하게 되는 경우에 대하여도 같은 종류의 말을 할 수 있다. 스탈린의 사후 스탈린 권력을 비판하는 입장에 선 소련의 연구들은 스탈린을 우연적인 현상으로 보기를 원한다. 1956년 흐루시쵸프가 스탈린 격하운동을 전개하였을 때도 마찬가지의 입장에 섰었다. 이 경우 논지의 줄거리는 다음과 같다. 러시아에서의 사회주의혁명은 정당하였다. 그리고 사회주의를 건설하는 과정에서 레닌주의의 전통을 이어받은 당은 그 내부의 투쟁에도 불구하고 항상 인민들을 올바르게 지도하였다. 잘못되었던 것은 스탈린이었다. 스탈린은 권력을 찬탈한 것이다. 국내외적 여러 상황에 의해 스탈린은 레닌의 뜻과는 어긋나게 권력을 남용했다. 그럼에도 불구하고 소련에서 사회주의는 건설되었으며 그 결과는 정당한 것이다. 소련당국이 주장했던 이러한 입장은 결국 당의 영도성에 손상을 입히지 않으려는 지극히 교조적인 발상에서 나온 역사해석이라고 할 만하다.

그러나 소련 사회주의가 스딜린이 지배하는 체제로 된 데에는 스탈린 개인이 아닌 사회적인 배경이 있다. 스탈린의 혁명 전 경력을 아무리 폄하하건, 혹은 그의 이론직 능력을 아무리 의심하건 스탈린은 볼셰비키당의 중요한 조직책임자로 레닌에 의하여 천거되었고 그후 레닌의 말년에 그가 비록 스탈린을 서기장의 직책에 두는 것을 반대하였다고 하더라도 그의 지지에 의하여 스탈린이 볼셰비키당과 정부의 주요 직책을 가지고 소련사회를 통제할 수 있는 상황이 되었음은 부인할 수가 없다. 이러한 점에서 스탈린은 레닌의 계승자였다. 물론 레닌이 가진 다양한 폭을 그는 가질 수 없었다. 그러나 레닌주의를 소련의 행정적 필요에 맞게 교조화하는 데 그는 비상한 능력을 가지고 있었다는 사실을 부인할 수는 없다. 그는 당내 투쟁에서 비상하게 다수파의 입장을 지지하였고 따라서 눈치 빠르게 다수파의 입장으로 반대파를 제거하였다. 이론적인 일관성 같은 것은 그에게는 이차적인 중요성밖에는 가지지 않았는데 이것이야말로 소련에서 그가 정치인으로 성공할 수 있었던 비결이었다. 그렇기에 그는 트로츠키처럼 유능한 이론가이거나 대중적 지도자가 아니었고 부하린처럼 탁월한 이론적 능력을 가지고 있었던 것은 아니지만 그럼에도 불구하고 이들 모두를 차례 차례로 제거하였다. 그는 개인적인 능력에 앞서서 조직을 움직이는 데 비상한 능력을 발휘하였으며, 이러한 능력이 주로 권모술수에 입각한 것이었지만 이러한 능력이야말로 혁명을 통하여 새로이 사회의 지배층이 되고자 했던 신진 당료들의 열망에 부응하는 것이었다.

이미 혁명 이후의 소련사회는 혁명을 추구하는 사회가 아니었다. 구볼세비키는 이 점을 간과하였다. 짜르 시대의 질서는 혁명에 의하여 위아래가 바뀌게 되었다. 그러나 이제 사회의 상층에는 박해당하던 위치에서 지배층 혹은 그 보조적 층으로 기어올라간 무리들의 자만심과 탐욕, 권력욕이 있었다. 이들은 국가를 운영하는 데 필요한 지식과 교양을 가지고 있지 못하였다. 짜르 시대의 권위의 체계는 붕괴되었다. 그러나 권위가 붕괴된 이후에 볼세비키는 더·한층 완강하게 집요한 방법으로 권위에 집착하였다. 권위가 없었기에 그들은 권위를 만들어내야 했다. 따라서 이전의 짜르가 누렸던 전통적 권위 대신에 혁명을 명분으로 하는 새로운 권위를 창출하였다. 새로운 권위는 레닌의 카리스마에 의하여 이루어졌고 스탈린은 레닌의 지위를 서기장이라는 이름으로 계승하였다. 그리고 이 새로운 권력자는 짜르 시대보다도 더 엄격한 충성을 요구하였다.

스탈린은 레닌의 지위를 계승하였지만 레닌과 같은 카리스마를 가지고 통치하지는 못하였다. 특히 성장과정에서 그가 가졌던 원한과 열등감은 그로 하여금 정상적인 리더십을 발휘하도록 하지 못하였다. 그는 정상을 넘는 경쟁의식으로 레닌의 후계자들인 트로츠키, 지노비예프, 카메네프, 부하린 등을 잔인하고 사디스틱한 방법으로 살해하였다. 그뿐 아니라 스탈린과 인민사이에도 사도매저키즘의 관계가 성립하였다. 스탈린은 인민을 충분히 모욕하고 박탈하고 철저히 파괴하였다. 그리고 그것은 바로 인민을 위한 사회주의를 건설한다는 논거에서였다. 인민들은 철저히 부서지면서 스탈린에 충성하고 공포심을 가지며 그를 존경하였다.

또한 스탈린은 끊임없이 위협을 받고 있다는 망상과 그에 대하여 대항하여야 한다는 강박관념을 가지고 있었다. 제국주의자들로부터, 계급의 적들로부터, 혹은 구 동지들로부터, 후에는 자기를 치료하는 의사들로부터 그는 늘 위협을 느끼고 있었고 그리하여 이들을 분쇄하려고 하였다. 스탈린이 느끼고 있던 피해망상과 그에 대한 방어기제로서의 투쟁은 잔인한 통치, 복수를 정당화하였다. 스탈린의 과대망상은 이같은 박해-복수의 메커니즘에서 성장하였다. 티플리스의 신학교를 중퇴한 이 어설픈 신학도는 메시아적인 위대함을 스스로 느끼고 있었다. 그가 당하는 고난은 그의 위대함에 대한 증거였다. 오흐라나의 감시 하에 그가 당한 박해, 그가 권좌에 오른 후에 제국주의자들, 계급의 적들로부터 당한 박해는 그만이 올바른 노선으로 러시아의 인민을 이끌 수 있다는 신념을 주었고, 그루지아 출신이지만 스스로를 내러시아의 일원으로 동일시한 이 사람에게 소련공산주의 체제를 만들어나가도록 하였다. 그러나 이는 분명히 스탈린 1인의 광기만이 아니고 소련인민의 선택이기도 하였다.

3. 스탈린과 정치, 국제정치

소련은 종종 자신의 사회주의를 마르크스주의에 기초를 둔 프롤레타리아 독재로 규정하였으나 이는 오로지 피상적인 유사성에만 그 근거를 둔 것이라고 말할 수가 있다. 이데올로기적 수사학을 조금만 꿰뚫어볼 수 있다면 소련의 사회주의는 마르크스주의가 표방하는 혁명성과는 거리가 먼 보수적이고 민족주의적인 정치체제를 갖추고 있었다고 말할 수가 있을 것이다.

정치제도의 측면에서 관찰해 볼 때 소련사회주의는 당 우위의 정치제도를 가지고 있다. 공산당은 국가를 지도하는 전위당으로 권력을 독점하고 있으며 이러한 의미에서 국가기구인 소비에트는 단순한 행정기구에 불과하게 된다. 이같은 권력구조의 근원은 볼세비키의 혁명사상으로부터 도출된 것이다. 소수의 직업적 혁명가들이 다수의 국민들에 대하여 권력을 행사할 수 있게 되었을 때 볼세비키는 민주주의적 절차에 부합될 수 있는 시민사회로부터의 지지기반을 갖출 수가 없었다. 시민사회의 위임에 의하여 권력을 장악한 것이 아니었기 때문에 볼세비키는 역사적 진보성을 가정한 전위당의 이론에 의해서만 소수의 지배를 정당화할 수 있었다. 사회주의혁명 단계에서 프롤레타리아의 독재는 불가피하다. 그리고 다음 단계로 프롤레타리아는 전위당인 공산당의 영도를 받아야 한다. 공산당은 민주적 중앙집중주의의 원리에 의하여 중앙위원회의 지도에 의하여 움직이고 중앙위원회는 정치국에 의하여 움직이게 된다. 마지막으로 정치국이 한 사람의 유능한 인물에 의하여 지도될 때 정치국은 그 인물과 동일시된다. 이리하여 서기장의 통치가 가능해지는 것이다. 이 제도는 최고 통치권자의 선출에 이르기까지 다단계의 선거제도를 도입하게 되었으나 그 과정에서 국민들의 의사와는 무관한 일종의 '혁명적'인 독재가 가능하도록 되었다.

스탈린 통치시기의 소련사회주의는 정치체제의 측면에서 볼 때는 전체주의적 통치체제를 갖추고 있었다. 전체주의는 보통 다음의 몇 가지 특징을 가지고 있다.(1) 지도자 (2) 법적 질서에의 복속 (3) 사적 영역의 통제 (4) 정통성부과를 위한 허구 및 정당화를 위한 이데올로기 (5) 동원이 그것이다.[2] 소련의 체제를 전체주의로 보면 소련 사회의 여러 특징들이 일목요연하게 정리되며 파시즘체제와도 밀접한 연관성이 고찰된다.

소련과 같은 전체주의적 정치제도는 당이 모든 권력을 독점하고 있으

---

2) L.B. Schapiro, "Totalitarianism", *Western Society and Marxism Communism: A Comparative Encyclopedia*, ; C.D. Kernig (ed.), Vol. 8, New York: Herder, 1973, pp.189~192.

며 그러한 당의 권력독점은 묵시적으로 혹은 헌법에 의하여 보장된다. 당이 권력을 차지하는 한편 스탈린 시대에 행정권력과 입법권은 소비에트라고 불리는 기구에 속해 있었다. 사회주의적 원칙은 입법권과 행정권의 분리를 부르조아적인 제도라고 비판하였고 따라서 단일한 입법-행정권력으로서의 소비에트가 존재하게 되었다. 국가 최고위 레벨에서 최고 소비에트가 존재하며 각 행정단위마다 소비에트가 조직되었다. 최고회의의 간부회의 의장이 국가원수직을 수행하며 형식상 최고회의에 속하여 정부가 구성된다. 그러나 실상은 당이 정부와 소비에트를 통제하기 때문에 실질적인 권한은 가지고 있지 못하여 정부나 소비에트는 엄격히 말하면 당에서 결정한 것을 수행하는 보조적 역할을 한다고 보아야 할 것이다. 그러나 이는 이론적인 것이고 실제로는 당 역시도 그 권력에는 변천이 있었다. 특히 스탈린의 1인 권력이 강화되면서 당마저 그 존재의의가 희미해졌다. 정치국이나 중앙위원회나 제대로 그 역할을 할 수가 없었던 것이다. 당의 지배가 사실상 시간이 경과하면서 특히 스탈린 하에서는 경찰기구가 지배하는 테러국가로 변해갔다는 것이다. 1920년대에는 체카(Cheka)나 오게페우(OGPU)가 아무리 막강한 권력을 가지고 있었다고 하더라도 당의 권위에 복종하였다. 그러나 1930년대 구볼셰비키를 모두 처리하는 과정에서 특히 예조프 이후 경찰기구는 당의 권위를 완전히 무시할 수 있는 입장에 놓여 있게 되었다. 당은 이 테러의 주체인 경찰기구인 내무인민위원회(NKVD) 앞에서 무력화되었고 스탈린은 당의 이름으로 권력을 행사하였지만 실제로 테러기구의 총수로서 소련을 지배하였던 것이다.[3]

그렇기에 스탈린 집권 후기에는 공산당의 통치라고 하는 것도 사실상 소련의 통치과정을 이해하는 데 부적절하게 되었다. 오로지 스탈린의 의지가 모든 것을 좌우하게 되었으며 당이나 국가기구는 모두 이 의지를

---

3) H. Carrere d'Encausse, *Stalin: Order through Terror*, London and New York: Longman, 1981

실천하는 전달기구에 불과하게 되었던 것이다. 사회는 스탈린의 테러 앞에서 무력하게 되었다. 그 이유는 소련의 사회가 원자화되었기 때문이다. 공포와 불안에 질린 개인들은 상호간의 기초적 신뢰를 상실하였으며 옛날 짜르에게 자비를 구하듯 스탈린에게 자비를 구하였던 것이다. 소련의 공포정치의 결과 소련에서는 모든 사회조직이 파괴되었다. 가족조차도 예외가 아니었다.4) 노동조합이나 각종 사회단체도 소비에트 사회에서는 당이나 국가의 보조적인 역할을 수행하였다. 즉 사회단체의 자발성은 인정되지 않았으며 그것은 위험한 것으로 간주되었다. 개인의 의지, 사회의 의지를 박탈한 가운데 거대한 전체주의 국가로서 스탈린의 소련은 그의 사망까지 유지되어 갔다. 그 결과 소련은 공업화는 이루었지만 근대사회에 필요한 사회적 통합을 갖추지 못한 사이비 근대국가가 되었다.

소련의 국제정치 역시 국내정치와 짝을 이룬다. 하지만 국제정치는 소련이 일방적으로 작용할 수 있었던 것이 아니고 오히려 소련이 적응해야 하므로 국내정치와 반드시 일관되게 연관성을 유지하였던 것은 아니다.

볼세비키가 권력을 장악한 후에 이들은 승리에 도취되어 세계혁명을 기대하고 추진하였지만 그것은 곧 현실적인 벽에 부딪치고 말았다. 폴란드로 진군하여 세계혁명을 추진해 보려던 시도는 1920년에 좌절되었으며 볼세비키가 기대하였던 독일에서의 혁명은 단지 해프닝으로 끝이 났다. 소련의 사회주의혁명은 세계혁명의 도화선이 되지 못하고 국지적인 혁명이 되었으며 따라서 소련은 국제사회에서 고립적인 상태에 놓이게 되었다. 스탈린 시대의 소련은 소련이 처한 이러한 위치를 이데올로기적

---

4) 1935년 6월 9일 한 법령은 스파이나 '기생자'들에 대해서만 아니라 그들과 관련된 활동이나 계획을 알고 있는 사람들까지 사형을 적용할 수 있도록 하였다. 이같은 연좌제의 도입과 그로 인한 공포로 소련의 가족관계는 심각하게 손상을 입게 된다. *Ibid.*, p.35

으로 정당화하고 동시에 세계혁명이라는, 이제는 다소 멀어진 듯한 꿈을 다시 실천 가능한 목표로 바꾸어놓는 일을 수행해야 했다.

1920년대 스탈린의 일국사회주의론은 바로 이같은 목표에 부응되는 이데올로기였다. 스탈린은 1923년 독일에서의 혁명의 기대가 완전히 사라져버리자 1924년 말 일국사회주의론을 주장하였다. 그는 자신의 이론을 옹호하기 위하여 그때까지 소련의 지도자들이 누구나 가지고 있었던 세계혁명에 대한 관념을 트로츠키와 결부시켜 낙인찍었다. 스탈린은 러시아의 프롤레타리아를 믿고 독자적으로 사회주의를 건설할 수 있다고 보았으며, 트로츠키는 러시아의 가능성을 믿지 못하는 것이라고 하였다. 이미 혁명과 내전으로 지칠 대로 지친 인민은 새로운 혁명 대신 평온을 구하였다.5) 이런 식으로 정적을 제거한 스탈린은 그러나 일단 좌파를 패배시키자 1928～1929년에는 부하린을 비롯한 우파와의 투쟁을 위하여 극단적인 혁명을 호소하는 방향을 선택하였다. 이번에 그의 목표를 충실히 수행한 것은 이미 소련공산당의 도구로 전락되어 있던 코민테른이었다. 코민테른은 1928년 제6차 대회를 통하여 부하린 등 우파의 평화적 사회주의 건설의 노선을 전면적으로 비판하면서 새로운 계급투쟁을 선동하고 국제적으로는 사회주의 조국 소련을 위협하고 있는 제국주의국가들에 대한 단호한 혁명적 투쟁을 촉구하였다. 전세계의 프롤레타리아들은 사회주의 조국 소련을 위하여 혁명적 투쟁을 전개해야만 하는데 그것은 부르조아 계급과의 단호한 투쟁을 동시에 내포하는 것이었다.

스탈린은 제국주의에 대한 투쟁을 촉구하면서 그가 갖고 있는 파시즘에 대한 잘못된 인식으로 인하여 반(反)파시즘 공동전선을 형성하는 데 중대한 장애를 초래하였다. 스탈린은 1924년부터 사회민주주의를 노동계급의 최대의 적으로 규정하고 파시즘에 대하여 노동계급이 단합하도록 하기보다는 공산당을 사회민주주의와 대립하게 함으로써 파시즘에 대한

---

5) 미셸 헬러·알렉산드르 네크리치 공저, 김영식·남현욱 공역, 『권력의 유토피아』, 제1권, 서울:청계연구소, 1988, pp.205～206.

저항을 약화시켰던 것이다.6) 1930년대에 파시즘은 유럽의 실질적 위협 세력으로 등장하였다. 스탈린은 보다 현실적인 정책을 수행하는 인물이었으므로 그 나름대로 새로이 대두한 파시스트 국가인 나치독일과 자유주의적 서구와의 대립을 이용하여 소련의 생존을 고려했던 것은 놀랄 만한 일이 아니다. 그리고 스탈린은 기꺼이 히틀러를 그의 잠정적인 동반자로 채택하였다. 나치독일은 당장 소련의 서부국경을 위협할 수 있는 적이었으며 이 적을 달래기 위하여 그는 독일과 소련 사이의 힘없는 국가들을 분할하는 협정이 비밀조항으로 삽입된 독소불가침조약을 체결하였다. 나아가서 1939년 9월 28일에는 독소 우호 및 국경조약을 체결하였다. 이 조약에 스탈린은 직접 참여하였다.7) 사회주의국가 소련과 나치국가 독일은 기꺼이 우호관계를 수립한 것이다.1939년 독일이 폴란드를 침공하자 스탈린은 신속히 협정에 의거하여 폴란드 동부지역을 점령하고 그럼으로써 2차대전을 일으킨 독일의 충실한 협조자가 되었다. 1917년 당시 사정에 의하여 일시적으로 독립되었던 발트3국의 구러시아 영토가 다시 합병되었음은 물론이다.

소련의 이같은 정책은 일견 제국주의에 대한 투쟁을 강조하면서 약소민족의 해방을 주장하던 것과 상충되는 것처럼 보인다. 그러나 이렇게 보는 입장은 스탈린 이데올로기의 실용주의적 측면을 충분히 고려하지 않은 것이다. 스탈린이 제국주의 국가와의 투쟁을 하는 국면에서 약소민족 및 식민지의 해방을 주장한 것은 사실이다. 그러나 그것은 그러한 투쟁이 소련이 적으로 삼고 있는 제국주의 국가들을 약화시킬 수 있었기 때문이다. 문제가 소련과 관련된 약소민족에 관한 것이라면 사정은 다르다. 소련은 사회주의의 조국으로 약소민족의 해방자이기 때문에 소련으로부터 독립하거나 소련에 적대적이 되어서는 안되는 것이다. 따라서 사

---

6) 드미트리 볼코고노프, 한국전략문제연구소 역, 『스탈린』, 서울:세경사, 1993, pp.22~23.

7) *Ibid.*, pp.58~59.

회주의를 희망한다면 소련의 노선에 충실히 순응해야만 할 것이지 소련에 반대하는 어떠한 국지적인 민족노선을 가질 수는 없을 것이다. 변증법은 이러한 논리를 옹호한 좋은 무기가 되었다. 이 같은 편리한 변증법적 유연성으로 소련은 제국주의 국가들과의 외교관계 혹은 나치와의 동맹과 약소민족의 해방지원이라는 일견 모순된 정책을 적절히 구사할 수 있었다. 물론 소련 자신이 제국주의적이라는 사실은 인정하지 않았다. 그러나 소련은 그가 지배하고 있는 민족이 소련제국의 이해에 반한다고 할 때는 언제든지 유례없이 가혹한 정책을 선택하였다. 1941년 소련이 포로로 잡은 폴란드군 장교들을 장래에 폴란드의 민족운동을 할 수 있는 세력이라 하여 카틴숲에서 집단학살한 것은 바로 소련의 정책을 단적으로 보여주는 것이었다.

소련은 그러나 기대와는 달리 1941년 나치독일의 침공을 당하고 말았다. 슬라브 인종의 청소를 위하여 독일은 그 방향을 돌려잡은 것이다. 이에 대하여 소련은 아무런 유효한 대책을 강구하지 못하였다. 1937년의 대숙청으로 인하여 전투준비가 부족하였기 때문이다.[8] 소련은 이제 적으로 삼았던 미국이나 영국 등 서방과 다시 손을 잡고 독일과의 전투를 수행할 수밖에 없었다. 이 과정에서 이제는 반제국주의 선전선동을 하던 코민테른은 장애물이 되었으며 서방국가와의 원활한 관계개선을 위하여 1943년 코민테른은 해산되었다. 그러나 약소민족들을 지배하려던 소련의 정책은 조금도 바뀌지 않았다. 2차대전의 종결과 이울러 서부국경에서 폴란드, 체코, 헝가리, 유고에 이르기까지의 지역을 점령한 소련은 이들 지역을 지배하기 위하여 공산당이 지배하는 괴뢰적인 국가들을 건설하였다. 오직 유고에 대하여는 그러한 정책을 시행할 수 없었는데 이는 유

---

8) 1937년 5월~1938년 9월 사이에 있었던 군부의 숙청작업에서 36,761명의 육군요원과 3,000명의 해군요원이 제거되어 군관구 사령관, 군관구 참모장 및 대리의 90%가 해임되었고 군단 및 사단장의 80%, 참모장교 및 참모장의 90%가 해임되었다. *Ibid.*, p.63.

고가 소련의 힘을 빌리지 않고 독자적인 무장력을 바탕으로 하여 해방되었기 때문이다. 1953년 스탈린이 사망할 때까지 이들 지역에 대한 스탈린의 정책은 제국주의 바로 그것이었다. 제국영역을 끊임없이 확대하려는 스탈린의 정책은 1950년에는 한반도에서 전쟁을 초래하였다. 그러나 이 전쟁은 3년을 끌다 스탈린의 죽음을 계기로 휴전을 맞게 되었다.

소련정치의 특징을 종합적으로 정리해 보자. 소련의 사회주의는 전체주의적 특징을 가지고 있으며 끊임없이 적을 만들어 내고 이에 투쟁하는 특징을 지니고 있다. 그러나 국제정치의 측면에서 보면 스탈린 시기의 소련은 대단히 실용적인 외교노선을 가지고 있었다. 그것은 한편으로는 자본주의 국가 내의 계급투쟁을 선동하고 다른 한편으로는 제국주의 국가와 식민지의 모순을 충동하여 제국주의 체제를 약화시킨다는 정책이었다. 그러나 이것은 어떠한 종류의 이념적 순수성을 지키기 위한 것이 아니라 소련이라는 국가의 실용적인 목표에 따르기 위한 것이었다. 그 목표란 소련제국의 영토를 최대한 확장하고 그 인민들을 전체주의적 통제망 속에 가두어두는 것을 의미하였다. 물론 이는 객관적인 입장에서 보면 소련의 외교정책은 특히 기만적이었다는 것을 의미한다. 그러나 이는 소련의 입장에서 보면 기만적인 것이 아니었다. 사회주의혁명을 위한 것이면 무엇이든 선이 될 수 있다는 신념을 가르친 레닌의 뒤를 이어서 소련제국을 위한 것이면 무엇이든 선이 될 수 있다는 신념을 스탈린과 그의 추종자들이 가지게 되는 것은 전혀 어려운 일이 아니었기 때문이다.

4. 스탈린식 사회주의 경제체제의 확립

소련의 사회주의 경제체제는 20세기의 자본주의 체제에 대한 대안으로 형성되었다. 소련이 왜 사회주의 경제체제를 선택하고 그것을 실험하였는가 하는 것을 이해하는 것이 중요할 것으로 본다. 마르크스에 의하여 이론화된 과학적 사회주의는 자본주의 경제체제가 특수한 계급, 즉 부르조아의 이익을 위하여 성립된 체제이며, 이 경제체제에서는 착취당하고 있는 프롤레타리아가 비인간적인 수탈을 당할 수밖에 없으며, 따라서 인간의 공동선은 실현될 수 없다는 전제를 가지고 있었다. 따라서 인류의 공동선을 이룩할 수 있는 유일한 경제체제는 공산주의 체제이며, 이 공산주의 체제의 실현을 위하여 의식적인 투쟁을 해나가야 한다는 것이 그의 가르침이었다. 그러나 소련에서 스탈린에 의하여 채택된 사회주의 경제체제가 과연 마르크스로부터의 이러한 가르침을 전제로 하여 구성되었는지는 의문이다. 공산주의 체제가 자본주의 체제를 전복함으로써만 가능한 것이었기에 투쟁과정에서 자본주의의 체제를 전복할 수 있는 모든 요소가 공산주의 체제의 건설에 긍정적으로 작용할 수 있다는 신념을 레닌이나 기타의 볼세비키가 가지게 된 것은 이해할 수 있는 일이다. 그러나 막상 권력이 그들의 손에 넘겨졌을 때 이들은 그때까지 이론적으로만 생각했던 사회주의경제를 실제로 실천해야만 하였다. 자본주의를 파괴하는 일이 곧바로 사회주의의 건설은 아니었기 때문이다.

그러나 혁명과 내전의 기간 동안 긴급한 문제는 사회주의의 건설이라는 문제보다는 소비에트 권력의 생존의 문제였다고 말할 수 있다. 즉 군대를 조직하고 식량을 조달하는 일이야말로 모든 추상적인 이론에 선행되어 이루어져야 할 일이었다. 이러한 점에서 이른바 전시 공산주의 체제는 공산주의의 모델이라기보다는 어쩔 수 없이 강요된 상황에서의 궁여지책이었다. 그러나 전쟁이 종식되면서 볼세비키는 사회주의를 어떻게 이루어나가야 할 것인가의 문제를 다시금 진지하게 검토하지 않으면 안 되었다. 이 경우에 상황은 혁명 이전과는 달랐다. 혁명이전에 권력을 장악한 자들은 관료와 부르조아였지만 이제는 프롤레타리아를 대변하고 있는 바로 그들이 권력을 장악하고 있었기 때문이다.

대체로 보아 신경제정책이 도입되는 1921년부터 제1차 5개년 계획이 시작되는 1928년까지 소련의 볼세비키는 소련의 사회주의 경제체제를 어떻게 건설할 것인가에 대하여 진지한 토론을 벌였다. 사회주의는 아직 모색 중에 있었다. 물론 이 시기에도 이미 논의의 초점은 혁명을 일으킬 당시와는 달랐다. 이 시기에는 공산주의라는 이상적인 체제의 수립이 문제가 아니라 내전으로 인해 파괴된 경제를 회복하고 새로운 형태로서의 소비에트 국가를 어떻게 강화시키는가의 문제, 즉 보다 구체적으로는 낙후된 농업국가인 소련을 어떻게 자본주의와 경쟁할 수 있는 강력한 산업국가로 만들 수 있느냐의 문제였기 때문이다. 말하자면 그것은 사회주의적 방식으로 어떻게 근대화를 이룰 수 있는가의 문제였다. 우리가 근대화를 산업화의 의미로 이해한다면 소련 지도층의 관심은 바로 이 근대화를 이루는 데 있었다.

그러나 문제는 소련 같이 시민사회적 질서가 채 확립되어 있지 않은 사회에서 시민사회적 질서를 뛰어넘어 이상적 사회주의를 바로 건설하려고 하였던 이론적 약점에 있었다. 이 약점이란 생각보다 크다. 개인의 생명과 재산이 법에 의하여 보장된다는 신념이 결여된 사회에서 근대화를 국가의 지도에 의하여 이끌고 나갈 때 필연적으로 초래되기 마련인 권위주의적 또는 전체주의적 강제의 위험을 고려해야 하는 것이다. 부하린 같은 이론가는 이같은 위험을 감지하고 노동자와 농민의 연대(smyshka)에 의한 점진적 경제발전을 주장하였고 이것은 제한적이기는 하지만 소비에트 사회의 발전에는 근대화의 가능성이 존재하였다고 말할 수 있다.[9]

그러나 1928년부터 시작된 '위로부터의 혁명'을 통해서 스탈린은 자생적으로 사회의 성장과 연계되는 소련 사회주의 경제발전의 가능성을 완전히 붕괴시켜버렸다. 부하린의 노동자와 농민의 연대(smyhka) 정책은 노골적으로 파기되고. 계획경제, 집단농장화의 계획을 물리적인 강제를

---

9) 권희영, "1920년대 사회주의 건설에 대한 부하린적 대안의 문제," 『러시아연구』, 서울대학교 소련·동구연구소, 제2권, 1992

동원하여 추진하여가기 시작하였다. 계획은 특히 환상적으로 추진되었다. 이러한 계획의 목표달성에 모든 힘이 경주되었으며 계획에 반대하는 자유는 존재하지 않았다. 이러한 강제적 계획경제가 소련경제에 미친 영향은 참혹한 것이었다. 계획이 설정한 공업건설의 목표에 따라 모든 것이 희생되었다. 특히 농업부문의 희생은 참담한 것이었다. 농촌의 질서가 무너지고 농민들이 쿨락(kulak, 부농)숙청이라는 명목으로 희생되면서 생산량은 급속히 줄어들었다. 1920년대 말~1930년대 초 소련경제는 그야말로 위험한 지경에까지 이르게 되었다. 당연히 수백만의 기근자가 나왔고 수백만에 이르는 사람들이 강제노역이라는 형식으로 공업건설에 투하되었다. 여기에서 소련은 인간의 강제구속과 노역동원이라는 중세기적 혹은 고대적 방법의 경제로 되돌아간 것이었다. 그리하여 1926년에 이르러서야 1차대전 전의 수준으로 회복되었던 소련경제는 급격히 악화되었다.

이 같은 방법에 의하여 소련은 그의 경제를 농업사회로부터 산업사회로 변모시켰다. 그러나 그 대가는 면모가 가져온 모든 이점을 상쇄하고도 남음이 있다고 말할 수 있다. 600만에 해당하는 농민들이 기근과 농촌에서의 계급투쟁에 의하여 희생되었다. 또한 수천만에 이르는 사람들이 정보기관에 의해 체포되고 강제수용소에 수용되어 이들의 노동력이 헐값으로 이용되었다. 소련은 농업사회에서 산업사회라는 유토피아를 쫓아 모든 힘을 경주하였다. 소련이 가진 자본은 턱없이 부족하였으며 외부의 도움은 기대할 수 없었다. 그럼에도 불구하고 소련은 내부의 생산력을 증대하는 방법을 취하는 대신 무리하게 노동자 농민의 생활수준을 저하시키는 방법의 위하여 공업화를 이루었다. 이러한 강제적 공업화의 최대의 수혜자는 새로운 체제에서 고속승진을 거듭한 관료들이었다. 이들이 중심이 되어 노동자와 농민을 최대한으로 착취하였다.

이렇게 보면 스탈린의 위로부터의 혁명이 기대고 있던 몇 가지 전략이 분명해진다. 그것은 첫째로 사회의 계급적 분열에 의존하는 것이다.

사회의 하층민들의 증오를 고양시켜 이들로 하여금 계획경제에 방해가 될 수 있는 모든 세력을 제거하고 사회의 모든 사람들이 끊임없이 서로를 의심함으로써 사회적 연대를 분쇄하여 오로지 통치자의 의지만이 일사불란하게 작용하는 그러한 환경을 만들어내는 것이다. 이는 사회의 구성원을 아버지이자 신(神)인 스탈린에 맹목적으로 의지하게 하여 지배하려는 것이었다. 둘째로 스탈린의 전략은 기본적으로 값싼 노동력을 최대한 산업부문에 공급하여 국가가 직접적으로 장악할 수 있는 영역을 최대한 확대하는 것, 즉 경제의 전체주의화였다. 결과적으로 공포정치, 강제수용소, 강제노역동원, 집단화는 모두 이러한 전략에 봉사하는 것이었다. 세 번째로는 강력하고도 맹목적으로 충성하는 관료집단의 형성이다. 이른바 전체주의 국가를 운영하는 데 필요한 국가기구의 건설이었다. 스탈린이라는 의지와 정신이 이러한 혼 없는 관료기구에 접목될 때 이는 리바이어던으로 소련의 인민들을 마음대로 혹사하거나 생사를 결정할 수 있는 그러한 힘을 갖추게 되는 것이다. 이 관료집단에는 그러한 맹목적 충성에 대한 보답으로 물질적인 보상이 주이졌음은 물론이다.

노동자와 농민의 모든 권리를 박탈하고 관료들의 집단인 국가기구(그 중에서도 경찰기구)가 모든 것을 결정하는 이러한 새로운 체제가 바로 스탈린이 구축한 사회주의였다. 이러한 사회주의는 그것이 목표로 하였던 산업화를 이루는 데는 성공하였다. 그러나 산업화의 진행과 더불어 수반되기 마련인 시민사회의 성장을 철저히 분쇄하였다는 데에 소련식 사회주의의 특징이 있다. 말하자면 그것은 혼 없는 근대사회였다. 그리고 이것은 그러한 점에서 완전히 실패한 경제체제라고 말할 수 있다. 혼이 없는 경제체제이기에 그 체제는 최저한의 생존수준으로 인구를 부양할 수는 있으나 그 이상의 성장과 도약에 필요한 탄력성을 가지고 있지 못하였다. 무기력과 나태가 이 체제의 특징이 될 수밖에 없으며 수시로 환기되는 계급투쟁이야말로 이 체제의 살아 있음을 알리는 유일한 신호가 되었다. 그렇기에 이러한 경제체제는 소련식의 독특한 사회-문화적

인간형을 만들어냈다.

5. 스탈린 시대의 이데올로기와 사회

스탈린 시대 소련의 이데올로기에는 독특한 특징이 발견된다. 그것은 소련의 이데올로기가 마르크스-레닌주의의 레토릭 속에 교리문답을 연상케 하는 존재론적 목적론적 세계관을 표출하고 있기 때문이다. 그러나 이데올로기는 단순히 세계관의 표출에만 국한되지 않았다. 소련에서의 이데올로기란 다른 종류의 세계관을 인정하지 않는 강제성을 띠고 있었다. 그러한 점에서 스탈린 시대의 이데올로기는 종종 변신론적 특성을 가지게 되었다. 그렇지만 그것은 전혀 놀랄 만한 일이 아니다. 공산주의는 종교를 부정하였으며 그러한 의미에서 소련의 이데올로기가 유일한 종교가 되어야 하였기 때문이다. 레닌은 이미 공산주의자는 기독교도와 양립할 수 없다고 하였다. 일단 유물론자가 되면 그는 기독교인일 수는 없다.[10] 그렇기에 공산주의의 이데올로기는 이단적인 사고를 용납할 수 없는 교리일 수밖에 없었다.

공산주의의 이데올로기는 한편 심리적으로는 적이 없으면 살아갈 수 없다. 선과 악, 빛과 암흑의 대립은 거의 마니교적 이원론의 특성을 가진다.[11] 이 경우에 선과 악은 서로 밀접하게 의지한다. 물론 공산주의가 대표하는 것은 빛이요 선이지만 동시에 그것은 암흑이자 악인 부르조아 세계와의 대립이 없이는 살아나갈 수 없다. 이러한 적이 존재하지 않으면 그들 자신이 심리적인 균형을 상실하기 때문에 그들 스스로가 붕괴된다. 따라서 적이 없으면 적을 끊임없이 만들어내야만 하는 것이다. 소련에서

---

10) N. Berdyaev, *The Origin of Russian Communism*, Glasgow: Glasgow University Press, 1937, p.201.
11) *Ibid*, p.223.

공산주의 체제가 확립된 이후에 이 같은 심리적 기조에는 조금도 변동이 없었다. 부르조아 계급에 대한 투쟁, 내부의 계급의 적들에 대한 투쟁에서부터 밖으로 제국주의에 대한 투쟁에 이르기까지 소련은 계속적으로 적의 존재를 확인하고서야 비로소 체제적으로 안정을 유지할 수 있는 그러한 체제였다.

스탈린 시대의 이데올로기에는 이러한 공산주의 체제의 특질이 잘 나타나고 있다. 『소련공산당 약사』는 바로 성경이었다. 이 성서에는 이단과의 투쟁을 통하여 확립된 스탈린 교회의 노선이 잘 나타나 있다. 스탈린 시대의 사회와 문화는 바로 이 같은 교리적 논리에 의하여 재조직되었다.

스탈린 시대의 소련사회는 공산주의의 교리에 의하여 신정적(神政的)인 전체주의 사회의 모습을 갖추게 되었다. 근대 이후에 발전된 개인의 자유와 가치는 여지없이 분쇄되었다. 소련에서는 프롤레타리아라는 계급 속에 그 계급이 허구적이라 하더라도 개인은 함몰될 수밖에 없었다. 그러나 계급적 가치가 레토릭의 차원에서 강조되고 있는 동안 소련사회에서는 제정시대의 지배구조가 다시 모습을 갖추어 가기 시작하였다. 새로운 지배구조에서 지배자로 등장하게 된 신계급은 노멘클라투라라는 이름으로 불리었다. 이들은 당과 소비에트 등 각종의 기구에 종사하는 관료들로서 일반 국민들과는 분명히 구별되는 특권을 누리면서 프롤레타리아 국가가 그들에게 주는 이로움을 향유하였다. 그들은 일반 국민들과는 달리 고위직책을 맡으면서 넓은 주택, 특별상점 등의 혜택을 받았고 각종의 유무급 휴가를 즐기고 다차(dacha)를 이용하며 운전수를 둘 수가 있었다. 이들이 누리는 이러한 지위가 프롤레타리아 국가의 이념과 어긋난다고 해서 이상시할 필요는 없었다. 이러한 지위는 '평등화에 대한 소부르조아적 편견'을 공식적으로 배척하면서 정당화되었기 때문이다.12) 그렇기에 스탈린 시대에는 사회주의혁명이 모든 가난하고 억눌린 자들의 해방을 의미한다고는

---

12) 제프리 호스킹, 김영석 역, 『소련사』, 서울:홍성사, 1988, p.213.

생각하지 않았다. 그것은 전시 공산수의의 일시적인 환상이었을 뿐이다. 이제 새로이 확립된 사회주의 권력은 새로운 권위를 필요로 하였다. 전통은 모든 면에 걸쳐서 되살아났다.1920년대의 모든 해방적인 분위기는 새로운 사회주의 체제를 위해서는 방해물이었다. 그리하여 군대의 계급장은 다시 부활되었고, 실험적인 교육대신 전통적인 교수법에 의한 교육이 강조되었고 가족의 유지가 다시 강조되었고, 그토록 증오스럽게 투쟁하였던 제정 러시아의 전통도 자연스럽게 다시 부활되었다. 스탈린주의는 공산주의의 이념과 전통적인 짜르의 지배 구조를 교묘하게 결합시켰다.

러시아의 전통적인 지배구조와 공산주의의 결합은 문화면에서도 확인된다. 고도로 정치화된 소비에트의 문화가 정교적인 색채를 띠고 있다는 사실은 소련의 문화사가들에 의해 연구되어 왔다. 스탈린의 뿌리는 러시아의 과거에 있으며 특히나 표트르대제 이전의 시기와 1860년대의 호전적 유물론에 뿌리를 내리고 있었다. 1860년대의 호전적 유물론이란 진보에 대한 금욕적 헌신을 의미하는 것이다. 특히 스탈린 시대 선축의 음울함에서 표현되는 정신은 고대 모스크바공국과 더 긴밀히 연결되는 것으로 보인다.13) 한마디로 스탈린의 권력장악은 1920년대 발업의 문화적 실험에 종지부를 찍게 하였고, 사회주의 리얼리즘과 혁명적 구호를 뒤섞은 관제 스타일로 러시아문화의 전방향을 국수주의적 전통주의로 이끌어갔다.14) 20세기 초에 폭발한 러시아혁명은 스탈린의 위로부터의 혁명을 거치면서 표트르대제 이래로 러시아가 간헐적으로 추진해오던 서구화의 노력에 찬물을 끼얹으면서 종교적, 전체주의적, 관제적인, 거대하기는 하지만 자유롭거나 생명력은 찾아보기 어려운 그러한 문화를 만들어내고 말았다.

민족문제에 관한 측면에서 관찰할 때 스탈린이 확립시킨 사회주의는 짜르 시대의 민족주의적이고 제국적인 전통을 그대로 모양을 바꾸어 계승했다고 말할 수가 있다. 소련의 사회주의는 우선 민족적이며 동시에 제국

---

13) R.V. 대니엘즈, 석영중 역, 『스탈린혁명』, 서울:신서원, 1989, pp.221~222.
14) *Ibid.*, pp.230~231.

적이라고 할 수가 있다. 이는 사회주의가 지극히 보편주의적 정신에서 출발하고 있음과 견주어볼 때 놀랄 만한 일이다. 세계의 프롤레타리아를 해방하기 위해 출발된 사회주의가 소련에서는 지극히 국가적이고 민족적인 이해를 관철시키기 위한 도구가 되어버렸던 것이다. 소련 사회주의를 이같이 정착시키는 데 가장 큰 기여를 한 사람은 바로 스탈린이다. 다민족 국가로서의 러시아를 계승한 소련은 볼세비키혁명 이전부터 소수민족의 독립문제를 안고 있었다. 스탈린은 이러한 민족문제에 관한 이론가이자 동시에 행정책임자였다. 혁명 직후 그는 민족문제인민위원을 담당하여서 활약하였고, 이 역할을 맡으면서 그가 한 일은 구짜르의 제국에 속해 있던 민족들에게 민족자결권을 허용하여 독립시키는 일이 아니라 이 민족들을 사회주의 '제국' 내에 붙들어 두는 일이었다. 이에 동원된 논리 역시 추상적인 역사관이었다. 사회주의혁명을 통하여 새로운 질서가 성립되었으므로 이제 민족자결권은 부르조아적인 것이며 서로 단결하려는 근로인민의 자결권이 우선시되어야 한다는 논리이다. 결국 이 논리는 제국을 유지하려는 논리였다. 그리하여 민족자결권의 논리는 제국유지의 수사학으로 변모하였다. 스탈린의 이 논리는 소련의 헌법에 그대로 반영되었다. 소연방에 소속된 공화국들은 민족자결권을 가지고는 있지만 행사할 수는 없었다. 그뿐만이 아니라 스탈린은 부르조아의 의사에 반하여 근로인민이 스스로 통합할 수 있는 권리까지 가지고 있다고 주장하였다. 이리하여 스탈린은 마지못해 독립시켰던 발트 3국을 1939년 다시 강제로 합병하였다. 이 합병이 이른바 근로인민의 의사와는 아무런 관련이 없으며 단지 히틀러와의 분할협정에 의한 것이었음은 두말할 필요가 없다.

스탈린은 이같이 짜르의 제국을 유지하려고 진력하였음은 물론이고 이렇게 유지되는 제국 내에서 러시아인의 헤게모니를 확고히 하기 위하여도 많은 노력을 기울였다. 그루지아인인 그가 대러시아인의 헤게모니를 위하여 노력하였다는 것은 이상스러운 일인지도 모른다. 그러나 그는 혁명운동에 참여하면서 그루지아를 혐오하였다. 그것은 그의 야망을 만족시키기에는 너무나 작았다. 그는 스스로를 대러시아인에 동일시하였다. 따라서 그는 대러시아인이 아니면서도 대러시아인의 쇼비니즘을 잘 나타내었다.15) 각 소수민족의 민족주의는 혐오스러운 것으로 억압되었다. 민족주의는 그 자체로 부르조아적이며 따라서 형식상으로는 민족주의를 인정하지만 내용상으로는 사회주의가 관철되어야 한다. 그렇지만 혁명기의 '민족주의적 형식에 사회주의적 내용'이라는 구호가 후에 가서 러시아의 민족주의와 러시아제국의 이해를 강조하면서 그 반대로 되었음은 주목을 요한다.

민족문제에 대한 전문가로서 스탈린이 소수민족에 대하여 각별히 혹독한 정책을 취하였음은 주목을 요한다. 그것은 일찍이 유례를 찾기가 힘든 일이다. 스탈린은 종종 민족 전체에 대한 증오감을 노골적으로 나타냈다. 1937년에는 극동에 거주하는 한인들을 일본의 간첩활동을 할 우려가 있다는 구실로 20만에 가까운 사람들을 모두 중앙아시아로 강제이주시킨 것을 시작으로 하여 그는 1940년내에 이르기까지 독일인과 같이 적과 내통할 우려가 있다고 혐의를 받거나 체첸, 인구슈 등 전쟁기간 중 적의 지배하에 있었던 민족늘 등 여러 민족들을 강제로 이주시켰다. 이른바 인종청소는 스탈린이 즐겨 사용하던 정책이었다. 스탈린의 이러한 정책은 그가 민족문제를 계급적인 관점에서가 아니라 인종적인 관점에서 다루고 있었다는 사실을 충실히 보여준다. 그가 말년에 반유태주의의 강력한 추진자였다는 사실도 이를 확증시켜 주는 일이다. 그는 소수민족들을 경멸하였으며 이들 소수민족들은 역사에 종언을 고하고 보다 큰 민족으로 흡수되어야 할 것으로 보았다. 이들 소수민족들에 대한 고통은 이미 심리적으로는 대러시아인이 된 그의 쇼비니즘을 만족시켜 주었다.

---

15) R. 터커, 이웃 편집부 역, 『스탈린』, 제1권, 서울:이웃, 1988

6. 맺음말

스탈린과 소련 사회주의는 서로 긴밀하게 연결되어 분리될 수 없는 것처럼 보인다. 레닌은 소련 사회주의의 창시자이지만 그는 불과 6년 남짓 소련을 지도하였다. 그를 이은 스탈린은 30년 동안이나 소련을 통치하였다. 소련 사회주의의 여러 특징들이 스탈린에 의하여 모두 창안된 것은 아니지만 스탈린에 의하여 소련 사회주의가 가지고 있는 문제점들이 그 단적인 형태로 나타나게 되었음은 의심의 여지가 없는 사실이다. 이제 소련의 정치경제문화를 통하여 나타난 소련 사회주의의 특징과 그의 역사적 위치를 종합적으로 요약해 볼 필요가 있다.

첫째, 소련 사회주의는 결과적으로 볼 때 그 해방적 메시지에도 불구하고 사실상 산업화를 급속히 위로부터 추진시키기 위한 동원체제였다고 말할 수 있다. 이 점은 레닌이 이미 공산주의는 전기화(電氣化) 더하기(+) 소비에트 권력이라고 공식화한 것에서도 잘 나타난다. 해방이나 근대화, 이데올로기 등의 모든 가치에 앞서서 산업화를 최우선적인 가치로 설정하고 매진한 동원체제였기 때문에 소련 사회주의는 여러 가지 점에서 사회적 문제를 야기하게 되었다. 우선 소련 사회주의에서 혁명적 이념은 허구가 되었다. 마르크스 등의 사회주의가 가지고 있었던 진보적이고 이상적인 성격은 소련 사회주의에서 배제되었다. 따라서 노동자 농민의 해방이란 이데올로기는 실제로 체제에 대하여 어떠한 도전도 불허하는 징벌을 위한 도구가 되었다. 소련 사회주의는 이미 선(善)이기 때문에 선에 도전하는 것은 모두 악이라는 식이다. 또한 근대화를 이루어 나가는 데 필요한 정치적 틀이나, 사회윤리 등의 마련에는 손도 대지 못하고 단지 인민을 도구화함으로써 관료집단의 산업화에 강제적으로 동원되는 그러한 상태가 되었다. 소련의 인민은 그 대가로 최소한의 생활수준을 보장받았고 지상천국을 이루어나가고 있으며, 세계에서 가장 행복한 땅에 살고 있다는 허상을 가지게 되었다.

둘째, 소련 사회주의는 종말론적 이원론으로 끊임없이 내외적으로 투쟁을 부추겼으며 각종 투쟁은 소련 사회주의의 생존을 위해 필요한 조건이었다. 소련 사회주의는 이 점에서 사도매저키즘의 기제 속에서 사도매저키스틱한 인민을 양산하였다. 혁명과 내전에서의 회생, 집단화에서의 상호투쟁과 희생, 공포정치, 수용소군도, 전쟁과 인내, 이러한 것들은 스탈린이라는 신이 가하는 형벌을 기꺼이 희열로서 받아들이는 심리가 없이는 이루어지기 어려운 것이었다.

셋째, 국가적 지향으로서의 맹목적인 산업화(즉 권력추구와 사도매저키즘형의 인민은 소련 사회주의를 전체주의로 특징짓게 한다. 소련 사회주의는 이점에서 유사종교라고 말할 수 있다. 이것은 정치체제 이상의 의미를 지니고 있었다. 이 체제는 의지에 의한 선택이라는 차원을 넘어서서 종교적 신비성을 가지고 있었다. 이 체제는 체제가 약속하는 유토피아와 현실의 가혹한 조건이라는 양가성(兩價性) 위에서 고통과 희열이라는 양가적 감정을 산출하였다. 체제는 종교적 숭배의 대상이었다. 인민은 경건한 마음과 열정으로 체제를 위하여 자신을 희생할 것을 요구받았고 감시와 공포 그리고 내면적 불안 속에서 인민들은 체제에 순종하였다. 투쟁이 격렬할수록 순간적인 희열이 되살아났다. 그리고 투쟁 뒤에는 고통과 인내가 뒤따랐다. 전체주의적 가치 속에서 소련의 인민은 개성을 상실하였다. 소련의 인민은 각종 집단성 속에 매몰됨으로써만 안심할 수 있었고 이는 근대사회의 성장에 필요한 모든 윤리적 정치적 사회적 준비를 늦추는 데 결정적인 요소가 되었다. 소련의 인민들은 스탈린이 죽고 나서야 비로소 자신들의 깊은 최면 속에서 깨어나기 시작하였다. 전체주의의 겨울에 바람이 불었다. '해빙'이 시작된 것이다. <『소련정치론』, 나남, 1995>

러시아 민족주의의 특징

1. 머 리 말

동유럽과 소련에서의 공산주의 붕괴 이후로 세계를 이데올로기에 의한 대립으로 인식하던 역사적 정치적 범주들은 더 이상 현실을 설명하는데 유용한 가치를 가질 수 없게 되었다. 이데올로기 대신에 경제적 이해관계, 민족주의, 문화적 차이 등과 같은 요소들이 국가의 정책결정이나 국제간의 관계를 이해하는데 더 중요한 범주로 부상되고 있는 것이다. 이러한 현상을 탈근대화의 범주로까지 확장시켜서 이해해야 하는가에 대하여는 아직 미지수이나 여하튼 이데올로기의 시대가 이미 가버렸다고 하는 주장은 그리 어렵지 않게 학자들의 동의를 얻어낼 수 있게 되었다. 개별 국가적인 차원에서나 아니면 국제간의 블럭 형성에서 이데올로기가 더 이상의 주도적 요인이 될 수 없다고 한다면, 그리고 국제적인 신질서가 종전의 개별국가의 이데올로기적 유대에 의한 블록정치의 해체 이후의 질서를 의미하며 오늘날 블록의 새로운 재편성을 눈 앞에 두고 있는 상황이라고 한다면 이러한 선질서의 상황 속에서 민족주의가 어떠한 비중과 의미를 가지고 있는가 하는 것을 살피는 일은 대단히 긴요한 일이라고 할 수 있을 것이다. 왜냐하면 이데올로기가 붕괴된 자리에 민족주의가 새로운 활력을 가지고 재등장하여 마치 19세기 민족주의의 시대가 다시 도래한 것과도 같은 인상을 주고 있으며 이러한 현상은 유엔의 기능강화나 유럽연합, 혹은 나프타 같은 지역화, 전체적으로 말해 지구화라는 현상과 모순을 야기시키는 것이 아닌가 하는 의문을 들게 한다. 따라서 새로운 국제정치적 질서와 새롭게 재등장한 민족주의의 요소를 적절하게 이해한다는 것은 서로 상충된 현상을 이해해야 한다는 곤혹스러움을 주고 있다. 그러나 일견 상충된 것처럼 보이는 이 현상들의 이해가 바로 오늘날의 국제정치적 질서와 환경에 대한 이해가 되는 것은 두말할 필요도 없을 것이다.

본고는 동북아 제 국가의 민족주의의 특징을 고찰하는 것 중의 일환으로 러시아 민족주의의 특징을 고찰하는 데 목적을 가지고 있다. 이러한 시도는 물론 현재의 새로운 국제정치적 질서 속에서 민족주의의 요소를 재평가하여 동북아의 정치적 질서와 그 동력, 나아가서 그 변화를 인지할 수 있게 한다는 점에서 그 연구의 의의가 있다고 할 것이다. 연구의 의의는 또한 공산주의의 붕괴 이후 새롭게 국제정치질서의 수면 위로 부상하게 된 민족주의의 문제를 현실적으로 평가하는 것과도 관련이 있다.

2. 러시아/소련의 역사적 전통

우리는 러시아 민족주의의 특징을 거론하기에 앞서서 러시아의 역사적 전통을 이해하고 그 전통 속에서 민족주의가 어떻게 표출되어 왔는지에 대하여 이해할 필요가 있다. 러시아는 유럽적인 기준에서 볼 때는 역사적 발전이 상당히 지체된 국가였다. 그것은 러시아에서 농노제가 공식적으로 폐지된 것이 1861년의 일이었다는 사실에서도 명백히 알 수 있을 것이다. 따라서 러시아는 국가를 지탱해 온 관료집단과 일반 민중 사이의 문화적 거리가 큰 나라였다. 이러한 상태 속에서 러시아는 정교회, 전제군주제, 국민성이라는 세 요소에 의하여 국가와 사회를 통합시켜 왔다. 그러나 국가가 러시아를 통합시키는 상징으로 유지시키려고 했던 이 세 요소는 러시아의 인텔리겐챠들에게는 전혀 다른 의미를 가지고 있었다. 정부는 전제군주제를 가장 핵심적으로 하여 종교를 정치화시키고 민족성을 의심스러운 것으로 보았지만 슬라브주의 인텔리겐챠들은 정교의 순수하고 내면적인 신앙을 가장 중요한 것으로 간주하였고 진정으로 국민성을 찾아 나서려고 하였던 반면에 전제군주제를 마지못한 죄악으로 보았다.[1]

정부와 인텔리의 이러한 대립은 근대 러시아의 역사를 특징지우는 각인이었다. 러시아에서의 국민적 통합이 서유럽에 비하여 1세기 이상 뒤늦은 관계로 인하여 러시아의 민족주의는 서유럽형의 국민적 민족주의를 가지기가 어려웠다. 사실상 러시아의 민족주의란 국민주의라기보다는 제국주의였다. 제국의식이 국민적 통합에 선행하고 있었으며 국민적 통합은 계속 지체되고 있었다. 러시아가 다민족국가라는 제국적 형식에 기초해 있었던 것도 국민적 통합에 장애가 되는 중요한 이유이기는 하지만 그보다는 러시아에서의 지배계급과 민중 사이의 괴리가 무엇보다도 큰 역할을 했다고 볼 수 있다.

러시아의 지배계급인 귀족들과 일반적으로 무직(muzhik)이라고 불리는 농민들 사이에는 정치적 지배-피지배 관계라고 하는 것과 아울러 문화적으로도 상당한 차이가 있었다. 러시아의 지배계급이 전제 군주제라고 하는 이상과 관료주의적 강제와 권위로서 민중들을 지배하려 할 때 민중들은 정교 신앙에 기초를 둔 자비로운 짜르의 통치를 기대하고 있

---

1) N. Berdyaev, *The Origin of Russian Communism*, Glasgow : The University Press, 1937, p.29

었다. 근대에 있어서의 가장 중요한 신념이라고 할 수 있는 정치적 공동체의 형성은 요원한 일이었다. 물론 러시아에서의 산업의 비교적 뒤늦은 발전과 이에 따라 중간계급인 부르조아지의 형성이 뒤쳐져 있었다는 점에서 정치적 공동체의 형성에 필요한 공동의 정서를 가지기에는 곤란한 한계가 잠재하고 있었다. 따라서 러시아의 정치적 전통에서 강한 지배와 반란은 꼬리를 물고 일어났다. 러시아인들의 특성으로 일컬어지는 민중주의, 허무주의, 무정부주의 등은 러시아에 고유한 것은 아닐지라도 러시아에 들어와서 그 가장 특징적인 형태를 드러내었다. 그리하여 근대가 시작된 이래 러시아 사회는 정치적 의미에서의 시민이 발달하고 시민의식이 형성된 것이 아니라 정치적 공동체를 언제라도 끝장낼 수 있는 민중의식이 형성되고 발달하였다. 귀족들은 그들만으로 러시아를 대표하고자 하였고 민중은 정치사회의 밖에 놓여 있었다. 근대적 인텔리겐챠는 이 양대 계급의 어느 쪽으로부터도 환영받지 못하였지만 민중의 이름으로 새로운 질서를 구축하려 하였다. 이러한 구도 속에서 러시아에서의 민족주의란 정부의 도구로 이용될 가능성이 많았으며 제국 내의 소수민족들에 대한 탄압의 수단이 될 위험성을 내포하고 있었다.

20세기에 들어와서 러시아의 혁명과 그 결과 이루어진 소련에서 러시아의 민족주의가 또한 어떻게 발전되어 왔는가 하는 것을 이해하는 일은 대단히 중요한 일이다. 왜냐하면 프롤레타리아트 혹은 러시아 민중의 해방이라는 기치를 들고일어난 혁명은 원래의 사회주의의 보편적인 이념과 그의 확산보다는 러시아 민족을 중심으로 하는 제국의 형성과 발전이라는 결과로 귀착되었다. 공산당을 중심으로 하는 사회주의 이데올로기가 소수민족들의 민족의식을 탄압하였으며 러시아 민족주의조차도 단지 억압된 형태로서만 존재할 수 있었다. 민족주의의 부정을 통하여 러시아 민족이 제국의 헤게모니를 장악하는 상황이 되었던 것이다. 민족주의가 억압되고 그 대신에 제국이 강화되었다고 하는 것은 제정 시대의 전통과 완전히 일치하는 일이다.

소련에서는 사실상 러시아인들의 민족주의를 비롯하여 각종의 민족주의는 억압되어 왔다. 그것은 공식적인 발언권을 가질 수가 없었다. 그러나 그것은 제국 의식으로 변형되면서 소련의 국가 이데올로기로서 대단히 중요하고도 확고한 위치를 차지하였다. 소련에서는 소비에트 인민의 개념을 통하여 소련 식의 국민을 창출하려 하였다. 인민들의 우애에 바탕을 둔 이 소비에트 인민의 이데올로기에 의하여 각종의 민족주의는 그 발언권을 가질 수가 없었다. 그러나 이 소비에트 인민은 오로지 가공의 인민이며 가공의 국민이었다. 이 소비에트 인민은 국가 정책 속에 이데올로기 속에 그리고 억압과 잠시, 강제라고 하는 형식을 통하여 유지되었다. 인민들은 소비에트 인민에 그의 정체성을 가질 수가 없었다. 여기에 동일시할 수 있는 사람들은 일군의 노멘클라투라에 불과하였다. 러시아/소련 제국의 국제주의가 바로 소비에트 인민으로 나타난 것이었다.

그렇기 때문에 제정시대의 국가 이데올로기가 민중에 그다지 영향력이 없었던 것과 마찬가지로 소비에트 인민이라는 이데올로기도 러시아 민중들 사이에 그다지 영향력을 가지고 있었다고 보기는 어렵다. 소비에트 시대의 러시아인을 포함한 각 민족들은 이미 그들 나름대로의 민족 의식을 가지고 있었다. 그리고 이러한 민족 의식을 공산주의 체제가 억압하려고 하였지만 그것을 완전히 억압하는 데는 실패하였다. 러시아 민족들의 의지는 중앙의 권력이 이완되었을 때 분출되었다. 1917년 2월혁명 이후의 시기가 그러하였다. 볼셰비키는 이 민족 의식들 대신에 조국 없는 프롤레타리아트라는 계급적 의식으로 러시아를 지배하려 하였다. 그러나 이상적인 프롤레타리아트 국제주의가 지도적 이념으로 기능 하였던 것은 극히 짧은 순간이었을 뿐이다. 볼셰비키 정부가 내전과 간섭군의 위협 하에 놓이게 되었을 때 이들은 즉시 사회주의 조국의 방어에 호소하였다. 그와 함께 각 민족들의 민족주의를 고취시키는 방향을 취하였다. 이러한 방향을 취항으로써 볼셰비키는 내전에서 승리할 수 있게 되었다. 소련에서 제국의식이 강해지고 각 민족들의 통제가 필요할 때는 이러한 제국의식은 프롤레타리아트 국제주의의 이름으로 다시 민중에게 강요되었지만 민중들의 힘이 필요한 시점에서는 이 통제는 이완되고 다시금 민족주의적인 구호가 등장하였다. 제2차 대전 독일의 공격으로 위기에 처한 상황에서 다시금 각 민족들의 민족주의에 대한 관용이 있었던 것이 그러한 예라고 볼 수 있다.

그리하여 전반적으로 개괄하여 볼 때 러시아나 소련이나를 막론하고 일관되게 흐르는 전통은 러시아-소련에 있어서의 제국 이데올로기의 우위 현상이다. 제국 이데올로기는 의연히 국가를 유지시키는 이데올로기로서 작용하였으며 이는 지배층의 정서라고 말할 수 있다.

그러나 짜르나 서기장에 의해 대표되는 이같은 지배 이데올로기는 실제 민중들의 의식과는 거리가 있었다. 민중들은 무엇보다도 민족의식을 소비에트의 국제주의적 이데올로기보다는 중요시하고 있었음이 분명한 것이다. 따라서 공식적인 이데올로기의 수면 밑에서는 각 민족들의 민족적 의식이 주된 사회의식을 형성하고 있었다고 보이도 무방할 것이다. 소비에트 당국에 의하여 집요하게 탄압 당한 민족주의야말로 역으로 소련사회에 민족의식이 팽배해 있음을 보여주는 반증이었던 것이다.

그러나 우리는 소련 내의 제 민족의 민족주의의 특징, 특히 러시아 민족주의의 특징을 러시아 사회와의 관련하에서 고찰해 볼 필요를 느낀다. 왜냐하면 러시아 정치적 문화적 전통이야말로 러시아 민족주의를 특징지우는 그러한 주형을 이루기 때문이다. 이를 다음절에서 검토하여 보기로 하자.

3. 러시아 민족주의의 특징

서로 적대적이며 양극적인 대립의 원칙들을 함께 가지고 있는 것이 러시아인들의 특징이다. 러시아와 러시아 사람들은 오로지 모순에 의해서만 특징 지워진다. 같은 논거에서 러시아 사람들은 제국적-전제적이며 동시에 무정부주의적 자유추구적이라고 할 수 있고, 민족주의와 민족적 위훈에 경사되는 동시에 다른 사람들보다도 전교회적 견해, 보편적 정신을 가지고 있는 사람들이다. 그들은 잔인하면서도 비범하게 인간적이고 남에게 고통을 주면서도 무제한적으로 동정적이다.2)

베르자예프(N. Berdyaev)의 러시아와 러시아인에 대한 이러한 성향의 지적은 러시아 민족주의의 특징을 살피는데 있어서도 중요한 시사점을 던져 준다. 물론 감정의 양가성은 단지 러시아인들만이 가지고 있는 것은 아니다. 그것은 정신분석학이 밝혀주고 있듯이 인간감정의 보편적인 특징을 나타낸다고 할 수 있다. 그러나 러시아인들의 문화에는 이러한 양가적 감정이 두드러지게 나타난다. 그리고 이것이 바로 서구문화에 대비하여 러시아 문화의 특징이라고 말할 수 있다.

이 점에 있어서 서구와 러시아의 문화적 차이를 카톨릭과 정교의 신학적인 차이에서 밝히고 이 차이를 양 문화의 심성의 차이로 해석해 낸 크리스테바(J. Kristeva)의 견해를 참조할 필요가 있다. 그는 비잔틴 신학에 결정적인 역할을 한 인물인 神學者 성 시메온의 삼위일체론을 분석하였다. 성 시메온은 삼위일체를 세 인격적 차이들의 융합으로 이해하였다. 그리고 이는 빛의 비유로 설명되었다. 비잔틴 삼위일체론은 빛과 인격성, 그리고 통일과 출현을 의미하였다. 이는 비잔틴의 독특한 해석이었다. 라틴교회에서는 비잔틴 교회의 이러한 per Filium(성령이 성자를 통하여 성부로부터 온다는 주의)에 대립하여 per Filioque(성령이 성부와 성자를 통하여 온다는 주의)를 주장하였다. 비잔틴 교회에서의 이 삼인격은 그들 사이에서의 동일화와 신자의 성삼위와의 동일시는 성자 또는 신자의 자율이라는 개념으로 유도되지 못하고 각자를 타자에게 영물학적으로 귀속시키게 하였다. 성부에서 성자를 통하여 내려온 성령이 바로

---

2) *Ibid*, p.15.

그러한 상태를 의미하였다. 그 반면에 서방에서는 성부가 성자를 낳고 성부가 성자와 함께 성령을 낳았다. 안셀름에 의해 주장되고 토마스에 의해 계승된 이 해석은 한편에 교황의 정치적인 그리고 정신적인 권위를 위치시키고 다른 한편에 아버지와 동일한 특권을 가지고 있는 아들에 정체성을 가진 신자 인격의 자율과 이성을 위치시키는 장점을 가지게 되었다. 그리하여 자율과 평등보다는 차이와 동일화라는 이 동방의 삼위일체론은 환희와 신비의 근원이 되었다. 이러한 상태에서 신자의 심리적 공간은 회열 혹은 죽음의 가장 격렬한 운동에 노출되게 된다. 이는 신적 사랑의 통일성에 혼합되기 위한 것이다.3) 크리스테바의 러시아문화에 대한 정신분석적 해석은 베르자예프의 러시아인들의 특질에 대한 직관적 통찰과 일치한다고 볼 수 있다.

러시아인들의 특징이란 곧 러시아의 문화적 특징을 의미한다. 즉 러시아의 문화에 감정의 양가성이 다른 문화에 비해 상대적으로 두드러지게 나타나는 요소가 존재한다는 것이다. 그것은 다른 무엇보다도 러시아가 차지하고 있는 지리적 조건에서 찾아볼 수 있으리라고 본다. 러시아의 지리적 조건에서 무엇보다도 두드러진 것은 러시아가 서양세계의 한 성원이자 동시에 동양세계의 한 성원이라고 하는 사실이다. 사실상 동서양이 러시아에서는 나란히 공존하고 있다. 물론 이는 러시아가 동서양이 만나는 접점에 놓여있었다는 사실과도 무관하지는 않다. 러시아 민중들의 삶이 의연히 동양적이었다고 한다면 러시아 황실과 궁정귀족은 서유럽의 문화에 자신을 동일시하고 있었다. 표트르대제의 개혁 이후에 러시아 사회는 서구화되었지만 그것은 귀족과 민중의 적대감 속에서 진행되었다. 러시아의 지배층은 서구를 따라잡는 것을 그들의 과제로 생각하였다. 이러한 과정에서 러시아인들이 서구에 대해서 느끼는 상대적 열등감과 동방에 대해 가지고 있는 상대적인 우월의식은 러시아인들 의식 중

---

3) J. Kristeva, *Le Soleil Noir*, Paris:Gallimard, 1987, pp.217~223.

의 중요한 단면을 형성한다.

러시아인들의 문화에서 나타나는 다른 특징적인 현상은 이들이 집단적으로 스스로 생각하는 이상적인 자아와 그들의 현실적인 자아와의 사이에 상당한 간극이 존재한다는 사실이다. 이같은 심리적 공간에서 러시아는 자민족의 문화를 이상적인 수준으로 끌어올리기 위하여 비상한 노력을 경주하게 되었다. 사회정치적인 차원에서 집단적인 이상적 자아란 서구를 모형으로 하는 세련된 문화였으며 그러나 이러한 문화를 추구하는데 러시아가 취할 수 있는 수단이라는 것은 민중 혹은 부르조아지부터의 성장이 바탕이 되는 것이 아니라 위로부터 추구되는 그러한 개혁이었다. 그리고 그러한 개혁의 이상은 강력한 제국이었다. 개인주의가 러시아 문화에서 추구되지는 않았다. 이미 정교적 전통에서 러시아 민중은 가부장적 질서를 바탕으로 하는 공동체사회를 추구하였다. 민중들과 정서적으로 대립된다고 할 수 있는 러시아의 인텔리겐챠도 마찬가지로 개인주의적 전통을 추구하지는 않았다.

이들이 추구하는 것은 개인이 아니라 러시아 민족 혹은 러시아 인민이었고 러시아의 운명이 이들의 관심사였다. 러시아의 역사 속에서 러시아가 추구하는 이상이란 러시아 민족의 공동된 유토피아의 추구였다. 그러나 하나의 유토피아가 존재하지 않는다고 판단이 되면 이들은 또 다시 다른 것을 추구하였다. 이러한 특징은 러시아가 사회정치적 변혁을 이루는데 있어서 취하는 급진성을 보여준다. 표트르대제의 개혁이나, 알렉산드르 2세의 개혁이나, 혹은 스탈린이나 고르바쵸프의 개혁이거나 개혁은 혁명적으로 추구되었다. 그러한 개혁은 자신의 진행에 방해가 되는 요소들은 가차없이 분쇄되었다. 또한 이렇게 급속히 추구되는 변혁을 러시아 민중들은 묵수하였다. 러시아의 민중들이 받아들이는 고통과 이들이 이상적인 러시아로부터 얻을 수 있는 희열은 하나의 고리를 이루었다. 그러나 이러한 기대가 무너졌을 때 러시아 민중들은 혁명을 일으켰다. 러시아의 역사 속에서 등장하는 민란과 혁명은 이러한 예라고 말할 수 있다.

이제는 러시아 민족주의가 다른 유형의 민족주의와 어떻게 차이가 나는가를 살펴보기로 하자. 러시아의 러시아 민족에 대한 자부심은 일찍이 싹트고 있었다. 러시아의 자민족에 대한 자부심은 15세기 모스크바 공국의 이반 3세 때에 수도승 필로페이에 의해서 그 표현을 얻게 되었다. 그는 "두개의 로마는 몰락했지만 제3의 로마는 엄연히 존재하고 있으며 제4의 로마는 단연코 있을 수 없다"고 하였다.[4] 17세기에 표트르대제는 러시아를 서구화하기 위하여 위로부터의 개혁을 단행하였다. 그는 1721년에는 황제로 칭하였다. 그러나 이는 제국의 강화에는 기여하였지만 러시아의 민중들이 전통적으로 느껴오던 제3의 로마로서의 러시아에는 찬물을 끼얹는 것이었다. 그는 러시아로부터 동로마적이고 아시아적인 요소를 제거하였고 러시아를 유럽의 강국으로 만들었다. 그러나 그는 사회의 문화적 분열을 확대시키고 영원한 향수병을 잉태시키는 피할 수 없는 대가를 치른 것이다.[5] 18-19세기의 러시아는 이같이 분열된 러시아 사회의 고통을 나타낸다. 그 전형적인 분열은 슬라브주의자와 서구주의자의 분열이다. 이는 또한 제3의 로마적 전통과 표트르대제의 전통과의 대립이기도 하였다. 그러나 바로 이 시기에 러시아는 유럽의 다른 나라들보다도 뒤늦게 민족주의의 열풍에 휩싸였다. 18세기 프랑스혁명 이후의 시기는 유럽에서는 민족적 국민국가의 성립시기였다. 절대주의적 왕정체제를 붕괴시키고 국민의 이름으로 시민사회를 성립시킨 이 전통에 민족적 요소가 큰 역할을 차지하였다. 유럽에서의 민족주의운동은 19세기에 오면 그 절정에 이르게 된다. 비스마르크에 의한 독일 통일 그리고 이태리의 통일 등으로 하여 19세기는 서유럽에서의 국민국가 성립의 큰 획을 그은 시기였다. 러시아에서는 표트르대제 시기에 강력한 제국을 건설한 대가로 하여 19세기의 민족주의의 시기에 새로운 제국의 건설이

---

4) N. Berdyaev, *op.cit.*, p.4
5) R.D. 차크스(박태성 역), 『러시아사』, 서울:역민사, 1991, p.161.

목표가 될 수는 없었다. 그러나 러시아의 정치경제적 제도는 여전히 절대주의적이었다. 절대주의적 정치제도, 낙후된 중세적 농노제, 이 바탕 위에서 19세기 러시아의 민족주의는 그 두드러진 특징으로 메시아적이며 반동적인 성격을 가지게 되었다.[6] 이 때문에 19세기 러시아는 계속 팽창정책을 추구하였으며 내부의 소수민족들을 진정으로 통합할 수 있는 기회를 상실하게 되었다. 적극적인 사회개혁은 오히려 민족주의를 이용하여 회피되었다.[7] 러시아제정의 붕괴는 결국 민족들의 반말에 의하여 더욱 가속화되었던 측면이 있다. 2월혁명 이후의 각 민족들의 폭발이 그러한 것이다.

러시아 민족주의가 가지고 있던 메시아적 반동적 민족주의는 민족주의를 원론적으로 부정하는 러시아 볼세비키에 의하여 오히려 적극적으로 계승된 측면이 있다. 볼세비키는 짜르의 제국을 고스란히 계승하고자 하였다. 러시아제국에서 소련으로 혁명적 변화가 일어났어도 이러한 제국의식은 아무런 변동이 없었다.[8] 볼세비키가 추구하였던 국제주의라는 것은 러시아제국내의 독립을 원하는 소수민족들을 공산주의 이데올로기가 지배하는 제국의 틀 내에 붙들어 두는 구실을 하였다. 이 점에 있어서 레닌이 주장하였던 민족자결권이 소련이 성립하게 되면서 거친 해석의 과정을 보면 무엇보다도 그 특징을 알 수 있게 된다. 민족자결권이란 볼세비키가 권력을 얻기까지는 소수민족에게 약속한 필요한 구호였지만 일단 권력을 장악한 이후는 억압되어야만 할 적대적인 것이다. 그리고 소연방의 형성과정에서 이 민족자결권을 형해화하는데 그 총력이 기울어진 것이다.[9]

---

6) 이인호 교수는 이 시기 러시아 민족주의를 보수적 민족주의, 관제 민족주의, 친슬라브주의, 범슬라브주의의 4가지로 유형화하였다. (이인호, 「19세기 러시아 민족주의 비판」, 『러시아지성사연구(증보판)』, 서울:지식산업사, 1985, p.100

7) *Ibid.*, p.108

8) 拙稿, 「소련의 정체성과 그 위기」, 『소련과 러시아:정체성의 위기』, 서울:민음사, 1992, pp.13~14.

　제정시대의 관제 민족주의로부터 슬라브주의에 이르기까지 골고루 공유하고 있던 메시아주의 또한 소련에 돌아와서 고스란히 계승되었다. 소련의 볼세비키는 혁명을 일으키면서 그들의 과업이 러시아에서 국한된 국지적인 것이라고 이해하지 않았다. 그들은 그들의 혁명이 세계를 해방시킬 단초를 연 것이라고 생각하였다. 그러나 메시아적 국제주의는 그들이 권력을 차지하면서 곧 사라져 버린다. 형해화된 언어로 그들은 세계혁명과 세계 민중의 해방을 주장하였지만 그것은 진정한 의지가 뒷받침된 것이 아니라 단지 공식언어를 구성하는 형식일 뿐이었다. 바로 이러한 일시적인 희열은 소련이 필요로 하는 에너지를 동원하는데 이용되기도 하였다. 1920~30년대의 건설사업, 제2차대전시의 고통스러운 투쟁 등이 바로 그것이었다.

　러시아/소련의 이같은 특징 때문에-이는 또한 후진국의 민족주의가 가지고 있는 공통적인 특징 중의 하나이기는 하지만-러시아 민족주의는 위험스럽다고 말할 수 있다. 민족주의가 워낙 집단주의를 강조하기는 히지만 그것에 평형추로서 놓여져야 할 개인적 자유가 상대적으로 박약하였다. 국가의 제국적 전통의 평형추로서 기능하어야 할 시민사회가 러시아에서는 지극히 취약하였다. 바로 이같은 불균형은 러시아에서 급속한 변혁이 위로부터 성립될 수 있는 것을 가능하게 하였으며 그 과정에 시민적 동의의 창출이 고려되지 않았다는 것도 또한 특징이다.

　고르바쵸프가 개시한 페레스트로이카의 역사를 살펴보면 민족주의, 혹은 민족문제의 조율의 실패가 소련제국의 붕괴를 초래하였다고 할 수 있을 정도로 민족주의 문제는 중대한 역할을 하게 되었다. 제2차대전이 경과하고 전후복구가 어느 정도 마무리되면서 소련의 인민들은 후르슈초프 시대까지는 지구상에 공산주의를 실현시킨다는 메시아적 사명감으로 일할 수 있었다. 그러나 1970년대부터 가속적으로 소련의 경제적 낙

---

9) 拙稿, 「소비에트블록의 해체와 민족주의문제」, 『통일문제연구』, 제2권 4호, 서울: 국토통일원, 1990, pp.206~212.

후성은 두드러지게 나타나게 되었다. 공산주의 건설이란 메시아적 사명은 점차 약화된 반면에 현실적 삶에 대한 개선욕구, 개인의 자유에 대한 의지는 점차 강해져갔다. 무엇보다도 공산주의가 주장하는 민중주의가 기만적이라고 하는 것은 이미 엘리트들 사이에서는 분명하게 나타났다. 이러한 분위기 속에서 페레스트로이카는 시작되었다. 그러나 페레스트로이카의 주역들은 민족문제에 대하여 충분한 주의를 기울이지 못하였다. 이들은 전제적 타성을 가지고 역내의 민족들에 대한 탄압책을 구사하였다. 그러나 각 민족들의 갈등, 분규는 쉽사리 통제될 수 있는 선을 넘어서고 있었다. 알마아타의 폭동이나, 아르메니아-아제르바이잔의 분규에서 공산당은 혁신적인 대책을 강구하기보다는 제국을 유지하기에 급급하여 오히려 모든 민족들의 불만을 야기하였다.

　제국의 유지는 그에 해당하는 대가를 요구하였다. 그것은 비밀경찰과 경제력의 국가 독점과, 그리고 민중들의 억압이었다. 그러나 이미 경제력을 상실하였고 따라서 민중들의 생활에 대하여 아무런 개선책을 강구할 수 있는 능력을 상실한 정부로서는 더 이상의 그들의 청사진을 민중들로 하여금 믿게 할 수가 없었다. 권력은 먼저 공산당 내의 그리고 지배블럭 내에서 균열을 이루기 시작하였으며 이 균열을 각 민족들이 독립을 선언하면서 결정적인 것으로 만들어버렸다. 옐친은 이러한 대세에 편승함으로써만 고르바쵸프로부터 권력을 빼앗아낼 수 있었다. 그러나 소련의 붕괴와 새로운 러시아의 부활로 러시아의 민족주의가 그 영향력을 상실한 것은 아니다. 그것은 오히려 점점 더 민중들에게 호소력을 가지고 강화되는 듯한 인상을 주고 있다. 이제 그러한 문제를 다음 절에서 살펴보기로 하자.

4. 공산주의의 붕괴 이후 러시아 민족주의

소련 보수파들의 불발 쿠데타로 인하여 소련에서 보수/개혁의 세력균형이 깨어지고 결과적으로 공산주의가 몰락하여 옐친을 대통령으로 하는 신정부가 성립하였다. 그리고 옐친정부는 공산주의와의 결별을 분명히 선언하었다. 정치적으로 공산주의는 완전한 패배를 하였고 소련은 해체되어 15개의 공화국은 모두 독립을 이루게 되었다. 러시아도 비록 독립국가연합이라는 정치·군사·경제적 협력체제를 구축하고 있기는 하지만 더 이상 다른 국가들을 지배할 수 있는 처지는 아니었다. 정치적인 전환, 그리고 경제적으로는 통제경제로부터 시장경제로 이행하게 되는 과정에서 각종 제도적·인적 장치의 불비로 말미암아 러시아는 경제적인 곤란을 겪고 있으며 이러한 혼란과 어려움은 또 다른 민족주의의 온상을 제기 하고 있다.

21세기를 바라보는 현 시점에서 민족헤게모니가 강조되는 것은 그것이 특히 대국의 경우에는 대단히 위험스러운 현상이라고 할 수 있다. 그것은 지구화하고 있는 경제적 과정, 날로 접촉이 빈번해지고 있는 문화들의 원활한 교섭에 절대적인 장애로 등장하게 될 것이기 때문이다.

근대 민족주의의 등장과 그의 국제정치에서의 역할은 결코 과소평가될 수 없는 현상이기는 하였다. 민족적 정체감의 확고한 성립은 민주적인 제도를 강화시키는데 결정적인 기여를 하였다고 말할 수 있다. 강한 국가란 국민적 결집을 강하게 이룰 수 있는 가운데서 가능한 것이었고 이는 중세적 신분제를 타파하고 민주적이고 또한 복지적인 국가정책을 가능하게 한 것이라고 평가할 수 있는 것이다. 이러한 점에서 근대의 민족주의는 각국의 역사에서 중요한 역할을 하였을 뿐만 아니라 세계사적으로도 분명한 의의를 가지고 있는 시대정신이기도 하였다. 그러나 국가의 내적 통합이라는 목표를 넘어서서 민족주의가 대외적으로 말살되었을 때 그것은 국제적인 차원에서는 큰 문제를 야기하였다. 자민족중심주의에 근거하고 있는 민족주의는 자폐적이 되어 결국은 자민족의 발전에도 장애요인으로 등장하였으며 또한 종종 호전적인 성격을 가지게 되어 침략이나 전쟁을 야기하였다. 19세기말의 제국주의의 현상이 바로 그러한 것이다.

러시아의 경우에도 이러한 현상이 있었다. 러시아에서는 종종 "민족들의 감옥"이라고 할 정도로 러시아제국내의 소수민족들에 대한 억압책을 추구하였으며 특히 유태인들은 종종 정치적 목적을 위한 희생양이 되었다. 러시아에서 근대적인 의미에서의 민족형성(nation-building)은 소련이 담당하게 되었다. 소련은 전제정치를 타도하고 민중들의 에너지를 폭발시킴으로써 민족형성에 도달하려 하였다. 그러나 소련은 민족형성에 실패하였다. 근대적인 의미에서의 내적 규율을 확립하는데 실패하였기 때문이다. 바로 이러한 내적 규율의 실패 때문에 공산주의 붕괴 이후 러시아에서의 민족주의는 상당히 위험스러운 성격을 가지고 있다. 지금 러시아에서의 민족주의는 그 내용에서 살펴볼 때 ①구 공산주의자들에 의해 추진되는 제국의 재건이라는 문제가 핵심이 되는 경우와 ②러시아 민중들에 뿌리를 둔 러시아의 정체성을 재확보하고자 하는 경우의 두 가지로 대별될 수 있다. 이 두 가지의 흐름은 사실상 합류하기 어려운 상태임에도 불구하고 현재는 종종 공동의 행동을 취하고 있다.

이제 마지막으로 러시아 민족주의가 구소련으로부터 독립된 각 공화국에 있어서 어떠한 역할을 차지하고 있고 또 이러한 상황으로부터 장차 한국이 러시아에 대해 취하여야 할 정책방향에 대하여 한 번 점검하여 보기로 하자.

구소련에 있어서의 민족정책의 기조는 국제주의의 이름 아래 각 공화국의 민족주의에 대하여는 억압을 가하고 은밀하게 러시아의 헤게모니를 확립하는 데 있었다. 러시아의 헤게모니는 그러나 노골적으로 러시아 민족주의를 부추기는 방식에 의해서가 아니라 인구에 있어서나 경제력에 있어서 소련에서 최대의 구성을 차지하고 있는 러시아가 각 민족들 간의 교통이 가능한 국제어일 수밖에 없음을 강조하여 이를 통하여 러시아인화하려 하였다. 이러한 정책은 혼히 인민의 친화(sblizhenie)정책을 통하여 구현되었다. 그리고 정책의 최종목적은 인민의 동화(slianie)에 있다고 선포되었다. 그러나 이러한 정책은 다른 민족들의 강력한 반발을 내포하고 있었다. 정치적 능력이 박탈된 상태에서는 각 민족은 이러한 공산당 정책을 묵종할 수밖에 없었지만 공산주의의 족쇄가 풀리자마자 아니 그 이전부터 고르바쵸프에 의한 페레스트로이카 정책이 시작되면서부터 각 민족들은 억압당하였던 민족의 정체성을 찾고자 노력하였다.

이러한 노력은 각 민족들의 역사적 상황에 따라 달리 표출되었다. 발트 3국의 경우에는, 러시아인들의 이민에 의한 민족적 동질성 확보의 위기가 주인이 되어, 민족적 요구를 제기하였고 우크라이나, 백러시아, 몰도바 등의 서부의 민족들과 자카프카즈의 3국들은 이미 역사적으로 형성된 민족의식 때문에, 당면한 권리로서 민족자력권과 독립을 주장하였다. 소비에트 시대에 들어와서 형성된 민족이라고 볼 수 있는 중앙아시아의 경우에는 러시아에 대한 의존도가 상대적으로 높았던 편이기는 하였지만 이슬람이라는 문화적 차이 때문에 이들 역시도 독립을 주장하게 되었다. 러시아가 정치적·군사적 힘을 바탕으로 하여 경제력까지 장악하고 있던 상태에서는 이들 제 민족에 대한 은밀한 통제가 가능한 형편이었지만 러시아 경제의 붕괴와 정치적 위기는 이들 각 민족들을 붙들어 들 수 있는 수단의 상실을 초래하였다. 따라서 러시아의 의도와는 관계없이 이들 각 국가들은 소비에트체제의 붕괴의 와중에서 독립을 하게 되었던 것이다.

문제는 소련시절에 이들 제 민족을 통제하는 입장에 놓여 있었던 러시아인들의 민족주의적 의식과 새로이 독립된 각 민족들의 민족의식이 어떻게 충돌적인 요인을 안고 있는가 하는 것이다. 주지하다시피 디아스포라 러시아인들의 수효는 구소련의 역내에 2,500만명 정도가 된다. 그리고 이들은 이제 새로 독립된 국가들이 민족적 동일성 확보를 위해 자민족 우선정책을 추구하고 있기 때문에 이에 상당한 불만을 품고 있다. 만일 러시아정부가 이들의 불만을 교묘하게 조정하는 입장에 놓이게 된다면 구소련의 영역에서 내전이 발발할 소지가 있다. 이러한 점에서 러시아 정부의 정치적 성향이 대단히 중요한 의미를 지니게 된다.

그러나 1993년 12월 12일 실시된 러시아의 새 의회 구성을 위한 선거에서 러시아 현 정부를 지지하는 진영은 과반수를 차지하지 못하였으며 지리노프스키가 이끄는 민족주의적 성향의 자유민주당이 급속히 부상함으로써 러시아정계에 큰 파문을 일으킴과 아울러 세계에도 우려를 낳게 하였다. 보수파 의회와 개혁파 정부사이의 갈등을 해소하기 위해 옐친이 선택한 카드는 그 효과가 반감되는 결과를 낳게 되었던 것이다. 이에 따라 러시아의 옐친정부는 그 이후의 정국운영에 상당한 어려움을 안게 되었다. 물론 구소련시절에 선출되었던 인민대표대회와 함께 일하는 것보다 어려움은 덜해졌지만 상대적으로 옐친정부가 기대하는 개혁정책의 실시에는 상당한 어려움을 안게 되었고 이는 향후 러시아의 정국안정과 조속한 개혁의 마무리에 장애요인으로 등장하게 될 것으로 보인다. 더군다나 옐친정부가 이러한 유권자들의 의식, 즉 여론을 의식하여 러시아의 정치적·군사적 자존심을 되찾으려는 방향을 추구하고 있기 때문에 이것이 서방세계와의 불편함을 가져오고 있으며 이는 러시아 사회 내에 민족주의적 의식이 상당히 강하게 영향력을 미치는 한 피하기 어려운 문제점으로 생각된다.

러시아민족주의의 부정적인 요인으로 들 수 있는 또 다른 요소는 러시아 민족주의가 러시아 공산주의와 이념적인 동일성을 유지하고 있다는 사실이다. 물론 이는 공산주의와 민족주의를 동일시하려는 것이 아니다. 오히려 그 반대라고 볼 수 있다. 그러나 공산주의의 역사 속에서 볼 때 공산주의는 그 자신이 지배적인 세력이 아닐 경우에 거의 항상 민족주의적 이념을 등에 업고 있었다는 사실을 환기할 필요가 있다. 공산당이 집권하고 공산주의 이념이 지배하였던 시절에는 러시아 민족주의는 제국을 유지하려는 차원에서 은밀하게 정책으로 추진되었지만 공산주의가 몰락하고 공산당이 소수당의 자리를 차지하는 현실에서는 제국에 대한 향수를 민족주의적 감정에 편승하여 추구하고 있는 것이다. 이 때문에 민족주의 세력이 구공산당 지배세력과 동맹관계를 형성하여 러시아의 현 옐친의 개혁정책 노선에 대한 도전을 하고 있다. 그와 함께 이러한 상황에 대해 국제사회는 우려의 시선을 보이고 있다.

그렇지만 러시아의 민족주의가 19세기 유럽이나 20세기의 아시아에서처럼 강력한 영향력을 발휘하리라고 볼 수는 없다. 러시아에 있어서 최우선적인 과제는 러시아인들의 민족적 자존심을 회복하는 데 있는 것이라기보다는 붕괴된 계획경제의 폐허 위에서 시장경제를 건설하여 이것이 제대로 된 효율성을 발휘하여 러시아인들의 복지수준을 회복하고 경제력을 향상시키는 데 있는 것이다. 이러한 과제를 염두에 들 때 러시아 민족주의가 선동성을 뛰어넘어서 나름대로의 대인을 제시히기기는 어렵다고 보인다. 그렇기 때문에 일시적으로 러시아 민족주의가 영향력을 가지고 또 매로는 충돌을 야기시킬 수도 있겠지만 이것이 러시아가 이미 시작한 방향을 뒤바꿀 수 있을 정도의 힘을 가진 것으로는 보이지 않는다. 러시아에서의 민족주의의 시대는 이미 간 것이다. 이 점에 대한 인식을 분명히 가져야 러시아 민족주의를 과대평가하는 오류를 범하지 않게 될 것이다.

5. 맺음말

본고는 러시아 민족주의의 특징을 우선 러시아의 역사적 전통을 점검하여 보고 그 가운데서 러시아인의 문화와 러시아인의 기질적 특징과 관련하여 러시아 민족주의에 대하여 논하였다. 러시아 민족주의를 역사적으로 형성된 러시아의 정신적 기질과의 관련하에서 논의하는 것은 타당한 방법으로 생각된다. 왜냐하면 민족주의라는 것은 무엇보다도 개인이 이상적으로 생각하고 있는 대상과의 동일시의 문제와 관련되는 것이기 때문이다. 민족주의가 힘을 발휘할 수 있는 이유는 개인이 민족을 실체로 여기고 거기에 자선을 동일시하며 헌신할 수 있기 때문이다. 이러한 의미에서 민족의 실체는 개인의 마음속에 놓여있다. 개인의 마음이란 스스로 명백히 의식되는 경우도 있지만 의식되지 못하면서도 콘 영향력을 행사할 수 있다.

본고에서는 러시아의 정신적 기질이 개인보다는 집단성에 보다 무게를 두는 성향이라는 것을 지적하였고 이러한 이유로 인하여 러시아의 민족주의에서는 집단성으로서의 제국의식이나 혹은 메시아의식이 타 민족주의에 비하여 상대적으로 강하다는 점을 지적하였다. 특히 러시아에서는 이상적인 자아와 현실의 자아 사이의 간극이 커서 이것이 심리적으로 과대한 민족주의적 이상 혹은 사회적으로는 유토피아 의식을 형성하는 데 큰 역할을 하고 있음도 지적하였다. 사실상 이같은 간극의 존재는 정신분석적으로 볼 때는 가혹한 초자아를 형성하여 자아로 하여금 고통을 감당하도록 한다. 그러나 자아는 이상적인 자아에 도달하려고 노력하는 동시에 동일시에 의한 희열이나 파멸과 같은 극단적인 방식으로 대처하게 된다. 러시아인의 모순적인 기질은 이에 의하여 설명될 수 있으며 러시아 민족주의가 가지고 있는 성격 또한 이에 관련된다고 말할 수 있다.

러시아가 역사적으로 추구하는 서구화나 혁명은 바로 이들이 도달하고자 하는 유토피아이나, 그 이상 속의 근저에는 자기확신이라는 단단한 기반 대신에 파괴적인 허무주의, 묵시주의가 가로놓여 있는 것이다. 표트르대제의 개혁은 잔혹한 방법으로 이러한 구조 속에서 진행되었고 볼셰비키 혁명의 진행방식도 또한 마찬가지였다. 러시아의 인텔리겐챠는 극렬하게 국가에 대립하였지만 이들 역시 러시아적 정서의 소유자들이었다.

공산주의가 붕괴되고 냉전의 시대가 끝난 지금, 따라서 인류를 구원할 만한 메시아주의가 말을 붙이기가 힘들게 된 오늘날의 현실에서 러시아 민족주의가 지난날의 강한 제국의 재건이라는 과거의 유토피아에 집착하여 상당한 영향력을 행사하고 있음은 사실이다. 그러나 날로 지구화되어가고 있는 21세기를 눈 앞에 두고 있는 현 시점에서 민족주의가 파괴적인 성격으로 러시아에서 등장하리라고 생각하기는 어렵다. 단지 이미 오랜 역사적 전통과 결부되어 러시아가 자유로울 시민사회를 새롭게 성립시키는 데 장애요인으로 등장하게 될 가능성은 적지 않게 존재한다고 본다. 특히 소련시절에 형성된 공동체의식이 경제분야에서 지배적이기 때문에 이같은 요인은 러시아가 개혁을 하는 데 장애요인으로도 등장하게 될 것이다. 그러나 역사가 예정되어 있다고 보기 어렵듯이 러시아 민족주의의 장래도 예정되어 있는 것은 아니다. 여러 요인들로 인하여 러시아 민족주의에 불을 붙이게 된다면 러시아 민족주의는 그 폭발석인 성격의 발현으로 상당한 불안을 야기시킬 수 있다. 러시아가 추구하는 서구화라는 것은 단지 서구적 제도를 갖춘다는 의미만은 아니다. 러시아가 시민사희의 건설을 추구한다면 당연히 그것은 시민사회에 필요한 심리적 형성까지도 의미할 것이다. 이것이 러시아의 역사 속에서 소수의 전통이지만 존재하지 않았던 것은 아니다. 단지 이것은 일반적 전통으로 확립되지는 않았으며 따라서 러시아에서의 시민사회적 심리의 형성은 러시아의 전통적 심리와 충들을 적지 않게 일으키게 될 것이다. 이는 러시아 민족주의로 하여금 그자신의 과거와 결별할 것을 요구한다. 그러나 그것이 러시아 역사 및 전통과 송두리째 결별하는 것이 아님은 물론이다. 결국 21세기 이후에도 유효한 역사적 전통 그리고 자기 혁신은 러시아 민족주의가 자선을 되돌아보고 새롭게 현실 위에서 출발할 수 있을 때 가지게 될 것이다.

<『정신문화연구』, 제55호, 1994, 한국정신문화연구원>

소련정치개혁의 성격과 전망
—혁명적 보수주의의 종언과 보수혁명의 시작

1. 머리말

　우리는 이제 페레스트로이카를 좀 더 심층적으로 분석해야할 필요성에 도달해 있다. 페레스트로이카의 출발이후 5년이 지난 이 시점에서 이제는 그에 대한 역사적 평가를 시도하는 것이 바람직하지 않은가 하는 점이다. 그간에 페레스트로이카는 역사로서 분명히 한 위치를 차지했고 또 우리로서는 그의 역동성을 관찰할 수 있는 시간을 가졌기 때문에 보다 종합적 평가를 내리는 것이 가능하다고 보여진다.

　그렇다면 우리는 그를 위해 어떤 분석 틀을 설정하는 것이 바람직할 것인가? 사회주의의 내적 논리 즉 사회주의의 확대강화라는 분석 틀을 사용할 것인가 아니면 사회주의의 붕괴논리를 사용할 것인가? 필자는 이러한 양자택일의 문제제기가 모두 냉전논리의 잔재를 가지고 있다고 보고 이를 거부하려 한다. 왜냐하면 이러한 논리는 궁극적으로는 사회주의와 자본주의의 대립이라는 것을 일차적인 모순으로 상정하고 있기 때문이다. 이러한 발상은 아직도 현실의 움직임에 초점을 모으는 것이 아니라 현실을 다소간에 왜곡하고 있는 이념에 초점을 모으고 그에 집착하고 있기 때문이다.

필자는 자본주의와 사회주의의 대립이라는 발상을 떠나서 보다 그 근원의 분석틀로 돌아가야 할 것이라고 생각한다. 그것은 근대성의 논리이다. 다시 말하자면 그것은 근대계몽주의가 제기한 시민사회론으로 되돌아가서 거기에 나타난 문제의식을 되살리고자 하는 것이다. 이러한 시도는 복고적인 따라서 무의미한 것일까? 이러한 분석틀이 현재의 문제를 조망하는데 무의미하다고 한다면 이 분석 틀을 과감히 폐기해야 할 것이다. 그러나 필자는 그러한 단정에 앞서서 그의 타당성을 점검해 보아야 할 필요성을 느끼고 있다. 왜냐하면 현재의 사회주의의 위기상황에는 사회주의 하에서의 시민사회의 역동성에 대한 정확한 이해와 평가가 결여되고 있었던 것이 하나의 배경이 되고 있다고 생각하기 때문이다.

그러면 문제를 어떻게 제기해야할 것인가? 필자는 계몽주의사들이 생각했던 바와 마찬가지로 중요한 분석 틀로서 국가-시민사회의 갈등을 설정해야할 것이라고 판단한다. 이 양자의 관계의 역동성에 의해 현새의 소련정치의 성격을 규명하려는 것이다.

2. 혁명적 보수주의로서의 페레스트로이카

우리는 국가와 시민사회의 관계에 있어서의 계몽주의자들의 절대주의 국가비판과 사회주의자들의 부르조아국가 비판의 논리를 점검하여 보도록 하자. 계몽주의자들은 그 비판의 대상으로 절대주의국가를 염두에 두고 있었는데 절대주의국가를 비판한 것은 그것이 시민사회를 억압하고있었기 때문이었다. 시민사회의 실질적 주체가 되고 있었던 부르조아지에게 이것은 질곡이었으며 부르조아지는 국민의 이름으로 특권적 절대주의체제의 폐기를 요구하였던 것이다. 절대주의국가와 시민사회의 대립은 보다 핵심적으로는 특권적 귀족과 경제력을 갖춘 부르조아지의 대립이었다. 실력을 갖춘 부르조아지의 요구에 따라서 새로운 균형이 필요하게 되었다. 새로운 균형은 부르조아지가 국가기구에 참여함으로써 절대주의를 폐기하고 근대 부르조아적 기구를 갖추고 그 국가기구를 부르조아지의 이해에 맞게 개편함으로써 이루어졌다.

사회주의자들의 부르조아국가 비판은 근대 시민혁명을 통해 이룩된 새로운 권력으로서의 부르조아국가가 이번에는 다음차례로 부르조아지와 경제적으로 대립관계에 있는 프롤레타리아트를 지배하는 도구로 되었다는 사실에서 출발하였다. 여기에서도 부르조아국가와 시민사회의 대립이 나타나는 바 이번에는 그 대립의 핵심이 권력을 장악한 부르조아지와 프롤레타리아트의 대립으로 나타난다. 그러나 절대주의국가가 소수의 특권계급에 기초한 내적으로는 허약한 권력인데 비하여 부르조아국가는 부르조아계급의 일반적 이익을 대표하기 때문에 국가의 위기시에 부르조아지에 의해 국가가 보강되는 강력한 권력이 되었다. 거기에다가 부르조아국가는 법치국가의 형식적 틀과 추상적 이념을 갖춤으로 인하여 민주주의의 일반적 보편성에 도달하였던 것이다. 이러한 점에서 생각해본다면 러시아에서 사회주의혁명이 성공한 것은 2월혁명을 통해서 절대주의적 권력의 기반이 급속히 붕괴되고 부르조아지는 아직도 새로운 질서를 수립할만한 상황을 창출하지 못하게 된 상황에서 일어났던 일로서 해석될 수 있을 것이다. 여기에 사회주의혁명의 유리한 조건과 아울러 사회주의 건설의 불리한 조건이 동시에 포함되어 있었다. 이러한 역사적 조건에서 부르조아국가의 비판을 통하여 성립한 사회주의국가는 어떠한 실제를 가지고 있었는가?

부르조아혁명이 생산수단을 장악한 유산자들의 혁명인데 비하여 사회주의혁명은 정치적 권력 이외에는 아무 것도 가진 것이 없는 프롤레타리아트의 혁명이었다. 그것은 이념적으로는 정치적 평등, 사회경제적 평등을 프롤레타리아트 일반으로 확대한다는 목표를 지니고있었다. 그런데 국가를 지속적으로 유지하기 위해서는 경제력의 뒷받침이 필요하다 할 것인데 부르조아국가에서는 부르조아지 일반이 국가와 이해관계를 일치하고있었지만 사회주의국가에서는 이러한 장치가 절대적으로 결여되고 있었다. 사회주의혁명을 통해 성립한 국가는 우선 생존해야했고 그 생존을 위해서는 그들과 적대적인 부르조아지의 재산을 몰수하고 국유화해야하였다.

그런데 민주주의를 확대하려는 의도에서 시작한 부르조아 계급의 타도는 정 반대의 결과를 가져왔다. 사회주의국가의 이념적 모델은 시민사회와 국가의 모순을 없애고 프롤레타리아트독재라는 단기간의 과정 이후에 시민사회의 전면적 부상 및 국가의 폐지였다. 그러나 프롤레타리아트의 독재도 부르조아 민주주의보다는 심화된 민주주의의 확대과정으로 레닌은 이해하였다. 그러나 이러한 이해와는 별도로 급속한 관료화가 이루어지면서 이론과 현실과의 괴리는 커지게 되었다. 이론적으로는 1936년 이후에는 전인민적 국가가 건설되었지만 이러한 모델이 작동한다고 말하기 위해서는 현실적 모순들이 감추어져야 하였다. 그런데 재산의 완전한 국유화 및 사회적, 계급적, 민족적 문제의 완전한 해결을 선포하는 것은 전인민적 자치라는 모델의 기능상의 어려움을 모두 제거하게 되었지만 결과는 이상적 모델의 작동이 아니라 "인민, 사회가 국가의 전제적 권력에 완전히 복속하게 되고 국가 자신이 모든 불가결한 처벌수단을 동원하면서 인민의지의 형성자임을 자처하게 되었다."[1] 즉 병영사회주의가 완성되었던 것이다. 이 병영사회주의는 마르크스나 레닌과 같은 사회주의자들이 추구하던 바와 실제로 아무런 관계가 없는 것이었다. 아니 오히려 시민사회의 자율성의 제고를 통하여 궁극적으로 민주주의의 완성을 지향하던 이상과 반대의 사회주의가 성립하게 되었다.

---

1) A.Migranian, "Demokratia v teorii i istoricheskoi praktike", *Kommunist*, no.1, 1988, p.36

그런데 고르바쵸프는 병영사회주의체제하에서 억눌려 왔던 시민사회의 자율성을 제고시키려고 하였고 이 점에서는 그의 정책은 혁명적이라고 말할 수 있다. 그러나 그는 사회주의의 '성과물'을 유지하려고 하고 있기 때문에 본질적으로는 보수주의의 특성도 아울러 지니고있다. 그렇지만 혁명의 역동성, 다시 말해 시민사회의 역동성이 그를 보수주의에서 점차 혁명적인 인물로 변화시켰다. 그점은 1985년 4월 페레스트로이카의 출발시의 입장과 현재의 입장과의 차이를 살펴볼 때 분명히 드러나는 점인 것이다. 그동안 페레스트로이카는 다원주의에 찬동하면서도 사회주의적 다원주의를 제시하였다. 민주화를 주장하면서도 공산당지도를 유지하려하였다. 민족자결권을 지지하면서도 고도의 중앙집중화된 연방국가를 변호하여왔고(1989년 9월까지) 사유재산의 필요성을 인정하면서도 그것을 억압하는 제도를 강구하여 그 의미를 희석시켰다. 시장의 필요성을 인정하면서도 계획위주의 정책을 고집하였다. 결론적으로 인간적, 민주적 사회주의를 주장하지만 수사학을 제거하면 결국 사회주의가 남는 것이며 이 현실사회주의는 발전시켜야할 것이 아니라 결별해야할 것이었다. 이러한 점에서 1989.11.26일의 고르바쵸프의 논문 「사회주의 이념과 혁명적 페레스트로이카」는 혁명적 보수주의의 마지막 선언이었다고 평가할 수 있을 것이다. 왜냐하면 아직도 거기에서는 전통적 지배를 인정하는 시민사회 위에 군림하는 공산당이라는 요소가 있기 때문이다.

3. 보수혁명의 시작

마르크스는 프랑스혁명을 분석하면서 1871년의 파리꼼문이 "사회에 의한 국가권력의 재장악"이라고 파악하였다.[2] 이것은 혁명을 통해서만

---

2) K.Marx, *La guerre civile en France*, Paris:Editions Sociales, 1972, p.213

시민사회가 국가자체에 대한 혁명을 한다는 것을 지적하는 것이었다. 레닌이 『국가와 혁명』에서 펼치고 있는 프롤레타리아트혁명에 대한 관념도 결국 마르크스와 일치하는 것이다. 그것의 혁명의 요체는 마르크스와 레닌에 의하면 시민사회가 자기를 압제하는 국가권력을 전복시키고 새로운 계약을 하는 것으로서 의미해야할 것이다.

그러면 10월혁명 이후의 소련의 역사는 이러한 시민사회와 국가의 관계에서 볼 때 어떻게 이해될 수 있는 것일까? 혁명을 시작하면서 추구하였던 자유와 평등, 민족억압의 폐지 그리고 민주주의의 확대는 어떻게 변하였는가? 레닌은 1922년에 말하기를 국가는 "노동계급의 전위"이며 이 국가는 충분한 정치권력을 가지고있다고 하였다. 그러나 거대한 관료기구라는 괴물을 공산주의자들이 "지도하고 있는 것이 아니라 지도되고 있다"고 하였다.3) 이러한 상황에서 사회주의국가기구가 시민사회를 억압하는 도구라는 것은 명백해진다. 당은 국가이고 이 당은 보아구렁이처럼 시민사회를 감싸고 억압한다. 관료기구에 의해 지도되는 사회는 이제 반민주적일 수밖에 없다. 이 억압의 도구로서의 국가기구는 짜르의 유산을 이어받고 전시공산주의를 통하여 강화된 것이었다. 신경제정책 시기에도 정치적 통제는 약화되지 않았다. 그 이후에도 특히 스탈린의 계획경제와 집단화정책을 통해 이 국가기구는 비대해 갔다. 시민사회는 점점 더 숨막힐 정도로 억압되고 있었다. 1956년부터 시민사회는 약간의 자유가 허용되었지만 1964년의 반동으로 그 이후에 시민사회는 거의 질식할 상황에 놓여있었다.

권위주의적 사회주의를 통해 얻어진 것은 개인의식의 박탈로 인한 나태였다. 여기에서 시민사회는 그 자율성을 완전히 상실당하고 관료기구의 부속으로 변모하였다. 이같은 사회주의의 병영화는 소련사회의 발전을 위한 모든 전망을 막아버렸다. 단순노동력동원을 통해 경제성장을 이

---

3) 레닌외(김진태역), 『레닌의 반스딸린 투쟁』, 신평론, 1989, 96쪽

록하던 1920-1960년대까지는 이 체제는 그런대로 유지될 수 있었다. 정치적 통치의 정당성은 이데올로기로서 보장되었다. 통치의 정당성은 처음에는 공산당에 의한 혁명이라는 카리스마에 의해 유지되었으며 이러한 카리스마가 사라진 후에는 전통적인 지배로 변하였다. 이러한 체제에서는 이데올로기의 해석이 중요한 비중을 차지한다. 공산당은 이러한 이데올로기를 해석할 수 있는 권한을 가진 유일자가 되었다.

이러한 병영사회주의에 대한 반발은 여러 형태를 가지고 발전하였다. 정치적으로는 흔히 반체제운동을 연상하지만 시민사회의 자율성이 주어지지 않은 상태에서 반체제운동은 언제나 국부적인 현상에 불과하였다. 따라서 체제에 대한 조직적인 저항운동이 전개된 것이 아니라 저항은 사회에 일반화되었다. 삶 자체가 저항이 되었다. 다른 말로 바꾸어 말한다면 소외의 보편화를 통해서 자기노동의 성과에 대한 무관심을 통해서 모든 창조적 노력을 포기함에 의해서 저항은 일반화된 것이다.[4] 이같은 상태에서 시민사회를 지배하는 관료기구(공산당)는 위기의 일반화를 의식하지 않을 수 없었다. 사회에 새로운 활력을 불어넣는 것이 필요한 것이 되었다. 그러나 그러한 이니시어티브는 사회 자체에서 나올 수 없었다. "사회적 나태"가 일반화되었기 때문이다.[5] 그러한 상태에서 공산당

---

4) R.N.Blium, "Alienation and Socialism", *Soviet Sociology,* 1989.1-2, (러시아어로 1987, *Filosofskie nauki,* no. 9) 그는 에스토니아 타르투 국립대학 철학과 교수로 소련에서 소외의 존재를 인정해야한다고 하였으며. 일반적으로 자기작업에 대한 무관심이 만연되어있다고 하였다.

A.A.Kostin, "Alienation-Real and Imaginary", *Soviet Sociology,* 1989.3-4, (러시아어 *Sotsiologicheskie issledovania,* no.2, 1988)

철학박사인 그는 노동집단은 사용자가 아니라 "행정당국의 의지의 기계적 수행자에 불과"하다고 하였다.

5) 사회적 나태에 대해서는 I.Kon, "Psikhologia sotsialnoi inertsii", (*Kommounist* , no.1, 1988, Moskva, pp. 64-75)을 참조하는 것이 유용하다. 그는 소련과학원 민족학연구소교수로 그가 분석하고있는 나태의 사회심리학은 소련사회를 이해하는데에 대단히 의미가 있다. 콘은 나태(inertsia)를 정의하여 "단지 옛날의 과정을 계속하는 것"이라고 하였다. 그러면 그러한 것의 사회심리적 요인은 무엇인가 ?

스스로가 선동을 통하여 사회를 최면상태에서 깨울 필요가 있었다. 그것은 사회자체를 살려야만 그에 기생하는 관료제가 살 수 있었기 때문이었다. 이리하여 페레스트로이카는 시작되었던 것이다.

페레스트로이카는 간부정책의 효율화를 통하여(선거제) 또 규율의 강화를 통하여 사회를 되살리려 하였다. 그를 위하여 인텔리들에게 자유를 허용하였다. 그러한 과정을 통하여 시민사회가 점차 생명을 되찾게 된 것은 사실이다. 기업의 독립채산제, 문화적 자유의 증대, 정치적 자유의 증대와 소비에트 권력의 강화 등등은 분명히 시민사회의 자생력 회복에 도움이 되었다. 그러나 페레스트로이카는 이를 통해 기존의 체제를 부정적 성격을 극복하고 그 원리를 되살리고자 하였다. 이에 고르바쵸프의 구호 "더많은 사회주의 더많은 민주주의"가 나오게 된 것이다. 바로 이 구호는 많은 관찰자를 혼란에 빠뜨리게 한다. 이제까지의 병영사회주의에 대해 페레스트로이카는 더 많은 사회주의인가? 그렇다면 그 점에 있어서 고르바쵸프는 분명한 보수주의자이다. 비복 앞에 "혁명적"이라는 형용사를 붙여야하겠지만. 왜냐하면 그 구호는 병영사회주의와 페레스트로이카의 연속성을 느끼게 하기 때문이다. 그러나 소련의 시민사회가 이제 이러한 모호한 구호에 만족하고있지 않다는 것이 분명히 드러나게 되었다.

시민사회는 페레스트로이카적인 보수주의에 대해 페레스트로이카의

그것은 1)사회생활의 비개인화된 성질, 즉 개인주의에 대한 투쟁, 경제에서의 수평주의, 정치에서의 사회생활의 관료화를 지적한다. 그는 이러한 심리를 마르크스가 말한 바 "병영공산주의의 원시적 심리"라고 부른다. 그러나 콘은 非個人化가 마르크스철학의 기초와 모순이라고 파악한다. 그는 소비에트의식의 흑백논리를 권위주의적인 교육, 대안을 사고하지 않는 태도와 연결한다. 그러한 점에서 콘의 경고는 주의를 기울일만 하다. "민주화 그 자체는 직접적으로 가까운 장래에 아무 새로운 것을 창조하지 못한다. 그것은 이미 공중의 의식 속에 이미 형성되어있던 그러나 이런 저런 이유 때문에 공개적으로 표출되지 못하였던 것을 표면에 떠오르게 할 따름이며 이것은 좋은 것일 수도 있고 나쁜 것일 수도 있다."

이름으로 자기 권리를 주장하기 시작하였다. 소수민족들에게는 그것이 주권의 주장으로 나타났으며 인텔리겐챠는 통제 없는 지적 활동이, 노동자에게는 보다 좋은 삶의 조건이 농민에게는 집단주의의 구속으로부터의 해방이 요구되었다. 만일 국가기구가 그것을 거부하면 시민사회는 힘으로 그것을 쟁취하게 될 것이었다. 동구에서는 그러한 상황이 이미 벌어지고 있었다. 이러한 상태에서 페레스트로이카의 보수주의는 그 한계를 드러내게 되었다. 보수주의 대신 개혁을 더 신속히 추진해 나가며 근본적으로 시민사회의 권리를 인정하지 않으면 안되게 되었다. 그리하여 1990년 2월에 새로운 강령안이 마련되었다. 이 강령안은 밑으로부터의 압력이 혁명으로 발전되는 것을 막기 위한 보수혁명의 성격을 가지고 있는 것이었다. 보수혁명은 이로써 시작되었다. 이전의 페레스트로이카가 공산당의 권력독점을 통해서 전통적 지배에 입각하여 시민사회를 운영해나가려고 했었던 것에 비하여 어떤 권력을 선택할 것인가의 문제를 시민사회에 맡기지 않으면 안되었다. 공산당은 정면충돌을 피하기 위하여 시민사회에 중대한 양보를 한 것이다.

공산당이 시민사회에 양보를 할 수밖에 없었던 상황을 점검하여 보자. 공산당은 소위 일반의지의 해석자 및 집행자로서 처신하여 왔다. 그것이 공산당의 지배를 정당한 것으로 만든 것이다. 그러나 우선 루소가 잘 지적하였듯이 "일반의지는 언제나 올바르지만 그를 인도하는 판단은 항상 깨어있는 것은 아니다."6) 특히 시간이 지날수록 당은 일반의지에서 벗어나서 그 자신의 특수이익을 추구하였다.

이제 이러한 상태를 바꾸어야 하였다. 무엇에 의해서? 그의 해석을 이제 당에 기다릴 필요는 없는 것이다. 헌법적 절차를 통하여 바꾸는 것도 바람직하겠지만 보다 중요한 것은 루소가 "국가의 진정한 헌법"이라고 말한 여론이 무엇보다도 중요한 것이다. 이 여론이 공산당의 권력독점을

---

6) "Du Contrat Social", *Oevres Completes*, Editions Gallimard, 1964, tome 3, p.380

비판하고 있다. 이 여론이 민족자결권을 주장하고 있다. 이 여론의 선택이 잘못된 것이라고 하더라도 "누가 무슨 권리로 그 선택을 막을 수 있는가?"라고 루소는 이미 갈파하였다.[7]

그러나 이러한 보수혁명은 소련사회가 당면하고 있는 시민사회 내부의 갈등 때문에 큰 파란을 맞이하지 않으면 안되게 되었다. 이러한 내부갈등은 잘못될 경우에는 이제 성장해 나오는 시민사회의 싹을 잘라버리게 될 위험도 가지고있다.

그러한 위험의 첫 요소로 등장하는 것이 민족문제이다.

두 번째로는 개혁파와 보수파사이의 갈등이다. 즉 통치권력 내부의 갈등이다.

세 번째로는 새로운 경제개혁과 더불어 성장하기 시작하는 새로운 고르바쵸프의 네프맨 즉 코오페라티프 등의 사회세력, 관료집단 그리고 아직도 평등주의에 젖어있는 일반 노동자나 콜호즈인들 사이의 다양한 형태의 알력이다.

이러한 다양한 사회세력의 역학과 변증법이 향후의 소련사회에 결정적으로 중요한 요소로 작용하게 된다.

페레스트로이카는 이러한 위험을 제거하기 위하여 시민사회에 대한 중대한 양보조처와 함께 대통령제를 도입하였다. 그런데 소련사회가 가지고있는 정치문화의 유산이 최근에 이루어진 대통령제의 도입에서 명백하게 드러난다. 일반적으로 강력한 권력을 가진 대통령과 같은 통치자는 시민사회의 갈등이 첨예화되었을 경우에 나타나는 현상이다. 소련사회의 문제점은 짜르 시대로부터 내려온 즉 절대주의시대의 잔재가 농후하게 남아있는 아니 절대주의 그 자체의 성격으로 인해 국가권력의 비대가 상대적으로 두드러지고 사실상 국가로부터 독립해 있는 시민사회란 극소수의 인텔리밖에 없었다는 사실로 인하여 그리고 혁명을 통해서

---

7) *Ibid.*, p.394

도 볼세비키는 이러한 국가기구의 근본적 성격을 뒤바꾸는데 성공하지 못했고 오히려 거기에 의존하게 되었다는 점에서 시민사회의 자율성이란 극히 취약한 개념일 수밖에 없었다.

페레스트로이카가 전개되는 지금에 있어서 그것은 변화하고는 있지만 즉 시민사회의 자율성이 점차 획득되고는 있지만 그럼에도 불구하고 국가에 대한 의존은 시민사회의 내부갈등이 심해질수록 더욱 심해지는 것이다. 특히 공산당의 제도적 통치가 사라지는 점에서 그 위기는 가히 심각한 것이라고 말할 수 있을 것이다.

이러한 상황에서 소련은 다시금 국가권력의 강화라는 방법을 취하게 되었다. 이제 당의 권력은 서서히 집행부로 이양될 것이다. 그러나 그것은 무엇을 의미하는가? 소위 말하는 당정의 분리를 의미하는가? 아니면 국가기구의 강화라는 일반적 법칙을 의미하는가? 만일 대통령직의 강화가 일시적 조처가 아니라면 그것은 국가권력의 점진적 강화라는 일반적 법칙을 따를 수밖에 없다고 보인다. 소련에서 일어나는 모든 갈등은 그때마다 국가권력을 강화하는 구실로서 작용하게 될 것이다.

그러한 이유는 소련의 국가가 시민사회의 실질적 동의에 의한 통치권을 가지지 못했기 때문이다. 이제 그러한 동의를 얻어내려는 시도가 이루어지고 있다. 그러나 그럴 때 권력의 소재를 둘러싸고 벌어지는 갈등을 어떻게 수합할 것인가? 시민사회가 명백한 자율성을 가진 사회는 국가의 위기란 사회 자체의 위기로 연결되지 않는다. 한 정치권력의 위기는 곧 그것을 외피로 하고 있는 시민사회에서 새로운 세력이 성장하여 곧 갈등을 수습한다. 그러나 소련사회에서는 이러한 기제가 존재하지 않았다. 국가의 붕괴는 이럴 때 사회의 붕괴이다. 자루 속의 감자와 같이 소련의 시민들은 국가권력을 통해서만 형체를 유지해왔기 때문이다.

4. 보수혁명기의 당과 국가 및 시민사회

이제 보수혁명기를 맞이하여 당과 국가 시민사회의의 관계는 어떤 메카니즘을 가지게 될 것인가 하는 문제를 점검하여 보도록 하자.

우선 그동안 소련사회를 통치하는데 가장 중요한 역할을 하고 있던 당의 문제를 살펴보기로 하자. 페레스트로이카 이후의 소련공산당은 일종의 위기를 경험하였다고 말할 수 있다. 그 위기란 우선은 정치적인 것이며, 다음으로는 이데올로기적인 것이고 마지막으로는 조직적인 것이다. 정치적 위기란 당이 본래 시민사회의 이해를 정확히 반영하여야 하는 아방가르드적인 존재이어야 함에도 불구하고 당이 국가화함으로써 당이 시민사회의 이해를 반영하기는 커녕 오히려 시민사회를 지배하는 도구로 되었다는 사실에서 출발한다. 따라서 당은 정치적 역할을 상실하였다. 바로 그러하기에 당의 지배는 시민의 동의에 의한 합법적 지배가 아니라 전통적인 지배에 불과한 것이 되어버렸다. 보수혁명의 시대를 맞이하면서 공산당은 타협을 통해 다당제를 받아들이기로 하였으면서도 여전히 통치의 기득권을 포기하려 하지 않고 있다. 그 점은 제3차 인민대표총회에서 개정된 헌법6조의 개정안에서 공산당을 명시하는 것에 의해 분명히 드러난다.

두 번째로 당은 이데올로기적 위기를 맞이하고 있는 것은 사실이다. 당내의 보수파와 개혁파 사이의 갈등은 공식적인 분당의 가능성까지도 예측할 수 있게 해주었다. 단지 분당이 이루어질 경우 소련의 현 상황에서 나타날 위기적 상황 때문에 즉 당의 위기는 현재의 소련에서는 곧바로 국가와 사회의 위기로 나타날 수밖에 없다는 사실 때문에 그것이 쉽사리 이루어지리라고 보기는 어렵다고 할 수 있다. 그러나 바로 그러한 점 때문에 페레스트로이카는 향후에도 계속 보수와 개혁의 타협점을 찾아야만 한다.

세 번째로 당내 민주화에 대한 압력 때문에 현존의 조직체제가 위기를 맞이하고 있다. 현재의 공산당이 노멘클라투라로 지칭되는 부류의 결정권을 가진 당원과 실제 아무런 영향력을 당내에서 행사할 수 없는 조건에 처해있는 평당원 사이의 갈등이 점차 심화되고 있다. 또한 그 동안 민주집중제를 관철해오면서 당내의 소수파에 대한 결사 및 강령제시의 권한이 박탈되었었던 바 이러한 권리가 회복되어어야한다는 주장이 활발히 일어나고 있다. 이것은 당규를 바꾸는 문제로 28차 전당대회에서 최종 확정되겠지만 기존의 당조직의 전면적 수정을 요하는 일임에는 틀림이 없는 것이다.

그러면 이제 당과 국가의 관계는 어떻게 변화할 것인가 하는 문제를 살펴보자. 여지까지 국가는 당의 지도를 받는 기관에 불과하였다면 이제 원리상 당은 지도력을 상실해야하는가?

공산당이 대중을 지도할 수 있다는 것은 흔히는 프롤레타리아트의 독재이론에서 그 이론적 연원을 찾고 있다. 그러나 그것은 정확한 것이라고는 볼 수 없다. 왜냐하면 프롤레타리아트 독재는 당의 독재와는 구별되는 것이기 때문이다. 마르크스에 의한 프롤레타리아트의 독재는 부르조아 민주주의를 확대하는 것으로 해석되어진다. 당의 독재는 당이 노동계급의 전위대로서 노동계급의 이해를 대변하고 있다는 전제에서 출발한다. 그러나 여기에서는 분명한 논리의 비약이 있게된다. 당의 독재가 노동계급의 독재로 해석될 수 있으려면 먼저 양 독재를 연결시키는 논리적 고리가 전제조건이 되고 있음을 어렵지 않게 알 수 있다. 즉 당이 노동계급의 이해관계를 정확히 반영하고 있으며 그 관계에서 고도의 도덕적 지도를 할 수 있다는 전제가 따르는 것이다.

그런데 직업적인 혁명가들의 결집체인 당이 일반 노동계급과 어떻게 이해관계가 일치할 수 있을까? 그것은 역사에서 부르조아 계급이 봉건체제에 대항하는 싸움에서 부르조아 일반 및 시민사회일반의 이해관계를 대변할 수 있었던 것과 마찬가지로 자본주의에 대한 혁명과정에 있어서 당은 노동계급의 이해를 대변하였을 뿐 아니라 일반적 대중의 이해를 반영할 수 있었다. 여기에 당지도의 도덕적 기초의 정당성이 놓여 있었다.

그러나 당에 의해 일단 권력이 장악된 이후에는 그러한 도덕적 정당성에는 점차 금이 가기 시작하였다. 당과 노동계급사이의 이해가 점차 다르다는 것이 드러나게 되었다. 양자 사이의 이해관계의 일치를 위해서는 당 자체가 끊임없이 쇄신되어야했다. 그러나 그것은 가능한 일이 아니었다. 결국 그것은 노동계급독재와 당독재 사이의 모든 이론적 문제를 사상하고 국가기구를 강화하는 방법에 의해 문제를 해결하는 것으로 귀착해버렸다.

이제 당내민주주의 원칙과 복수정당제와의 관계를 검토해보자. 시민사회에 있어서 복수정당제의 존재라는 것은 시민사회의 이해의 다원성과 관련되고있다. 본질적으로 정당이라고 하는 것은 정치적 영역에서의 시민사회의 반영에 불과한 것이라고 볼 수 있다. 예컨대 복수정당이건 아니건 그것은 모두 시민사회의 반영이다. 자본주의적 시민사회의 정치적 전형은 복수정당제로 나타난다. 왜냐하면 자본주의적 시민사회에서는 상품의 순환과 그것을 근거 지우는 생산관계에 있어서 근본적인 이해의 대립이 있기 때문이다. 따라서 가장 전형적인 형태에서의 시민사회의 정당이란 부르조아 정당과 노동계급의 당의 양당제로서 나타날 것이다. 이것은 사회가 부르조아지가 프롤레타리아트로 완전히 양분되어있고 또 정당이 완전히 계급의 이익을 대변한다고 할 때의 이념형인 것이다. 그러나 이러한 설명에 머무르는 것 자체는 위험하다. 왜냐하면 현실사회는 그보다 항상 더 복잡하기 때문이다.

현실적인 차원에서는 자본주의사회나 시민사회거나를 막론하고 항상 소상품생산자들이 존재한다. 이들의 이해는 부르조아 계급과 완전히 일치해본 일이 없으며 또한 노동계급과도 완전히 일치해본 일이 없다. 게다가 현실 시민사회는 부르조아에서 노동자에까지 이르는 다양한 계층의 존재를 그 스펙트럼으로 가지게 된다. 바로 이같은 이유로 인하여 하나의 정당이 모든 계층의 이익을 대변할 수는 없다. 하나의 정당은 그가 대변하는 계급과 계층의 이익을 바탕으로 하여 주어진 상황에서 일반적 이익을 대변할 수 있을 때 또는 가장 최다수의 이익을 대변할 수 있을 때 권력을 잡게 되는 것이다.

따라서 시민사회에서의 복수정당제란 이러한 시민사회를 반영하는 것에 다름 아니다. 그러면 하나의 정당이 당내 민주주의를 통하여 권력을 장악하는 것이 시민사회에 부합될 수 있는가? 어떤 경우에 그것이 가능할까? 시민사회의 특수 이익의 충돌이 시민사회의 존립에 중대한 장애로 등장할 경우에 복수정당제는 일시 그 효력을 정지당할 수 있다. 소위 말하자면 비상국면의 경우다. 비상국면이 초래되는 것은 혁명이나 쿠데타의 경우이지만 문제는 오히려 그런 국면이 시민사회의 본래적인 다원성과 어떤 관계를 가지고있나 하는 문제일 것이다.

정상적인 국면에서의 시민사회는 계급사이의 힘의 균형을 통하여 성립한다. 그리고 이것이 각 계층사이의 힘의 균형을 통하여도 성립한다. 비상국면이란 이 힘의 균형이 깨어지는 상황에서 발생한다. 이 힘의 균형이란 깨어지기가 사실상 어렵지 않다. 힘의 균형이 깨어진다는 것은 말을 달리하면 지배적 그룹의 헤게모니가 상실된다는 것을 의미한다. 이 경우에 지배그룹은 콘센서스를 통해 통치한다는 것이 불가능해지기 때문이다.

지배그룹에 있어서의 헤게모니 상실에 대한 대처는 몇 가지의 방법을 통하여 극복되어진다. 우선은 지배그룹의 확대책이다. 이것은 개량정책, 또는 개혁정책이다. 이것이 힘의 균형을 이루어 헤게모니를 다시 찾을 때까지 계속된다. 두 번째의 해결방법은 헤게모니의 상실을 폭력기구의 확충으로 만회하는 방법이다. 이것은 사실 일시적인 효과는 있다. 그리하여 단기적인 정책으로는 많이 사용되어온 수법이다. 그리고 마지막으로는 쿠데타 또는 혁명이다. 이는 지배그룹의 전면교체(혁명) 또는 지배그룹의 정예화를 통한 (쿠데타) 헤게모니의 강회이다. 이 경우에는 새로운 대체 이데올로기가 중요성을 가지게 된다. 그리하여 통치의 정당성이 카리스마에서 찾아진다. 그리하여 첫 번째 개혁의 경우는 정치적 위기의 해소가 복수정당제를 유지하는 방법으로 즉 시민사회의 기본골격을 유지하는 방법으로 나타나지만 폭력장치를 강화하는 방법에 의한 후자의 경우는 시민사회의 자율성을 말살하는 방향을 취하게 된다. 그렇다면 왜 어떤 사회에서는 이러한 방법이 또 다른 사회에서는 저런 방법이 채택되는가?

그 근본적인 이유는 국가기구와 사회의 관계에 대한 전통의 차이에서 나온 것이라고 보여진다. 서유럽의 사회가 동일한 위기를 경험하면서도 민주주의의 기본적 틀을 다시 말해 시민사회의 자율성을 말살할 수 없었던 것은 절대주의를 청산하는 과정에서 시민사회 자체에 도덕적 정당성과 실력이 인정되고 있었기 때문이라고 보여진다. 그 반면에 절대주의의 판리 또는 식민지국가기구의 판리하에 있었던 사회는 시민사회의 사율성이 유지될 수가 없었던 것이다. 이러한 사회에서도 지배그룹의 헤게모니의 위기가 늘 있어왔지만 그 해결방법은 시민사회 능력의 부재 때문에 혁명이나 쿠데타를 통해서 나타나게 된다. 그러나 이런 사회에 있어서는 혁명이란 위기시에 시민사회가 그것을 지켜주지 못하기 때문에 일단 쉽게 이루어질 수 있지만 동시에 이미 고착된 국가기구를 바꾸는 것은 어렵게 된다. 즉 새로운 지배그룹은 급속히 권력의 안정을 바라는 가운데 급속히 민중과 소외되고 국가기구의 지배자로 되는 것이다. 시민사회의 자율적 성숙이 무엇보다 중요한 이유가 바로 여기에 있을 것이다. 그리고 그 자율적 성숙의 가장 유리한 조건은 복수정당제의 존재인 것이다.

그런데 사회주의사회는 이러한 시민사회의 다원성이 없이도 꾸려나갈 수 있는가? 말하자면 사회주의는 사회적 모순과 소외가 없이 존재하는가? 아니라면 현실적으로 존재하는 모순을 어떻게 풀어가야 하는가? 이

점에 있어서 사회주의사회 역시 다원성의 인정이 절대 필요하다고 해야 할 것이다. 사회주의사회에서는 우선 관료계급과 생산자들의 모순, 정신노동과 육체노동의 모순, 도시와 농촌의 모순, 남과 여의 모순, 같은 생산자그룹에서도 숙련노동자와 비숙련노동자 사이에 이해의 차이가 있게 마련이다. 이러한 모순의 존재는 사회주의사회에서도 다원성의 인정이 절대적이라는 사실을 입증케 해준다. 그러나 소련에서의 다원주의의 이해는 아직도 많은 제약조건을 가지고있다.

그것은 근간에 이루어진 "사회주의적 다원주의"에 대한 논쟁에서 보듯이[8] 소련에서는 보수적 입장에서의 다원주의의 이해가 일반적으로 큰 발언권을 가지고있다. 이바노프(V.N.Ivanov)는 "마르크스-레닌주의와 사회주의적 이데올로기에 대안이 되는 어떠한 이데올로기의 발달을 의미한다면 그것은 근거도 없고 의미도 없다"(9쪽)고 하였으며 안토노비치(I.I.Antonovich)는 러시아와 소련의 전통을 고려할 때 "우리에게 다원주의란 사회적 목표로서의 가치가 있는 것이 아니라 지적 조건으로서의 가치가 있는 것이다."(13쪽) 라고 하여 당의 독재를 인정해야한다고 하였으며 스몰리안스키(V.G.Smolianskii)는 "사회주의적 다원주의는 공동의 목표와 제안들의 다양성의 통일, 그리고 진정한 사회주의적 민주화의 발달을 전제하기 때문에 적대적이고 반인민적인 세력들의 이해를 반영하는 어떠한 그리고 모든 반사회주의적 견해 및 태도와는 양립할 수 없다."(41쪽)고 하였다.

그 반면에 드미트리예프(A.V.Dmitriev)는 "국가적 소유가 전사회적 소유에 있어서 지배적 영향력을 유지하고 있을 때는 사회적 영역에 있어서 다원주의의 초보성만 이야기할 수 있을 따름이다"(9쪽)고 하였으며

---

8) 소련에서 "사회주의적 다원주의"에 대한 논쟁, 노보스티통신, 소련과학원사회학연구소, *Sotsialisticheskie issledovania*에 의해 주최되었고 동지 1988, no.5에 게재되었다. 원문을 구하지 못하여 *Soviet Sociology* (1989.11-12, pp.6-41)에 번역 수록된 것을 참고하였음.

베스투제프-라다(I.V.Bestuzhev-Lada)는 "다르게 사고하는 것을 처벌하지 않는 것", 그리고 "개관적 현실을 인정하는 것"(11쪽)으로 다원주의를 이해하였고 특히 쿠라슈빌리(B.P.Kurashvili)는 여론의 다원주의는 단지 유쾌하지 못한 현실의 포장에 불과하다며 "정치적 다원주의를 대체할 수 있는 것은 아무 것도 없다"(14쪽)고 하였다. 그는 사회주의의 6개 정치체제를 지칭하며 전체주의체제, 권위주의체제, 권위-민주적 체제, 민주-권위적체제, 민주주의체제, 무정부적-민주체제로 분류하였는데 현 상황을 권위주의와 권위-민주의 사이로 인식하였다.(16-17쪽)

이제 노동계급과 사회주의의 문제를 검토해보기로 하자. 노동계급만이 사회주의를 이루어갈 수 있는가? 우리는 노동계급에 대해서 여지껏 하나의 신화가 창출되지 않았는가 하는 점을 깊이 생각해보아야 할 것이다. 과연 노동계급은 혁명적이며 또 사회주의의 건설에 있어서 가장 능동적인 계급인가?

노동계급이 큰 역할을 행사할 수 있는 힘을 가지고 있다는 것은 의심의 여지가 없다. 노동계급이 단결했을 때는 특히 그러한 것이다. 그러나 노동계급은 또한 뿌리깊은 수동성을 가지고 있는 것 역시 현실이다. 자본주의 사회에서 노동계급의 수동성이란 생산과정에서 노동자들이 처한 위치에 의해 규정이 되는바 그것은 노동자들이 어떠한 종류의 적극적인 변혁 세력이 될 수 없게 한다. 이미 마르크스가 갈파했듯이 노동자들의 요구란 임금인상으로만 귀착이 되고 그 이상을 넘어서지 못하며 그것은 노동자들의 노동귀족화로 귀착이 된다. 그러면 노동계급의 임금인상요구는 그 자체로 혁명적인가? 노동자들의 임금인상요구는 그 자체로는 어느 정도까지는 개혁적 성격을 가지고 있지만 그 이상을 넘어서면 노동자는 생산하는 계급이 아니라 보조금을 받는 계급으로 전락된다. 이 보조금을 받는 노동계급은 혁명적 세력이 될 수도 없으며 변혁의 주체가 될 수도 없다.

더구나 노동자들의 자연발생적인 수평주의의식이 사회주의의 기반이 될 수 있는가? 그것은 오히려 생산력의 후퇴를 가져올 것이다. 그렇다면 무엇이 문제인가? 문제는 스탈린적 사회주의가 그리고 노동계급의 자연발생적 의식이 지식의 가치 그리고 지식인의 존재를 무시해왔다는 데에 있을 것이다. 마르크스에 의하면 사회주의 사회에서는 육체노동과 정신노동의 조화가 이루어져야 할 것이다. 그러나 교조주의자들은 이 조화를 추구하는 대신에 정신노동에 종사하는 인텔리를 탄압하고 육체노동에 진정한 정신노동의 노력을 조화하려는 노력을 기울이지 않았다. 그 결과는 정신노동에 대한 가치절하이다. 이러한 것은 나아가서 생산의 발전 민주주의의 발전에도 치명적인 타격을 가져왔다. 사실상 사회주의에서는 어떠한 노동도 존중되어오지 않았다. 오로지 관리자만이 존중되어 온 것이다. 이점에 있어서는 자본주의 사회도 역시 마찬가지였다고 볼 수가 있다. 그러나 무엇보다도 정신노동에 대한 저평가는 사회주의국가에서 두드러졌으며 이것은 저개발 단계에서는 일시적 효과를 가져오지만 고도 기술사회에 진입하는데는 치명적인 약점이 아닐 수 없는 것이다.

5. 맺음말

페레스트로이카는 더 많은 사회주의인가? 그렇다. 그것을 소련의 개혁파들이 의미하고 이해하는 한도에서는 그러하다. 그러나 페레스트로이카는 바로 그러한 점에서 스탈린주의적 보수파와의 근본적인 결별을 하고 있지 못하다는 점을 분명히 드러내어준다.

기존의 사회주의는 노동계급의 매수에 입각하여 성립한 정부였다. 그것은 부르조아와 지식인을 타도하고 노동자들로 하여금 환상적 만족을 가지게 하며 유지되어온 체제였다. 이 체제는 지식인들을 적대적으로 하며 노동계급을 중립화시키며 살아온 것이었다. 바로 그러한 가운데 권력을 장악한 관료들은 헤게모니를 유지시킬 수 있었다. 그러나 이제 이 관료들은 더 이상 줄 것이 없어졌다. 그 같은 체제가 기반하는 생산력으로는 그것이 한계에 부딪힌 것이다.

바로 이 한계에서 벗어나기 의해 권력은 인텔리들의 협조를 필요로 하며 노동계급에게는 규율을 요구하게 되었다. 바로 이같은 상태에서 사회주의는 시민들에게 자유를 부여하지 않으면 안되었다. 노동자들에게는 그들의 생산에 부응하는 임금을 주지 않으면 안되는 것이다. 즉 민주화와 더불어 규율의 요구가 이루어진 것이다.

그와 함께 새로운 변환기에 일어나게 될 모순으로 인하여 대통령제의 도입 등으로 국가의 역할이 증대하게 되었다. 이러한 현상은 민주화의 진전과 시민사회의 성숙에 기여하게 될 것인가? 그것은 다원성의 원칙이 얼마나 철저하게 지켜지는가에 따라 달라질 것이다.

만일 국가기구자체에 대한 도전 그리하여 인민주권의 원칙이 관철되지 못한다면 이 경우에 혁신된 사회주의국가기구는 고도의 기술을 갖춘 또 하나의 리바이어던이 될 수 있을 것이다. 바로 그렇기 때문에 사회주의에서의 다원성의 관철과 시민사회의 내적 갈등을 어떻게 소련이 풀어나가는가를 주의 깊게 살필 필요가 있을 것이다. <서울대 소련-동구연구소 주최 학술대회, 1990.4.23>

소련의 정체성과 그의 위기

1. 머리말

소련의 정치경제 사회적 상황은 급속하게 변하고 있다. 그 뿐만 아니라 국제사회에서의 소련의 위치도 그에 따라 급속하게 변모하고 있는 것으로 보인다. 이에 따라 연구자들의 종전의 소련에 대한 이해에도 많은 부분이 수정되어야 할 것이 요청되고 있다. 과거의 소련연구가 주로 소련의 이데올로기 및 체제 비판에 관련되어진 것이라고 할 때 이러한 문제에 대한 시의성은 상당히 사라져 버렸기 때문이다. 또한 과거의 이러한 연구경향은 소련의 사죄 자체에 대한 관심이 대단히 부족하였다.

그러나 소련의 사회 자체에 대한 연구는 대단히 필요한 실정이다. 소련이 전체주의의 틀을 벗어나면서부터는 이에 대한 연구는 더욱 절실한 형편이다. 소련은 더 이상 이데올로기나 체제론적 틀에서 관찰할 수가 없으며 소련 사회 자체에 대한 심도 있는 연구가 진행되지 않으면 안된다. 그런데 소련 사회의 중요한 문제 중의 하나로 우리는 정체성 문제를 들 수가 있을 것이다. 사실상 소련에서 페레스트로이카가 시작되기 전에는 소련의 正體性(identity)이란 흥미 있는 주제가 되기는 어려웠을 것이다. 소련의 정체성은 마르크스-레닌주의에 의거하여 명백하게 '소비에트 인민'으로 대표된다고 이해되어 왔기 때문이다. 물론 '소비에트 인민'은 허구에 가득찬 造語이기는 하지만 소련사회 자체의 특이한 폐쇄성과 停滯性때문에 이 허구를 관찰하는 것은 그리 용이한 일은 아니었다.

그러나 페레스트로이카와 더불어 '소비에트 인민'의 정체성은 흔들리기 시작하였으며 페레스트로이카가 실패함에 따라 '소비에트 인민'은 완전히 분해되어 그 정체성이 일거에 사라지게 되었다. 볼셰비즘에서 사상적인 뿌리를 찾고 있던 소련에게는 1917년 10월이 그동안 70여 년 간 사회를 유지시켜온 '사회계약'이었는데 그 계약은 파기되어 버렸다. 그리고 이제는 돌아서 버린 '소비에트 인민'을 불러모아 다시금 새로운 계약을 체결하지 않으면 안되는 상황이 되었다.

어떤 의미에서는 소련의 이러한 변화는 이러한 변화를 추적하고 설명해야 한다는 괴제에 직면해있는 연구자들에게는 대단히 유익한 연구환경을 제공해 준다고 볼 수도 있다. 왜냐하면 그 동안 소련의 정체성은 '소비에트 인민'으로 단순화되어 이해되어져 왔기 때문에 지나치게 이데올로기적으로 채색되어 있고 또한 지나치게 물화되어 소련의 역사와 사회를 통하여 그 속에 살아있는 인간의 역사와 사회를 이해하기에는 곤란한 점이 있었다고 보기 때문이다.

어찌되었던 소련은 변화하였고 또한 급속히 변화하고 있다. 이러한 현실적 상황의 변화와 이에 따른 사람들의 의식의 변화는 또한 불가피하게 소련의 역사 및 소련이 이제까지 근거해왔다고 믿어왔던 신념체계에 큰 혼란을 초래하게 되었다. 이제까지 소련사회를 유지하는 연결고리 또는 매듭으로 작용했던 것은 마르크스-레닌주의로 대표되는 이데올로기였다. 이것은 소련사회의 처음부터 마지막까지를 연결하는 중요한 고리였다. 그러나 페레스트로이카 이후에 이러한 이데올로기가 연결고리로서의 역할을 상실하고 있으며 소위 이데올로기적인 공백상태가 일어나고 있다. 이에 따라 향후 소련의 진로에 대하여도 명백히 방향을 잡기 어려운 상황이 초래되고 있다. 특히 8월 쿠데타의 실패 이후에는 반공주의의 물결이 고조되기도 하였지만 반공주의란 하나의 분명한 대안이 아니기 때문에 어떠한 대안을 선택할 것인가에 대하여 극심한 혼란이 초래되고 있다.

소련사회가 사회주의를 포기하고 자본주의적 길을 밟아야 한다든지 또는 소련사회의 유지방식에 있어서 근본적인 변화가 있어야 한다는 것은 별 어려움 없이 모두가 쉽게 인정할 수 있는 부분일 것이다. 그러나 이 변화는 동시에 여지까지의 소련의 정체성에 큰 위기를 수반하는 것이다. 말하자면 정체성의 위기(identity crisis)를 소련사회는 경험하고 있다고 생각한다. 그리고 앞으로 소련이 새로운 사회로 변화하게 된다면 과거의 정체성에 나타나게 되는 위기를 여하한 형태로든지 극복하지 않으면 안된다. 그렇다면 과연 소련인들이 여지까지 느껴왔던 정체성의 실체는 무엇인가? 그것은 어떤 특성을 가지고 있으며 새로운 정체성은 과연 어떤 모습을 가지게 될 것인가? 이러한 문제들이 본고의 주제가 될 것이다.

2. 소련의 정체성

먼저 우리는 소련의 정체성을 어떻게 정의할 것인가의 문제에 부딪히게 된다. 소련의 정체성이란 무엇을 의미하는가? 우선 그것은 여러 측면에서 정의될 수 있는 문제이다. 먼저 소련을 볼세비키 혁명 이후에 형성된 독특한 사회로 보고 그곳에서 현실 사회주의의 형태로 실현된 소련인들의 정체성을 의미한다고 한다면 이는 대략 소련의 국가 이데올로기와 중첩된다고 볼 수 있을 것이다. 이 점에서라면 소련의 정체성은 일단은 러시아적인 정체성과는 구별된 것으로 보아야 할 것이다. 그러나 러시아적인 정체성과 소련적인 정체성이 과연 얼마만큼의 차이를 가지고 있는가 하는 것은 또한 세심하게 주의를 요하는 문제이다. 왜냐하면 이러한 러시아/소련의 정체성은 대립하는 측면이 있는 반면에 또한 집단적인 심리로서 연속성의 측면도 가지고 있기 때문이다.

따라서 소련의 정체성 위기현상을 분석하기 위해서는 이러한 양 측면을 모두 염두에 두어야 할 것이다. 먼저 우리는 러시아/소련의 대립하는 측면에서의 소련의 정체성은 어떠한 것이었는가를 이해하여 보기로 하자. 이러한 측면에서 분석하여 볼 때 먼저 소련의 정체성은 마르크스-레닌주의로 무장된 이데올로기의 전일성을 의미한다고 말할 수 있을 것이다. 이는 이데올로기적인 규정에 의하면 마르크스-레닌의 유토피아에 의해 정의된 사회를 의미한다. 이러한 이데올로기적인 정의는 처음부터 그 주요한 모순의 계기를 정의된 사회주의와 현실사회주의와의 간극 속에서 가지게 된다. 마르크스-레닌주의가 유토피아와 현실의 일치를 추구하는 사상체계이기 때문에 이러한 의미에서의 정체성의 위기는 소련 사회의 초기부터 줄곧 존재했다고 말할 수 있다.

소련 사회주의의 출발은 이미 러시아의 마르크스주의의 초석을 놓았던 플레하노프(Plekhanov)에 의하여 부정적으로 인지되었다. 그는 볼셰비키혁명이 일어나자 "우리는 마르크스주의의 선전을 후진적인 반아시아적인 러시아에서 너무 일찍 시작하지 않았는가?"라는 회의를 되풀이 하였다.[1] 플레하노프의 회의는 그의 사고가 사회주의혁명은 프롤레타리아트가 다수들 이르는 자본주의사회에서 일어날 수 있다는 마르크스의 명제에 충실하였기 때문에 일어난 것이다. 그렇기에 애당초 러시아의 사회는 마르크스의 이데올로기와 맞지 않는다고 볼 수 있을 것이다. 레닌도 역시 그의 말년에 소련을 그의 이데올로기에 부합되는 사회로 볼 수가 없었다.[2] 이같은 레닌의 회의는 로이 메드베제프에서도 볼 수 있으며[3]

---

1) S. H. Baron, *Plekhanov; The Father of Russian marxism*, Stanford University Press, 1963, p.358

결국은 페레스트로이카 이후에 소련의 개혁파의 주도적인 사상적 흐름이 되었다.

　이러한 의미에서의 소련의 정체성은 마르크스와 레닌의 이데올로기에 그 근원을 가지는 것이며 말하자면 이는 국가이데올로기화한 사회주의의 유토피아에 대한 심리적 정체성이거나 또는 마르크스-레닌주의에 입각하여 유토피아와 현실과의 차이에 따른 반성적인 의식이라고 말할 수가 있을 것이다. 그런데 국가이데올로기와 마르크스주의적 이데올로기 사이에는 정체성의 대립이 출발에서부터 있었다고 보는 것이 마땅할 것이다.

　여하간에 마르크스-레닌의 이데올로기로부터 출발하는 의식을 러시아/소련의 대립으로 이해하게 되는 이유는 이러한 이데올로기가 혁명을 승인하며 러시아와 소련이 결별된다고 하는 심리를 가지고 있기 때문이다. 이러한 심리에서는 소련은 지구상에 이데올로기적인 정의를 준거로 하는 새로운 사회의 건설을 의미하는 것이며 따라서 역사의 새로운 출발을 의미하는 것이기 때문이다.

　반면에 소련의 정체성을 마르크스주의적 이데올로기와는 무관하게 비록 소련의 이데올로기는 마르크스주의에 그 연원을 둔다고 주장하지만 러시아/소련의 사회구조의 연속성에서 비롯된 소련인들의 심리적 형성을 근거로 하여 러시아/소련의 연속성에서 소련의 정체성을 찾아낼 수도 있을 것이다. 우리는 그의 전형적인 예로 스탈린주의를 지적할 수 있을 것이다.

　물론 러시아/소련의 연속성이란 소련이 그 전제로서 러시아의 전통을 계승했다고 주장하는 것을 의미하는 것은 아니다. 그러나 몇 가지 본질적인 측면에서 러시아는 소련에 계승되었으며 러시아의 전통은 소련의 국가이데올로기에 의하여 정당화되었다고 말할 수 있다. 그러나 단언적

---

2) 레닌 외, 『레닌의 반스탈린 투쟁』, 신평론, 1989
3) R.A.Medvedev, *On Socialist Democracy*, London, 1975.

인 설명을 하기에 앞서서 일단 러시아/소련의 정체성의 내용을 분석해보는 것이 필요한 일이라고 생각된다. 몇 가지의 중요한 역사적 해석과 현실인식에 있어서 이러한 이데올로기적인 대립은 그 정체성을 이해하는 데에 열쇠를 제공하여 줄 수 있을 것으로 기대되기 때문이다.

필자의 견해로는 러시아/소련의 연속적 정체성에서 가장 중요한 것은 제국의식이라고 말할 수 있다고 본다. 이러한 제국의식은 러시아/소련에서 상당히 오랜 기간 생성되어 온 것이다. 다민족으로 구성된 러시아가 대러시아인을 중심으로 하나의 제국으로 결집함으로써 러시아/소련의 정체성을 확인하는 것은 러시아인에게는 자연스러운 심리였다고 생각된다. 왕당파는 말할 것도 없거니와 카데츠와 볼세비키에 이르기까지 이러한 제국의식은 러시아인들에게 뿌리깊은 것이었다. 2월혁명을 통하여 소수민족들의 에너지가 분출되어 나왔을 때도 어느 한 당파도 제국의식을 떠나서 러시아의 문제를 바라볼 수는 없었다. 심지어는 볼세비키혁명을 반대하면 망명지집단도 1920년대에 스메노베히논자(Smenovekhovtsy)처럼 볼세비키권력의 승인을 제국의 회복이라는 관점에서 바라보거나[4] 또는 유라시아주의자(Evraziitsy)처럼 러시아의 정체성을 재구성하면서도 슬라브주의에 입각한 제국의식을 벗어날 수는 없었다.[5] 스탈린도 제국의 유지와 확대에 그의 정체성을 가지고 있었다고 말할 수 있다. 소련 연방 성립기의 스탈린의 자치화안이나 1930년대에 본격화된 민족주의에 대한 공격, 발트3국의 합병 등에서 그의 제국 정체성에 대한 태도를 분명히 확인할 수가 있는 것이다. 따라서 소련 이데올로기의 독자성을 주장하는 이면에 근거하는 제국의식은 러시아-소련을 관철하는 정체성이라고 말할 수 있을 것이다.

그런데 소련에서의 정체성의 위기를 거론하는 것은 무엇 때문인가?

---

4) 이인호, 『러시아지성사연구』(증보판), 1985, p.203.
5) "Eurasian Movement", *The Modern Encyclopedia of Russian and Soviet History*, vol.11, Academic international Press, 1979, pp.6-8

필자의 견해로는 페레스트로이카가 시작된 이래 국가이데올로기로서의 소련의 정체성과 마르크스주의로서의 소련의 정체성이 대립하여 현실사회주의의 존재를 불안하게 할뿐만 아니라 나아가서는 1917년의 '계약' 자체들 원인무효로 할 수 있는 상황이 발전하고 있기 때문이다. 결국 이러한 상황은 소련의 정체성의 의기를 가져올 뿐 아니라 이는 다시 소련사회의 정치적 사회적 통합을 결정적으로 위협하는 요인이 되고있다.

하나의 사회가 통합을 유지해나가기 위해서는 공동의 정체성 형성이 필요하다고 말할 수 있다. 이러한 정체성은 근대사회에서는 일반적으로는 민주적인 정치제도와 사유재산제의 확보를 전제로 하는 국민국가에서 찾아졌다.

이러한 국민국가에서 성원들의 이해는 사회계약을 통하여 조화를 이룰 수 있다고 보았기 때문이다. 이러한 자유주의적인 세계관과 이에 동반한 정체성의 형성이 나라마다 다르기는 하지만 또한 시대적으로 어느 정도 변화를 보이기는 하지만 근대적인 정치사회는 이를 전제하지 않고서는 생각하기 힘들다. 이러한 근대사회에서 비록 정치적으로 권력을 쥔 자와 권력의 지배를 받는 자가 서로 나누어지고 경제적 지위의 차이에 따라 계급이 갈라지기는 하지만 이러한 정도의 차별성이 국가사회의 통합성을 깨트리지는 못하였다. 왜냐하면 지배는 피치자의 동의에 의한 지배라는 시민정부의 형식을 가질 수가 있었기 때문이다.

그런데 소련사회는 역사적인 유산으로 이러한 통합적 요인이 비교적 약하게 작용하였다. 무엇보다도 다민족적 국가로 구성되었다는 사실이 국민적 통합을 어렵게 하는 요인으로 작용하였다. 러시아/소련에서 국가의 통제력이 이완될 때에는 언제나 민족적 분리독립의 문제가 제기되었다는 것은 러시아/소련 사회가 자발적인 동의에 의한 국민적 통합을 이루지 못하였다는 데 대한 증거로 제시될 수 있을 것이다.

어떤 의미에서는 소련의 정체성은 허구에 가득 찬 이데올로기적인 것이었다고 말할 수도 있을 것이다. 각 공화국은 소연방을 핑계로 자국의 이익을 극대화하는데 노력하여 왔기 때문이다. 러시아공화국의 루츠코이 부통령이 한탄하고 있듯이 우크라이나는 러시아로부터 석탄을 루블로 지급하고 구입하여서 경화를 위해 그것을 외국에 내어다 팔고 라트비아는 석유를 루블로 구입해 경화들 받고 그것을 외국에 내어다 판다.6) 8월 혁명 이후에 각 공화국들이 경제공동체의 체결에는 어느 정도 성의를 보이면서도7) 정치적 자유를 제약당하게 되는 신조약의 체결에 머뭇거리는 것은8) 바로 각 공화국들의 이기적인 태도를 그대로 보여준다. 소련으로서는 이를 제국을 유지하는 대가로 생각하겠지만 러시아 민족주의의 고양은 이러한 제국유지가 가능한 것인지에 대하여 심각한 의문을 동시에 제기하게 만들고 있다.

소련사회의 다민족적 구성 못지 않게 소련사회의 통합을 방해한 것은 또한 비민주적인 정치의 관행이었다. 짜르의 전제정과 관료제는 소련의 공산당독재와 관료제로 이어졌으며 이는 소련사회의 통합을 힘들게 하였다. 따라시 소련에서 필요한 것은 권력에 의한 위로부터의 강제적 통합이었다. 그러한 통합은 당/사회의 구분에서 보듯이 러시아의 전통적인 오프리츠니나/젬시치나와 같은 유산을 그대로 반복하고 있는 것이라고 말할 수 있다.

결국 요약하자면 근대적 시민정부를 성립시킬 수 있는 바와 같은 기반이 취약했던 것이 사회의 통합에 필요한 러시아/소련의 정체성을 위협

---

6) *FBIS Daily Report-Soviet Union*, 1991. no.192, pp.45-46
7) 경제공동체를 위한 조약 체결을 위하여 10월 2일 알마아타에서는 카자흐 공화국 대통령 N.나자르바예프의 초청으로 12개 공화국의 지도자들이 모여 경제협정을 10월 15일까지 조인하기로 하고 백러시아, 카자흐, 우즈벡은 당일 서명하였으나 결국 그후에 우크라이나 등이 머뭇거리다가 11월에 들어가서야 체결하기에 이르렀다.
8) 11월 14일에 러시아, 백러시아, 카자흐 및 키르기즈, 투르크멘, 타직, 아제르바이잔은 신연방조약을 체결하여 '주권공화국연방'을 구성하기로 합의하였다. 그러나 우크라이나, 몰다비아, 그루지아, 아르메니아, 우즈벡이 어떠한 태도를 취할지는 의문이다.

하고 있었다는 것이다. 그러한 가운데 소련에서는 이러한 취약성에 대한 반향으로 정체성에 있어서 유토피아적 요소가 매우 강하였다.

3. 소련의 정체성에 있어서의 유토피아

그런데 소련의 정체성에 있어서 가장 중요한 특징 중의 하나는 소련의 정체성이 다른 어느 나라와 비교하여 볼 때 유토피아적 성격을 가지고 있다는 것이다. 다른 말로 해서 소련은 유토피아에서 자기의 정체성을 찾아왔다. 그것은 법과 유토피아적 당위 속에서 소련인의 심리는 유토피아적 당위 속에서 그 존립의 근거를 찾아왔다는 말이다. 이러한 점에서 겐라디 바틔긴의 한 논문은 소련의 문제점을 잘 설명해주고 있다. 바틔긴에 의하면 "섬[유토피아]관념의 반향은 '개별적인 분리된 나라'에서의 사회주의 건설이라는 개념에서 명백하게 들려진다. 이는 '구세계'와는 아무런 관계가 없으며 더구나 이 나라에서의 모든 것은 대양 저편에 있었던 것과는 다르며 더 좋다." 그리고 이 유토피아가 구세계와의 경쟁에서 실패하게 되자 자기들이 찾은 이 섬이 바로 그 유토피아라는 사실을 용기 있게 인정하기를 거부하고 섬을 잘못 찾았다고 생각하기 시작한다는 것이다.[9]

바틔긴이 면밀하게 분석하고 있듯이 소련인의 정체성에 있어서의 유토피아적 요소는 대단히 중요한 비중을 차지한다고 본다. 이러한 상장은 보다 근본적으로는 러시아사회가 서구사회에 대해 가지고 있었던 역사적인 낙후성에 하나의 근본적인 원인이 있다고 생각된다. 적어도 근대 사회가 태동되면서 러시아는 낙후된 러시아를 서구의 수준에 맞추기 위하여 역사적으로 중요한 변화를 경험했는데 그러한 변화는 모두 국가권

---

9) G.Batygin, "The Phenomenon of Utopia Seen in a Sociological Perspective", *Social Sciences*, USSR Academy of Sciences, no.2, 1991, p.126

력이 중심이 되이 실시하였던 것이다. 17세기 후반에 표트르대제가 중심이 되어 서구의 절대주의 국가와 같은 수준에 러시아를 올려놓으려는 시도를 하였으며 19세기초에 들어와서 러시아는 유럽의 주요 열강의 대열에 참가하게 됨으로써 이러한 목적은 성공을 하였다. 그러나 크림전쟁 (1854-1856)에서의 실패를 계기로 하여 러시아는 다시 낙후된 사회의 개혁에 착수하였는데 18세기 중반에 알렉산더 2세의 개혁이 바로 그것을 지향한 것이었다. 이는 유럽을 근대 산업문명의 기초 위에 을러놓으려는 것이었으며 이러한 과제는 기본적으로 19]7년의 혁명이 계승하였다. 그리하여 러시아는 1930년대 이래로 그들이 추구하던 근대 산업문명의 기초를 가지고 세계의 열강의 대열에 다시 참여할 수 있게 되었다. 고르바쵸프의 등장으로 시작된 페레스트로이카는 다시 낙후된 소련을 서구의 과학기술문명의 수준의 고도기술사회로 이전시키려는 시도 하에 또 다른 국가주도에 의한 위로부터의 개혁이었다.10)

크게 보아 러시아의 익사를 그게 선환시켰던 기점들은 언세나 서구화를 지향하는 국가의 개혁의지와 관련되어 있었다고 말할 수 있을 것이다. 그러한 전통은 기본적으로 소련에 있어서도 마찬가지로 계승되었다. 러시아/소련에 있어서의 근본적인 개혁들이 위로부터 주도권이 나올 수밖에 없었던 이유는 러시아/소련의 사회구성 원리가 서구의 사회와는 달리 시민공동체(civitas)를 형성하기 어려운 조건에 기인한다고 보겠다.

시민공동체를 운영하기 위한 국가가 아니라 인민들이 국가권력의 강화를 위한 수단으로 존재하였기 때문에 러시아/소련의 관료제는 고도의 전제적인 성격을 가지고 있었다. 이에 대한 민중들의 반란은 폭발적이며 일시적인 성격을 가질 수밖에 없었다. 농민들은 시민들로 전화되기에는 너무나 자연적인 공동체에 얽매여 있었다. 그리고 국가권력과 농민들의 바다 사이에 극소수의 인텔리겐챠는 사회를 변혁할 수 있는 실체라기보

---

10) Dominic Lieven, "The Soviet Crisis", *Conflict Studies*, no.241, May 1991, pp.2-12.

다는 그들의 유토피아를 제시하는 그룹으로서만 존재할 따름이었다.

말하자면 러시아/소련의 전통에서는 시민사회가 성장하지 못하였고 따라서 전제적인 짜르의 지배하에 자의적으로 권력을 행사하는 관료제, 무지하고 수동적이며 때로 폭발적인 반항을 표시하는 농민, 그리고 이 양극적인 구조에서 사회변혁을 절망적인 형태로밖에는 표시할 수밖에 없었던 인텔리겐챠의 구도가 성립하게 된다. 호로스(Khoros)가 지적하고 있듯이 권력-인텔리겐챠-인민의 삼각형은 러시아역사의 특성을 이루는 것이었는데 소련은 이데올로기는 약간 다르다고 하더라도 러시아제국의 모델을 독특한 방식으로 재현한 것이었다.11) 호로스가 지적하고 있는 러시아인민의 룸펜의식 이것이 "우선적으로는 생존의 본능이면서 동시에 사회에 대한 파괴 공격 복수의 본능"인데 이는 러시아의 혁명적 전통을 통하여 강화되었다. 병영사회주의 이데올로기적인 뿌리는 바로 이것으로 네차예프에서 트카쵸프 그리고 스탈린에 이르기까지 이는 러시아인민의 정체성 속에 내재되어 있었다. 그는 러시아인민의 뿌리뽑혀진 의식이 결국 지금까지도 잔존해 있다고 본다.12)

한편으로는 삼각형의 구도 속에서 러시아의 혁명적 인텔리겐챠는 또한 러시아의 낙후성을 가장 빠른 시일 내에 극복하려고 하는 의식을 가지게 되었는데 러시아의 사회주의는 유토피아의 정신을 러시아 인텔리겐챠에게 불어넣었던 것이다. 그러나 이 유토피아는 또한 투쟁의 중요한 수단으로 폭력을 선포하였다. 이상적인 사회를 위하여 어떠한 희생도 치를 수 있다는 것은 바로 레닌을 포함하는 러시아혁명적 인텔리겐챠의 사고였다. 동시에 사회주의는 권력의 쇼비니즘과 메시아주의를 러시아에 통합시켰다.13)

---

11) V.G.Khoros, "Perestroika and the History of Russia", 『사회주의의 재건인가. 역사의 전환점인가?』, 서울대학교 소련동구 연구소, 1991, p.24
12) *Ibid.*, p.28
13) *Ibid.*, pp.31-32

특히 소련의 유토피아적 요소는 혁명 초기에 한계적 인간들이 권력의 전면에 부상하고 이전에 권력을 가졌던 자들은 몰락하게 하였다. "처음된 자들은 마지막이 되고 마지막 된 자들은 처음된 자들이 되었다."[14] 이러한 자리바꿈은 인텔리겐챠와 인민의 유토피아들 실험할 수 있는 좋은 환경을 제공해 주었다. 그리고 이들은 발가벗겨진 폭력으로 그들의 유토피아를 건설하고자 하였다. 바틔긴이 말하듯 이러한 상황에서의 혁명은 폭력적 인간(Homo violentus)을 양산하였으며[15] 집단화와 테러 그리고 일상적인 폭력은 이러한 심성을 통하여 배양되었다. 소련이 성립되었을 때 이미 다수파는 병영사회주의를 유토피아로 생각하는 자들로 구성되어 있었으며 레닌과 부하린같은 경우 제거당할 수밖에 없는 조건에 놓여 있었다. 혁명적 인텔리겐챠의 집권과 사회로부터 분리된 권력의 성립, 룸펜적 인민 그리고 구볼셰비키의 제거와 인텔리겐챠의 숙청은 제정의 삼각형을 다튼 방식으로 재현한 것이었다. 이러한 의미에서 혁명과 내전 그리고 대숙청은 그때마다의 정체성의 위기를 러시아적 방식으로 극복하는 것이었다. 그리고 그것은 언제나 기존의 삼각형의 구도를 강화시키며 구도 자체는 변형시키지 못하였다.

유토피아는 이러한 의미에서 삼각형의 구도에서 서로 다른 각들의 자리바꿈을 하는 것에 불과하였다. 『베히』(Vekhi)에서 나타난 인텔리겐챠의 반성이[16] 그 이후 오랜 기간을 두고 되씹어볼 수 있는 성찰이 되는 것은 바로 그러한 삼각형의 구도에서의 인텔리겐챠의 문제를 러시아/소련 사회에서 정확하게 파악할 수 있는 가능성을 던져주기 때문이다.

---

14) N. A. Berdiaev, *Samopoznanie*, Moskva, 1991, p. 246

15) G. Batygin. op. cit., p.127

16) 이인호, 「러시아 인텔리겐쨔의 정체」, 『러시아지성사연구』(증보판), 1985, pp. 172-206

4. 새로운 정체성의 문제

소련인들의 정체성은 페레스트로이카가 시작되면서 새로운 국면을 맞이하게 되었다. 페레스트로이카는 소련인들의 가치관에 심각한 혼란을 초래하였다. 따라서 이에 따라 소련사람들의 정체성에 심각한 혼란을 초래하여 일종의 아노미현상이 생겨나게 하였다. 이러한 아노미는 페레스트로이카를 둘러싸고 이에 대한 방법의 문제에 있어서 불붙기 시작한 것이기는 하지만 점차적으로 글라스노스트정책에 따라 여러 진실들이 알려지기 시작하면서 사회의 각 부면에 있어서의 회의가 만연되어 갔고 나아가서 정체성에까지 영향을 주는 일이 일어나게 되었다.

페레스트로이카에 의해 초래되는 사회적 정치적 변화를 소련인의 정체성을 분열시키는 행위로서 극렬하게 비난하고 있는 입장이 가장 센세이서널하게 나타난 것은 1988년의 3월 13일 『소베츠카야 로시야』에 발표된 니나 안드레예바의 논문 「나는 원칙에 반대할 수 없다」에서 이다. 이른바 보수파들의 정치강령이라고도 말할 수 있는 이 논문에서 안드레예바는 사회주의의 원칙과 대러시아인의 민족적 자존심 소련의 제국의식을 남김없이 대변하였다. 사실상 안드레예바의 논문에서 보여지는 입장은 소련인들의 페레스트로이카 이전의 정체성을 나타내고 있다고 보아도 무리는 아닐 것으로 생각된다. 그러나 이미 회복할 수 없을 정도로 소련인들은 정체성의 위기를 경험하였다. 전체주의에 반대하는 개혁파 인사들의 입김은 거세어졌으며 소련이 이제까지 자랑해왔던 가치들에 대하여 심각한 회의를 품어나갔다.

이러한 회의는 더욱 발전하여 소련의 존립근거를 이루고 있다고 생각하는 10월혁명과 러시아의 전통에 대하여 걷잡을 수 없을 만한 다양한 논의가 있게 되었다.[17]

소련인들이 자기의 역사에 대하여 회의를 가지는 것과 아울러 소련사회를 통합하던 각종의 요소는 심각하게 붕괴되었다. 이데올로기적으로는 노동자국가이지만 소련의 노동자는 전혀 주인의식을 가지고 있지 않을 뿐만 아니라 룸펜적 의식을 가지고 있다.[18] 지식인들은 이미 여러 사상적 경향에서 보듯이 분리되어 있을 뿐 아니라 권력층도 분리되어 있다. 사회의 각 계급과 계층은 자기의 방식대로 사회에서 자신을 책임 있게 행동해야하는 존재로 볼 수 있게 되지 않았다.

이미 러시아인을 비롯한 각 소수민족들은 점차로 그리고 이제는 확실하게 더 이상의 연방을 통하여 소비에트인민이라는 통합에 동의하려 하지 않는다.

이러한 의미에서 본다면 소련의 정체성의 위기는 정체성의 분열과정과도 일치한다고 볼 수 있다. 그리고 이러한 분열은 결정적으로 1991년 8월의 쿠데타를 통하여 분명해졌다. 구 제국의 이데올로기에 정체성을 두고 있는 사람들에 의해 주도된 쿠데타는 과거의 이데올로기 및 과거의 정체성과 결별하려고 하는 시민들에 의하여 결정적으로 분쇄되었다. 그러나 이 과정에서 과거의 정체성이 무엇이었는가 하는 것은 잘 드러나게 된다.

8월 18일자로 소련 국가비상사태위원회의 명의로 발표된 호소문은 한마디로 제국을 유지하려고 하는 사람들의 아이덴티티의 위기를 잘 보여주고 있다.

이 호소문의 내용을 살펴보기로 하자.

> 조국과 우리 인민들의 운명에 있어서의 위태로운 결정적인 순간에 우리는 여러분들에게 호소합니다! 우리의 위대한 조국에 죽음의 위험이 드리워졌습니다....

---

17) 이에 대하여 Boris V. Anan'ch, "Was October a Turning Point in History? Changing Interpretations of the Russian Revolution" (『사회주의의 재건인가, 역사의 전환점인가?』)이 참고된다.
18) I. Gabidulin, "Chto O Sebe Dumaet Rabochii?", *Kommunist*, 1991, no.2

맡겨진 자유를 이용하여 이제 단지 자라나기 시작하는 민주주의의 싹을 유린하는 극단적인 세력들이 나타나서 소비에트연방을 해체해 버리려는 노선을 취하였으며 국가를 전복하고 어떤 대가를 치르고서라도 권력을 차지하려고 하였습니다 조국의 단일성에 대한 전민족적 국민투표의 결과는 무효가 되어버렸습니다…

소련에 있어서의 정치적 경제적 상황의 점점 심각해지는 불안정은 세계에 있어서의 우리의 위치를 훼손하고 있습니다. 어디론가부터 우리의 국경을 재고할 것을 요구하는 내세우는 복수의 음성이 들리고 있습니다. 소비에트연방을 해체하여 각 대상과 구역마다 국제적인 후견을 받을 가능성에 대한 목소리까지 들리고 있습니다. 이것이 고통스러운 현실입니다. 어제까지만 하더라도 소련 사람들은 외국에서 인정되었으며 자신을 영향력 있고 존중받는 국가의 훌륭한 시민으로 느꼈습니다. 그러나 이제는 종종 제 2등급의 외국인이며 이제 연민의 멸시적인 흔적만을 가지고 있을 따름입니다.

소비에트인들의 자긍과 명예는 완전히 회복되어야 합니다……[19]

이러한 제국의 수호자들에게 있어서 우선적으로 중요한 것은 소련의 통일성, 그러고 소련의 강대함이라고 말할 수 있을 것이다.

그러나 문제는 이러한 인식 자체가 아니라 역시 그에 대한 해결방안의 문제가 제기된다고 말할 수 있겠다. 이미 소련 사람들에게 있어서 소련이 발달된 선진국은 물론 이려니와 제3세계의 일부국가들보다도 못하다고 하는 것은 상식이 되어버렸다. 그리고 이러한데 대한 불만은 곧 일부의 민족을 희생양을 삼는 일의 원천이 되기도 한다. 한편에서는 러시아인을 비난하지만 한편에는 유태인을 비난한다.[20]

그러나 8월 쿠데타가 실패로 끝나게 됨에 따라 소연방이라는 구 제국과 마르크스주의 또는 현실사회주의로서의 옛 영광에 집착해 있는 자들

---

19) "0brashchenie ksovetskolny narody", *Pravda*, 1991.8.20

20) Roman Szporluk, "Dilemmas of Russian Nationalism", *Problems of Communism*, July-August 1989, p.34

에 의하여 미래의 소련을 다시 구축되게 될 가능성은 사라져버렸다. 쿠데타에 저항한 자들에 의하여 소련을 새로이 건설할 사명이 맡겨지게 되었다.

그러나 쿠데타의 실패 이후에 초래된 권력의 공동현상은 향후 소련의 개편에 심대한 암운을 드리우고 있다. 우선 막강한 권력을 행사하였던 구연방은 어떠한 폐기문서도 없이 스스로 해체되어버린 상태이며 이를 대체하기 위한 새로운 연방은 이미 변화된 상황을 이용하여 완전독립을 추구하는 공화국들의 반발에 부딪혀 구성에 난항을 겪고 있다.

그리하여 기존의 질서가 붕괴된 상태에서 심각한 위기를 수습하기 위하여 발트3국을 제외한 나머지 12개 공화국들이 사안에 따라 회동을 거듭하고 있지만 그 전망은 불투명하며 나아가서 향후의 정치 경제적 개혁이나 수습의 전망도 불투명한 상태이다. 이러한 상태에서 러시아공화국은 사실상 연방을 대신하여 독자적으로 직면한 문제를 처리해나가기로 결정한 상태이다. 러시아는 직면한 문제를 해결하기 위하여 옐친이 의회로부터 비상대권을 요구하였고 러시아 의회는 11월 1일 이를 승인하였다. 옐친은 이 비상대권을 사용하여 그 첫 조치로서 공산당을 해체시켜 버렸다. 활동정지에 이어서 내려진 해체조치로 이제 공산당은 모든 것을 결정하는 조직으로부터 병적으로 금지된 불법조직이 되어버렸다. 이제 이로부터 러시아공화국 나아가 소련의 정치적인 이데올로기적인 정체성은 소련의 지난 70년간 구축되어 왔던 바와는 다른 정체성을 구축해나가야만 하는 문제에 직면해 있다. 이 새로운 정체성의 형성은 새로운 정치적 관계를 통하여 점차 확립되어 나갈 것이다. 소련역사상 처음으로 1991년 11월 7일 붉은 광장에서 군사퍼레이드가 취소되어 이제 혁명 기념일은 더 이상의 축제가 아니게 되었고 레닌에 의존하여 구정체성을 유지하려는 노력도 수포로 돌아가게 되었다. 결국 페레스트로이카는 실패하고 앞으로의 방향이 예측할 수 없는 혁명 후의 상황이 되어버린 것이다.

결국 8월혁명(이제는 이를 혁명이라고 불러야하지 않을까 생각한다)을 통하여 소련인들의 심리에는 근본적인 단절, 인식론적인 전환, 코페르니쿠스같은 전환이 이제 마련되었다고 보는 것이 정당할 것이다. 그리고 소련인들의 정체성도 이러한 가운데서만 형성될 것이다.

기본적으로 소련 70여년간의 소련인들의 정체성은 국가권력에 대해 가축으로서 가지고 있는 정체성이었다.[21] 국가와 인민의 관계가 목동과 가축의 간계였던 것이 구 연방 하에서의 소련인들의 삶이었다고 한다면 8월혁명 이후의 소련인들의 정체성은(연방이 형성된다면 혹은 연방이 실패하여 부분적인 연방이 성립한다고 하더라도) 국가와 인민의 관계가 교통순경과 운전자의 관계로 이전되는 가운데서 형성될 것이다. 그러나 이같은 식의 기본적으로 국가가 시민사회의 소통을 원활하게 하는 차원에서의 교통정리에 그치게 하려고 한다면 그것은 완전한 의미에서의 시장경제로의 이행이 이루어진 상태에서 가능한 것이라고 보아야 할 것이다. 그러한 과도기로서 결국은 권위주의적인 가부장과 아이들의 관계와 같은 개발독재의 과정이 또한 예측될 수도 있다. 여하하든 간에 소련인들의 구정체성은 이제 사라질 수밖에 없을 것이다.

특히 2천5백만에 해당하는 디아스포라의 러시아인들에게 그리고 여지까지 특혜를 받아왔던 중공업노동자, 군대, 관료, 보안기구의 세력들에게 있어서 제국은 쉽게 잊혀질 수 없는 향수가 되겠지마는 그럼에도 불구하고 그러한 제국의 정체성은 다시는 회복될 수 없을 정도로 되었다.

이제 새로운 정체성은 기본적으로 민족적 정체성이 바탕이 된 가운데서 새롭게 정의되지 않을 수 없다. 이제 구연방의 성원으로서의 정체성이 있는 반면에 민족적 정체성을 중심으로 정체성의 분화가 일어나게

---

21) 쿠데타 실패 이후 고르바쵸프는 제5차 최고소비에트 비상회의에서 이렇게 표현하였다. "그들[군대]은 인민을 좌우할 수 있고 짐승무리처럼 어디로나 자기들의 마음대로 몰아넣을 수 있다고 생각했습니다. 그러나 우리 나라는 이전과는 다릅니다." (『고려일보』, 1991.8.28)

되는 것은 당연하다.

그런데 8월혁명 이후에 시도되고 있는 새로운 연방구성의 노력이 과연 제국정체성의 부활인지 아니면 새로운 필요에 의한 것인지의 문제를 검토할 필요가 있다.

이 점에 있어서 사실상 두 개의 접근이 서로 대립되고 있다고 본다. 하나는 고르바쵸프에 의한 접근법으로 구 연방을 약화된 형태로나마 복구하려는 것이고 이것은 대체로 말해서 제국의 부활과 거의 같은 의미를 가지게 될 것이다. 고르바쵸프는 신연방조약에 의하여 구연방을 유지시키려고 하고있지만 이의 실현가능성은 현재로서는 불투명하다.

다른 하나의 접근법은 옐친에 의한 접근법이라고 볼 수 있는데 그는 제국으로서의 구연방에 집착하는 대신에 연방을 사실상 공중분해시키고 러시아를 중심으로 하여 제국의 나머지 부분들을 흡수하겠다는 의지를 가지고 있는 것으로 보인다. 이를 일단 러시아 중심주의라고 부를 수가 있을 것인데 이는 사실상은 소련의 구연방 시대에도 적용되어왔던 것이지만 8월혁명 이후의 상황변화에 의하여 일단 구제국의 상당수가 이탈될 것을 각오하고 새로운 필요에 의하여 러시아를 중심으로 하여 신연방을 구축하겠다는 것을 의미한다. 옐친이 이미 8월혁명 이후에 보여준 여러 조치들이나 11월 1일 대권을 부여받은 이후에 연방의 권력을 거의 무시하면서 권력을 행사하고 있는 것은 이러한 실정을 바로 그대로 보여주고 있는 것이다.[22] 옐친에 의한 러시아중심주의로서의 연방구성은 연방권력을 거의 형해화시키고 연방을 사실상 러시아공화국의 외교국방

---

22) 특히 11월 17일 옐친은 포고령을 통하여 러시아공화국이 금, 다이아몬드, 석유를 장악하고 화폐발행권까지 장악하는 조처를 취하였다. 연방을 무시하고서 취하는 이러한 조처는 급속한 시장경제로의 이행을 목표로 하고 있는 것이지만 이미 다른 공화국과의 합의를 통해서 문제를 풀어나가는 것이 아니라 러시아 공화국이 가지고 있는 전략적인 비중을 이용하여 거의 독자적인 방식으로 문제를 해결해 나가겠다는 의지를 분명히 보여주었다. 이는 이미 11월 4일에 잠정적으로 합의된 연방조약과도 어긋나는 것이지만 옐친의 독재는 계속 진행될 것으로 보인다.

위원회 정도의 위치로 전락시키게 될 것이다.

그런데 그렇다면 과거의 예를 들어볼 때 어떠한 접근법이 현실성이 있는가? 우리는 러시아의 역사에서 비슷한 상황으로 1917년 2월 혁명 이후의 러시아를 상정해 볼 수가 있다. 2월혁명 이후에도 절대적인 전제 군주제는 전쟁과 민심의 이반으로 인하여 완전히 붕괴되기에 이르렀다. 로마노프가의 권력을 이어받은 임시정부는 온갖 노력을 다하여 '단일한 나누어질 수 없는 러시아'를 만들려고 노력하였다. 그러나 20세기초의 러시아에는 민족주의의 물결이 강력하게 존재하고 있었다. 그리고 각 지역마다 소수민족들은 독립선언을 통하여 민족국가를 건설하기에 분주하였다. 10월 혁명이 일어나 러시아를 새로이 통합하려는 움직임이 있었지만 이미 고양된 소수민족들의 독립에의 열기를 완전히 누를 수는 없었다. 만일 그렇게 된다면 그것은 이미 세계로부터 고립되고 있었던 볼셰비키 국가권력의 자살을 의미하는 것이라고 말할 수 있을 것이다. 이러한 상황에서 소련의 건설은 시작되었다. 볼셰비키가 강력한 통합을 전제로 하고 있으면서도 그들은 잠정적으로 소수민족들의 독립을 인정하지 않을 수 없었고 이리하여 폴란드, 발트3국, 핀란드는 러시아로부터 완전히 이탈한 반면에 우크라이나를 비롯한 다른 민족들은 소연방 내에서의 형식적인 독립공화국이라는 위치에 만족해야만 하였다.

지금도 상당한 정도로 대비해 볼 수 있는 상황이 일어나고 있다. 8월 혁명을 통하여 구 연방의 권력을 법적으로 계승한 연방정부는 점차로 그 권력을 상실해가고 있으며 러시아에 기반을 가진 러시아정부가 새로운 통합력으로 작용하고 있다. 이러한 가운데 이미 발트3국은 독립을 하였고 다른 공화국들도 독립을 할 준비를 하고 있다. 러시아는 연방의 권력을 공중분해시키고 무력화함으로써 연방의 자리에 스스로 대신하고 있다. 고르바쵸프가 필사적인 노력을 기울이고는 있지만 연방 스스로가 연방의 위치를 다시 부활시킨다는 것은 1917년에 임시정부가 로마노프의 권력을 부활시키는 것과 마찬가지의 불가능한 일이 될 것이다.

 그런데 과연 고르바쵸프의 연방안이 제국 정체성에 입각해 있는 것이라고 한다면 과연 옐친의 러시아중심주의는 어떤 정체성을 가지고 있다고 말할 수 있는 것인가? 필자가 보기로는 옐친의 러시아중심주의도 고르바쵸프와 마찬가지로 기본적으로는 제국의 정체성에 그 근원을 두고 있다고 본다. 단지 옐친은 고르바쵸프와 그 기반이 다르며 따라서 그 전략을 달리하고 있을 따름이다. 즉 옐친은 러시아공화국의 경제개혁을 조기에 달성하여 그에서 성장한 힘을 바탕으로 하여 새로운 통합을 시도하고 있는 것으로 보인다.

 러시아공화국 이것은 하나의 민족국가라기 보다는 사실상 소련제국의 핵심이며 소련제국내의 또 다른 제국이라는 사실을 상기하면 이 문제는 별로 어려움 없이 이해가 될 것이다. 러시아공화국은 이미 그 영내에 16개의 자치공화국을 가지고 있고 5개의 자치주와 10개의 민족구를 가지고 있다. 이제 러시아공화국 내의 자치공화국들이 공화국에 이어서 독립선언을 하였고 11월에는 체제노인구슈의 독립선인과 옐친의 비상사태 포고령이 맞서서 대립을 하고 있다.

 향후의 소련이 어떻게 전개될 것인가 하는 것은 대단히 흥미로운 문제이지만 이 문제가 빠른 시일 내에 조정되리라고 보는 것은 아마 기대하기 곤란할 것이다. 1917년 10월에 권력을 잡은 볼세비키는 민족문제를 해결하고 소련을 구축하는데 약 5년의 세월을 필요로 하였다.

 그런데 현재의 상황에서 어떻게 문제가 풀려나갈지를 정확히 예측하는 것은 곤란하겠지만 일단 구연방의 존재가 기반이 되어 이루는 새로운 통합보다는 러시아중심주의가 주도권을 행사하는 가능성이 훨씬 더 높을 것으로 보인다.

5. 맺음말

소련이 정체성의 위기를 어떻게 극복해나갈 것인가 하는 문제는 본 문제의 제기에 따르는 필연적인 의문이다. 그런데 이미 이 문제는 소련이 과거에 정체성의 위기를 어떠한 방식으로 극복해왔는가에 대한 검토에서 찾을 수밖에 없을 것이라고 본다. 소련은 이미 70여년의 역사 속에서도 여러 차례의 위기를 경험하였고(물론 현재의 위기가 가장 큰 것이라고 보지만) 그 가운데서 우리는 소련의 정체성 위기 극복의 방식을 설명해낼 수 있다. 역사적인 예를 볼 때 소련은 거의 언제나 위기의 극복을 권력의 새로운 강화라는 방식으로 해내었다.

이러한 점에서 본다면 페레스트로이카는 처음으로 점진적인 방식으로 러시아사회를 서구화하려는 그리고 민주화하려는 시도라고 말할 수 있다. 보수파와 개혁파의 분열과 힘의 균형을 바탕으로 이루어진 이러한 개혁은 그러나 일단 성공하지 못하였다. 그리고 이제 다시 풀려진 힘은 어떠한 방식으로 가닥을 잡으며 분열되는 정체성을 수습하고 부분적이건 아니면 온전하건 사회적 통합을 다시 이룩할 수 있을지 하는 것이 관건이 되었다.

러시아는 페레스트로이카 이후에 스미르노프(Smirnov)의 표현대로 탈역사적 상태(post-historical state)로 들어가고 있는 것인가?23) 이것이 인정된다면 쿠데타 극복 이후에도 소련은 새로운 가능성을 많이 주겠지만 어쨌든 이러한 방식으로의 수습은 소련으로 하여금 과거의 관성의 굴레로부터 벗어나지 않을 수 없다는 짐을 주게되는 것이다.

그리고 관성의 굴레로부터 벗어난다는 것은 관성을 따르는 일보다는 물론 어려운 일이다. <『소련과 러시아:정체성의 위기, 민음사, 1992>

---

23) I.Smirnov, "Unofficial Traditionalism and Official Messianism", 『사회주의의 재건인가, 역사의 전환점인가?』, p.86

북방정책과 한소관계

1. 머리말

본인에게 주어진 '북방정책과 한소관계'라는 제목이 '북방정책과 민족통합'이라는 대주제하에 주어져 있다는 사실을 인식하면서 필자는 주어진 문제를 어떻게 이해해야 할것인가 생각해보게 되었다. 그리하여 북방정책이라는 틀 속에서 추진하고 있는 한소관계가 민족통합을 지향하는 남북한 관계에 어떠한 영향을 미칠 것인가 하는 문제가 중심이 된다고 생각했다. 필자에게 맡겨진 과제는 이 문제를 토론해보기 위한 자료를 제공하는 것이라고 생각한다.

한소관계를 인식하는데 있어서의 장애요인중의 하나는 러시아-소련의 대한접근을 제국주의 팽창정책으로 일관되게 규정하려는 비역사적 태도이다. 또한 슬라브주의니 부동항획득이니 하는 요인을 지나치게 강조하는 것도 문제의 정확한 인식에는 도움을 줄 수 없다고 본다.

필자는 본 문제에 대해 한소관계사의 시기구분을 해보고 각 시기의 본질적 특성을 파악하는 것이 중요한 것이라고 생각하며 특히 현 시기

의 문제를 집중적으로 고찰해보려한다. 그것이 역사적 전망 속에서 북방
정책의 문제와 한계를 인식하는 데 도움을 줄 수 있을 것이라고 판단했
기 때문이다.

2. 한소관계의 역사적 전개과정

19세기의 후반기에 제정러시아와 조선의 접경과 더불어 시작된 근대
적인 한러관계를 나는 4개의 시기로 나누어서 살펴보는 것이 가능하다
고 생각한다. 제1기는 1860-1917의 시기로 이때의 한러관계의 기본적 문
제는 러시아 제국주의의 팽창과 조선의 식민지화의 문제였다. 이때의 기
본적 특질은 러시아가 극동을 경영하기 위해 제국주의정책의 일환으로
조선을 식민지화하려고 하던 때였으며, 이 시기에 조선은 근대적 민족국
가로의 자주적 성립이라는 과제에 실패하고 러시아 제국주의와 경쟁하
던 또 하나의 제국주의 일본에게 식민지로 지배를 받게되는 시기였다.

1860년 러시아가 연해주를 획득한 이래 러시아의 극동정책의 요체는
부동항을 획득하는 일이었다. 그리고 조선 역시 그 대상 중의 하나였다.
그러나 영국-미국-프랑스 등의 경계 때문에 러시아의 대한정책은 극히
신중하게 추진되었다. 1884년 묄렌도르프의 주선에 의해 한로 양국은 공
식적으로 국교를 가지게 되었다. 그것은 러시아를 극동으로 끌어내려는
독일정책과 영-미에 대신해 러시아를 통해 청의 세력을 견제하려는 조선
의 요구가 맞물린 결과였다.[1] 그 이후에도 조선정부는 러시아의 지원을
통해 청국의 간섭에서 벗어나고자 하였으며 조선정부의 러시아에 대한
접근은 1888.8.20일 '조로육로통상조약'으로 구체화되었다. 그러나 한로
관계가 경제적으로 발전된 것은 아니었고[2] 조선은 러시아를 통해 청의

---

1) 최문형, 「한로수교의 배경과 경위」, 『韓露關係100年史』, 1984, pp.67
2) 임계순, 「한로밀약과 그 후의 한로관계(1884-1894)」, *Ibid.*, p.118

간섭을 배제하고자 하는 것이었으나 러시아는 조선의 요구에 부응할 실력을 가지지 못하였다. 따라서 러시아는 조선에 대해 1894까지는 소극정책을 취하였다. 동학농민봉기를 계기로 하여 조선에서 일의 영향력이 급속도로 확대되자 이제 러시아는 그전의 소극정책을 수정하지 않으면 안되었다. 청을 대신하여 조선의 지배자로 등장하게 될 일본의 위협에 대응하여 러시아는 조선에 대해 적극정책을 전개하여 삼국간섭에 성공하고 조선에 러시아의 영향력을 강화하였다. 그리고 그것은 러시아가 주된 침략지로 생각하였던 만주를 보호하기 위한 완충지로서의 의미를 가지고 있는 것이다.3) 그러나 러시아는 1898년 만한교환론에 바탕을 둔 로젠-西협정을 통해 일본에게 조선에서의 경제적 우위를 인정함으로써 조선에서의 러시아의 영향력은 감소되었다. 그렇다고 하여도 아관파천이후 러일전쟁에서의 러시아의 패배에 이르기까지 러시아의 조선에서의 영향력은 상당히 강력한 것이었다. 그러나 그 영향력의 본질은 일본제국주의와 마찬가지로 한민족을 노예화하고 경제적으로 자원을 수탈하기 위한 것이었다. 조선의 경우는 열강들의 세력균형을 이용하여 독립을 부지하려고 러시아와 좋은 관계를 맺으려 하였다.

제2기는 1917-1945의 시기로 러시아에서는 혁명이 일어나서 소련이 되고 조선은 일본의 제국주의 지배하에서 민족해방운동을 벌이던 시기였다. 이 시기의 한소관계는 제1기와는 완전히 다른 관계에 있었다. 러시아에 새로 성립한 사회주의 정부는 약소민족해방의 기치를 높이 내세웠다. 그리고 비공식적인 관계 속에서 주로 코민테른을 통하여 조선의 민족해방운동을 지원하였다. 조선의 민족운동가들은 소련의 진보적 역할을 인정하고 소련을 적극 지지하였고 또한 소련의 지지를 받기를 원하였다.

이 시기에 소련은 제국주의국가들에 의해 포위되었다는 의식을 가지

---

3) 김원수, 「청일전쟁및 삼국간섭과 러시아의 대한정책」, *Ibid.*, p.157

고 있었으며 소련은 이러한 포위를 풀기 위한 적극적 타개책의 하나로서 식민지-반식민지의 민족해방운동을 지원한 것이다. 따라서 민족적 억압을 일본으로부터 당하고 있었던 당시에 소련은 조선의 민족운동가들에게 좋은 이미지를 줄 수 있었다. 특히 제2차 세계대전이 진행될 때에는 반파시즘이라는 공동의 기치 하에 소련과 미국 등 자본주의 국가들이 손을 잡았던 때이었기 때문에 일본제국주의의 패배에 소련은 미국과 공동으로 기여했다고 볼 수 있다.

그러나 이 시기를 좀더 자세히 고찰하여 보면 각국공산당에 대한 소련공산당의 지도관철이라는 명목 하에 민족해방운동에 부정적인 영향력을 행사하기도 하였다. 조선에서는 1928년 코민테른의 방향전환 이후 공산주의자들이 좌경노선을 추종함으로써 민족통일전선인 신간회를 붕괴시키고 1930년대 반제민족운동의 민중적 확산에 부정적 영향을 미쳤다. 특히 1937년 극동한인들의 중앙아시아로의 강제이주 및 한인공산당원의 대대적 검거에서 보듯이 소련은 한인들에 대해 올바른 민족정책을 실시하지 못했다.

제3의 시기는 1945-1985의 시기로 이 시기에는 2개의 한국이 존재하여 소련은 동서대립의 기본적 축에서 북한을 지지하고 남한과는 적대적 관계를 유지했고, 미국은 남한을 지지하고 북한과 적대적 관계를 유지하던 때였다. 이 시기의 소련은 미국과 마찬가지로 동서대립의 냉전의식을 가지고 있었다. 자본주의체제와 사회주의체제 사이의 대립은 불가피한 것으로 이해되었으며 군사적 우위는 체제경쟁의 하나의 중요한 수단이었다. 남북한은 이러한 동서대립의 희생물이 되었다고 말할 수 있겠다. 분단 직후 남북한은 또한 각기 무력통일을 주장하여 결과적으로 6·25라는 비극을 초래하게 되었다.

남한의 경우에 제1공화국 시기에 진보당에 의해 평화통일론이 제시되기도 하였지만 이승만이나 조병옥은 모두 무력통일을 주장하였다. 이 때의 지배적 분위기는 전투적 냉전의식이었다. 4.19 이후에 자유당의 무모한 무력통일론은 비판되고 1960.8.24 정일형 외무장관에 의한 평화통일론이 제시된다. 그리고 그보다 조금 앞서서 1956 소련에서는 제20차 당대회 이래 평화공존론이 제시된다. 북한은 새롭게 등장한 소련의 흐루슈쵸프정권과 심한 갈등을 겪게 된다. 그러나 이 제2공화국시기에 남한과 소련에서는 각각 어떤 접근을 모색했는지는 거의 연구되어 있지 않다.

1961년의 5·16은 남한에서의 적극적인 반공정책의 출발점이 되었다. 특히 1964년의 월남파병결정과 1965년의 한일협정조인은 극동에서의 미일안보블록에 남한이 편입되는 것을 의미하였기 때문에 남한과 소련의 관계는 가까와질 수 없었다. 남북한은 서로 안보의 논리를 내세워 고도의 권위주의적 정부가 들어서게 되었다. 이 시기에 한소관계는 소련의 경직된 대외정책 및 남한정부의 지나친 반공논리로 말미암아 소기의 성과를 볼 수 없었다.

1970년대에 국제관계는 데땅뜨의 시기를 맞게 되는바 이 것은 한소관계에 중요한 영향을 미쳤다. 미국은 이제 2개의 한국이라는 인식을 가지고 있는 것이 분명히 드러났으며 그것은 소련의 경우에 있어서도 마찬가지였다.[4] 남한은 1971.8. 김용식 외무상관이 국회연설에서 소련과 외교관계수립의 용의를 밝혔으며 그것은 드디어 1972년 7.4. 공동성명으로 나타나게 되고, 1973.6.23에는 박정희대통령의 '평화와 통일을 위한 외교정책에 관한 특별성명서'가 선언됨으로써 소련에의 접근은 한층 가까운 현실로 나타나게 되었다. 뒤 이어서 1973.12 소련을 매개로 남북한이 동시에 인도와 외교관계를 수립하였으며 1978.4.20 KAL 707 여객기가 무르만스크 부근 호수에 불시착한 사건을 소련은 호의적으로 처리하였다. 그러나 국제적 데땅뜨의 분위기 속에서 진행되던 한소관계의 모색은 1983.9.1. 소련의 대한항공기 격추사건으로 난관에 봉착하고 양국관계는 급냉각되게 되었다. 그리고 이후 남한의 중공에 접근하려 하였으며 소련

---

4) 김학준, 「광복후의 한러관계」, *Ibid.*, pp.292-293

의 대남정책도 전혀 호의적일 수 없었다.

개관하여 미일중 삼각협조체제 속에 남한이 전초기지의 역할을 하는 한 한소관계는 개선되기가 힘들었다. 이러한 한소관계의 진행을 막는 골목에서 빠져 나온 것이 이제 제4의 시기라고 보여진다.

제4의 시기는 1985-현재까지로 소련에서는 페레스트로이카의 시작으로 대외정책에 있어서 인식의 전환을 가져오게 되었고 남한에서는 북방정책의 추진으로 또한 대소접근의 새로운 분위기가 조성되어 한소관계는 많은 진전을 보게되었다. 나는 이제 나는 현재의 시기인 제4기의 문제를 보다 자세히 검토하려 한다.

3. 북방정책과 페레스트로이카의 극동정책

이제 필자는 한소관계(보다 정확히는 남한과 소련관계)의 해빙의 시기를 맞이하여 소련측의 논리와 남한측의 논리를 분석함으로써 이 해빙이 과연 협력자 내지는 동반자관계로 발전할 수 있는 것인지의 문제를 검토하여보고자 한다.

먼저 '새로운 사고'로 애기될 수 있는 페레스트로이카의 논리를 검토하기로 하자. 페레스트로이카는 무엇보다도 소련 사회의 전반적 위기의식에서 출발하였다고 생각된다. 그 위기의식에 있어서의 핵심적인 사항은 소련경제의 침체 및 국제사회에 있어서의 소련의 영향력 감소를 지적해야할 것이다. 그렇기에 고르바쵸프는 사회주의의 혁신으로서의 페레스트로이카를 주창하였다. 그러나 사회주의의 혁신이란 하나의 영역에 국한되는 것이 아니라 사회-정치-외교-국방의 전면적인 검토가 뒤따르지 않으면 안된다는 것이 확실하게 되었다. 소련에서의 외교정책의 재검토도 이러한 맥락에서 이해해야할 것이다. 페레스트로이카와 더불어 시작된 외교정책의 재검토는 그 기본적인 것을 말하자면, 1)군비경쟁을 통한 동서대립의 구조를 동서협력의 구조로 만들고 2)하나의 유럽을 통해 경제협력 및 군비축소를 추구하고, 3)사회주의의 다양한 길을 인정하며, 4)제3세계국가들의 발전의 다양성을 인정한다는 것이라고 볼 수 있다. 그것을 한 마디로 요약하면 평화공존이 가능할 뿐 아니라 그것을 추구해야 한다는 것이라고 볼 수 있다.

페레스트로이카의 이러한 외교구상은 한반도문제에 있어서 중대한 변화를 가능하게 하였다. 소련의 극동전략은 이제 극동에서 소-중-일-한의 협력관계를 구축하여 소련의 극동지방을 개발하고, 극동에서의 긴장완화를 통해 소련의 발전에 장애가 되는 걸림돌을 제거하는 것이라고 생각된다. 그것은 블라디보스톡선언 및 크라스노야르스크선언들을 통해 이미 제시된 바가 있다. 한반도 문제에 국한하여 생각해볼 때 소련은 남한의 자본과 기술-인력을 극동지방의 개발에 필요로 하고 그것을 요청하게 될 것이다. 물론 일본과의 협력이 전체적인 구도에서 중요하기는 하지만 극동의 개발에는 자본만 아니라 극동개발에 직힙한 기술-인력이 대단히 중요하기 때문에 남한의 비중이 설사 일본이 소련의 요구에 적극적으로 나선다해도 줄어들지는 않을 것이다. 그러나 소련은 남한의 정치적 요구 및 북한의 입장을 고려해야 한다는 점 때문에 운신의 폭을 제약당하고 있는 것은 사실이다. 또한 남한과의 접근이 소련내의 한인들에게 어떠한 변화의 가능성을 가져올지도 모르기 때문에 이점에 있어서 소련은 소수민족에 대한 정책이라는 차원에서 정치적으로 신중하게 처신할 것이다. 이제 남한의 북방정책의 논리를 검토하여 보자.

남한이 소련이나 중공에 접근하고자하는 시도는 1988년의 7.7. 선언 이전에는 분명히 가시화되지는 못했다. 물론 남한 정부의 입장에서는 북방의 공산국가들이 남한에 가지고 있는 적대감을 완화시키기 위해 노력해온 것은 사실이다. 그러나 남한정부가 그동안 추구해온 반공정책과 공산권의 냉담한 반응은 남한정부의 공산권 접근 의도가 실현되기 곤란하게 만들었다고 본다. 그러나 1988 서울올림픽은 공산권에의 접근이 현실적으로 가능한 것임을 알려주게 되었다. 남한 정부는 소련이 극동의 개발을 위해 남한을 필요로 하고 있다는 것을 알게되고, 소련 역시 남한이 정치적 목적으로 소련에 접근하고 있다는 것을 알 수 있게 되었다. 상호간의 필요에 의해 시작된 한소접근의 본격적인 장애요인은 오히려 북한문제였다. 예컨대 문익환목사 방북사건 때문에 소련에의 경제사절단 파견보류를 한 것 등이 그것이다. 그러나 소련측의 의도를 분명히 알고 있는 상태에서 북한문제 때문에 한소관계의 냉각을 초래한다는 것은 그리 현명한 정책이 되지 못한다. 아울러 김영삼 민주당총재의 소련방문을 외교적 성과로서 흡수하는 것은 바람직했다고 본다.

북방정책에 관련하여 남한의 정부가 가지는 목표는 기본적으로는 다음의 몇 가지로 요약된다.1)한반도의 안정추구 2)남북통일론에 있어서의 남한의 지도력 확보 3)국제사회에서의 남한의 지위 인정 4)경제적 실리추구. 남한의 소련에의 접근은 특히 앞의 3개의 정치적 목표와 긴밀히 관련되어 있다. 소련이 비록 공산권에 있어서 절대적인 권위를 도전받고 있기는 하지만 아직도 소련에의 접근은 대공산권 외교의 핵이라고 이야기할 수 있는 것이다. 남한정부와 소련의 접근은 의심할 여지가 없이 남한정부의 의도를 충족시켜 줄 수 있을 것이다.

한편 남한의 북방정책과 관련하여 북한의 입장은 대단히 불편할 것으로 보인다. 북방정책이 아니더라도 북한과 소련의 접근에는 현실적으로 많은 어려움이 존재한다. 소련의 '신사고'의 입장에서 볼 때 북한은 아직까지 구시대의 사고에 집착하고 있기 때문이다. 또한 북한은 소련의 극동경제 개발에 기여할 소지가 많지 못하다. 따라서 소련은 북한을 의식하지 않을 수 없지만 그럼에도 불구하고 남한과의 접근을 계속하는 데에 이해를 가지고 있다.

그러면 현실적으로 한소관계의 새로운 진전에 있어서 방해되는 요소가 무엇일까를 생각해보자. 우선 남북한과 소련을 모두 함께 고려하여 이야기해 볼 때 평화공존의 논리를 인정하지 않는 기존의 '구사고'의

세대들이 한소관계의 새로운 진전에 방해가 된다. 그러한 '구사고'의 세대는 소련에서는 개혁에 반대하는 보수집단이고 북한에서는 스탈린주의의 한 변형으로서의 주체사상의 지지자들이며 남한에서는 냉전의 논리에 익숙한 세대이다. 냉전의 논리를 계속 가지고있는 위의 세대들은 한소관계의 전개에 방해요소로 등장할 것이다. 한편 미국이나 일본의 견제도 한소관계에 제약조건이 될 것이다.

궁극적으로 한소접근이 세계 및 극동의 집단안보구조에 어떤 영향을 줄 것인가를 점검해보자.

미일중 삼각협력체제는 이제 그 역할은 계속 유지하기 힘들 것이라고 보여진다. 1989년 고르바쵸프-등소평의 회담을 통해 이룩한 중소관계 개선은 미일중 삼각협력체제의 유지를 곤란하게 하였다. 극동에서의 긴장고조는 소련의 이해에 심히 반대되는 것이기 때문에 소련은 소중관계 개선에 이어 남한과 일본과의 관계개선을 시도하게 된다. 그러한 접근은 평화공존에 바탕을 둔 체제선택의 권리를 인정하는 바탕에서 추신될 수 있을 것이다. 양 체제가 만일 이에 합의할 수 있다면 광대한 소련 극동지방의 자원개발이라는 요소를 하나로 하는 극동경제협력체가 이루어질 수 있을 것이다. 남한은 이로부터 많은 이득을 볼 수 있을 것이다. 그러나 그를 위해서는 한소간의 완전한 국교정상화는 선결조건은 아니더라도 필수적이다.

4. 맺음말

소련이나 남한의 이해관계를 살펴볼 때, 위의 제약조건에도 불구하고 한소접근의 길은 밝다고 이야기할 수 있다. 왜냐하면 동서화해의 분위기가 지배적인 경향이 되고 있으며 소련에서는 개혁파가 그 기반을 착실히 구축해가고 있고 남한에서도 보수집단의 강력한 도전에도 불구하고 북방정책의 대세를 바꾸기는 어려운 상태라고 보이며, 특히 새로운 활로를 개척해야할 남한의 자본의 입장에서는 북방정책을 통한 한소관계 개선이 매우 긴요하기 때문이다.

새롭게 전개되는 한소관계의 발전을 위하여 몇 가지 필요한 제안을 하고 이 보고를 마치고 싶다. 1)현상태에서 교차승인의 방법을 통해 한소 관계가 완전히 정상화될 수 있게 노력하여여야 할 것이다. 통일이라는 명분은 한소관계의 장애가 되어서는 안되고 오히려 한소관계의 개선을 통해 데땅뜨를 한반도에 정착시키고 경쟁을 통한 남북대립이 한민족의 장래에 치명적이라는 사실을 인식하면서 남북한의 점진적 교류확대를 시도해야 할 것이다. 2)이 경우에 한소접근은 북한을 고립시키기 위한 외교경쟁이 되어서는 안된다. 그 경우에는 어느 정도 이상에서는 소련이 남한과 관계를 가지기 곤란하기 때문이다. 따라서 북한의 개방화 내지는 민주화를 시간을 가지고 인내하는 선에서의 한소접근이 바람직하다. 소련은 이러한 방향에서 남한과의 접근을 시도하고 있는 것 같다. 3)남한에서는 공산주의에 대한 개방회정책을 통해 공산주의에 대해 생리적 거부감을 갖게 하는 대신에 이성적 이해와 비판이 가능한 여건을 조성해야한다. 이 점에서 현재 실시되고 있는 공산권 특히 소련의 방문을 보다 활발히 하여야 할 것이다. 4)소련에 대한 기초연구의 필요성이 절실하다. 소련이 우리를 이해하고 있는 정도에 비해 우리는 소련에 대해 너무 모르고 있다. 한소의 접근은 단지 외교관과 기업가들의 교류에서 그칠 것이 아니라 사회-문화적 교류로 확대되어야만 상호간의 진정한 이해와 접근이 보다 더 가능하게 될 것이다.

<『國際政治論叢』 29집 2호, 1990>

북방정책과 한국의 선택

1. 머리말

한국에서 1988년 북방정책이 시작된 이래 변화된 국제정치 상황은 괄목할만 하다. 그것은 해방이후 40여 년간을 냉전이데올로기 하에서 살아왔던 국민들에게 적지 않은 충격을 던져준 것이다. 이러한 상황 자체는 물론 그 동안에 한국사회가 얼마나 강하게 이데올로기의 영향을 받고 살아왔는가를 나타내주는 것이기도 하지만 동시에 우리가 얼마나 빨리 새로운 시대적 상황에 적응하지 않으면 안되는가 하는 과제를 동시에 던져주는 것이었다.

해방 이후 처음으로 공산권국가들과 외교적 관계를 추진해나가면서 그리고 대북정책에 있어서 새로운 접근을 시도하면서 정부는 적지 않게 참신한 사고를 통하여 북방정책의 성공을 가져왔다. 정부의 정책을 비판하는 논지도 적지 않지만 적어도 북방정책은 반대자라고 하더라고 그 성과을 인정하지 않을 수 없을 만큼 국민적 지지를 받으며 진행되었다. 그것은 북방정책을 통하여 정부가 개방적인 자세로 세계의 안보 및 평화환경의 조성에 참여하였기 때문이다.

그러나 이제 20세기가 저물어가는 현 시점에서 21세기의 한국의 외교정책은 새롭게 변화된 세계에서 새롭게 전개되지 않으면 안된다. 물론 그것은 이미 상당한 성과를 거둔 북방정책의 성과 위에서 시작되어야 할 것이다. 그리고 여러 가지 여건을 고려해 볼 때 북방정책의 진행과정에서 보여준 미숙성도 차후에 우리가 외교정책을 수립하는데 있어서 극복해야 할 귀중한 자산이 될 것이다. 그러나 경험과 역사를 통하여 그 지식과 교훈을 살려나가기 위해서는 무엇보다도 역사와 현실에 대한 분석과 반성이 필요할 것이다. 그렇지 못하다면 우리는 변화의 전체적인 전망 속에서 우리의 국익이 무엇인지 우리의 외교정책의 방향을 어떻게 잡아나가야 할지에 대하여 다소의 혼란을 초래할 가능성이 전혀 없지 않은 것이다. 따라서 본고는 20세기 후반의 국제적 변화를 분석하고 이러한 국제적 변화의 요체는 어떠한 것인가를 규정하고서 한국의 21세기 외교가 어떠한 과제를 안고 있으며 어떠한 대안을 선택해야 하는지에 대하여 필자의 소견을 제기하여 보려고 한다.

먼저 21세기를 전망하면서 우리에게는 새로운 시각에서 세계를 주시하고 국제적인 문제를 풀어나가야 한다는 과제가 부과된다는 점을 지적하지 않을 수 없다. 냉전의 시대에는 문제는 비교적 간단하게 정리될 수가 있었다. 이데올로기적인 대립과 그에 따른 동맹관계의 설정은 비록 선택의 폭이 좁다는 문제는 있었지만 문제 자체가 복잡한 것은 아니었다. 그러나 냉전의 종식 이후에 부각되는 문제들은 이전과 같이 단순하지가 않다. 말하자면 냉전의 종식은 여지까지 냉전이 잠재워왔던 문제들을 전면에 부각시키며 폭발하도록 만들었다.

21세기의 국제사회를 예측 곤란하게 만드는 또 하나의 요소가 있다. 그것은 특히 20세기에 들어와서 인간의 삶에 지대한 충격을 준 과학기술혁명과 그에 따른 새로운 생산조직, 유통망, 정보혁명 등으로 이러한 것들은 불가피하게 사회와 국가 그리고 세계의 전반적인 체계에 심대한 충격을 주게 되었다. 이러한 의미에서 인류는 이제까지 경험해보지 못한 새로운 과제를 떠안게 되었다고 해도 지나친 말은 아니다.

그렇다면 탈냉전이라는 정치적 질서의 변화와 과학기술 혁명이라는 사회적-경제적 변화가 어떠한 새로운 분석 틀을 요구하는가? 이러한 새로운 변화는 외교를 단지 국가들 사이의 관계로 보는 전통적 외교관을 설득력 없게 만들고있다. 다국적 기업이나 각종 국제적 기구들, 지역적 정치군사적 블록 이러한 것들의 영향력이 점차로 커지고 있는 현 시대에 개별적 주권국가들을 단위로 하던 분석이 점차 그 유효성을 상실하게 되는 것은 너무나 당연한 일이다. 따라서 이제 지구를 분석단위로 하는 지구체제(global system)의 분석이 있어야 할 것이다. 개별국가들의 의사결정은 점차로 이러한 지구체계속에서 이루어지며 각 개별국가 사이의 관계를 통하여 이루어지는 일보다는 다자간의 국가에 동시에 영향을 미치는 일들이 더욱 더 많아지게 되기 때문이다. 이러한 현상을 한 마디로 간단히 규정하여 국가들의 통합으로 보는 것은 때이른 분석이지만 중요한 것은 전체체계의 삭동을 고려하시 않고서는 한 나라의 외교정책이 이루어지기 곤란하다는 점은 분명할 것이다.

그러나 이러한 지구화(globalization)와 동시에 우리는 그러한 경향과 대립되는 듯한 새로운 현상들을 보게 된다. 이러한 현상은 1989년의 '동유럽혁명'과 밀접한 관계가 있다. 동유럽혁명은 그 이후의 사태의 진행이 분명히 보여주듯이 민족국가의 가치를 다시 부각시켰고 주권의 개념을 다시 부각시킴으로써 지구화라는 역사의 일반적인 진행과는 어긋나는 것처럼 보인다.[1]

어쨋든 2000년대의 한국의 외교는 탈냉전의 새로운 국제질서의 환경에서 전개될 수밖에 없으며 이와 더불어 과학기술혁명과 동유럽혁명이 제기하는 새로운 과제가 한국외교에 부여되고 있다.

본고는 이러한 문제의식 하에서 북방정책이라는 1988년 이래로 추구

---

1) 이 문제는 본고의 제3장 3절 "신국제질서의 구조분석"에서 다시 논의하겠다.

된 외교정책이 한국의 외교에 있어 수행한 역할을 점검해보고 새롭게 전개되는 21세기의 상황에서 이의 발전적인 방향이 어떻게 이루어져야 할 것인가의 문제를 검토해보고자 하는 의도에서 집필되는 것이다.

이러한 점 때문에 본고는 불가피하게 외교적 현실의 분석뿐 아니라 정책의 대안을 동시에 제시하게 된다. 그렇지만 어떠한 대안도 현실의 문제에서부터 출발하는 것이기 때문에 정책적 대안이란 항상 일정한 현실분석의 산물로서 제시되는 것일 수밖에 없다. 그렇기에 본고는 북방정책을 계기로 하여 변화된 한국의 외교전략을 점검하고 특히 1989년 동유럽혁명이후 급속히 변화하는 국제정세 및 과학기술혁명으로 초래되는 세계화의 과정을 예측하여 그에 맞는 외교정책의 대안을 제시하여 보고자 하는 것이다.

2. 현실사회주의와 국제정치

대개 19세기 말부터 제2차 세계대전이 끝나기까지의 시기를 제국주의의 시기로 보는 것은 많은 역사가들이나 정치학자들이 공통적으로 지적하고 있는 바이다. 이 시기에는 다수의 열강=제국주의국가들이 경쟁하는 시기였다. 산업자본을 바탕으로 하는 경제적 지배력의 추구와 그에 따른 불가피한 식민지 및 시장의 획득을 위한 경쟁은 선진 제국주의 국가들 사이에 불가피하게 마찰을 불러일으켰고 이는 제국주의 국가들 간의 이합집산을 통하여 외교적 경쟁과 전쟁을 불러일으키게 되었다.

그런데 1917년 러시아에서의 10월혁명의 성공 이후에 국제정치에서는 현실사회주의가 새로운 요소로 등장하여 주목을 받게 되었다. 1917년 이후 제국주의 국가들 간의 경쟁이 사라진 것은 아니지만 이데올로기의 차이를 배경으로 하여 사회주의와 자본주의 국가들 간의 대립이라는 새로운 요소가 국제정치에 추가되었다. 그렇지만 이 시기에 소련은 소비에트블록을 형성하고 있었던 것은 아니다. 소련은 러시아혁명에 뒤이어 유럽에 혁명이 파급되어 사회주의혁명이 세계적 차원에서 전개될 것에 기대를 가지고 있었지만 이러한 기대는 실패로 끝나고 말았다. 따라서 결과적으로 소련은 사회주의의 조국으로서의 소련의 방어를 위하여 국가들간의 결집이 아니라 혁명세력의 결집이라는 말하자면 광범위한 통일전선, 그리고 민족해방운동세력과의 제휴를 통하여 제국주의국가들의 세력을 내부에서 견제함으로써 소비에트의 방위를 이루려고 하는 전략을 수립하기에 이르렀다.

한편 자본주의열강들 사이에서의 대립은 소비에트에 대한 공격전선을 구축하는데 있어서는 어느 정도 합의를 도출할 수가 있었으나 그러나 제국주의 국가들 사이의 모순이 어떠한 종류의 행동의 통일까지 유도할 수 있을 정도로는 되지 못하였다. 그것은 1921년의 태평양회의 이래로 미국과 영국이 주도하는 세계정치에 독일과 일본이 강력히 반발하며 모순이 점차 확대되는 섯을 확인할 수가 있다.

자본주의열강들 사이에 나타난 모순을 해결하기 곤란하게 만든 또 다른 요소는 파시즘의 등장이었다. 이 파시즘의 등장은 서유럽의 열강과 미국으로 하여금 과연 소비에트의 공격을 위험한 요소로 간주해야 하는지 또는 파시즘을 위협적인 요소로 간주해야 하는지에 대하여 정책적인 선택의 곤란함을 야기시켰으며 전반적으로 보아 서유럽 및 미국은 공산주의와 파시즘이라는 양대 적을 시기에 따라 선호하여 공격하였다고 말할 수 있다.

유럽과 미국이 파시즘세력을 이용하여 공산주의에 대한 공격을 강화하고자했던 것은 의심의 여지가 없다. 뮌헨조약에서 그것은 분명히 드러난다. 그러나 이에 대한 소련의 대응은 생존을 위한 선택을 분명히 보여준다. 그 결과 소련은 나찌 독일과의 비밀협약을 통하여 자국의 안전을 도모하는 동시에 제국주의 열강들 사이의 대립을 통하여 이익을 획득하고자 하였으며 이러한 기도가 1941년 히틀러의 침략으로 무너지게 되자 다시 서유럽 및 미국과 손을 잡게되고 이에 대한 대가로 소련이 추구해 마지 않았던 식민지-반식민지민족해방운동에 대한 지원은 중단되고 그의 사령부로서의 역할을 감당하였던 코민테른은 해체되기에 이른다. 이에 따라 소련의 국제정치적 비중은 현저히 증대되기에 이르고 미소밀월의 시대가 열린다. 제2차 세계대전의 종결을 둘러싸고 커진 소련의 역할 증대 그리고 동유럽의 소비에트블럭으로의 편입, 중국혁명의 성공은 파시즘이 패퇴된 이후의 세계질서를 미소 양대 블록으로 갈라지게 만들었고 이러한 미소양국의 블록정치의 이데올로기로서 작용했던 것이 냉전 이데올로기였다.

1945년 일본제국주의의 패망으로 종결된 제2차 세계대전은 기본적으로는 제국주의시대의 종결을 알리는 사건이라고 말할 수 있다. 일부의 시각에서는 제국주의시대의 종결과 함께 신제국주의-신식민지의 시대로 들어간다고 말하고 있지만 그것은 역사적 현실의 한가지 측면만을 분석한 것으로 경제적인 측면에 지나치게 중점을 둔 까닭에 그러한 판단이 나온 것이라고 보여진다. 기본적으로 레닌의 제국주의론의 연장선에서 1945년 이후의 국제관계를 분석하고자하는 시각은 그것이 보여주는 몇 가지의 장점이 있기는 하지만 현실의 역동성을 정확히 감지하고 그 변화를 예측하는 데에는 그다지 성공하고 있다고 볼 수 없다. 정치적 현상을 경제적 현상에 지나치게 종속적으로 해석하는 것은 정치 자체의 이해를 위하여 그다지 바람직한 것은 아니기 때문이다.

그렇다면 1945년 이후의 국제관계를 어떠한 틀에서 분석해야 할 것인가의 문제가 따르게 된다. 그것은 제국주의의 시대에서 미소블록정치시대로의 이행이라고 보여진다. 미소블록정치의 대두는 제국주의적 정치질서의 몰락 및 그의 수습과정과 밀접한 관계를 가지고 있다.

1945년 2차 세계대전의 종결은 미소블록정치를 확정지었다. 왜냐하면 두 국가는 파시즘의 패퇴에 가장 큰 역할을 담당하였을 뿐 아니라 얄타협정을 통하여 전후의 세계질서 개편에서 가장 많은 지분을 확보하였기 때문이다. 그러나 공동의 적인 파시즘이 분쇄된 이후 미소의 양국은 좋은 협력관계를 유지할 수 없었다. 양국 간에는 넘어서기 힘든 이데올로기적 정치적 벽이 존재하게 되었으며 사실상 열전으로 화하지 않았다뿐 양국은 서로 상대방을 적으로 인식하고 모든 면에서 대립하게 되었다. 따라서 이 시기는 냉전의 시기로 불리운다.[2] 소련의 입장에서 볼 때는 이 시기는 2차대전의 결과 새롭게 사회주의적 노선을 선택한 국가들의 등장으로 말미암아 '사회주의 캠프'와 '자본주의 캠프'로 양분된 세계였다. 미국의 입장에서는 자유세계와 공산세계로 세계의 대립이 인식되었다. 그리고 각 세계의 선두에 미소가 있었던 것이다. 이 시기에 블록 정치로 세계가 구분되어 있었다고 하더라도 블록내의 모순이 존재하지 않았던 것은 아니다. 우선 사회주의적 노선을 선택한 국가들 사이에서도 스탈린의 지나친 교조적 정책으로 말미암아 스탈린주의로부터의 모든 사소한 이탈도 편향으로서 비판되었다. 이러한 것은 사회주의권 내에서의 대립을 불러일으켰고 그러한 정책의 첫 희생자는 유고였다. 유고는 그리하여 비동맹노선을 취하게 된 것이다.[3]

사회주의권에서의 모순과 아울러 자본주의권에서도 새로운 모순이 싹터 나오게 되었다. 그것은 선진국과 과거에 식민지적 잔재를 안고 출발한 저개발국과의 모순이었다. 이러한 모순은 결국은 제3세계권의 정치적 독립, 독자의 노선의 모색이라는 결과를 나오게 하였다.

이리하여 1955년에 반둥회의의 결과 비동맹중립을 표방하는 제3세계

---

2) 냉전이 언제부터 시작되는가에 대하여는 논란이 있다. 그리고 냉전의 원인이 무엇인가에 대하여도 전통적인 입장에서 공산주의의 위협을 강조하는 설과 미국정책의 오류를 강조하는 수정주의설이 대립되어 있다. 수정주의는 1960년대에 미국학계를 풍미하였다. 이에 대하여는 E.P.Hoffmann, F.J.Fleron, Jr., *The Conduct of Soviet Foreign Policy*, New York, 1980, p.761의 part IV를 참고하는 것이 유용하다.

3) 스탈린적 정책의 문제에 대해서는 N.Simonia, "The diversity of the World and the Formative Development", *Social Sciences*, USSR Academy of Sciences, no.4, 1990, p.20

의 그룹이 미소의 양대국의 패권정치에 대하여 제동을 걸게 되었다. 인도와 중국이 주도권을 쥐게 된 이 반둥회의는 그후에 양국의 헤게모니 싸움이 있었지만 이른바 제3세계가 미소블록정치의 영향을 벗어나려고 하는 노력은 분명히 드러나게 되었다.

그런데 제3세계의 등장과 더불어 냉전블록의 운영에도 문제가 생기기 시작하였지만 미소의 냉전적인 대립이 제한적인 형태로나마 변형되어 미소는 이른바 '경쟁적 공존'의 상태로 들어가게 되었다. 그 결정적인 계기는 스탈린의 죽음과 그에 따른 미소관계의 변형이라 보아야 할것이다. 소련에서는 사회주의의 성립부터 1953년까지의 시기를 평화공존의 수동적인 형태로 그리고 그 후를 평화공존의 적극적인 형태로 보기도 하였다.4) 중요한 것은 스탈린 이후 소련에서는 과학기술혁명의 시대를 분명히 의식하기 시작하였다. 그러나 중요한 것은 무엇보다도 핵전쟁에 대한 위협이 이전보다 평화공존의 필요성을 더욱 강하게 느끼게 만들어 주었다는 것도 간과할 수 없다. 물론 이러한 설명이 소련의 행태에 대하여 근본적인 변화, 말하자면 소련 외교정책의 전략적 변화가 있었다고 보기 어려운 점도 있다. 1956년의 헝가리개입이나 1968년의 체코개입은 동구에 대한 소련의 제국적 영향력의 지속적인 유지 말하자면 블럭정치가 근본적으로 변화하기 힘든 측면을 잘 보여주고 있다. 그러나 그럼에도 불구하고 동유럽이 아닌 중국과 소련과의 균열은 확실히 주목할 만한 것이었다.

사회주의블록이 분열하고 있다는 징후는 소련에서의 흐루슈쵸프의 등장과 더불어 명백해졌다. 1956년 2월에 열린 소련공산당 제20차 전당대회는 중소관계가 뒤틀리는 시발점이 되었으며 1959년 1월 모스크바에서 열린 제21차 소련공산당대회로 이미 갈라진 사이는 더욱 벌어졌다. 미소관계가 다소 완화된 반면 중소관계는 악화되었다. 그리하여 중국이 자국

---

4) E.P.Hoffmann, F.J.Fleron, Jr., *The Conduct of Soviet Foreign Policy*, New York, 1980, pp.290-291

내에 배치될 소련제 핵무기의 통제를 거부하는 것을 계기로 1959년 7월 소련은 1957년에 체결된 「국방을 위한 현대기술협력」의 조약을 파기통고해버렸다. 나아가 1960년 7월 소련은 중국에서 기술고문단을 철수시키고 제반 협력협정을 중지시켰다. 이리하여 기본적으로 중국은 사회주의블록이 아니 독자적인 노선을 걸어가게 되었다.5)

사회주의블록이 중국과 소련의 양대 블럭으로 균열을 이룬 반면 자본주의블럭은 또한 새로운 분화가 생겨나게 되었다. 그것은 미국에 대하여 수세적인 입장에 있었던 유럽의 열강과 일본의 등장이다.

이리하여 국제정치에는 미소 이외에도 중요한 정치적 영향력을 행사할수 있는 국가들이 등장하여 발언권을 행사하기 시작하였다. 1971년의 중국의 유엔가입과 그 뒤를 이어 전개된 미중의 데땅트는 국제관계에 있어서의 다각구조의 출발을 의미한다고 보아도 좋을 것이다. 중요한 것은 이제 미소의 양대 '초강대국'만이 세계정치를 좌우할 수 있는 시대가 지나고 새롭게 등장한 유럽 그리고 일본 그리고 경제적으로는 여전히 저개발국이지만 정치적 입지가 강화된 중국이 세계의 국제관계에 있어서 큰 비중을 차지하게 되었다는 것이다.

1950년대 후반부터 중소대립이 본격화되는데 이는 미소의 데탕트를 오히려 가속화시켰다. 1962년의 라오스 중립화 협정, 1963년의 핵실험금지협정, 모스크바와 워싱턴 사이의 핫라인 설치, 남극의 평화적 이용협정, 위성에 폭약을 배치금지조약, 기타의 군축에 관한 대화와 협정들을 통하여 60년대에 미소데탕트는 크게 진전되었다.6) 이어서 70년대에 이룩된 미중 데탕트는 이데올로기의 차이에 의한 양대 블럭정치로부터 현실적인 세력을 인정한 다각적인 관계로 국제관계가 이행되는 데에 커

---

5) 이에 대하여 Francois Joyaux, *La politique exterieur de la Chine populaire*(이창훈 역, 『중국의 대외정책』, 탐구당, 1989)을 참고할 수 있다.
6) Tucker,"United States-Soviet Cooperation: Incentives and Obstacles" in E.P.Hoffmann, F.J.Fleron, Jr., *op.cit.*, p.302

다란 기여를 하였다. 1979년에 소련이 아프가니스탄에 개입함으로써 미소 데탕트에는 결정적으로 금이 가기는 하였지만 그럼에도 불구하고 다각적 구조는 변동되지 않았다. 이러한 다각구조는 그러나 이데올로기적인 장벽을 여전히 가지고 있었던 것은 사실이다. 우리는 이 다각구조의 출현이 동서 냉전의 붕괴에 일정한 정도의 기여를 하였다는 것을 알 수 있다. 그러나 그것은 주로 사회주의블럭에 해당하는 말이다. 사회주의블럭에서의 중소분쟁이 이 블럭의 와해에 결정적인 역할을 수행하였기 때문이다.

반면에 서방세계에서의 다극화란 주로 경제적인 요인에 큰 의미를 가진다고 볼 수 있다. 그것은 유럽이 여러 나라들이 전후의 복구를 수행하고 경제적 연대의 필요성에 의하여 유럽경제공동체(EEC)에서 유럽공동체(EC)로 발전하는 과정에서 나타나게 된다. 유럽공동체의 성립은 미국에 대한 독자적인 유럽경제권의 구축이라는 의미를 가지고 있지만 그러나 그것은 중소에서와 같은 대립과 분열을 의미하는 것은 아니었다. 그것은 일본과 미국의 관계에 있어서도 마찬가지라고 볼 수 있다. 안보문제에 있어서 이론이나 유럽은 기본적으로는 미국의 입장을 지지하고 있으며 유럽도 나토를 통하여 그리고 일본은 미일안보조약에 의거하여 미국의 군사적 보호 하에 있기 때문이다.

따라서 자본주의 진영에서의 다극화란 주로 저개발권 국가들의 이탈을 의미하는 것으로 나타난다. 그러나 제3세계 국가들의 노력에도 불구하고 이들이 국제정치에서 독자적인 결집력을 가지고 있었다기 보다는 서방이나 소련, 중국 등의 정치력에 크게 의존하였으며 따라서 미소 양대 블럭에 대항하여 독자적인 블럭을 형성시킬 정도로 부각되지는 않았다. 나아가서 제3세계 내에서도 1960년대 이후에는 신흥개발국들(NICs)과 비신흥개발국들과의 균열은 심각한 것으로 제3세계가 하나의 공동의 이해관계를 가진다는 것은 어려운 일이 되어버렸다. 전반적으로 보아 1970-80년대는 두 개의 캠프가 붕괴되고 있다는 점은 확실히 드러나지만 그렇다고 하여 지구적인 차원에서의 공동협력은 점치기 어려운 그러한 상태였다고 말할 수 있다.

3. 페레스트로이카의 전개와 국제정치환경의 변화

1) 소련의 페레스트로이카와 세계정치질서의 변경

소련에서 1985년에 고르바쵸프가 공산당의 서기장으로 취임하면서 내세운 페레스트로이카의 신사고 외교정책은 국제정치환경을 근본적으로 뒤바꾸게 하는 역할을 하였다. 소련에서 처음으로 페레스트로이카를 내세울 때에 소련의 의도에 대하여 서방 진영은 많은 의심을 하였다. 그러나 소련은 지속적인 노력을 통하여 소련측의 신사고 외교정책을 서방측에 납득시켰다. 소련에서 제시하는 신사고 외교정책의 기본 발상은 핵무기 시대에 승자란 있을 수 없다는 것, 따라서 핵무기감축을 통하여 미소의 무의미할 뿐더러 인류에 유해한 핵경쟁을 포기해야 한다는 것 이러한 전제하에서 계급투쟁에는 한계가 있다는 것 따라서 체제를 선택하는 것은 자유이지만 서로 다른 체제가 상호간의 간섭 없이 공존해야 한다는 것이 그 기본적인 요체라고 말할 수 있을 것이다.

이러한 발상에서 출발하여 소련은 대미관계에 새로 주목하였고 무기경쟁보다는 무기감축을 통한 공존에의 길을 모색하게 되었다. 물론 이는 소련측의 절박한 경제사정에서 나온 것이기는 하였지만 세계적으로 평화분위기에 결정적인 역할을 한 것은 사실이다. 이리하여 1979년 소련의 아프가니스탄 개입을 계기로 하여 깨어졌던 미소의 데탕트가 다시 재개되었고 세계평화에 있어서 중요한 획기적인 여러 조치들이 이루어졌다. 그러나 대체로 보아서 1985년에서 1988년까지의 시기에는 소련의 적극적인 평화공세에도 불구하고 큰 성과가 이루어지지 않은 반면에 1989년

동구의 혁명 이후에는 확고한 데탕트 나아가서 협력의 분위기가 조성되게 되었다.

1990년에 들어와서 안보환경에 급격한 변화가 생긴 것은 사실이다. 1990.6.7일의 모스크바회의에 이어서 부다페스트에서 1991년 2월 25일에 3월 31일부로 바르샤바조약의 군사조약의 효과를 페지하는 의정서가 정치참고위원회의 회원국가들에 의해 서명되었다.[7] 나아가서 바르샤바조약기구는 기구 자체가 해산되었으며 동유럽을 경제적으로 결속하던 코메콘도 1991년 6월에는 해체되었다. 유럽의 안보는 이제 유럽의 34개국이 참여하는 유럽안보협력회의(CSCE)가 담당하게 되었으며 블럭의 대립으로 인한 군사적 위협은 원칙적으로 제거되었다.

자연히 이러한 환경의 변화는 안보의 개념에 있어서도 중요한 변동을 초래하게 하였다. 이미 이데올로기적인 옵숀에서 벗어난 소련은 이러한 안보의 개념이 수정되어야 할 중요한 이유를 다음과 같이 설명하고 잇다.

1) 외부의 군사적 위협으로부터 국가를 방어하고 외부로부터의 무력압력에 저항하거나 공격하는 종래의 안보개념은 적합하지 않다. 안보는 일정한 정치군사적 동맹, 블럭, 연합을 포함하여 무력의 일정한 수준을 유지함으로써 달성되며 경제적 과학 기술적 잠재력, 발전의 능력, 사회의 도덕적 상태 등의 요소도 적절한 군사력을 유지하는데 우선적으로 중요한 전제이다. 2) 고립적이 아닌 집단적인 안보개념이 더 유용하다. 3) 무기증강이 아니라 무기감축을 통한 균형의 유지가 이루어져야 한다. 4)국제적 안정 그리고 국가들의 안정은 내정에 의해 직접적으로 영향을 받기 때문에 지리적으로 정치적으로 민주적인 국가들의 환경에 있는 나라는 비민주적인 국가들의 환경에 있는 나라보다 더 안정적이다. 5)환경파괴, 에이즈같은 지구적 위협들이 성장하였다. 이러한 전제 하에 소련

---

7) *Daily Report-Soviet Union*, 1991, no.38, p.1

은 소련의 안보개념을 다음과 같이 정리하였다. "외부 및 내부의 위협에 대하여 국가를 보위하고, 비우호적인 외부의 영향에 대하여 저항하며 사회 및 그의 성원들이 지속적으로 모든 방면으로 진보하는 것을 보장하는 국가의 존재를 위한 외부 및 내부의 조건들을 마련하는 것." 이와 함께 소련의 국가이익을 다음과 같이 정의하였다. "근본적인 국가이익은 모든 성원의 정치 사회 경제 및 정신적 이익을 보장하며 현 단계의 문명수준에서 가능한 물질적 이익을 향유하는 기초에 대한 권리를 보장하는 진정으로 민주적인 시민법적 사회를 만드는 것이다."8)

소련의 페레스트로이카는 또한 아태지역에 대하여 종전과는 입장을 달리하는 획기적인 개선책을 제시함으로써 한국의 북방정책이 입안될 수 있는 유리한 입지를 제공하였다. 소련에서 아태지역에 대한 종합적인 플랜을 제시한 것은 익히 알려지고 있는 바와 같이 블라디보스톡 연설을 들 수 있다. 1986년 7월 26일 블라디보스톡을 방문하면서 행한 이 연설에서 고르바쵸프는 아시아에서의 군축을 포함한 과제를 제시하였디. 이어서 1988년 9월 16일 크라스노야르스크에서의 연설을 통하여 고르바쵸프는 블라디보스톡 연설을 보다 구체화하였다. 이의 요체는 1)아태지역의 핵의 동결 2)태평양의 해군력및 공군력의 감축과 소련, 중국, 일본, 남북한 당사자들의 군사대결 완화책 강구 3)다자간의 안보협의 기구의 제안을 들수 있다. 고르바쵸프의 이러한 제안은 결국 유럽에서 이루어지고 있는 헬싱키 과정을 아태지역에 있어서도 적용해야 한다는 것으로 압축될 수 있다. 이러한 제안은 소련정부의 노력에 뒷받침되어서 아태지

---

8) "The Foreign Policy and Diplomatic Activity of the USSR, A Survey Prepared by the USSR Ministry of Foreign Affairs", *International Affairs*, April 1991, pp.10-11
　이같은 안보개념과 국가이익을 해석한다면 미국과 소련이 더 이상 적의 개념으로 대치하기는 곤란할 것이다. 그러나 소련내의 보수파의 존재에 대해 미국은 위구심을 품고 있었기 때문에 미국의 소련에 대한 지원은 소극적이었는데 소련에서의 8월쿠데타의 실패 이후에 미소의 협력관계는 본격적으로 가시화되고 있다.

역의 평화분위기 조성에 많은 적극적인 성과를 가져오게 되었다.

물론 소련의 제안은 그 기본적인 것들이 미국에 의해서 받아들여지지는 않았다. 미국은 소련의 제안에 대하여 위구심을 완전히 제거하지 않고 있었으며 소련의 정세에 대하여 낙관할 수 없었기 때문이며 소련의 제안을 또한 태평양에서의 열세인 소련의 지위를 개선하기 위한 노력이라고 간주하였기 때문이다. 결국 미국은 소련의 제안이 무력의 전진배치, 신속한 증강, 해군력 및 공군력의 우위, 믿음직스러운 핵억제력 등에 의존한 미국의 안보체계를 교란하기 위한 목적으로 제시된 것이라고 파악하였다.9)

그러나 그럼에도 불구하고 소련은 아태지역에서 가시적인 성과를 얻어내었다. 중소분쟁이후 적대관계에 놓여있었던 중국에 고르바쵸프는 1989년 5월 북경을 방문하여 양국 화해의 길을 다졌다. 아세안 및 인도와도 관계개선이 이루어졌다. 그러나 한국과의 관계개선은 소련이 얻어낸 가장 큰 성과일 것이다. 왜냐하면 소련은 한국과의 국교를 수립하였고 소련측이 절실히 필요로 하는 경제원조를 40억불이나 얻어낼 수 있었기 때문이다. 이점은 한국의 북방정책과의 관련하에 다음 절에서 살펴보기로 하자.

2) 남한의 북방정책

소련의 페레스트로이카와 더불어 국제환경이 급속히 변화하는 가운데 남한에서는 1988년 7.7.선언을 발표함으로써 이른바 북방정책이 시작되었다. 남한에서 북방정책을 외교정책의 기본노선으로 내세우게된 데에는 국내외적인 여건을 동시에 고려하여 설명하여야 할 것이다.

---

9) H.J.Ellison, "Superpower Arms Control and the Future of Korean-American Security Ties", *Korea, America, and the Soviet Union in the 1990s*, Dankook Univ. Press, p.151

우선 외적인 여건을 살펴보면 페레스트로이카와 더불어 시작된 국제환경의 변화 특히 미소관계의 개선이 남한정부로 하여금 북방정책을 추진하게 하는데 결정적인 계기가 되었다고 볼 수 있을 것이다. 이 점에 있어서는 아무런 이견이 있을 수 없다고 본다.

그러나 북방정책이 추진되는 내적 여건 또한 존재했다고 본다. 북방정책 추진의 내적 배경은 남한정부가 공산권의 실정에 대해서 얻은 정보를 통하여 어느 정도 가지게 된 상대적 자신감이 큰 동인이 되지 않았을까 하는 생각이 든다. 1987년의 6.29선언은 6공화국을 성립시키는데 결정적인 역할을 하였지만 그것은 또한 정부가 국민들에게 지는 짐이 되어버렸다. 한편 6.29이후의 학생운동권을 비롯한 재야의 통일운동에로의 국면전환은 정부로서는 그대로 무시할수 없는 상황이 되어 버렸다. 이러한 상황에서 6공화국은 통일운동을 통제하기보다는 공산권과의 관계개선을 통하고 남북한 당사자의 대화를 유도함으로써 통일논의의 주도권을 잡는 것이 필요했다고 보여진다. 재야의 논의가 막연히 사회주의적 대안에 희망을 가지고 있었는데 비하여 정부는 사회주의권의 실상을 좀 자세히 파악할 수 있었기 때문에 여지까지 실시해오던 반공정책의 전면적인 수정을 의미하는 7.7선언을 과감히 내세울 수 있었다고 본다.

이렇게 북방정책을 추진한 결과 북방정책은 6공화국의 최대 업적이 되어버렸다. 실로 획기적인 일들이 이루어졌다. 공산권과의 관계개선이 이루어졌음은 물론이려니와 1989년 동구를 휩쓴 혁명으로 말미암아 북방정책은 불로소득까지 얻게 되었다. 1988년 9월 13일에 한국정부는 동유럽의 공산국가로서는 처음으로 헝가리와 외교관계를 수립하기로 합의하였으며 1989년 2월 1일을 기하여 양국은 공식적으로 관계를 수립하였다. 이어서 1989년부터 1990년에 걸치는 짧은 기간 동안에 한국은 폴란드, 유고슬라비아, 불가리아, 체코슬로바키아, 루마니아와 외교관계를 수립하게 되었다. 이러한 동유럽과의 외교관계수립은 북방정책의 우회적 접근법을 나타낸다고 말할 수 있다. 즉 공산권국가 중에서 가장 큰 비중을 차지하는 소련과 중공과의 관계를 가지기 위한 사전 정비작업중의 하나가 되었던 것이다.

동유럽국가들과의 외교관계가 순조롭게 진행되었던 바와 마찬가지로 소련과의 외교관계도 상당히 비약적인 속도로 진행되었다. 한국과 소련 과는 이미 외교적으로 접근할 소지를 충분히 가지고 있었다. 그러나 한 국과 소련의 접근은 서로 그 이해의 차원을 달리하고 있었다. 소련측으 로 볼 때 한국과의 관계개선은 소련측이 필요로 하는 경제개혁에 필요 한 것이었으며 나아가서 다음으로 중요한 것은 한반도에서의 평화를 정 착시킴으로써 극동지역에서의 소련의 안정에 기여하게 한다는 것이었다.

반면에 한국측으로서는 소련과의 관계개선은 보다 정치적인 비중을 가지고 있었다. 한국측이 소련과의 관계개선을 통하여 얻어내고자 한 정 치적 목표는 다음의 몇 가지로 요약될 수 있다. 첫째로 한국은 한반도의 안정과 평화를 희망하였다. 한반도의 평화와 안정의 문제는 남북이 휴전 선을 사이에 두고 군비증강을 통하여 경쟁하고 잇는 상황에서는 필수적 으로 중요한 목표가 될 수밖에 없었다. 한국은 소련과의 관계개선을 통 하여 소련이 북한측에 행사할 수 있는 각종의 수단과 압력으로 북한의 전쟁의도를 억누를 수 있는 장치로 삼고자 하였다. 둘째로 북방정책의 정치적 목표는 한반도의 국제적인 지위를 보다 공고히 하는 동시에 한 반도의 통일문제에 있어서 남한정부가 주도권을 가지는 목표를 추구하 는 것이다. 이 점에 있어서 한국정부의 입장이 반드시 통일되어 있다고 보이지는 않는데 북방정책을 북한에 대해 외교적으로 남한정부가 우위 에 서기 위한 공세로 볼 것인가 아니면 대화를 위한 수단으로 볼 것인 가에 대해 다소간의 혼선이 있었다고 본다. 그러나 궁극적으로 이러한 양 측면은 반드시 모순되는 것은 아니다. 오히려 북한이 완강히 폐쇄적 인 노선을 고집하고 있는 상황에서는 유엔가입문제에서 보듯이 강경대 응이 대회를 촉진하는 한 방법으로도 사용될 수 있기 때문이다. 한편 한 국측이 북방정책을 취함으로써 얻게 되는 경제적 관계를 통한 관계개선은 한국측으로는 정치보다는 비중이 낮지만 점차적으로 그 중요성을 더해가고 있다.

한국과 소련측의 상호간의 이같은 이해관계의 조화 때문에 한소관계는 급진전되었다. 북한측이 한소의 접근에 대하여 극히 부정적인 반응을 보이고 있기 때문에 소련은 북한과의 관계가 소원하게 된다는 위험부담을 지고 있음에도 불구하고 소련은 적극적으로 한소관계 개선에 나서게 되었다. 그리하여 1989년부터는 양국간에 본격적인 접촉이 있게 되었다. 1989년 4월에 한국의 무역진흥공사와 소련의 무역사무소는 각각 모스크바와 서울에 사무소를 개설하였고 12월에는 사실상의 영사관계를 수립하기로 합의하였고 이듬해 1990년 6월 4일에는 미소정상회담의 기회를 이용하여 한국의 노태우대통령과 고르바쵸프대통령이 첫 번째 정상회담을 가지게 되었다. 이 정상회담에 이어서 양국간의 실무접촉이 있게 되었고 드디어 9월 30일에는 1904년에 외교관계가 단절된 이래 86년만에 다시 외교관계가 공식으로 수립되게 되었다.

외교관계가 수립된 이후 양국간의 관계는 더 빠른 속도로 발전하였다. 노태우 대통령은 소련의 모스크바를 1990년 12월 13-17일 동안 방문하여 소련과 공동으로 모스크바 선언을 발표하였다. 모스크바선언은 양국간의 아태지역에서의 이익의 균형과 자결에 입각한 동등하고 호혜적인 관계의 수립과 아태지역의 평화를 위해 공동으로 노력할 것을 다짐하였다. 소련은 한국의 통일정책과 남북대화의 정책을 지지하였으며 한국은 소련의 페레스트로이카를 지지하였다.10) 또한 고르바쵸프는 이듬해인 1991년 4월 19-20일 제주를 방문하여 노태우 대통령과 3번째의 정상회담을 가지게 되었다. 이 회담에서 고르바쵸프는 한소간에 우호협력조약을 체결할 것을 제의하였고 노태우 대통령이 동의함에 따라서 양국은 적대적인 냉전의 적에서 3년도 안되어 동반협력의 조약을 체결하는 일을 눈앞

---

10)『소련의 한반도관계 자료집』(1986-1991), 세종연구소, 1991, pp.216-218

에 두게 되었다. 물론 이같은 조약은 소련의 주한 대사 소콜로프가 밝혔듯이 한미간의 상호방위조약과 한미간의 전통적인 이해에 입각하여 군사적 부문의 협력을 포함하게 되지는 않을 것이다.[11] 한소간의 관계는 1991년 8월쿠데타의 실패와 함께 더욱 더 가속도로 발전될 전망이지만 동시에 연방의 해체와 각 공화국의 독자적 외교무대로의 등장이라는 문제와 맞물리면서 당분간은 북방정책의 추진자들에게도 혼란을 제공할 것이다.

북방정책을 통하여 소련과의 공식외교관계를 수립하고 이어서 우호적인 관계를 발전시키면서 양국이 상호간에 외교정책을 지지하게 되었다는 것은 북방정책이 남북한통일에로 나아가게 되는 데 필요한 최대의 전략적인 지점을 확보하게 되었다고 표현해도 지나친 말이 아닐 것이다. 이점에 있어서라면 한국은 아직 중요한 제2차의 전략적 거점인 중국과의 수교를 남겨놓고 있기는 하지만 기본적으로 북방정책의 목표를 달성했다고 말할 수 있을 것이다.

그러나 한국의 국민들이나 정부 당국에서도 북방정책을 단지 공산권 내지는 구공산권과의 외교관계 수립이라는 차원에서만 국한시켜서 생각하는 사람은 그리 많다고 보지 않는다.[12] 동서독의 통일을 관찰한 한국민들은 누구나 할 것 없이 통일에의 열기에 가득 차 있으며 노태우 대통령 자신도 통일의 한반도에 있어서의 최대의 관제임을 여러 차례 천

---

11) 이러한 점에 대하여는 다음의 논문이 참고된다. Chee Chung-il, "The Unites States and Japan's Perspectives On South Korea's Foreign Policy Toward the USSR and the PRC", Northeast Asian Security in the 1990s, International Conferenve in Commemoration of th 14th Anniversary of the Research Institute for International Affairs, September 2, 1991, Seoul, Korea,

12) 북방정책을 한반도 통일문제와 관련시켜 논의한 최근의 논의로 Kim Hakjoon, "Republic of Korea's Policy To Bring Peace On the Korean Peninsula", *Northeast Asian Security in the 1990s*, International Conference in Commemoration of the 14th Anniversary of the Research Institute for International Affairs, September 2, 1991, Seoul, Korea 가 참고된다.

명하였다. 이러한 점에 있어서 앞으로의 상황은 남북통일을 위한 환경의 조성이라는 국면으로 접어들지 않았는가 하는 생각을 가지게 한다. 즉 북방정책의 분수령이 우리에게 주어졌다고 본다. 즉 이미 주변환경의 분위기 조성은 소련과의 관계개선이라는 전략적 거점의 확보로 이루어졌기 때문에 더군다나 소련의 쿠데타 실패로 이 거점은 보다 분명해졌기 때문에 이제는 남북한의 관계개선 및 대화를 통한 평화로운 분위기 조성에 더욱 박차를 가할 수 있는 여건이 조성되었다.

주변의 여건을 점검해 보아도 이미 1990년 10월에 한중양국은 무역대표부를 설치하기로 합의를 보았고 한중수교가 이루어지는 것도 그리 어려운 일은 아니라고 본다. 그러나 중국의 노장혁명 세대는 아직도 사회주의에 대해 강한 집착을 보이고 있으므로 이 문제에 대해서 다소 유동적인 예측이 가능하다.

한편 북한과의 관계에 있어서도 북방정책은 남북고위급회담이나 기타의 남북교류를 가능하게 하였을 뿐 아니라 1991년에는 남북한 유엔 동시가입이라는 통일이전단계의 최대의 외교적 성과를 이룩하였다. 또 북한이 독자적으로 추진하고 있는 핵개발에 대하여 제동을 걸 목적으로 IAEA가 제시하는 핵안전협정의 체결에 대하여 북한이 거부반응을 보이고 있기는 하지만 궁극적으로 북한은 이를 거부하기는 어려울 것이다. 결국 남북한의 유엔 시대와 더불어 북한은 각종의 국제협약을 마음대로 무시하면서 독자적으로 행동하기는 어려울 것이고 그만큼 한반도에 있어서의 전쟁억제력은 강화되었다고 평가해도 좋을 것이다.

이외에도 북방정책이 얻은 성과를 더 많이 나열할 수도 있을 것이다. 그러나 무엇보다도 중요한 것은 북방정책이 세계사의 시대적 흐름과 잘 맞아 떨어졌다는 데에 있다. 만일 그렇지 않다면 우리 정부에서 아무리 많은 노력을 하였더라도 소기의 성과를 거두기는 어려웠을 것이다. 결국 세계사의 흐름을 정확하게 읽을 수 있었던 것이 북방정책 성공의 최대 요건이었다고 말하는 것이 무리는 아닐 것이다.

3) 신국제질서의 구조분석

   미소의 화해와 동유럽의 사회주의체제의 붕괴 그리고 동서냉전의 종식으로 인하여 신국제질서가 조성되고 있다. 이 신국제질서는 그러나 그 구체적인 구조가 아직 확정적으로 잡힌 것은 아니다. 단지 몇 가지의 사건들을 통하여 그 윤곽이 드러나고 있을 따름이며 따라서 신국제질서의 내용에 관하여는 논점에 따라 아직 다양한 논의가 엇갈리고 있다.

   하지만 20세기의 마지막 10년부터 시작되는 이 신국제질서가 20세기 후반의 과학기술혁명과 그로 인한 안보 경제 정치적 환경의 변화를 조건으로 하고있는 것은 재론의 여지가 없다. 그 변화를 여기에서 상세히 논의할 수는 없지만 세계가 훨씬 더 이전보다 상호의존적이 되기 때문에 지구화의 경향이 뚜렷하게 나타난다고 하는 것은 의심의 여지가 없다. 안보정치적인 분야에서도 신국제질서의 특징을 들자면 우선적으로 안보 및 정치의 지구화라고 들 수 있을 것이다.

   냉전하에서의 안보는 미소의 양대 블럭과 그의 하부조직으로서의 지역적 안보조직이었다. 이러한 조건에서는 지구적 차원에서의 문제해결은 곤란하였다. 따라서 유엔은 그 기능을 명실상부하게 발휘하기가 곤란하였다. 그러나 걸프전 이후 유엔은 그 기능을 새롭게 강화하였다. 신국제질서하에서 유엔의 역할은 한층 더 증대될 것이다.

   이러한 지구화의 경향이 증대됨에 따라서 이른바 각 국가의 협소한 자급자족경제 개념은 설득력을 상실하게 될 것이며 그리고 정치적으로 민족주의는 그 영향력이 현저하게 줄어들 것이다. 이러한 논의에 소련을 포함한 동유럽의 민족주의의 강화가 반론으로 제기될 수 있을 것이지만 동유럽의 민족주의는 그 동안의 사회주의권에서의 민족주의에 대한 지나친 억압의 반동으로 이해해야할 것이라고 본다. 게다가 새로이 주권을 행사하게 되는 국가들이 시장경제로의 편입과 유럽에로의 통합을 추구하고 있기 때문에 결코 고립적인 자급자족 경제나 고립을 추구하는 이전의 민족주의와는 구별된다 할 것이다. 따라서 동유럽의 민족주의의 강화는 사회주의블럭의 해체에 따른 일시적인 현상이지 지구화의 경향과 모순되는 것은 아니다.

또 하나 중요한 문제는 신국제질서 하에서의 미국의 존재와 그의 역할이다. 이점에 있어서는 의견이 분분할 것으로 생각된다. 그러나 신국제질서가 지역분쟁과 같은 중대사에 있어서의 미국의 적극적 개입을 의미한다는 것은 어느 정도는 미국의 기본입장이다. 가디스(J.L.Gaddis)는 이러한 상황을 다음과 같이 표현하였다: "냉전의 세계가 끝난다는 것은 그 다음에 오는 세계가 여하하던 간에 결코 미국개입이 종식된다는 의미는 아니다. 그것은 오로지 그 개입의 성질과 범위가 아직 불확실하다는 것을 의미할 뿐이다."13) 이러한 지적은 타당성을 가지고 있다고 인정되는데 적어도 향후 21세기가 시작되기 전까지는 미국 주도하의 세계안보가 이루어지지 않을까 하는 것이 필자의 생각이다. 말하자면 미국주도하의 평화(Pax Americana)의 시대가 개막되는 것이다. 이러한 질서가 구체적으로 무엇을 의미하는 것인가에 대하여는 정확히 설명하기는 어려울 것이다. 왜냐하면 미국주도하의 세계질서 유지라고 하는 측면은 동시의 미국경제의 쇠퇴로 인한 주도력의 상실이라고 하는 테제와 서로 대치되어 있기 때문이다. 이 모순을 풀어야지만 Pax Americana의 문제를 바로 정리할 수 있다고 본다. 정치군사적인 측면과 경제적인 면 사이의 괴리를 정리하여 보기로 하자.

우선 정치군사적인 측면에서 미국 주도하에 세계질서가 조정된다고 하는 것은 의심의 여지가 없다. 그러나 2차대전 이후의 냉전상황에서 미국이 발휘하던 지도력과 결속력이 동일하게 관철된다고 보기는 어려울

---

13) J.L.Gaddis, "Toward the Post-Cold War World", *Foreign Affairs*, vol. 70., no.2, New York, 1991, p.102 이는 『미국방위연감, 1991-1992』의 입장을 나타낸 것이다.

것이다. '적'의 개념이 뚜렷이 현실적으로 부각되어 있는 상태에서는 강한 결속력이 강조될 수 있지만 블럭정치가 해체되면 그러한 결속력은 발휘되기 어려울 것이다. 그러나 그 대신에 새로운 이해에 따른 조정이 있게 된다. 그러한 새로운 이해의 표출로서 들을 수 있는 것이 그 동안에 억눌려왔던 각 국가의 개별적 이해라고 볼 수 있다. 이러한 현상은 특히 사회주의 블럭이 해체된 이후에 동유럽에서 분명하게 드러났다. 그러나 또한 서방 자본주의 블럭에서도 예기치 않은 상태로 이러한 개별 국가적 이해관계는 표출될 가능성이 많다. 단지 상대적으로 서방 자본주의 블럭이 냉전체제 붕괴의 '승리자'로서 남아있기 때문에 기존의 결속 형태에 큰 변화는 초래되지 않을 것이다. 또한 소수민족의 욕구분출이라는 것이 잠재적으로 세계질서에 변경을 가져다 줄 수 있는 변수로 작용하게된다. 이 역시 동유럽에 그 초점이 모아지는데 유고슬라비아의 해체를 포함하여 동유럽국가들의 민족국가로의 분해 가능성이 상당히 있다고 본다. 그렇다면 이렇게 변화된 판도에서의 영향력과 시장의 문제가 다시 제기될 것이고 그 경우에 기존의 유럽공동체적인 통합은 그 속도에 있어서 개별국가의 이해관계의 충돌로 늦어질 수 있는 가능성도 있다.

그러나 이러한 잠재적인 불안요인들은 모두 미국의 국제정치의 장에서의 헤게모니에 손상을 가져다주기보다는 오히려 긍정적으로 작용하게 될 것이다. 이러는 한에 있어서 미국의 세계 경찰로서의 역할은 그 진가를 명백히 드러내게 된다. 미국은 이러한 우월한 군사정치적 헤게모니를 바탕으로 하여 유엔을 새로운 세계질서를 위한 중요한 장치로서의 역할을 인식하고 이를 적극적으로 활용할 움직임을 보이고 있다. 그 점은 유엔결성 직후에 미국이 유엔을 활용하던 것과 마찬가지의 형태라고 할 수 있는 것이다.

그러나 미국은 동시에 쇠퇴해가는 미국경제로 군사정치적 헤게모니를 잡아나가야 한다는 부담을 동시에 가지고 있다. 미국경제의 징후에 대한 우려는 대단히 높다. 높은 대외무역 적자, 그리고 점차 경쟁력을 잃어가는 제조업, 방위산업제품 수요의 감소 등등이 미국경제를 상당한 정도로 압박하고 있다. 나아가서 이러한 위기는 어느 정도로 구조적이라는 것이 지적되고 있다. 미국에서 저축은 낮아지고 부채율은 늘어가고 있으며 투자에 있어서 1989년에는 2차 세계대전 이후 처음으로 절대액에 있어서 일본에게 능가당했다. 그리고 이는 적어도 차후 몇 년간은 지속될 전망이다.14) 게다가 미국의 교육제도의 비효율성, 특히 중등교육의 질 저하, 조기교육의 실패로 인한 인력자원의 관리실패, 소수민족의 잠재력 미활용 등 인력자원을 활용하지 못하고 있으며 미국인들의 공익을 위한 가치관의 쇠퇴와 단기적 이익추구 경향의 확산 등으로 미국의 경제적 성장이 상당한 정도로 기로에 처해있는 것으로 보고있다.

　미국은 이러한 난국을 타개하기 위하여 다양한 방법을 구사하고 있다. 보다 근본적인 치유책이야 미국경제를 보다 활성화하는 방향에서 노력을 하고 있겠지만 대외적으로는 상대국에 대한 각종의 입력으로 나타나고 있다. 그 주요한 정책수단이 각 개별국가를 대상으로 한 통상압력이고 다른 하나는 우르과이 라운드(UR) 등을 통해 볼 수 있는 다자간 자유무역협정의 체결이다. 그러나 이러한 조치가 모두 성공적으로 수행된다고 하더라도 미국의 경제가 2차 세계대전 이후의 몇 십년간 보여주었던 활력을 되찾으리라고 보는 것은 무리일 것이다. 사실상 미국이 막강한 무기와 자금을 들여 성공한 다국적군에 의한 걸프전도 미국이 독자적으로 전비를 댈 수 없어서 미국 최초로 동맹국의 자금을 가지고 행한 전투이기 때문이다. 그렇다면 이렇게 취약한 경제력을 가지고 세계질서를 유지할 수 있는 능력을 어디에서 찾게 되는가? 다시 가디스의 견해를 빌리면 현실적으로 세계의 위기를 관리할 수 있는 능력을 가진 나라는 미국밖에 없기 때문에 일종의 분업이 일어나고 있다는 것이다. 그것

---

14) R.D.Hormats, "The Roots of American Power", *Foreign Affairs*, Summer 1991, p.145

은 미국이 힘의 균형을 유지하기 위하여 무기와 군대를 공급하고 동맹 국들이 재정지원, 에너지 공급, 미국의 대외무역적자를 메꾼다는 방식으로 말이다.[15] 물론 걸프전이 이같은 방식의 해결책을 극명하게 보여주었지만 이러한 방식이 계속해서 발전하여 체계화된다면 결국은 미국을 정점으로 하는 선진 서방국의 과두체제를 확립하는 것이라고 보여진다. 미국이 당분간 세계질서를 주도한다는 것은 의심의 여지가 없지만 미국은 동맹국들에게 경제적인 지원을 기대해야 한다는 것도 분명해진 것이며 걸프전에서 보여준 협력관계가 언제나 다시 있을 수 있으리라는 기대는 무리라고 보아야 하기 때문에 동맹국들의 경제적 능력에 따라 그 발언권도 동시에 성장하리라고 보지 않으면 안된다. 이제 미국주도하의 신세계질서에 주요한 파트너로서 기존에 참여하였던 프랑스나 영국 이외에 독일과 일본도 참여하게 될 것이며 나아가서 소련도 참여하게 될것이다.[16] 이러한 양상은 Pax Americana하의 주요 선진 경제적 및 군사적 강국들의 참여를 통한 세계적 차원에서의 과두제가 그 이전 어느 때보다 확실하게 구축되어가고 있다는 것을 의미하는 것이다.[17]

정치 경제 안보의 지구화와 미국의 주도력이 특징적인 신국제질서라고 하더라도 그 상황이 지역별로 동질적인 것은 아니다. 특히 평화의 조건이라는 점에 있어서 세계적으로 아직 많은 차이가 존재한다. 유럽에서는 바르샤바 조약기구의 비군사기구화 나아가서는 비정치기구화하고 해체됨으로써 단일한 유럽안보기구의 지도력 확보로 완전한 지역평화의

---

15) Gaddis, op.cit, pp.112-3. 그는 이러한 구조가 미국인들이 군사장비와 군사인력을 지원하는데는 관대하지만 생활수준을 줄이면서까지 결코 내핍을 감당하려고 하지않는 특성 때문에 불가피하다고 보고있다.

16) 1991년 7월 30-31일에 열린 미소 모스크바정상회담에서 START가 조인되고 소련의 개혁을 미국이 지원하며 미국 주도하의 세계질서 개편및 유지에 소련이 참여하기로 한 것은 이러한 입론을 정당화시켜준다. 소련에서의 8월쿠데타의 실패는 미소협력을 보다 강화하게 되었다.

17) 신국제질서의 특징중의 하나인 지역화의 현상은 이러한 과두제의 형성을 의미하는 것이라고 볼수 있다.

제도적 장치가 마련되었다고 말할 수 있겠다. 그러나 이같이 안정적으로 발전되고 있는 평화가 유럽 이외의 지역에서는 아직도 구조적으로 정착되어있는 것은 아니다.

신국제질서하의 세계를 우리는 다음의 몇 개의 권역으로 나눌 수 있다.

1.유럽지역 2.아태지역 3.중동지역 4.남아시아지역 5.중남미지역 6.아프리카지역

이들 6개의 권역 중에서 가장 안정적인 지역은 유럽지역이며 가장 변수가 많은 부분이면서 중요한 비중을 차지하고 있는 것은 아태지역이다. 우리는 이 아태지역의 정치경제적 변화와 안보상황을 예의 주시하고 우리의 북방정책이 향후 어떠한 정책적 변화를 보여야 하는지를 논의해보기로 하자. 우선 아태 지역이라고 할 때 이 지역은 상당히 광범위한 지역임을 알게 된다. 태평양의 동쪽으로 미국과 카나다 그리고 남미의 태평양국가들을 포함하며 한편 태평양의 남쪽에 호주와 뉴질랜드 그리고 동남아시아와 동북아시아의 제 국가들이 바로 아태권역에 포함된다. 이렇게 볼 때 아태지역은 세계 최대의 경제적 권역이 될 것이며 세계에서 가장 광범위한 지역이다.

소련은 이 아태지역에 대하여 우선 경제적인 면에서 적극적인 평가를 내리고 있다. 특히 아시아의 용으로 알려진 신흥개발국들이 고도의 기술과 비교적 저렴하면서도 숙련된 노동력을 결합하여 수십 년만에 경제적인 강국으로 성장한 사실에 대하여 높이 평가하며 21세기에 경제적으로 대단히 중요한 비중을 차지할 것에 주목하고 있다.[18]

그러나 이 아태지역의 안보상황은 그다지 안정적이지는 못하다. 아태지역은 우선 지역적 인종적으로 대단히 다양한 지역이며 또한 경제적으로나 정치적으로 사회적발전의 정도도 또한 대단한 차이와 불균형이 존

---

18) "The Foreign Policy and Diplomatic Activity of the USSR, A Survey Prepared by the USSR Ministry of Foreign Affairs", *International Affairs*, April 1991, p.41

재하는 지역이다. 또한 안보상황에서 불안의 요인이 다른 어느지역보다
도 많이 존재한다. 동북아에서의 한반도의 상황이 북한의 존재 때문에
불안하며 동남아시아에서는 인도차이나의 상황이 안정적이지 못하며 중
남미국가들에서는 아직도 정치경제적 안정이 존재하지 않는다.

이러한 아태지역에서의 정치군사적으로 가장 중요한 역할을 담당하고
있는 나라는 물론 미국이라고 말할 수가 있다. 아태지역에서의 미국과
경쟁할 수 있는 세력으로서 소련이 있었으나 이미 냉전 시대에 있어서
도 소련은 해양으로의 접근이 기본적으로 미국에 의해 봉쇄당하고 있었
으며 기본적으로 소련은 대륙세력이었기 때문에 태평양에 있어서 미국
에 비하여 훨씬 수세적인 입장에 놓여 있었다.

그러나 페레스트로이카 이후에 소련은 아태지역에서의 역할에 보다
많은 신경을 써왔다. 고르바쵸프는 블라디보스톡을 방문하고 블라디보스
톡선언에서 아시아에서의 군축과 경제협력을 강조하였고 이어서 크라스
노야르스크선언에서는 집단안전보장체제와 같은 것을 아태지역에서 구
성하기를 원하였다. 그것은 유럽에서의 헬싱키과정이 아태지역에서도 발
전되기를 바란 것이다. 소련은 아태지역에서 CSCE같은 것을 구상하는
것이지만 이러한 제안은 미국에 의해 부정적으로 받아들여지고 있으며
미국은 오히려 그 대신에 APEC을[19) 진전시키려 하고 있다. 왜냐하면 그
러한 집단안전보장기구는 소련으로 하여금 미국이 아시아에서 가지고
있는 안보관계를 저해한다고 미국이 생각하기 때문이다.[20) 그러나 소련
은 APEC에서 소련이나 중국 등 사회주의권의 국가들이 배제된 데 대하
여 문제를 해결해나갈 가능성을 제한하는 요소를 가지고 있다는 점을
지적하였다.[21)

---

19) Asia-Pacific Economic Cooperation. 미국, 일본, 카나다, 오스트레일리아, 뉴
    질랜드, 한국 그리고 아세안의 6개국을 포함하는 국제포럼으로 1989년 11
    월 캔버라에서 처음 개최되었다.
20) W.J.Crowe, Jr., A.D.Romberg, "Rethinking Security in the Pacific", *Foreign
    Affairs*, Spring 1991, p.138

그런데 이러한 미국의 입장은 수긍할만한 측면이 있다. 비록 몰타선언 이후에 미소관계가 본격적으로 개선되었다고 하기는 하나 소련 내에서의 공산당 보수 강경파 군부내의 강경파들이 존재하고 있어서 미국으로서는 소련에 대하여 완전한 신뢰를 가지는 것이 어려웠기 때문이다. 이러한 미국의 우려는 1991년 8월 19일 소련의 보수파에 의한 쿠데타에 의하여 정당화되었다. 즉 소련의 정정이 불안정하다는 것이 판명되었기 때문이다. 그러나 쿠데타가 3일 천하로 끝나고 소련은 민주적 개혁이 실시될 예정이며 공산당 세력은 급속도로 몰락할 것이기 때문에 이 경우에 미국의 여지까지의 미온적인 대소협력관계는 상당한 정도로 개선될 것으로 보인다.

나아가서 아직까지 상황이 유동적이기는 하지만 소련이 상당부분 해체되고 소련내의 보수강경파가 성공적으로 제거되어 군사안보부문에 있어서까지 미국이 소련을 동반자로서 인식하고 소련이 미국에 대해 도전한다는 의식 대신에 상대적으로 낮은 지위를 감수하면서 미국의 정책에 협력할 의사를 보여준다고 한다면 미국은 소련을 아태지역에서의 중요한 파트너로 간주하고 경제적인 지원 뿐 아니라 안보적인 측면에서 소련에 상당한 정도의 몫을 할애할 수도 있을 것이라고 본다. 그렇다면 이 경우에는 소련을 포함한 가령 CSCA와 같은 것이 전혀 불가능하다고 보여지지 않는다.

이러한 정도로까지 사태가 발전한다고 한다면 아시아에서의 안보상황은 상당히 안정적이라고 말할 수가 있을 것이다. 한국은 이러한 경우를 대비한 시나리오를 생각해두어야 한다. 이러한 경우에 한국은 북방정책을 새롭게 정의하고 정책수립에 일전한 정도의 수정을 가하지 않으면 안된다고 본다. 우선 북방정책의 의미가 변하게 되는 데에 주목해야 한다. 여지까지의 북방정책이란 한반도의 평화를 진전시키기 위하여 냉전

---

21) "The Foreign Policy and Diplomatic Activity of the USSR, A Survey Prepared by the USSR Ministry of Foreign Affairs", *International Affairs*, April 1991, p.44

체제의 한 축을 구성하는 사회주의권과의 외교적 관계를 통하여 한반도 평화라는 목적을 달성하기 위하여 우회적으로 전법을 구사하는 것이었다. 그리고 이러한 전략은 상당한 성공을 거두었다. 그러나 남북당사자의 직접적 접촉과 그를 통한 북한의 태도변화에 획기적인 성공을 거두지는 못하였다.

그러나 8월 21일의 소련의 반쿠데타 시민항쟁의 승리 이후 전개되는 소련의 변화는 우회전술의 역할에 종지부를 찍게 만들었다고 해도 과언은 아니다. 이제 변화된 소련은 오히려 이데올로기적으로 또는 정서적으로 우리와 가깝게 될 것이며 소련과 북한사이에 맺은 군사동맹관계는 폐기될 가능성이 높아졌다. 그 대신에 소련은 우리 정부와 우호조약을 체결할 가능성이 많다. 이에 대해 미온적이었던 우리 정부도 이제부터는 이 문제에 대하여 보다 더 적극적으로 임하게 될 것으로 보인다. 그렇다면 아태지역에서의 구공산권은 오로지 중국과 북한밖에는 남지 않게 된다. 북한은 중국에 기대면서 체제를 유지하려는 노력을 보이겠지만 공산권의 몰락이라는 도미노현상은 중국보다는 북한에서 먼저 일어날 가능성이 높다. 북한은 오래지 않아 권력의 교체가 있게 되고 이것이 북한사회의 급속한 변화의 신호탄이 될 가능성이 대단히 높기 때문이다. 이러한 사태를 대비하여 우리는 통일전략을 새롭게 수립해야 할 것이며 이를 이루기 위한 주변국과의 관계개선에 많은 노력을 기울여야 할 것이다. 특히 미국과의 긴밀한 협력관계가 다른 어느 때 보다도 필요한 것이라고 본다.

4. 2000년대의 한국외교정책의 선택: 새로운 접근

1) 2000년대의 외교 상황

21세기의 한국 외교라고 해서 기본적으로 국제정치환경에서 생존해야 한다는 제1차적 목표가 해소되는 것은 아니다. 이러한 생존이란 기본적으로 국가의 주권을 보존하고 나아가서는 국제사회에 필요한 이해관계가 반영될 수 있도록 적절한 힘을 국제사회로부터 공인받는 일이라고 말할 수 있다. 이러한 것을 외교적인 목표라고 말할 수 있다. 이 목표에 도달하기 위해 사용하는 방법의 선택을 우리는 외교전략이라 부를 수 있을 것이다. 그리고 외교전략을 어떻게 세울 것인가 하는 것은 세계가 더욱더 상호의존적으로 되어 가는 환경에서 국내 문제에도 큰 영향을 주기 때문에 국민직 관심이 되지 않을 수 없다.

그런데 올바른 외교전략을 수립하기 위해서는 우리는 우선 국제정치에 있어서의 우리의 위치에 대하여 어느 정도 분명한 인식을 해야 할 것이라고 생각한다. 국제정치의 장에서는 우리가 영향력을 미치기 어려운 강대국정치의 차원이 분명히 있는 것이고 이로 인한 정치적 정세의 변동을 염두에 두고 이에 올바르게 대처하는 것이 필요할 것이다. 이러한 점에서 이를 세계정치의 변동이라고 할 때 이러한 정치질서의 변동이 1990년대 들어와서 본격화되고 있음을 주목해야 할 것이다. 1991년에 들어와서 바르샤바조약기구와 코메콘이 공식적으로 해체되었고 적어도 공산권에 있어서의 블럭정치는 완전히 파산을 맞이하게 되었다는 것은 의심의 여지가 없다. 그렇기에 구공산권은 새로운 블럭으로 재편성될 것이며 그에 따라 새로운 블럭들이 이루어질 전망이다.

새로운 블럭이라고 하더라도 미국이 유일한 초강대국으로 계속적인 영향력을 발휘할 것은 의심의 여지가 없다. 그 다음으로는 미국을 중심으로 하는 G-7및 소련의 세계정치의 위원회역할이다. 세계적 차원에서의 정치적 중심은 미국, G-7, G-7+소련, 제3세계 등으로 정치적 하이어라키가 구성되며 이와 동시에 지역적 블럭이 중첩되게 된다. 따라서 우리는 국제정치에 있어서의 두 개의 경향을 뚜렷하게 분별하며 이에 대처해야 한다. 그 하나는 국제정치의 지구화이며 다른 하나는 지역화이다. 이중에서 정치의 지구화에는 우리는 아직 약소국이기 때문에 별다른 영향력을 우리가 주체적으로 행사하기 힘들다. 단지 주어진 조건을 우리가 받아들일 수밖에 없다. 이는 다른 말로 바꾸어 표현하면 미국이 주도하며 유럽국가 및 일본이 같이 참여하는 세계질서의 개편을 우리는 일단 긍정적이건 부정적이건 받아들일 수밖에 없다는 표현이 된다. 이 전제하에서 타결된 전제들을 바탕으로 우리는 우리가 주체적으로 좀더 영향력을 행사할 수 있는 동북아적 차원 또는 환태평양적 차원의 문제를 고려해볼 수가 있을 것이다.

이점에서 냉전적 조건에 기대던 우리의 외교적 문제 및 현안은 그 설득력을 상실하게 된다. 우선 과거의 냉전적 구조를 바탕으로 하는 외교는 그 설득력을 상실하게 된다. 우리 나라를 중심으로 국제관계를 볼때 기본적으로는 전통적으로 냉전시대의 안보협력체제를 이루고 있던 한-미-일 삼각관계는 계속 주도적인 역할을 담당한다. 그러나 그의 기능은 변화를 보일 것이라고 말할 수 있다. 종전의 냉전시대의 남방삼각협력체제는 북방삼각협력체제와 적대적으로 대립하는 체제이지만 신국제질서 하에서는 이러한 구조는 해체될 것이다. 신국제질서 하에서는 북한과 중국의 연계만이 나타날 뿐 미소 및 일본 한국이 공동협력하게 될 것이며 그러한 협력도 안보적 성격의 것이라기보다는 정치적 성격을 강하게 가지게 될 것이다. 단지 한국과 미국의 안보협력관계는 한미의 역할에 조정은 있겠지만 기본적인 협력관계는 계속 유지될 것이다.

그러한 예로써 우리는 걸프전 이후에 미국이 본격적으로 추진하고 있는 '전시접수국 지원협정'을 들 수가 있을 것이다. 미국은 쌍무계약을 통하여 미국의 군사력을 지원하는 대가로 우리 나라에게 군사비를 부담시키는 형태의 협력을 요구하고 있으며 이의 채택이 불가피하다고 볼 때 향후의 우리 나라의 안보는 한미의 쌍무적인 안보관계를 바탕으로 하여 이루어지는 것이며 여기에 일본이 아시아의 안보 면에서 점차로 중요한 역할을 떠맡게 됨에 따라 일본의 정치적 영향력이 점차 증대되는 효과를 가져오게 된다. 이와 같은 방식의 안보협력관계가 계속 유지될 수밖에 없는 것은 북한 및 중국의 존재 때문이다.

그러나 2000년대에 한반도가 통일된다고 가정할 때는 이러한 구조에도 큰 변동이 생기라는 것은 의심의 여지가 없다. 한반도가 통일될 때에는 동북아의 긴장을 야기시키는 최대의 장애물이 사라지는 것이므로 이 경우에는 다자간의 안보협력기구가 예컨대 통일한국과 주변 열강의 공동의 압보협력기구가 상설화되어 운영될 가능성이 있는 것이다. 그러나 통일이라는 최대의 과제를 목표로 하고 있는 마당에 통일 이후의 전망에 대해서 지나친 논의는 오히려 자제하는 것이 나을 것이라고 생각한다.

따라서 본고는 오히려 논의를 통일의 과도적 단계로서 잠정적으로 말할 수 있는 남북유엔 동시가입으로 인해 초래된 새로운 남북상황에 대해 언급하는 것이 온당하리라고 생각한다. 남북한이 1991년 8월 8일(한국시간 8월 9일) 안보리의 가입권고안 채택 그리고 9월 총회에서의 가입을 통하여 새로운 국면에 접어들었다는 것은 주지의 사실이다. 이제 남과 북은 국제적으로 서로를 단지 실체(de facto)로서뿐 아니라 법적으로 (de jure) 국가로서 인정해야만 한다. 이러한 변화는 분명히 새로운 사고와 새로운 통일전략을 필요로 한다. 남북이 국제법상으로 공인된 국가라는 사실이 남북한 당사국에게 주는 첫 번째 효과는 어떠한 조건하에서도 무력으로 통일을 할 수 없다는 사실의 재인식이다. 무력에 의한 통일은 우리의 이해에 반할 뿐 아니라 이제는 법적으로도 온당하지 못하다. 따라서 여지까지 부분적이라고 하더라도 무력통일을 전제로 하던 모든 전략과 전술은 마땅히 수정되어야한다.

그렇다면 무력에 의한 통일이 남이나 북한 양측에 의해 모두 불가능해졌다고 할 때 남북한의 평화협정이나 불가침선언은 이러한 사실을 확인하는 것으로 그 의의를 가질 것이며 이러한 종류의 협정이 이루어지지 않을 아무런 이유가 없게된다. 그러나 진정한 문제는 협정의 체결에 있다고 볼 것이 아니다.

문제는 이제는 새로운 평화통일의 전략을 구축해야만 하는 것이다. 새로운 평화통일이 이루어지는 상황은 몇 가지로 가정할 수 있다. 우선 첫째 북한이 루마니아식 길을 가는 것이다. 북한이 체제 및 이데올로기를 수정하기를 거부하고 북한사회의 부패가 스스로를 통제할 수 없을 정도로 심각해지면 북한이 어쩔 수 없이 채택하는 경제개방으로 인하여 서방사회 및 남한사회의 정보가 북한에 유입될 때 ‘루마니아 신드롬’이 북한에 나타날 가능성이 있다고 볼 수 있다. 그리고 그 가능성은 아마도 김일성 주석의 퇴진 이후에 김정일의 권력계승 직후에 나타날 공산이 대단히 크다. 이 경우에 취할 수 있는 방법은 북한의 새로운 권력기구의 출현, 새로운 민중적 요구 그리고 북한주민에 의한 투표를 통한 남북통일로 이어질 가능성이 있다고 본다. 루마니아 신드롬은 독일식 통일로 이어질 가능성이 많은 것이다.

이제 이러한 상황과는 정 반대의 시나리오를 상정해 볼 수도 있다. 그것은 남북의 대치상태가 한 세대 이상을 또 끌고 가는 경우이다. 이러한 상황이 가능해지기 위해서는 여러 가지 어려운 조건들이 따른다. 우선 김정일의 권력 승계가 무리 없이 이루어져야 하며 권력승계가 이루어진 후에도 효과적으로 사회를 통제한다는 전제가 이루어져야 한다. 북한은 또한 체제의 변신을 시도해야 하는데 이로 인한 주민들의 당혹감을 해소해야 하고 체제적 변화로 인해 초래되는 새로운 갈등 및 새로운 선전작업을 감행해야 한다. 무엇보다도 새로운 정통성의 확보와 이로 인한 비용은 대단히 클 것임에 틀림이 없다. 그렇기에 이 시나리오는 그 실현

가능성이 대단히 희박할 것으로 보인다.

　마지막으로 첫째와 셋째 상황의 중간형으로 소련식 발전유형을 상정할 수 있다. 이는 북한에서 노동당에 대체할 만한 정치세력이 존재하지 않고 사회가 고도로 이데올로기화되었다는 사실에서 가정해볼 수 있다. 이 경우 김정일의 지도부는 위로부터의 개혁을 시도하면서 체제를 상당히 존속시킬 수 있을 것이다. 그러나 이 경우도 그다지 현실성이 있는 것은 아니다. 소련식의 위로부터의 점진적인 개혁도 이미 모델로서 실패하였으며 북한에도 이러한 점진적 개혁의 모델이 적용되기는 어려울 것이다.[22] 나아가서 소련은 그 자체로서 선택할 다른 모델이 존재하지 않았다. 그러나 소련과 마찬가지의 상황에 있던 동독은 서독이라는 형제국이 있었다. 북한은 남한이라는 형제국이 있으며 체제의 차이에도 불구하고 북한 주민들의 통일의지는 대단히 높다. 그러하다면 이러한 상황에서 김정일 체제가 점진적인 개혁을 통하여 효과적으로 지탱되기는 대단히 어려울 것이다.

2) 2000년대의 외교징책의 과제

　위에서 말한바와 같은 한반도 주변의 외교상황을 고려해볼 때 우리에게는 2000년대에의 외교의 과제가 새롭게 제기된다고 본다. 그리고 이러한 문제에 대하여 준비하는 노력을 게을리해서는 안된다. 그러한 문제들 중에서 제일 중요한 것 중의 하나는 국제사회의 책임 있는 지위로의 한국의 부상과 그에 따라 우리에게 부과되는 새로운 문제이다.

　그것은 크게 보아 세 가지의 문제로 집약이 된다. 우선 그 가운데 첫째는 한국의 외교가 2000년대에 과연 어느 정도의 자율성을 가질 수 있는가의 문제이고 다음으로 두 번째의 문제는 과학기술 시대의 한국외교

---

22) 박홍기, 「통일의 경제적 비용」, 『통일한국의 미래상과 삶의 양식』, 한국정신문화연구원, 1991, p.124

가 과연 어떠한 기반 위에 입각해 있어야 하는가의 문제이다. 마지막 세 번째의 문제는 문화적인 문제이다. 이 문제가 어떻게 풀려나가는가에 따라 한국외교 나아가서는 한국의 사활이 걸려있다고 해도 지나친 말은 아닐 것이다.

우선 처음의 문제를 거론하여 보기로 하자. 2천년대에 북방정책을 통하여 한국 외교의 신 신지평이 열리기는 하였지만 이것이 기본적인 안보측면에 있어서 기존의 미국을 중심으로 구축되는 한미일 삼각관계의 구조 자체를 변경시키는 것은 아니라는 것을 우리는 말할 수 있다. 그렇다면 우리의 안보전략이 이러한 틀 속에서 이루어져야 하는 것은 사실이지만 동시에 이러한 외교적 상황이 가지고 있는 또 다른 측면 즉 그의 취약점을 동시에 언급하지 않을 수 없을 것이다. 이를 한마디로 요약한다면 과연 2천년대의 한국이 미국에 대해 그리고 어느 정도로는 일본에 대하여 어느 정도 외교적 자율성을 획득할 수 있을 것인가의 문제로 귀착된다고 할 것이다.

우선 우리는 외교적 자율성은 단지 당위로서만 이루어지는 것은 아니라는 현실적인 입장을 취하고자 한다. 현재 한국의 방위체계가 주한미군의 존재를 절대적으로 필요로 하는 것이라면 말하자면 한국의 방어를 미국에 거의 대부분을 의지하고 있는 상태라면 이러한 의존성에서 벗어나는 노력이 필요한 것이기는 하지만 그렇다고 하여 획기적인 다른 대안을 구하는 것이 바람직한 것은 아니라고 본다. 물론 지나친 대미의존은 비판의 대상이 되며 되어야 한다고 본다. 그러나 그렇다고 하여도 이러한 의존을 벗어날 수 있는 방법과 능력이 현재로서는 그다지 분명하게 떠오르지 않는다는 데에 현재 우리 외교의 문제가 있다. 이미 걸프전에서 증명된바와 같이 미국의 군사기술과 위기 대처 능력은 타의 추종을 불허한다. 우리가 이러한 상황에서 대미의존도를 벗어나기 위하여 리비아같은 노선을 취한다고 하는 것은 우리의 국익에 크게 도움이 되기는커녕 오히려 마이너스의 효과를 가져다 줄 것이다. 아마 급진적인 논자들은 여기에서 민족적 자존심의 충족을 주요한 것으로 꼽겠지만 그러나 그러한 자존심의 ‘충족으로 지불해야 될 비용은 엄청날 것이다.

그렇다면 또 다른 대안으로 흔히들 상정하듯이 미소의 균형외교를 상정할 수 있을 것이다. 그러나 이러한 균형외교는 사안에 따라 잘 이용할 수도 있겠지만 오히려 강대국에 신뢰감을 주지 못하는 부정적인 요소로도 작용할 가능성이 대단히 높다.

이렇게 본다면 우리의 북방정책으로 인하여 새로이 열리게된 지평의 한계는 명백하다. 그 한계를 인식하는 것이 중요하다. 그것은 기본적으로 기존의 한미일 삼각관계의 보완적 측면에서 이해되어야 한다는 점이다. 한미일 삼각관계는 냉전적 구조로 인하여 근본적인 취약점을 가지고 있었다. 그 취약점이란 긴장의 고조를 전제로 하는 방위안보체계였기 때문에 그 비용이 대단히 높았다는 점이다. 특히 한국이나 미국은 그 대가를 많이 치러야 하였다. 군사정치적 목적은 흔히 경제적인 동기를 압도하였다. 그러나 미국경제의 악화로 미국이 그 비용을 계속 지불하는 것이 곤란해졌기 때문에 미국경제의 부담을 덜 수 있는 장치가 필요로 하게 되었고 이것이 동북아에서의 냉전의 종식과 긴장완화가 이루어지는 중요한 측면이 되었다. 이러한 논의는 소련의 입장에서도 전적으로 동일한 것으로 보여진다.

그러나 급속도로 냉전을 넘어서 미소의 협력관계가 이루어진다고 보면 탈냉전의 신질서가 우리에게 청신호만을 의미하는 것은 아니라고 하는 사실이 명백하다. 왜냐하면 탈냉전이 우리에게 어느 정도의 안정과 평화를 가져다 준 대신 우리는 거기에 대해 대가를 치러야 하기 때문이다.23) 이 대가라는 것이 우리에게 경제적 부담으로 집중되어 나타나고

---

23) 이러한 점은 주한 미대사인 그레그의 발언을 통하여도 분명히 드러난다. 그는 1990년 10월에 개최된 한 국제학술회의에서 지난 40년간의 한미관계가 향후 40년도 마찬가지로 공고할 것이라는 것을 당연하게 여겨서는 안된다고 하였다. 그것은 군사적 혈맹관계에서 정치경제적 이해가 문제되는 새로운 계산적 관계로 이행함을 강조하는 것이다. 바로 이같은 맥락에서 주한미군의 문제, 통

있다. 바로 이러한 문제를 두 번째 문제로서 집중적으로 검토해 보기로
하자.

우리의 외교적 문제를 경제와 관련시켜 고찰할 때에 가장 먼저 중요
시해야 할 요소는 현대가 과학시술시대라는 사실이며 이에 따른 신전략
이 외교에도 나타나지 않으면 안된다는 사실이다. 그런데 문제는 미국이
나 일본 등 서방 선진국과 한국의 기술적 차이가 대단히 심각하며 이러
한 점에서 한국의 과학기술은 서방 선진국에 의존하는 정도가 아니라
종속되어 있다고 하여도 지나친 말이 아니게 되었다. 우선 논의를 간단
히 하자면 한국의 기술수준은 선진국 기술의 도입과 복제수준 정도라고
하는 것은 비밀이 아니다. 이 정도의 수준에서 한국은 그동안 상품화의
성공과 낮은 가격경쟁력을 바탕으로 하여 수출드라이브정책을 통하여
어느 정도의 경제적 성공을 얻을 수 있었다. 문제는 이러한 전략이 한계
에 도달했다는 데에 있다.

국민 전체가 빈곤을 벗어나야 한다는 공감대가 어느 정도 형성되어
있었던 지난 한 세대를 돌아본다면 그리고 그를 바탕으로 하여 낮은 수
준이 기술이나마 상품화하고 경제를 돌리는데 성공했다면 그것이 지금
은 통하지 않는다. 이미 한국은 국제적인 개방압력에 밀려서 국내의 시
장을 거의 개방하지 않으면 안된다. 그렇다면 한국의 상품은 이제 선진
국의 상품과 같이 경쟁을 해야 한다. 한국이 선진국에 비해 비교적 유리
한 입장에 놓여 있었던 것은 싼 임금과 양질의 노동력이었다. 그러나 한
국의 임금은 더 이상 싸지 않으며 노동력은 이제 새로운 기술적 상품을
만드는데 있어서는 더 이상 양질도 아니다. 노동력은 정확도에 있어서
선진국에 뒤지며 또한 근면도 많이 줄어들었다고 보는 것이 일반적인
평가이다. 그러나 그 반면에 한국의 소비수준은 상당히 국제수준에 도달
하여 양질의 서방선진국의 상품이 소화될 수 있는 충분한 조건이 마련

상문제가 제기되는 것이다. Kim Yu-Nam, ed., *Korea, America, and the Soviet
Union in the 1990s*, Dankook University Press, 1991, p.238

되어 있다.

더구나 이러한 조건에서 한국정부가 더 이상 보호벽을 쌓고서 외국상품의 수입을 억제할 수 있는 장치도 대단히 미약하다고 말할 수밖에 없다. 그렇다면 우리에게 남은 길은 무엇인가? 지금까지의 성장을 한계로 하여 남미화의 길이 우리에게 놓여있는 것은 아닌가? 만일 과학기술 시대에 효과적으로 대응하지 못한다면 당연히 그런 운명이 우리에게 마련될 것이다. 바로 이러한 문제를 외교적으로 그리고 북방정책이 우리에게 주는 교훈을 바탕으로 하여 풀어나가야 하는 것이 문제이다.

우선 정책적인 대안으로서 제시할 수 있는 것은 우리가 집중적으로 우리가 우위를 차지할 수 있는 산업을 전략적으로 육성한다는 것이다. 그리고 그를 위해 이제는 단지 정치적인 외교가 아니라 과학기술적인 외교 그리고 거기에 가세해 통상, 금융 등의 새로운 기술을 습득하는데에 총력을 기울여야 한다는 것이다.

그리고 이를 위해서는 우리 국민들이 고도의 전문 기술인이 되는 수밖에 없다 즉 기술집약의 정도가 높은 상태로 우리 국민들을 바꾸어나가는 것이 우리에게 가장 필요한 것이다. 따라서 기존의 정치적인 관계를 위주로 하는 외교정책을 탈냉전으로 인하여 초래된 새로운 시대의 도전에 맞추어서 과감히 과학기술 및 경제 위주의 외교전략으로 전환하는 것이 필요하다고 본다. 왜냐하면 현대사회에서는 기술적 후진은 필연적으로 외교적 수세를 초래할 수밖에 없기 때문이다. 만일 이러한 선택이 없이 탈냉전으로 인해 초래된 외교적 승리에만 도취하고 있다면 새로운 질서가 우리에게 요구하는 새로운 도전의 의미를 이해하지도 못한 상태에서 우리는 침몰하게 되는지도 모르는 것이다.

다음에는 마지막으로 이러한 문제의식과 더불어 짚고 넘어가야 할 문제가 있다. 그것은 한국문화의 현대화, 세련화 및 국제적 보급이다. 이것은 단지 문화적인 면이 아니라 정치경제적인 생존적인 외교와도 밀접한 관계가 있다. 단적으로 말해 서방문화가 우리에게 익숙한 것이기에 우리는 서방의 상품시장에 쉽게 함몰될 수 있다. 서방의 상품시장에 동화된다는 것이 그러한 상품시장을 창출하는 저력을 함께 습득하는 과정으로 자연히 연결된다면 문제가 없겠지만 현실은 그렇지 않다고 생각한다. 그 저력이란 전통적인 문화유산과 근면과 일에 대한 성실성 창의력 이러한 것들이 결부되어 있는 것인데 이를 감지하는 것은 상품을 생산하는 일보다는 비교할 수 없을 정도로 어려운 일이다.

그렇다면 우리는 마찬가지의 논리로서 우리가 세계의 일원으로 어떻게 살아나가야 하는가에 대한문제의 해답의 실마리를 얻을 수 있다. 여기서는 예술과 같은 특수한 영역에 논의의 초점이 있는 것이 아니다. 본 논의는 외교적 무기가 될 수 있고 산업화될 수 있는 문화적 요소를 일컬음이다.

이점에서 우리는 이제까지 거의 모든 논의를 문화의 수용이라는 측면에서만 논의하였지 우리 문화적 요소의 확대 보급의 차원에서는 거의 아무런 논의가 없었음을 지적하지 않을 수 없다. 그러나 이제 이는 대단히 중요한 요소로 등장하게 된다. 예컨대 관광산업의 근본적인 재인식이 필요하다. 영화산업에서의 국제적인 감각이 필요하다. 학문적 저술 문학적 저술 이러한 모든 문화분야에서의 인식의 전환과 이를 과감히 산업화시키고 경제로 연결시키는 노력이 필요하다. 이러한 일이 순조롭게 이루어질 수는 없겠지만 그러나 이를 통한 비약이 있을 때에만 우리는 2천년대의 선진국으로 진입할 수 있을 것이다. 장미빛 꿈을 꾸는 일은 즐거운 것이지만 꿈을 실현시키려면 엄청난 노력과 지혜가 요구된다는 것이 엄연한 현실이다. 이 현실을 인식하지 않고 구태의연한 발상에 우리가 놓여있을 때 2천년대의 한국이 우리에게 주는 갖가지 전망은 단지 공염불에 그치고 말 것이다.

5. 맺음말

21세기를 전망하면서 북방정책의 의미를 평가하고 그에 따라 새로운 외교전략을 점검해보는 것은 현재와 같은 역사의 전환기에 있어서 대단히 큰 의미를 가지고 있다.

우선 현 시대는 세계사적 전환의 시기라고 하는 사실을 우리는 지적하였다. 인구에 가볍게 회자되는 냉전시대의 종식과 새로운 세계질서는 우리의 역사적 전통에서 살펴볼 때 결정적인 의미를 가지고 있음을 알게된다. 여러 가지 점에 있어서 20세기의 말엽에 우리에게 주어진 상황은 긴 역사적 안목에서 살펴볼 때 놀라울 만큼 충격적이다.

20세기의 전반기동안 우리는 일본의 식민지로서 지내왔고 20세기의 후반기는 냉전의 시대 속에서 이성적인 반성을 할 겨를도 없이 미국의 군사적 정치적 블럭 속에서 우리의 안보를 의존하면서 지내왔다. 그러나 20세기의 마지막 몇 년 동안에 우리는 지난 1세기 이상 유지되어왔던 구조와 분위기를 뒤엎는 새로운 세계적 변화를 목도하게 되었다.

한국은 그 동안 식민지에서 벗어나 빈곤한 신생독립국의 지위에서 현재는 1인당 국민총생산이 6천 달러를 넘게 되어 신흥공업국의 소리를 들었다. 그리고 이같은 경제적 성장에 힘입어 정치적인 비중도 성장하게 되어 변화하는 국제정세를 능동적으로 파악하여 북방정책과 같은 외교정책을 전개하여 획기적인 성과를 거두기도 하였다. 그러는 동안에 한국의 사회적 상황, 정치적 상황도 많은 변화를 보였다. 이러한 변화된 상황에 대하여 일일이 언급하는 것은 본고의 주제를 벗어난 일이다. 본고는 한국의 외교정책을 점검하고 그것이 새롭게 변화된 국제질서 속에서 한국의 국익과 견주어서 어떠한 의미가 있는 가를 반성해보는 것이다.

이러한 점에 비추어 볼 때 우리는 그 동안의 짧은 기간동안에 북방정책이 거둔 외교적 성과를 대단히 긍정적으로 평가하면서도 보다 바람직한 대안을 제시한다는 차원에서 중요하다고 생각되는 몇 가지 문제점을 결론으로 언급하지 않을 수 없다.

첫째로 우리의 외교정책은 보다 더 합리적으로 운용되어야 한다. 국제관계에 있어서 영원한 우방도 영원한 적도 없으며 단지 국가간의 영원한 이해가 있을 따름이라고 하는 팔머스톤의 경구는 우리가 항상 기억해두어야 할 경구이다. 이데올로기적인 고려, 또는 정략적인 고려가 국익을 능가하는 개념으로 설정된다면 그만큼 우리는 외교를 포함한 다른 모든 면에서 비싼 대가를 치러야 할 것이다. 이점은 대미관계에 있어서나 대소관계에 있어서 그리고 대북관계에 있어서 모두 적용되는 말이다. 우선 신국제질서에 있어서 최대의 조정자로서 등장하게 된 미국과의 관계에 우리가 합리적으로 대처할 필요가 있다. 중요한 것은 우리의 민족주의적 감정이나 전통적인 혈맹관계를 강조하는 것이 아니라 미국의 이해는 무엇인가를 분석해야 하고 한국의 이해가 무엇인가를 치밀하게 따져보아야 하며 양국의 이해가 어떠한 점에서 조화될 수 있고 어떠한 점에서는 타협될 수 있으며 타협이 불가능할 때에는 어떠한 보완적 조치가 필요한가를 냉철하게 분석해내는 것이 중요하다. 비록 본 논문이 주로 북방정책을 언급하고는 있지만 한국의 대미관계가 최대로 중요하다는 점에 있어서는 아무도 이의를 제기하지 않을 것이다. 국제사회에서 그리고 우리의 북방정책에서도 미국의 역할이 대단히 중요한 만큼 대미관계를 합리적 바탕 위에서 논증하고 국민들에게 그러한 과정을 납득시켜야 할 책임이 정부에 있다. 다음으로 대소관계에 있어서도 보다 합리적인 접근이 필요하다는 말을 할 수가 있다. 북방정책의 모든 성과를 근거로 하더라도 또 때로는 정치적인 고려가 경제적인 고려를 능가할 수는 있다고 하더라도 합리적인 계산 대신에 다른 동기가 우선시될 때에는 그만큼의 부담을 피할 수 없게 된다. 더구나 북방정책의 출발시와는 달리 소련 자체가 사회주의의 완전한 실패를 자인하였고 시장경제로의 이행을 확실히 약속하고 있으며 나아가서는 자체의 관계조정에 실패하여 연방의 해체상황으로까지 발전하고 있기 때문에 이러한 상황에서 북방정책이 가진 정치적 고려와 경제적 고려를 다시 점검해야 한다. 이러한 시점에서 소련과의 관계에서 단기적인 이익을 획득하려고 하는 것은 정치적으로도 경제적으로도 현명하다고 생각되지는 않는다. 그렇지만 이 단계에서 북방정책의 우선적인 고려를 정치위주로 하는 데에는 문제가 있다. 1988년 북방정책의 출발시와 소련에서 사회주의의 완전실패가 선언된 1991년의 시점은 엄청난 거리가 존재하기 때문이다. 필자의 견해로는 보다 장기적인 안목에서 정치 경제적 목표를 다시 수립해야 할 것이라고 생각한다. 국익을 우선시해야 한다는 고려는 대북정책에 있어서도 적용된다. 국익이란 우리의 경우에 좁게는 대한민국의 이해에 관한 문제이지만 보다 넓게는 남북한을 모두 포괄하는 한민족공동체의 이해라고 해석할 수도 있다. 이 문제는 통일정책을 우리가 목표로 가지고 있기 때문에 가능한 해석이다. 이 경우에 있어서 우리는 시민의 자유와 민주적 세도의 운영 그리고 경세적 싱장이 앙도할 수 없는 가치라고 하는 것을 분명히 하여야 한다. 이를 무시한 통일논의는 우리의 국익에 배치될 것이다.

둘째로 우리의 종전의 안보나 평화개념에 대하여 새롭게 수정할 필요가 있다. 우리의 안보개념이 종전에 북한을 적으로 하고 있는 개념이라면 이미 변화된 환경은 이를 폐기하도록 요구하고 있다. 그것이 북방정책을 통하여 이루어진 한반도의 유엔시대에 우리에게 요구되는 사고이다. 예컨대 새로운 안보관에서는 미국이나 일본같은 나라들이 북한을 승인하는 것은 우리의 안보를 위협하지 않는다. 그러나 북한이 독자적으로 국제원자력기구의 감시를 피해가면서 핵개발을 하고 있는 것은 우리의 안보를 심각하게 위협한다. 따라서 우리는 능동적으로 이러한 명확한 구분을 전제로 하여 외교에 임해야 할 것이다. 우리의 그때마다의 요구에 우리의 우방들이 이의 없이 따라오리라고 기대하는 것은 무리이다. 우리는 우리의 이해와 우방의 이해가 합치하는 부분을 찾아내서 그 점을 우방에게 납득시키고 이해시켜야 한다. 또한 북한에 대한 직접적 관계에 있어서도 이러한 것을 고려하여 북한당국으로부터 신뢰를 얻어낼 수 있는 조치를 해가는 것이 중요하다. 북한의 주체사상과 그 체제가 우리의 가치와 합치될 수 없다는 것은 명백하다. 그러나 그럼에도 불구하고 북한정부나 주민들의 이해와 우리정부나 우리 국민들의 이해는 합치되고 타협될 부분이 있다.

셋째로 보다 막연한 개념이 될는지는 모르나 우리의 사고의 질을 한 단계 높여야 한다. 질을 한 단계 제고한다는 것은 우리사회가 선진국으로 진입하기 위해 각 방면에서 모두 필요한 것인만큼 외교 부면에서도 당연히 이루어져야 할 일이라고 생각한다. 단기적인 이익보다는 장기적인 이익을, 인기에 영합하는 정책이 아니라 원칙에 입각하면서 국가적 이해를 실현시킬 수 있는 정책을 우리는 필요로 한다. 그리고 이러한 정책들이 선진국의 일원으로 발언할 수 있도록 우리가 한 단계 질적으로 비약하고자하는 의지와 비전과 함께 결합되어야 한다. 이를 위하여 정부가 외교정책에 있어서의 국민적 콘센서스를 도출해 내는 데에 마땅히 충분한 노력을 기울여야 하리라고 생각한다.

<『2000年代와 韓國의 選擇』, 한국정신문화연구원, 1992>

참고문헌

제1부(소련의 한인과 민족운동)

1. 1차자료

『舊韓國外交文書』 제 18권, 고대아세아문제연구소, 1969
『朝鮮共産黨關係雜件』, 전3권, 고려서림, 1990
朝鮮總督府 警務局, 『大正 十一年 朝鮮治安狀況』, 전2권, 고려서림, 1989
姜德相 編, 『現代史資料』, 第29卷, 東京:みすず書房, 1968
金正明 編, 『朝鮮獨立運動』, 전5권, 原書房, 1967
金正柱 編, 『朝鮮統治史料』, 전10권, 東京:韓國史料硏究所, 1970-71
김준엽, 김창순, 『韓國共産主義運動史資料篇』, 전2권, 1979－80
러시아 대장성편(최선, 김병린역), 『한국지』, 한국정신문화연구원, 1984
『레닌기치』『고려일보』
리 블라디미르, 김 예브게니 (김명호 역), 『스딸린체제의 한인강제이주』, 건
　　　국대 출판부, 1994
『滿洲及西比利亞地方に於ける朝鮮人事情』(조선총독부내무국사회과편, 소화2
박환 편, 『在蘇韓人民族運動史』, 국학자료원, 1998
배성찬 편, 『식민지시대 사회운동론 연구』, 돌베게, 1987
蘇在英 編, 『간도유랑 40년』, 조선일보사, 1989
신주백 편, 『1930년대 민족해방운동론 연구』, 전2권, 새길, 1989-1990
신주백 편, 『日帝下 新聞社說 連載 資料集』, 영진문화사, 전6권, 1991
십월혁명 십주년 원동긔넘 준비위원회 편, 『십월혁명십주년과 쏘베트 고려

민족』, 해삼위도서주식회사 "크니스노예델로", 1927
『쏘련여성』
『朝鮮民族運動史<未定稿>』, 전6권, 고려서림, 1989
조선총독부 고등법원검사국사상부, 『思想彙報續刊』, 1943
『한국독립운동사자료집-홍범도편』, 한국정신문화연구원, 1995
『해조신문』
황민호 편, 『日帝下雜誌拔萃植民地時代資料叢書』, 계명문화사, 전19권, 1992

2. 연구저술

고송무 『쏘련의 한인들』, 이론과 실천, 1990
고승제, 「연해주이민의 사회사적 분석」, 『백산학보』 제11집, 1971
고승제, 『韓國流移民史硏究』, 장문각, 1973
국사편찬위원회 편, 『韓國獨立運動史』, 제2권, 1967
권희영 외, 『해외 희생자 유해 현황조사 사업』, 한국정신문화연구원, 1995
권희영, 「1920년대 연해주지역의 독립운동과 신한촌」, 『韓民族共營體』, 제4
        호, 1996
권희영, 「고려공산당 이론가 박진순의 생애와 사상」, 『역사비평』, 1989 봄호
권희영, 「근대한민족 유이민의 역사적 특징」, 『해외한민족과 차세대』, 계명
        대출판부, 1997
권희영, 「러시아 한인 이주사(1863-1917)」, 『국사관논총』 41, 국사편찬위원
        회, 1993
권희영, 「사회주의 민족문제와 민족이론의 변화」, 『사상문예운동』, 1990 봄
        호
권희영, 「소련사회주의와 소수민족주의」, 『國際政治論叢』, 29집2호, 1990.3
권희영, 「소련에서의 민족운동과 한인강제이주」, 『한국독립운동사 사전-총
        론편』, 한국독립운동사연구소, 1996
권희영, 「소련연방체제의 개편과 한민족문제」, 『中蘇問題硏究』, 제 17호, 부
        산대 중소문제연구소, 1991.12
권희영, 「소련의 부랴뜨와 한인에 있어서의 혁명과 내전」, 『서양사론』, 제34

호, 1990.5

권희영, 「소련의 한인, 그 슬픈 역사와 오늘의 실태」, 『사회와 사상』, 1989
년 2월호

권희영, 「소비에트블럭의 해체와 민족주의문제」『통일문제연구』, 제2권 4호,
국토통일원, 1990.12

권희영, 「아르메니아-아제르바이잔 민족분쟁의 역사와 전망」, 『사회와 사
상』 1990, 3 월호

권희영, 「한민족의 중앙아시아 이주의 배경과 과정」, 『중앙아시아거주 한민
족 관련 연구를 위한 workshop』, 중대 1998.2

권희영, 『해외한민족총서-독립국가연합편』, 통일원, 1996

김승화, 정태수 역, 『소련한족사』, 대한교과서주식회사, 1989

김준엽, 김창순, 『한국공산주의운동사』, 제1권, 고대아세아문제연구소, 1967

마뜨베이 찌모피예비치 김, 이준형 역, 『일제하 극동 시베리아의 한인사회
주의자들』, 역사비평사, 1990

박영수, 「미주 이민과정과 한인의 생활상」, 세계 속의 한국문화, 제1회 세
계 한민족 학술회의, 한국정신문화연구원, 1991

『세계의 한민족』, 전10권, 통일원, 1996

윤병석, 「연해주에서의 민족운동과 신한촌」, 『한국민족운동사연구』, 제3권,
1989

윤병석, 『國外韓人社會와 民族運動』, 일조각, 1990

윤병석, 「1910년대 연해주지방에서의 한국독립운동」, 『국외한인사회와 민족
운동』 일조각, 1990

이동언, 「노령지역 초기한인사회에 관한 연구」, 『한국독립운동사연구』 제
5집, 독립운동사연구소, 1991

조영환, 「재소한인들의 사회적 법적 지위와 사회활동」, 『세계속의 한국문
화』 제4주제, 제1회 세계한민족학술회의, 한국정신문화연구원,
1991

최문형, 「한로수교의 배경과 경위」, 『韓露關係100年史』, 1984

한 구리 보리스비치, 「'재소한인의 민족의식과 모국관'에 대한 토론」, 『세
계속의 한문화』 제3주제 제1회 세계한민족학술회의, 한국정신문화
연구원

『한국독립운동사사전』, 전2권, 한국독립운동사연구소, 1996

한국독립유공자협회 편, 『러시아지역의 韓人社會와 民族運動史』, 교문사,
　　　1994

현규환, 『韓國流移民史』, 전2권, 어문각, 1967

Anosov, S.D., *Koreitsy v Ussuriiskom Krae*, Khabarovsk-Vladivostok: Knizhnoe
　　　Delo, 1928

Babichev, I., *Uchastie Kitaiskikh i Koreiskikh trudiashchikhsia v grazhdanskoi
　　　voine na Dal'nem Vostoke*, Tashkent, 1959

Gluzdovskii, V.E., *Dal'nevostochnaia oblast'*, Vladivostok:Knizhnoe Delo, 1925

*Iz istorii mezhdunarodnoi proletarskoi solidarnosti, Dokumenty i materialy.
　　　Sbornik I. Boevoe sodruzhestvo trudiashchikhsia zarubezhnykh stran s
　　　narodami sovetskoi rossii(1917-1922)*, Moskva, 1957

Kim Syn Khva, *Ochrki po istorii sovetskikh Koreitsev*, Alma-Ata:Nauka, 1965

Kim Syn Khva, "Polozhenie Koreiskikh krest'ian Russkogo Dal'nego Vostoka
　　　nachale XX veka", *Izvestia Akademii Nauk Kazakhskoi SSR, Seria
　　　Istorii, Arkheologii i etnografii*, Bypu.1(9)

Koltsova, N.K., "Poselenie krest'ian v Ussuriiskom krai nakanune pervoi
　　　Russkoi revoliutsii", *Iz istorii revoliutsionnogo dvizhenia na Russkom
　　　Dal'nem Vostoke v gody pervoi russkoi revoliutsii*, Vladivostok, 1956

Kuner, N.V., Statistiko-geograficheskii i ekonomicheskii ocherk Korei,
　　　Vladivostok, 1912

Kwon Hee-young, "Korean Immigration in Soviet Russia and the Problem of
　　　National Identity", *Contacts between Cultures*, vol.1, The Edwin
　　　Mellen Press, 1992

*Nationl'nyi sostav naselenia SSSR po dannym vsesouiuznoi perepisi naselenia
　　　1989g.* , Goskomstat SSSR, Moskva, 1991

Petrov, Ark., "Koreitsy i ikh znachenie v ekonomike Dal'nevostochnogo kraia",
　　　Severnaia Azia, no.1, 1929

Przhevalskii, N., *Putsshestvie v Ussuriiskom krae, 1867-1869 gg.*, Sankt
　　　Petersburg, 1870

Riabov, H.I., Shtein, M.G., *Ocherki istorii Russkogo Dal'nego Vostoka. XVII-
　　　nachalo XX veka*, Khabarovsk, 1958

S.G.Nam, *Koreiskii natsionalnyi raion*, Moskva, "Nauka", 1991

Szporluk, R., "Dilemmas of Russian Nationalism," *Problems of Communism*, July-August 1989

Treadgold, D.W., *The Great Siberian Migration*, Princeton, 1950

Unterberger, *Primorskaia oblast'*, 1856-1898 g.

Volodin, V.I., "Dokhodnost' ricoiushchikh khoziaistv Koreitsev", *Trudy opytnykh uchrezhdenii Dal'nego Vostoka*, Bypusk Vtoroi, Vladivostok, 1931

제2부(소련의 역사해석과 한국사)

1. 1차자료

『開闢』

『東亞日報 社說選集』, 전2권, 동아일보사, 1977

박은식, 『韓國獨立運動之血史』, 일우문고, 1973

『新民』

『新生活』

『朝鮮之光』

"Revoliutsionnaia Koreia: (Shankhaiskoe pravitel'stvo)", *Narody Dal'nego Vostoka*, Irkutsk, no. 3, 1921.1

Vilenshi (Sibhakov), V., *V Kogitakh iaponskogo imperiazma :Bor'ba Koreiskogo naroda za nezavisimst'*, Moskva, Gosizdat, 1919

Voitinskii, G., "K desiatiletii martovskikh sobytii v Koree", Revoliutsionnyi Vostok, Moskva, no. 7, 1929

2. 연구저술

권희영, 「소련에서의 한국사연구」, 『東西硏究』, 제3권, 연세대학교 동서문제연구
　　　원, 1990

권희영, 「일제시대 소련의 한국인식」, 『韓國史學』, 제12집, 1991

권희영, 「일제침략기 한국인의 소련관」, 『한국-러시아 양국의 이해증진을 위한
　　　역사교과서 개선방안 탐색』, 한국교육개발원, 1992

권희영, 「소련에서의 3.1운동연구」, 『3.1운동과 민족통일』, 동아일보사, 1989

권희영, 「소련의 한국학연구성과해제」, 「소련과학원 동방학연구소 편, 『한국학
　　　서지(1917-70』 역사부문 총목차」번역, 『역사비평』, 1990 봄

권희영, 「페레스트로이카와 볼세비키 역사의 재해석」, 『역사비평』, 1990 봄

권희영, 「한-러관계사의 새로운 조명」, 『한국-러시아 양국의 이해증진을 위한 교
　　　육의 역할』, 한국교육개발원, 1993

박노자(Vladimir Tikhonov), 「러시아에서의 한국사연구의 현황」, 『민족문화』, 제9
　　　집, 한성대 민족문화연구소, 1998

Kontsevich, Lev., 「러시아에 있어서의 한국학 약사, 현황 및 문제점」, 한국정신문
　　　화연구원 특강, 1998.11.27

Bibliografia Korei, 1917-1970, Moskva, 1981

Bordiugov, G.A., Kozlov, V.A., "Povorot 1929 goda i al'ternativa Bukharina", *Voprosy
　　　Istorii KPSS*, no.8, 1988

Burganov, A., "Istoria-mamashka surovaia...", *Druzhba narodov*, 1988.6

Gorbachev, M., *Izbrrannye rechi i stachi*, tom 2, Moskva, 1987

Gorbachev, M., *Octobre et la restructuration: la revolution se poursuit,* Edition de
　　　l' Ageance de presse Novosti, Moscou

Gorbachev, M., *Perestroika*, Paris:Flammarion, 1987

Istoria　Otechestva:Uchebnik　dlia　11　klassa　srednei　shkoly,　　Moskva:
　　　"Prosveshchenie", 1992

Kliamkin, I., "Kakaia ulitsa vedet k khramu?", *Novyi Mir*, no. 11, 1987.11

"Kruglyi Stol:Sovetskii Soiuz v 20-e Gody", *Voprosy Istorii*, no.9, 1988

"Kruglyi Stol:Sovetskii Soiuz v 30-e God-y", *Voprosy Istorii*, no.12, 1988

Les Nouvelles de Moscou, no. 37, 1987.9.13

Literaturnaia Gazeta, 1988.2.24

Moskovskie Novosti, 1987.12.6

Ogoniok, no. 48, 1987.11.28-12.5

Pak Din'shun. "K 7-i godovshchine revoliutsii v Koree", *Krest'ianskii Internatsional*, Moskva, no. 3-5, 1926

Pak, M.N., Ocherki po istoriografii Korei: K kritike burzhuazno- natsionalisticheskikh idei iuzhno- Koreiskikh istorikov), Moskva:"Nauka", 1987

Rybakov A., *Deti Arbata*, Moskva, 1988

Shabshina, F.I., "Narodnoe vosstanie 1919m goda v Koree", Moskva, Izd-vo AN SSSR 1952, 280s Izd, 2-e: Moskva, Izd-vo bost lit, 1958

Shatrov, M., "Brestski1 mir", *Novyi Mir*, no. 4, 1987.4

Shatrov, M., "Dalshe... dalshe... dalshe...", *Znamia*, 1988.1

Shikarenkov, L.K., "Nikolai Ivanovich Bukharin", *Voprosy Istorii*, no.7, 1988

Sobesednik, no. 32, 1987.8

Sotsialisticheskaia industria, 1987.7.5

제3부(한국과 러시아:그 변화)

1. 1차자료

『舊韓國外交文書, 제17권, 고대 아세아문제연구소, 1969

『소련의 한반도관계 자료집』(1986-1991), 세종연구소, 1991

『尹致昊日記』, 제4권, 국사편찬위원회, 1975

"Raport russkogo voennogo sovetnika v koreepolkovnika D.V Putiaty v Glavny: shtab o pribitii v koreiu russkiksvoennykh instruktov, nachale ikh geiatelnosti; planakh dalenishegoobuchenia koreiskikh voisk", 18 Oktiabria 1896g.

"Telegramma voennogo agentav Kitae i Iaponii o vozmozhnoi reaktsii v Iaponii na

prisytstvie v Koree russkikh voennykhsovetnikov, 10 fevralia 1896g,"
RGVIA.

Karneev, "Poezdka general'nogo Shtava Polkovnika Karheeva i poruchka
Mikhailova po iuzhnoi Korei v 1895/6 g.g."

"Soobshchenie o perevorote v Seule, begstvo Korolia v russkuiu missiiu, 3 fevralia
1896g.," RGVIA.

"Telegramma o reaktsii v Iaponii na begstvo Koreiskogo korolia v russkuiu
missiiu," 4 fevralia 1896, RGVIA.

"Telegramma sekretnaia poslanniku v Tokio ob obespechenii bezopasnosti
korolevskoi se'mi," 2 Oktiabria 1895 goda. TsGAOR.

Karneev, "Poezdka general'nogo Shtava Polkovnika Karheeva i poruchka
Mikhailova po iuzhnoi Korei v 1895/6 g.g."

2. 연구저술

권희영, "페레스트로이카와 볼셰비키역사의 재해석", 「역사비평」, 1990 봄

권희영, 「1920년대 사회주의 건설에 대한 부하린적 대안의 문제」, 『러시아연구』,
　　　　제2권, 서울대 소련-동구 연구소 1992

권희영, 「러시아, 러시아 사회주의 그리고 한국」, 『소련과 러시아:사회주의체제
　　　　의 붕괴와 러시아의 재조명』, 나남, 1993

권희영, 「러시아민족주의의 특징」, 『정신문화연구』, 제55호, 1994

권희영, 「북방정책과 한국의 선택」, 『2000년대와　한국의 선택』, 한국정신문화연
　　　　구원, 1992

권희영, 「북방정책과 한소관계」, 『國際政治論叢』 29집 2호, 1990

권희영, 「소련의 정체성과 그 위기」, 『소련과 러시아:정체성의 위기』, 민음사, 1992

권희영, 「소련정치개혁의 성격과 전망」, 서울대 소련동구연구소, 1990.4.23발표

권희영, 「스탈린과 소련사회주의의 정착」 『소련정치론』, 나남, 1995

권희영, 「아관파천과 한로관계」, 『한민족과 북방과의 관계사연구』, 한국정신문화
　　　　연구원, 1995

권희영, 「한-러관계사의 새로운 조명」, 『한국-러시아 양국의 이해증진을 위한 교

육의 역할』, 한국교육개발원, 1993.9.

권희영 외, 『소련사회문화사전』, 서울대학교 국제문제연구소편, 서울대학교출판부, 1991

김원수, 「청일전쟁 및 삼국간섭과 러시아의 대한정책」, 『韓露關係100年史』, 1984

김학준, 「광복후의 한러관계」, 『韓露關係100年史』, 1984

대니엘즈, R.V., 석영중 역, 『스탈린혁명』, 서울:신서원, 1989

드미트리 볼코고노프, 한국전략문제연구소 역, 『스탈린』, 서울:세경사, 1993

레닌 외, 김진태 역, 『레닌의 반스딸린 투쟁』, 신평론, 1989, 96쪽

박홍기, 「통일의 경제적 비용」, 『통일한국의 미래상과 삶의 양식』, 한국정신문화연구원, 1991

볼코고노프, D., 한국전략문제연구소 역, 『스탈린』, 서울:세경사, 1993

이인호, 『러시아지성사연구(증보판)』, 서울:지식산업사, 1985

임계순, 「한로밀약과 청의 대응」, 『청일전쟁을 전후한 한국과 열강』, 한국정신문화연구원, 1984

차크스, R.D., 박태성 역, 『러시아사』, 시울:역민사, 1991

최문형, 「한로수교의 배경과 경위」, 『韓露關係100年史』, 1984

터커, R., 이웃 편집부 역, 『스탈린 』, 서울:이웃, 1988.

헬러, M., 네크리치 A., 김영식·남현욱 공역, 『권력의 유토피아 I』, 서울:청계연구소, 1988

호스킹, J., 김영석 역, 『소련사』, 서울:홍성사, 1988.

Ambratsumov, E.A., "NEP i sobremennost'", Voprosy Istorii, 1988, no.9

Anan'ch, B.V., "Was October a Turning Point in History? Changing Interpretations of the Russian Revolution", 『사회주의의 재건인가, 역사의 전환점인가?』, 서울대 소련동구 연구소, 1990

Baron, S.H., *Plekhanov; The Father of Russian Marxism*, Stanford University Press, 1963

Berdyaev, N.A, *Samopoznanie*, Moskva, 1991

Berdyaev, N., *The Origin of Russian Communism*, Glasgow:Glasgow University Press, 1937

Bideleux, R., *Communism and Development*, New York: Methuen & Co., 1987

Blium, R.N., "Alienation and Socialism", *Soviet Sociology*, 1989.1-2

Bukharine, N., "Zametki ekonomista", *Put' k Sotsializmu*

Bukharine, N., "Le Léninisme et le problème de la révolution culturelle", *Oeuvres Choisies en un volume*, Moscou:Editions du Progres, 1990

Chee Chung-il, "The Unites States and Japan's Perspectives On South Korea's Foreign Policy Toward the USSR and the PRC", *Northeast Asian Security in the 1990s*, International Conference in Commemoration of th 14th Anniversary of the Research Institute for International Affairs, September 2, 1991, Seoul, Korea

Crowe, W.J., Jr., Romberg, A.D., "Rethinking Security in the Pacific", *Foreign Affairs*, Spring 1991

d'Encausse, H.C., *Stalin: Order through Terror*, London and New York: Longman, 1981

Daniels, R.V., "The Left Opposition as an Alternative to Stalinism", *Slavic Review*, Summer 1991

Danilov, V.P., "20-e gody: NEP i bor'ba al'temativ", *Voprosy Istorii*, no.9, 1988

De Jonge. A., *Stalin and the Shaping of the Soviet Union*, New York: William Morrow and Company, Inc. , 1986

Ellison, H.J., "Superpower Arms Control and the Future of Korean-American Security Ties", *Korea, America, and the Soviet Union in the 1990s*, Dankook Univ. Press

G.Batygin, "The Phenomenon of Utopia Seen in a Sociological Perspective", *Social Sciences*, USSR Academy of Sciences, no.2, 1991

Gabidulin, I., "Chto o sebe dumaet rabochii?", *Kommunist*, no.2, 1991

Gaddis, J.L., "Toward the Post-Cold War World", *Foreign Affairs*, vol. 70., no.2, New York, 1991

Hoffmann, E.P., Fleron, F.J., Jr., *The Conduct of Soviet Foreign Policy*, New York, 1980

Hormats, R.D., "The Roots of American Power", *Foreign Affairs*, Summer 1991

Hunter, H., Szyrmer, J.M., "Testing Early Soviet Economic Alternatives", *Slavic Review*, Summer 1991

Kim Hakjoon, "Republic of Korea's Policy To Bring Peace On the Korean Peninsula", Northeast Asian Security in the 1990s, International Conference in Commemoration of th 14th Anniversary of the Research Institute for International Affairs, September 2, 1991, Seoul, Korea

Kim Yu-Nam, ed., Korea, America, and the Soviet Union in the 1990s, Dankook University Press, 1991

Kon, I., "Psikhologia sotsialnoi inertsii", *Kommunist*, no.1, 1988

Kostin, A.A., "Alienation-Real and Imaginary", *Soviet Sociology*, 1989.3-4

Kristeva, J., *Le Soleil Noir*, Paris:Gallimard, 1987

Kukushkin, Iu.S., O.I.Chistiakov, *Ocherk istorii sovetskoi konstitutsii*, 2-eizd, Moskva:Politizdat, 1987.

Kwon Hee-young, "The Soviet Union and Divided Korea" , *Korea and Russia: Toward the 21st Century*, Seoul:The Sejong Institute, 1992

Kwon Hee-young,"Some factors Affecting Improvement of South Korea-USSR Relations", *East Asian Review*, vol.1, no. 4, Winter 1989, The Institute for East Asian Studies, Seoul, Korea

Lesage, M., *Les Regimes Politiques de l'U.R.S.S. et de l'Europe de l'Est*, P.U.F., 1971

Lewin, M., *Russian Peasants and Soviet Power: A Study of Collectivization*, New York: W.W.Norton & Company Inc., 1968 (translation of the french original *La Paysnnerie et le Pouvoir Sovietique* in 1966 by Mouton).

Lieven, D., "The Soviet Crisis", Conflict Studies, no.241, May 1991

Lih, L.T., "Political Testament of Lenin and Bukharin and the Meaning of NEP", *Slavic Review*, Summer, 1991

Locke, J., *The Second Treaties of Government*, edited by T. Peardon, New York: The Bobbs-Merrill Company, 1952

Marx, K., *La guerre civile en France*, Paris:Editions Sociales, 1972

Marx, K., *Le Capital*, tome I, Moscou: Edition du Progrès, 1982

Medvedev, R.A., *On Socialist Democracy*, London, 1975.

Migranian, A., "Demokratia v teorii i istoricheskoi praktike, *Kommunist*, no.1, 1988

Rousseau, J.J., "Du Contrat Social", *Oevres Completes*, Editions Gallimard, tome 3, 1964

Shikarenkov, L.K., "Nikolai Ivanovich Bukharin", *Voprosy Istorii*, no.7, 1988

Simonia, N., "The diversity of the World and the Formative Development", *Social Sciences*, USSR Academy of Sciences, no.4, 1990

Smirnov, I., "Unofficial Traditionalism and Official Messianism", 『사회주의의 재건인가, 역사의 전환점인가?』, 서울대 소련동구 연구소, 1990

Szporluk, R., "Dilemmas of Russian Nationalism", *Problems of Communism*, July-August 1989 "The Foreign Policy and Diplomatic Activity of the USSR, A Survey Prepared by the USSR Ministry of Foreign Affairs", *International Affairs*, April 1991

The Modern Encyclopedia of Russian and Soviet History, vol.11, Academic international Press, 1979

von Hagen, M., "Civil-Military Relations and the Evolution of the Soviet Socialist State", *Slavic Review*, Summer, 1991

Western Society and Marxism Communism: A Comparative Encyclopedia, C.D. Kernig (ed.), Vol.8, New York: Herder & Herder, 1973

색 인

한국과 러시아:관계와 변화

인쇄일 초판 1쇄   1999년 05월 10일
       2쇄   2018년 07월 20일
발행일 초판 1쇄   1999년 05월 20일
       2쇄   2018년 07월 23일

지은이 권 희 영
발행인 정 찬 용
발행처   국학자료원
등록일 1987.12.21, 제17-270호

서울시 강동구 성내동 447-11 현영빌딩 2층
Tel : 442-4623~4 Fax : 442-4625
www.kookhak.co.kr
E- mail : kookhak2001@hanmail.net
ISBN 978-89-8206-380-0 *03910
가 격 25,000원